SUPERANDO OBSTÁCULOS
Reflexiones diarias
MIGUEL ÁNGEL NÚÑEZ

SUPERANDO OBSTÁCULOS

Reflexiones diarias

MIGUEL ÁNGEL NÚÑEZ

FORTALEZA
EDICIONES

Fortaleza Ediciones
www.fortalezaediciones.com
librosfortaleza@gmail.com

Copyright © Miguel Ángel Núñez, 2023

NÚÑEZ, Miguel Ángel

Superando obstáculos. Valencia: Fortaleza Ediciones, 2023.

15.24 x 22.86 cm. 383 páginas.

1. ÉXITO. 2. DEVOCIONAL. 3. MOTIVACIÓN. 4. REFLEXIONES. 5. RESILIENCIA. 6. BIOGRAFÍAS 7. TESTIMONIOS DE VIDA

Derechos reservados

© Miguel Ángel Núñez, 2023
© Fortaleza Ediciones, 2023

Diseño interior: Servicios Editoriales FE
Fotografía de portada: www.pixabay.com

Fortaleza Ediciones
Quart de les Valls, CP 46515
Valencia
España

Todos los derechos reservados. Prohibida la reproducción total o parcial de esta publicación (texto, imágenes y diseño), su manipulación informática y transmisión ya sea, electrónica, mecánica, por fotocopia u otros medios, sin permiso previo y por escrito del editor.

"No hay barrera, cerradura ni cerrojo que puedas imponer a la libertad de mi mente".
—*Virginia Woolf*

"El éxito no es definitivo, el fracaso no es fatal: lo que cuenta es el coraje para continuar".
—*Winston Churchill*

"Si quieres llegar a ser grande, no te rindas ante los obstáculos, solo supéralos".
—*Mary Kay Ash*

"La vida es 10% lo que te sucede y 90% cómo reaccionas ante ello".
—*Charles R. Swindoll*

"El éxito no se logra solo con cualidades especiales. Es sobre todo un trabajo de constancia, de método y de organización".
—*Simone de Beauvoir*

"La vida es una serie de colisiones con el futuro; no es una suma de lo que hemos sido, sino de lo que anhelamos ser".
—*José Ortega y Gasset*

"La vida no es fácil para ninguno de nosotros. Pero... ¡qué importa! Hay que perseverar y, sobre todo, tener confianza en uno mismo".
—*Marie Curie*

"No te rindas, por favor no cedas, aunque el frío queme, aunque el miedo muerda, aunque el sol se esconda y se calle el viento, aún hay fuego en tu alma, aún hay vida en tus sueños".
—*Mario Benedetti*

ABREVIATURAS

BJ76	Biblia de Jerusalén - 1976
CAS	Biblia en Castellano Antiguo
CAST	Biblia Castilian, 2003
DHH	Versión Dios Habla Hoy
LBLA	La Biblia de las Américas
NVI	Nueva Versión Inernacional
RV89	Versión Reyna-Valera 1989
RV95	Versión Reyna-Valera 1995
TLA	Traducción en lenguaje actual

Introducción

Siempre me han gustado las biografías. He sido un lector compulsivo de libros que hablen de otras personas, de sus vidas, de sus legados, de sus lecciones, de las estelas que han dejado sus existencias en la humanidad. Leer una biografía es sumergirnos en la vida de alguien para explorar más allá de las apariencias o las circunstancias excepcionales que alguien ha vivido.

Cuando comencé este libro de reflexiones, solo pensé que me gustaría escribir sobre la vida de quienes han superado obstáculos y han logrado salir adelante. Me dije más de una vez: "Si ellos pudieron, yo también puedo. Si tuvieron éxito, también es posible para mí".

A lo largo de este libro encontrarán ejemplos de innumerables personas, varones y mujeres, de distintas razas, culturas y contextos, que fueron capaces de vivir vidas excepcionales, más allá de género, condición sexual, circunstancias externas o habilidades. He procurado traer lecciones de personas de todo tipo, porque tal como dijo alguna vez ese extraordinario ensayista que fue Ralph Waldo Emerson: "Toda persona es mejor que yo en algún aspecto, y de eso aprendo".

Toda vida importa. Cada existencia es una estela que deja huella. Nadie pasa por esta vida sin dejar un legado y de eso es preciso aprender.

Este libro de reflexiones se suma a los otros siete que he escrito. En total ya suman más de 3200 páginas escritas. Al pensarlo me da vértigo, pero también una gran satisfacción, por haber cumplido el propósito que me hice hace mucho tiempo, escribir un devocional cada año.

Los títulos precedentes son:

Un nombre nuevo: un texto para jóvenes, que es leído con entusiasmo por adultos.

Diseñados para amar: el primer devocional que escribí para parejas y matrimonios.

Lazos de amor: fue el segundo libro en esa misma temática, donde intenté cubrir lo que me faltó en el anterior.

Reflexiones al amanecer: con diferentes temáticas que me preocupan y desde las cuales reflexiono.

Ser mujer no es pecado: el primer devocional que escribí pensando en las mujeres, pero para ser leído por todos.

Salmos de vida: un comentario devocional del salterio bíblico, el primero de cuatro libros similares.

¡Háblame, Señor!: un comentario devocional del libro de Proverbios, el primero de una trilogía.

En mis viajes por diferentes partes del mundo, me he encontrado con muchas personas que han leído alguno de esos libros, y como siempre digo: no hay mejor elogio para un escritor que lean su obra.

Confío en que el libro que tienes en la mano te acompañe durante un año, y puedas extraer lecciones de vida a partir de las vidas de otras personas.

Con mucho aprecio

Dr. *Miguel Ángel Núñez*
Quart de les Valls,
Valencia
España

En una fría mañana de otoño, mientras todos duermen a las 5 de la mañana.

Superando obstáculos

"De cierto os digo que, si tenéis fe como un grano de mostaza, diréis a este monte: 'Pásate de aquí allá', y se pasará; y nada os será imposible" (Mateo 17:20).

El surf casi siempre se lo asocia con jóvenes de vidas disolutas que pasan su tiempo en la playa y se dedican a jugar con las olas y a beber alcohol. Es una lástima que los estereotipos no nos permitan ver la realidad. Es cierto que hay jóvenes que han perdido el rumbo, pero ser un surfista profesional demanda mucho trabajo, ejercicio, una vida equilibrada, sin alcohol y con mucha dedicación. Son años de entrenamiento, de participar en torneos y de ir de un lugar a otro "persiguiendo a las olas".

Bethany Hamilton nació en Kauai, Hawaii. Creció imitando a sus padres surfistas que habían emigrado desde EE.UU. continental a las islas, intentando tener oportunidad para su pasión.

Bethany empezó a competir a los 8 años. Inició una carrera profesional a corta edad teniendo patrocinador para participar en competencias. Todo iba bien hasta un aciago día en que surfeando un tiburón le arrancó casi de cuajo un brazo. Logró sobrevivir a duras penas con la ayuda de algunos amigos que la llevaron de urgencia a un hospital.

Con un solo brazo, y con un empuje a toda prueba, al tiempo volvió a encaramarse a una tabla de surf. No fue fácil, tuvo que aprender de nuevo y su padre le confeccionó una tabla especial donde pudiera afirmarse de una manera diferente. Salió adelante por fe, por convicción y por trabajo. Tener fe no sólo es cuestión de confiar en Dios, también implica tener metas claras y trabajar por ellas. Bethany se ha convertido en una persona reconocida a nivel mundial, mucho más cuando salió la película sobre su vida: Soul Surfer.

Dios nos ayuda, sin duda, nos da empuje, ánimo, fortaleza, confianza, tranquilidad mental... pero, nunca hace por nosotros lo que nos corresponde a nosotros mismos. Bethany, una creyente en Dios, tuvo que aprender, y en vez de quedarse en casa rumiando su pena, y amargándose, volvió nuevamente al mar, tomó la tabla de surf y aprendió de nuevo. Una lección que muchos necesitan comprender. Es preciso dejar de llorar, ponerse de pie, salir al mar y aprender a vivir de nuevo. Cuesta, pero no es imposible.

Miedo al fracaso

"No tengas miedo; yo estoy contigo" (Génesis 26:24).

Todas las personas enfrentan obstáculos. La diferencia entre los que tienen éxito y los que no, es que los primeros no se inmovilizan por la posibilidad de fracasar, siguen adelante, pese al temor que puedan sentir.

Tomás Alba Edison, el notable inventor norteamericano solía decir: "Las personas no son recordadas por el número de veces que fracasan, sino por el número de veces que tienen éxito". Lamentablemente, muchos no siguen adelante, porque temen tener que enfrentar la derrota, sin darse cuenta, que es precisamente el temor, lo que les impide generar el éxito que tanto desean.

Algunos creen que los valientes son aquellos que no tienen miedo, lo que es un craso error. A menudo, quienes tienen más miedo son los que han tenido éxito, pero han aprendido a controlar el temor, antes de que el miedo los controle a ellos.

El temor que inmoviliza es una manera de pensar, se forma en múltiples ocasiones donde se alimenta el miedo una y otra vez. La mayoría de las personas que logran éxitos no son mentes privilegiadas ni han nacido en cuna de oro, simplemente, no han permitido que el miedo los paralice, y han continuado, incluso, cuando todos los demás se han dado por vencidos. Han superado el miedo inmovilizante a fracasar.

Los errores que cometemos en el camino son obstáculos que deberían enseñarnos, si tenemos la actitud correcta. En cambio, se convierten en lastre cuando decidimos bajar los brazos y dejar de luchar. La mayoría de quienes fracasan es simplemente, porque han dejado que la derrota los apabulle.

Es extraño que muchos cristianos tengan que beber el vino amargo de la derrota, porque el cristianismo apunta a cambiar la mente, a modelar una nueva manera de pararnos frente al mundo y encarar la realidad con una actitud positiva. Al menos podemos convencernos a nosotros mismos de que somos hijos del Dios de los cielos, del creador del universo, de quien sustenta todo, ¿por qué deberíamos tener miedo?

El miedo y la esperanza se cultivan. La pregunta es si estamos permitiendo que lo negativo tenga primacía en nosotros.

Valiente

"Bienaventurados los que tienen hambre y sed de justicia, porque ellos serán saciados" (Mateo 5:6).

El arzobispo Oscar Romero fue un hombre valiente que se enfrentó a la violencia y la opresión en su país, El Salvador. En medio de una guerra civil y un gobierno represivo, Romero se convirtió en la voz de los pobres y desamparados, denunciando las injusticias y abogando por la paz. Su compromiso con la justicia social y su defensa de los derechos humanos lo llevaron a enfrentar amenazas constantes e incluso a perder la vida.

Romero entendió que la transformación real comienza con un cambio de actitud. En sus sermones y discursos, instaba a sus feligreses a no dejarse vencer por el miedo y la indiferencia, sino a tomar acción y luchar por un mundo más justo. Su mensaje resonó en los corazones de muchas personas, despertando en ellos un sentido de responsabilidad y compromiso.

La valentía de Romero nos desafía a cuestionar nuestras propias actitudes y acciones. Nos invita a reflexionar sobre cómo podemos contribuir a la construcción de un mundo mejor, donde se respeten los derechos de todos los seres humanos. Su ejemplo nos enseña que no podemos quedarnos indiferentes ante las injusticias que nos rodean, sino que debemos actuar con coraje y determinación.

Citando al escritor Albert Camus: "En medio del invierno, aprendí por fin que había en mí un verano invencible". Esta cita nos recuerda que incluso en los momentos más oscuros, siempre hay una chispa de esperanza que puede encender nuestra pasión por el cambio. Así como Romero encontró fuerza en su fe y en su compromiso con los demás, también podemos encontrar nuestra propia fuente de inspiración para marcar la diferencia en nuestro entorno.

Oscar Romero fue un faro de luz en medio de la oscuridad, un recordatorio constante de que cada uno de nosotros tiene el poder de generar cambios significativos. Su valentía y dedicación nos retan a mirar más allá de nuestras propias preocupaciones y a trabajar por el bienestar de los demás. Siguiendo su ejemplo, podemos transformar nuestras actitudes y convertirnos en agentes de cambio positivo en nuestra sociedad. No permitamos que el miedo o la apatía nos paralicen, sino que avancemos con valentía hacia un futuro mejor.

Miedo a competir

"Sabéis que, en una carrera, todos corren, pero solamente uno recibe el premio" (1 Corintios 9:24).

Es imposible eliminar la competencia, siempre hay alguien que está intentándolo hacer mejor que nosotros, y ciertamente, lo logra, al menos en algún aspecto, de hecho, siempre hay una persona que hará un mayor esfuerzo que el nuestro o destacará por dotes particulares que nosotros no tenemos.

Sin embargo, esto puede convertirse en un obstáculo insalvable para algunas personas, que simplemente, se niegan a competir o exponerse ante otros dando lo mejor de sí.

Otros, especialmente los que tienen éxito, toman la competencia como parte del juego y en vez de sentirse desanimados, optan por sentirse optimistas y llenos de estímulo. Es la misma situación, lo que cambia es la actitud.

Muchos se desaniman al ver las capacidades que tienen los que están en el mismo juego, sin embargo, es un esfuerzo en muchos sentidos, absurdo. Se ocupa tiempo en comparaciones que no sirven. Si la otra persona tiene características más aventajadas en algún aspecto lo que se necesita, es descubrir, en qué aspectos somos potencialmente mejores, y trabajar en ese punto, no desanimarnos porque otro lo hace mejor. Además, hacerlo es pérdida de tiempo, la otra persona no dejará de ser fuerte en algún aspecto sólo porque nosotros nos detenemos en su fortaleza.

Una muestra de madurez es cuando las personas dejan de competir contra otros y comienzan a competir consigo mismas para superar sus retos y metas personales. La diferencia entre una persona exitosa y otra mediocre, es que la que tiene éxito está enfocada en lograr superar sus propios límites y no pierde el tiempo viendo como otros son mejores.

El mejor consejo que alguna vez recibí es: "Deja de mirar a otros y busca la forma de ser mejor que otro en algún aspecto, y eso, te llevará directo al éxito.

La superación personal, finalmente, rinde frutos. El optimismo hace que los que luchan por ser mejores cada día, en algún momento, reciban los frutos de sus desvelos. Temer a competir es simplemente, infantil

Miedo al éxito

"Te pondrá Jehová por cabeza, y no por cola"
(Deuteronomio 28:13).

Es impresionante cuando se piensa, en la cantidad de gente que no se arriesga, simplemente, porque tiene miedo de tener éxito. Muchas personas saben que tienen que pagar un costo, y no están dispuestas a hacerlo.

El psicólogo y pastor argentino Bernardo Stamateas en su libro *Autoboicot* señala: "Muchos se quejan y se lamentan de lo que la vida les ha deparado, pero en realidad no existió dentro de ellos un deseo fuerte de capacitarse para obtener resultados diferentes" (2008:69). El capacitarse y hacer las cosas diferentes, puede ayudar a vencer el miedo a triunfar que inmoviliza.

El autosabotaje encubierto impide que las personas puedan avanzar. Hace que no estén dispuestas a emprender el riesgo que significa hacer el esfuerzo por vivir algo distinto. Cuando hay temor a tener éxito, muchos terminan conformándose con trabajos mediocres en los que no están contentos, con salarios bajos, cuando tienen el potencial de ganar más, y una larga lista de conformidades que a la larga terminan por mellar la vida.

La vida es un riesgo, pero no mayor que atreverse a luchar por los sueños que se tienen. Ir a la universidad, cambiarse de trabajo, atreverse con un emprendimiento, irse a otro país, cambiarse de ciudad, todo eso demanda valentía, pero ser valiente no es carecer de miedo, sino avanzar pese al temor. No conozco a nadie que haya alcanzado el éxito en algún aspecto que no haya tenido que pagar el precio por soñar. Momentos difíciles, instantes que parecieron eternos, consecuencias familiares, pero, a todos los que he escuchado, ninguno cambiaría en nada lo que emprendieron con incertidumbre, porque el resultado es mayor y mejor que el que soñaron.

Dios desea que tengamos éxito. De hecho, no quiere que seamos últimos. Él quiere que ocupemos todo nuestro potencial, que no nos conformemos con menos, que no seamos mediocres ni personas que optan por hacer el mínimo de esfuerzo. Dios no patrocina fracasos, le gusta que nos vaya bien, se alegra con nuestros éxitos. Dios desea vernos felices, plenos, satisfechos y con deseos de avanzar. El temor paraliza, Dios nos ayuda a dejar a un lado el temor. El asunto es que nosotros lo creamos, el éxito parte en nuestra mente.

Miedo a la incertidumbre

"Tuvo miedo de decir: Es mi mujer" (Génesis 6:7).

La incertidumbre corroe. Hace que muchos no quieran avanzar, simplemente, porque temen lo que podría ocurrir. Se sienten más cómodos en su zona de confort, allí donde todo es conocido y no se arriesga nada. Prefieren la seguridad de lo que ya tienen, aunque sea poco y mediocre. Se alejan de cualquier cosa que suponga arriesgar y vivir en la incertidumbre y de esa forma, se auto limitan no alcanzando lo que podrían, simplemente, por temor a fracasar.

Tuve un alumno que finalmente abandonó sus estudios. Cada vez que llegaba la época de los exámenes dejaba de dar uno o dos o todos, cuando le pregunté alguna vez por qué razón no daba los exámenes, me dijo simplemente:

—Tengo miedo de que me vaya mal.

Sin darse cuenta, que eso era precisamente lo que provocaba con su huida, terminó perdiendo todo, y no me extrañaría que así mismo le fuera en su vida. El miedo a lo que viene hace que muchos se inmovilicen.

Tenemos que exponernos, probar, hacer cosas diferentes, aunque sean triviales o sin importancia, para aprender que siempre es posible que nos vaya bien o no, porque si no nos exponemos nunca lo sabremos. Los que hacen siempre lo mismo, cuya rutina es inquebrantable, no son capaces de exponerse a algo diferente, y terminan viviendo al ritmo de los demás, o haciendo lo que no quisieran, simplemente, porque no han tenido la valentía de enfrentarse a sus incertidumbres.

Conocí a un joven que fue abandonado siendo un niño, por sus padres, que vivió en la calle, y se convirtió en profesional. Siendo alumno alguna vez le pregunté cómo había logrado superar eso, cómo salió de una situación tan angustiante y su respuesta fue simple y certera:

—Un día me dije, no naciste para ser mendigo, tiene que haber algo más, así que comencé a luchar y aquí estoy.

"Aquí estoy", sus palabras me sonaron a triunfo. El no conformarse, el querer más es una decisión personal. Dios puede darnos el potencial, pero el utilizarlo y atrevernos a ir por más, es decisión nuestra.

Miedo a ser uno mismo

"Amar al prójimo como a uno mismo" (Mateo 12:33).

Indira Gandhi, quien fuera primer ministro de la India escribió: "Las personas que piensan que no son capaces de hacer algo, no lo harán nunca, aunque tengan las aptitudes". Eso quiere decir, que tenemos éxito y fracasamos, no en ámbitos objetivos, sino en la subjetividad de nuestra mente. Allí reside todo nuestro poder y también nuestra debilidad. Quienes creen que pueden, pueden. Quienes no se sienten capaces, fracasan. No es algo objetivo, es lo que pensamos de nosotros mismos.

Existe una manía aprendida que es querer ser como los demás. De hecho, en las iglesias se suele predicar un concepto al cual me revelo: "Tenemos que ser como Moisés, David, Elías, etc". y mi pregunta es ¿por qué? si cada uno es diferente, ellos tuvieron sus luchas y nosotros las nuestras. Podemos aprender de sus elecciones, pero al final de cuentas, los que tenemos que decidir somos nosotros.

Somos únicos, diferentes a todos los demás, no copias ni clones, individuos. Toda la sociedad conspira para que lo olvidemos, empezando desde los colegios que nos obligan a ir de uniforme como si todos fuéramos iguales, complotando para hacernos creer que no somos diferentes a otros, cuando en realidad, nuestra genética dice lo contrario.

Vivir en función de lo que hacen los demás, imitando y copiando a otros, hará que nos perdamos en la maraña de mentiras que nos contaremos a nosotros mismos. Al observar a la gente que tiene éxito, hay un común denominador, ninguno planeó ser igual a otros, todos decidieron ser quienes eran, ni más ni menos.

Ser fiel a uno mismo es mucho más difícil que ser fiel a otros. Implica creer en nosotros y aceptarnos. Significa entender que somos individuos valiosos y que no tenemos nada que probar, más que ser lo que somos. Eso no significa quedarnos estancados, sino aprender para superarnos cada día más.

Dios no crea clones, Dios se goza en la diversidad, basta mirar un prado donde las flores y los arbustos compiten en colores, formas y texturas, para mostrar simplemente, que son distintas. Así son los seres humanos, únicos, insustituibles. Tener miedo a ser uno mismo siempre frena.

Más valioso que el oro

"Y Abram era riquísimo en ganado, en plata y en oro"
(Génesis 13:2).

A través de toda la historia el oro ha sido considerado un metal precioso. Se han efectuado guerras para preservarlo y conspiraciones para obtenerlo. Pero ¿realmente es tan valioso?

Con los años el platino y otros minerales, se han convertido, por su escasez en más valiosos que el oro. La razón es simple, a mayor demanda, mayor valor, a más raro, más caro. En relación con el ser humano, lo que hace que una persona sea, en términos de resultados, más valiosa que otra, es el concepto que el individuo tiene de sí mismo.

Anthony Trollope, uno exitoso novelista de la era victoriana en Inglaterra escribió: "Nadie puede tener una opinión buena de una persona que tiene una opinión mala de sí mismo". En otras palabras, lo que tú piensas de ti mismo condiciona lo que otros puedan pensar sobre ti. Es una especie de regla de oro de la interrelación humana. Nuestra manera de pensar de nosotros mismos condiciona lo que otros puedan pensar.

Muchos no son exitosos simplemente, porque el valor que se dan a sí mismos está depreciado y, por lo tanto, las demás personas actúan en concordancia con lo que el individuo piensa de sí mismo.

Éxito o fracaso parten de sí mismo. Cuando Jesús invitó a amar al prójimo, hizo la salvedad "como a sí mismo", suponiendo que toda persona sana y estable, se valora a sí misma y por lo tanto, es capaz de dar lo que tiene. En cambio, quien se desprecia a sí mismo, difícilmente podrá tener un vínculo saludable con otras personas.

Las metas, los sueños, las expectativas y todo el esfuerzo que ponemos en su realización están directamente relacionado con la actitud que tenemos en relación con nosotros mismos. Si creemos que no merecemos triunfar, no podremos hacerlo, al contrario, si pensamos en el triunfo y nos visualizamos ganadores, llegaremos a tener éxito, con más o menos esfuerzo, pero lo haremos, porque nos vemos a nosotros mismos no en la arena de los fracasados sino en la montaña de los ganadores. Todo parte en nosotros. Dios espera que nuestra mente esté higienizada de pensamientos negativos, que vivamos el éxito que pensamos.

LÍMITES

"No reducirás el límite de la propiedad de tu prójimo"
(Deuteronomio 19:14).

Los límites son necesarios, aunque a algunos no les gusten. No sólo señalan las fronteras de una propiedad, también nos permiten establecer con claridad el dominio, pero en otros casos, son la forma de señalar los peligros potenciales a los que nos exponemos. Una cerca al lado de un acantilado es una tremenda ayuda para los descuidados que pueden no darse cuenta de que traspasar ese límite puede ser fatal.

Sin embargo, hay otros límites de los cuales no se habla, pero que son vitales para nuestro desarrollo como humanos y tiene que ver con la relación interpersonal y el éxito como individuos.

Muchos viven pendientes de lo que otros puedan decir o hacer en relación con su persona, pero eso no es saludable, crea dependencia. No podemos evitar los pensamientos ajenos ni tampoco sus conductas, incluso cuando nos afecten. Pero sí podemos poner límites a nuestra mente por la forma en que reaccionamos y lo que sentimos frente a lo que nos ocurre. Como diría Stamateas: "No podemos modificar las conductas de los otros, pero sí tener dominio propio sobre nuestras conductas y nuestra mente" (2008:7).

¿Cómo se hace eso? Simplemente velando por que nuestras conductas y pensamientos no sean reactivos. Si otra persona se enoja contigo, ¿por qué deberías enojarte tú? Si alguien hace algo malo, ¿por qué deberías pagar con la misma moneda?

El mayor obstáculo que algunas personas deben enfrentar es sus mismas reacciones, destempladas y desubicadas, muchas veces. Una cosa es reaccionar, que a menudo causa más males que bienes, y otra muy distinta es actuar de manera proactiva.

Ser proactivo exige pensar antes de actuar y evaluar antes de dejar que nuestra mente termine generando pensamientos negativos que finalmente nos van a afectar. En el camino de la vida no podremos evitar que algunas personas nos dañen, lo harán, aun si no lo queremos, incluso, si explícitamente lo solicitamos. ¿Qué haremos después de haber sido dañados? Eso marca la diferencia entre los que tienen éxito y los que fracasan. Los primeros son proactivos, y los segundos solo reaccionan.

CREER

"Si puedes creer, al que cree todo es posible" (Marcos 9:23).

El creer tiene varias facetas. No solo es importante creer en la divinidad, porque eso da un sentido trascendente para la vida, también es preciso creer en los demás, porque de otro modo nos quedamos aislados, pero también es sumamente necesario creer en uno mismo, o de otro modo, no se alcanza nada.

Lamentablemente, por el influjo de falsos conceptos religiosos, algunos asumen que creer en sí mismo es un signo de orgullo o vanidad, cuando en realidad es todo lo contrario. Una persona que no cree en sí misma muestra una de las mayores debilidades humanas, no ser capaz de entender el valor que tiene como persona, y en ese caso, es difícil que incluso Dios pueda hacer algo, porque finalmente los conceptos más relevantes de la existencia parten en nuestra propia mente.

Creer en uno mismo no tiene nada que ver con megalomanía, egoísmo, autoexaltación o narcisismo, todas patologías de la personalidad. La persona que cree en sí misma sabe de qué es capaz y cuáles son sus debilidades. No hace ostentación de quién es, pero tampoco se menosprecia a sí misma.

Las personas que no creen en sí mismas no avanzan. Se encuentran con miles de obstáculos insalvables, que su mente ve como barreras que no puede superar. Para avanzar es preciso creer que se es capaz, de otro modo, el pensamiento de inutilidad limita y frena las posibilidades reales de crecer.

El movimiento internacional para mejorar la autoestima de la población ha sido confundido por muchos religiosos como una muestra de autoadoración. Es absurdo, nadie puede crecer ni avanzar a menos que entienda su propio valor como individuo.

La familia y los primeros años de vida son fundamentales para que los individuos desarrollen un concepto saludable de sí mismos. Cuando eso no ocurre, es difícil progresar. Las personas que se desvalorizan a sí mismas ven obstáculos donde no hay y sienten miedos de barreras que no existen. La actitud negativa que tienen hacia sí mismos condiciona su manera de enfrentar la realidad. Por eso, los cambios nacen en la mente.

Confiar

"Dios mío, fortaleza mía, en él confiaré" (2 Samuel 22:3).

Confiar es un acto de fe, pero no necesariamente de "fe" religiosa. Esa es una faceta de la fe, la confianza que se expresa en un ser superior a quien imploramos por guía. Sin embargo, hay otras facetas de la fe. Un hijo que confía en su madre deja, literalmente su vida en sus manos. La amistad necesita de fe, de hecho, es un acto de fe el confiar que quien se dice digno de nuestra amistad no nos traicionará y estará con nosotros en los momentos difíciles. Formar una pareja, es un acto de fe, esperamos lo mejor de la persona a quien entregamos nuestros afectos y por esa razón, estamos dispuestos a sacrificios y esfuerzos que no haríamos por otras personas. Incluso en actos comerciales es preciso ejercer fe, cuando llevo mi dinero a un banco y lo dejo allí, no estoy llamando todos los días para asegurarme de que tienen mis recursos, sé que están allí y en cualquier momento puedo ir a retirarlos. Cuando vamos a un restaurante ejercemos fe, pedimos la comida y luego la consumimos, no nos preguntamos si el cocinero le puso un veneno o que intenta asesinarnos.

Todo lo anterior son actos de fe. Exigen confianza, de otro modo, no se podría vivir y estaríamos permanentemente en ascuas, intentando sobrevivir. La fe es un constituyente básico de la existencia. Sin embargo, un aspecto que sólo en las últimas décadas se ha enfatizado es la fe en uno mismo. Los psicólogos sociales y especialistas en administración han entendido que uno de los recursos intangibles de una empresa está constituida por las ideas que las personas tienen de sí mismos, por eso se dedican tantos seminarios y talleres para ayudar a los individuos a tener confianza en sí mismos, porque saben que, sin ese aspecto básico, no importa qué habilidades se tengan, las personas fracasarán porque no tendrán lo que se necesita para superar obstáculos, creer en uno mismo.

Confiar en uno mismo es un acto de fe. Alguien dice "creo que puedo lograrlo", y al decirlo inicia una serie de cambios cognitivos que producen a su vez efectos neuronales, que hacen que el cerebro y la mente comiencen a responder a ese nuevo escenario. No es extraño que de pronto personas comunes se encuentren haciendo cosas extraordinarias, simplemente, porque decidieron ejercer fe en sí mismos, porque entendieron que, si no confiaban en ellos mismos, ¿quién más lo iba a hacer?

El obstáculo de la culpa

"Si confesamos nuestros pecados, Él es fiel y justo para perdonar nuestros pecados, y limpiarnos de toda maldad" (1 Juan 1:9).

Los obstáculos en el camino del éxito son muchos, algunos fácilmente de percibir, sin embargo, otros, son intangibles y habitan en nuestra mente impidiéndonos crecer y lograr lo que nos proponemos.

Es extraño cómo funciona la mente humana. La mayoría de los cristianos cree que Jesús vino para liberarnos del pecado y la culpa. Leen versículos como el que inicia esta reflexión, pero, aun así, se sienten fracasados cuando se equivocan o cargan culpas por errores cometidos con los hijos o en su vida personal. Decimos que Jesús libera, pero en la práctica, muchos cargan mochilas de culpas que los hunden en falta de confianza en sí mismos, y en vez de ser liberados, se convierten en sufrientes permanentes.

Los sentimientos de culpabilidad son uno de esos obstáculos que se convierten en lastre para crecer. Nos equivocamos, pues bien, con eso demostramos que somos humanos, ni más ni menos, así que lamentarnos no ayuda. Debemos pedir perdón, enmendar lo que podamos y continuar, de otro modo, no podremos avanzar.

Hicimos algo mal que provocó un dolor en alguien, pues eso demuestra que somos humanos, solo humanos. Pidamos perdón, ofrezcamos compensar el dolor que hemos provocado, hagamos lo posible para que el dolor causado sea enmendado, pero no dejemos que ese dolor que provocamos se convierta en la pared de granito que nos impida avanzar.

Realizamos un acto del que nos avergonzamos, pues bien, eso demuestra que aún tenemos la sensibilidad suficiente para darnos cuenta de que hay ocasiones en que nuestras acciones nos ponen en una situación ridícula o riesgosa. Pidamos perdón, levantemos la frente, arreglemos lo que se pueda, y continuemos viviendo. La gente siempre se reirá de algo que hemos hecho, pero de nosotros depende el convertirnos en el bufón de la corte o simplemente, en el rey de nuestra vida.

Dios nos perdona. Toma nuestras faltas y las tira "en el fondo del mar" (Miqueas 7:19) y lo maravilloso, es que no bucea nunca más en aguas profundas. ¿Por qué sientes culpa entonces?

La marca de Caín

"Entonces el Señor le puso una marca a Caín, para que no fuera a matarlo quien lo hallara" (Génesis 4:15).

No tengo idea qué marca puso Dios en Caín, pero dicha señal continuó el resto de la vida de este personaje, que llevó esa huella como un estigma, que lo protegía de ser asesinado por otra persona. Dios lo cuidó, pero para hacerlo lo marcó para el resto de su vida. ¿Cómo habrá sido vivir así? ¿Cómo se sentirían los hijos de Caín al saber que su padre estaba marcado?

Tomándome una licencia homilética, creo que muchas personas llevan una especie de marca de Caín invisible en su frente. Nadie la ve, solo ellos. Pero su peso es tan fuerte que les parece que todo el mundo los observa. Dicha marca está constituida por todas aquellas palabras que nos dijeron que de una u otra manera hicieron que perdiéramos confianza en nosotros mismos.

"Perdedor", "fracasado", "inútil", "basura", "tonto", "lento", y podríamos seguir, todos los seres humanos en algún momento hemos sido "acariciados" por esas expresiones que dichas en todos los tonos, han supuesto una agresión a nuestra dignidad humana. Pero el problema al final, no son esas palabras, sino que las creímos y las incorporamos a nuestra existencia como si fueran verdad y quedaron allí como quemadas a fuego en nuestra conciencia, produciendo pequeños estados de conciencia que nos impidieron lograr más de lo que podíamos.

"Soy un fracaso", me dijo una de mis estudiantes hace un tiempo. Cuando le pregunté por qué creía eso, me dio una larga lista de "no puedo", que le habían enseñado en su casa. Los "no puedes" que sus padres le habían repetido por años estaban allí en su mente impidiéndole crecer y siendo un obstáculo para su crecimiento y realización personal.

Le di una hoja de papel, puse en grandes letras como encabezado "PUEDO", y le dije que hiciera una lista de todas las cosas que sí podía hacer. Le pedí que la llevara a casa y me la trajera en una semana, luego de meditar cuidadosamente en los "puedo" que eran posibles en su vida.

A la semana me abordó. Tenía una hermosa sonrisa en el rostro y me dijo: "Ya sé que hay muchas cosas que puedo hacer". En ese momento supe que la marca que llevaba comenzaba a ceder.

Identidad

"El necio multiplica palabras, aunque no sabe nadie lo que ha de ser; ¿y quién le hará saber lo que después de él será?" (Eclesiastés 10:14).

Es una necesidad humana básica entender quién se es. Ninguna persona puede existir de manera equilibrada y emocionalmente sana si no desarrolla su propia identidad, que no es genética ni ambiental, sino una decisión personal, que está vinculada con la individualidad y la percepción, buena o mala que se tenga de sí mismo.

Todo ser humano tiene que responder la pregunta vital sobre su individualidad: ¿Quién soy? Es una pregunta fundamental que no puede responderse con medias respuestas o actitudes evasivas. Es un camino que puede llevar toda la vida, pero es fundamental responder quién soy, quién me gustaría llegar a ser o quién debería ser. No son temas tangenciales, sino que están en el fundamento mismo de nuestro ser persona.

Francisco Alarcos, afirma que la búsqueda de identidad tiene dos dimensiones, una personal y otra social. "Personal, porque atañe a la persona darse una respuesta que considere válida, y social, porque el ser humano es un ser social por naturaleza y no se construye a sí mismo en el aislamiento" (2009:51).

Nadie puede evadir la obligación que tiene frente a sí mismo para elegir quién es o qué quiere ser, esa respuesta no la pueden dar otras personas, porque de esa forma se pierde la libertad esencial que nos permite ser.

La dimensión social es fundamental en esta respuesta. Todos nacemos en un contexto social. Sea bueno o nocivo, es lo que hay y a partir de esa experiencia social construimos nuestra identidad. Pero, en última instancia, elegimos lo que somos o lo que deseamos ser. No está determinado, aunque sí condicionado.

Este constructo cognitivo que llamamos "identidad" se irá modificando a lo largo de los años, dependiendo de las habilidades que adquiramos o las experiencias que tengamos. Lo que es ineludible, es la necesidad de hacerlo.

Dios nos ha dado la capacidad de reflexionar y pensar, es un deber para con nosotros mismos, elegir un concepto de nosotros mismos que nos permita vivir con equilibrio y emocionalmente sanos. Dios no elige por nosotros.

Desde lo que se hace

"El herrero toma la tenaza, trabaja en las ascuas, le da forma con los martillos, y trabaja en ello con la fuerza de su brazo" (Isaías 44:12).

Muchas personas cuando se las interroga sobre quién es contestan: Soy médico, arquitecto, pastor, herrero, carpintero, maestro y así sucesivamente. Pareciera una buena respuesta, sin embargo, es pésima. Se pierde de vista lo esencial de cada persona, la rúbrica individual que cada uno tiene.

Siempre me ha llamado la atención las personas que son capaces de vivir en el mismo lugar toda la vida. Hace unos días visité la heladería a la que solía ir cuando era niño. Hacían unos helados de frutas que me encantaban, así que en un dejo de nostalgia me dirigí a ese lugar. Cuando entré, fue como dar un paso hacia el pasado. Todo parecía estar igual que antes. Salvo algunos arreglos en el exterior, todo seguía igual como hace 40 años. De pronto vi en la caja al dueño, el mismo personaje que veía cuando niño que se sentaba en el mismo lugar para recibir el pago de sus helados. No pude dejar de pensar quién es ese hombre que ha permanecido 40 años en la misma silla, una especie de encierro a voluntad, solo para sobrevivir. ¿Acaso el oficio define la vida? Lo que hacemos está vinculado con nuestra esencia como humanos, pero no define nuestra humanidad. Una actividad es un accidente, puede estar o no, y eso no hace la diferencia en nuestra esencia como ser humano.

Cuando Sócrates, el filósofo griego, cavilaba sobre el ser de lo humano, su mente solía decir que la respuesta más difícil que alguna vez alguien puede contestar es ¿quién soy? De hecho, el filósofo invitaba a conocerse a sí mismo como la más importante tarea a la cual estamos llamados los seres humanos. La carrera, el oficio o el trabajo, no definen la vida de un ser humano.

Lo que somos está en nosotros, en nuestros ideales, en las metas que nos trazamos, en los sueños, en los valores, en la moral que tenemos, en los afectos que entregamos. Ser es mucho más importante que hacer. Cualquiera puede ser carpintero, no todos pueden ser Yo.

¿Quién eres? ¿Una profesión o un individuo? Siempre es más fácil definirse por lo que se hace, pero es una manera de evadir la pregunta esencial.

LÍDER

"Te pido que les des a los israelitas un líder" (Números 27:16).

Toda la existencia humana se resume en luchar. Apenas superamos un obstáculo surge otro, y así, en una sucesión sin fin que no acaba. Es parte inherente al estar vivo y ser consciente de lo que nos pasa. Los animales están sujetos a un programa genético previamente establecido y no pueden salirse de allí, no así los humanos que tienen abiertas ante sí todas las posibilidades.

Esto significa que las personas tienen que aprender a hacerse paso en la existencia. Deben, literalmente, ganar un lugar. Decidir qué tipo de vida quieren vivir. Esta circunstancia no es optativa, estamos obligados a elegir qué tipo de vida queremos vivir.

Como diría el filósofo español José Ortega y Gasset, "la vida es un que-hacer", es decir, no nos es dada hecha, tenemos que hacerla, de algún modo u otro, debemos asumir la responsabilidad de lo que somos y lo que queremos ser. Es una tarea ineludible.

El gran conflicto es quién lidera este proceso, nosotros u otros por nosotros. Porque en este elegir quién queremos ser podemos hacernos esclavos de las decisiones de otros y vivir vidas prestadas, que terminan siendo inauténticas. Ser líder del propio porvenir es algo que ni Dios limita.

Podemos elegir hacernos cargo de nuestra existencia o dejar que otros elijan por nosotros. Una gran cantidad de personas se resigna a vivir esclavizados de las decisiones ajenas, sin sentirse libres para elegir por sí mismos qué quieren ser. Finalmente, por esa vía, terminan siendo personas infelices y llenas de complejos que no les permiten ser auténticos.

La vía de hacerse cargo de sí mismo es más tortuosa, está llena de incertidumbres, se vive en una encrucijada constante, pero a largo plazo es lo que llena de satisfacciones, porque permite a los individuos emprender su existencia con un sabor más auténtico y vital.

Muchos, incluso, claudican de esta responsabilidad pensando que Dios debe elegir por ellos, pero esa salida termina también siendo un callejón sin salida. Dios puede inspirar, fortalecer la voluntad, animar, pero... la decisión de qué hacer, es única y exclusivamente nuestra. No somos marionetas de la divinidad, por mucho que algunos actúen como si lo fueran.

Dejar de soñar

"De cierto os digo que, si no os volvéis y os hacéis como niños, no entraréis en el reino de los cielos" (Mateo 18:3).

Es impresionante escuchar a los niños. Todos sueñan y lo hacen a lo grande. Quieren ser bomberos, policías, médicos, presidentes de la república, y cientos de oficios. No hay nada que detenga su imaginación. Si les hablas de escalar una montaña, ellos lo quieren hacer. Sin embargo, a medida que van creciendo muchos van perdiendo esa alegría de vivir y dejan de soñar.

No me gusta hablar con algunos adultos, la mayoría vive aferrada a sus frustraciones y amarguras. Se concentran en lo que no pudieron y dejan de pensar en lo que pueden. Dejan de soñar y cuando eso ocurre, comienzan poco a poco a morir, a secarse por dentro, a quedar como flores disecadas, en los que se observa que alguna vez hubo alguna belleza, pero ahora está seca y sin vida.

Nunca deberíamos dejar de soñar. Quien deja de hacerlo hace de su vida un camino tortuoso. Hace tiempo conocí a un anciano vivaz, entusiasta, lleno de vida. Luego, su hijo me contó su vida. Era un pobre campesino cuando uno de sus tres hijos le rogó que lo pusiera en la escuela porque quería aprender. La sorpresa fue mayor cuando el primer día de clases se encontró teniendo a su padre como compañero de clases. Asistió con sus hijos al colegio, porque se dijo a sí mismo que no podía ser que sus hijos supieran y él no. Cuando su hijo ingresó al secundario él también lo hizo. Cuando decidió ir a la universidad, se trasladó con toda su familia para estar cerca y para que todos los demás tuvieran la misma oportunidad, y como era esperable, también ingresó y estudió, se graduó y trabajó unos quince años como pastor. Cuando se jubiló, un día le anunció a sus hijos que estudiaría ingeniería en computación, no quería que los computadores fueran un enigma para él y así lo hizo, y se graduó, y los últimos años ya muy anciano lleno de alegría, asesoraba a empresas, arreglaba computadores y vivía feliz.

Los que dejan de soñar se quedan sin la savia de la vida. Los sueños son el motor que anima la existencia, la que da la fuerza para que los individuos puedan aspirar y continuar. Sueños que producen energías que no se conocían. Los niños sueñan, los adultos deben aprender a ser como ellos.

La visión

"No mirando nosotros las cosas que se ven, sino las que no se ven, pues las cosas que se ven son temporales, pero las que no se ven son eternas" (2 Corintios 4:18).

En la mayoría de las empresas se habla de "visión" y "misión". Es común encontrar en muchos lugares de trabajo, universidades e incluso instituciones sin fines de lucro, carteles que enuncia la visión y la misión de la entidad.

¿Qué es la visión? Pues lo que avizoran como objetivo final y trascendente de la empresa. En muchos casos es una declaración ambiciosa e incluso utópica, pero de alguna manera marca el sendero por el que se quiere transitar. Una empresa sin una visión clara de lo que quiere lograr, simplemente, termina encallando en la improvisación y la falta de propósitos.

Sin embargo, tal como se tienen visiones para una empresa, es necesario que las personas también tengan una visión personal, que los proyecte hacia el futuro.

Sin embargo, para poder lograr el avance deseado, la visión debe concentrarse en el porvenir, no en el ahora. Cuando las personas sólo ven lo que viven en el presente, se concentran en los obstáculos y no avanzan, al contrario, se desaniman y terminan viviendo vidas que no les gusta.

Recuerdo en algún momento haber visitado una universidad para dar conferencias. En algún momento el rector me invitó a hacer una visita guiada a las dependencias de la universidad. Fue un momento muy ameno. De pronto llegamos a un lugar baldío y con una gran sonrisa el hombre me dijo:

—Aquí estará la facultad de medicina y el hospital universitario.

Sabiendo lo difícil que es una empresa de ese tipo expresé un par de dudas. Él me miró condescendiente y me dijo:

—Amigo, siempre se comienza con un sueño y ese es el nuestro.

No me pareció extraño que diez años después tenían lo que había anunciado. Sin una visión de lo que queremos, no vamos a ningún lado. Lo saben los capitanes de barco, lo primero que señalan es el puerto al que quieren llegar. Sin una meta no hay nada. Si sólo aplicáramos ese simple principio a nuestra vida, otro sería el cantar.

La misión

"Prosigo a la meta, al premio del supremo llamamiento de Dios en Cristo Jesús" (Filipenses 3:14).

La misión es fin, el propósito o la razón de ser de una empresa u organización y define lo que pretende cumplir en su entorno o sistema social en el que realiza su acción; lo que quiere hacer, y el para quién lo va a hacer. Toda empresa que se precie tiene una misión organizacional que guía el hacer de la misma. Desde el punto de vista de la administración carecer de misión es no tener un norte hacia el cual orientar la labor que se realiza. Por esa razón en la mayoría de las empresas modernas al entrar o en los pasillos u oficinas, se enmarcan la misión y visión, para que todos sepan hacia dónde se dirige el rumbo.

Del mismo modo cada individuo necesita entender su misión en la vida, porque precisa enfocar su existencia hacia un norte que le dé sentido a todo lo que realiza. Muchos fracasan simplemente porque no saben qué es lo que quieren hacer con sus vidas.

Así que el obstáculo más grande que deben superar es definir su misión. Entender con claridad qué es lo que quieren hacer, de ese modo sus esfuerzos tendrán sentido.

Suelo preguntarles a estudiantes universitarios por qué razón estudian. Muchos contestan con evasivas, porque en el fondo no lo tienen claro. Otros se concentran en aspectos tangenciales como el dinero que recibirán o el lugar que ocuparán en el espectro social. Son pocos los que claramente pueden desarrollar un discurso coherente en virtud del cual justifican lo que hacen exponiendo sus razones, propósitos y objetivos, con claridad y convicción. Sin duda, son éstos últimos los que alcanzan los mejores resultados, no en recursos adquiridos, sino en calidad de vida, que a la postre es lo que finalmente cuenta.

Definir la misión de la vida es una tarea esencial. Es un acto vital íntimo, personal, de nadie más. Ninguna persona, llámese madre, padre, hermano, familiar, cónyuge, profesor o quien sea, tiene derecho a imponernos una misión en la vida. Esa responsabilidad es única nuestra. Sólo cuando fijamos el rumbo con precisión, entonces, cualquier esfuerzo que hacemos adquiere sentido y nuestras vidas se llenan de plenitud y alegría, que es siempre resultado de tener clara la misión.

La mente, un obstáculo

"Ser renovados en la actitud de su mente" (Efesios 4:23).

Cuando hablamos de "mente" no nos referimos a la mecánica del cerebro ni a las redes neuronales, sino a la compleja trama que conforman nuestros pensamientos, ideas, conceptos, preconceptos, estereotipos y juicios que son los que configuran nuestra mirada de la realidad. Miramos con la mente, no con los ojos. De hecho, todo lo que vemos pasa por el tamiz de nuestra mente. Eso hace que, con ojos similares, la gente vea cosas distintas.

En la mayoría de las personas, la mente se convierte en un obstáculo. Las ideas que tienen sirven como rocas en el camino que les impiden avanzar. Los prejuicios condicionan su manera de enfrentar la realidad. Los juicios aprendidos son el paradigma con el cual miden todo lo que les ocurre. En muchos sentidos, no ven con la mirada sino con los conceptos. La educación pretende ayudar a los estudiantes a cambiar su mente, porque en eso consiste finalmente el pensar. El introducir nuevas ideas hace que las personas experimenten nuevas maneras de ver la realidad.

Es interesante que la Biblia hace constantes llamados a renovar la mente. Los escritores bíblicos entendieron que, sin un cambio de paradigmas, de visión de mundo, de preconceptos, no habría cambios reales. No se trata de adornar la realidad ni de buscar ideas que maquillen lo que ocurre, sino de incorporar conceptos que sirvan para modificar la realidad.

El desafío más grande de todo ser humano es convertirse en crítico de su propia mente. Siempre es más fácil examinar las ideas y conceptos de otros, que detenerse a analizar las ideas propias. Solemos ser condescendientes con nosotros mismos. Acariciamos conceptos que no queremos dejar ir y todo eso que hay en nuestra mente se convierte en un lastre, en vez de ser acicate para avanzar.

Las mentes sanas, que no están intoxicadas con conceptos erróneos, son las más críticas a la hora de pensar. Someten toda idea a un escrutinio feroz, hasta asegurarse de que dicha idea es racional, lógica, coherente y que no está impregnada de estereotipos. Las mentes enfermas, por el contrario, se niegan al cambio y al examen de sus ideas. Se aferran a sus estereotipos como náufragos a su salvavidas. Son mentes que no crecen.

LAS EMOCIONES NEGATIVAS

"Si le llega a pasar una desgracia en el viaje que van a emprender, ustedes tendrán la culpa de que este pobre viejo se muera de tristeza" (Génesis 42:38).

Morirse de tristeza, ¿será cierto o es sólo un mito? La realidad es que muchas de las emociones negativas no controladas pueden matar y además, ayudar al aceleramiento de la muerte. Las emociones nos constituyen y cuando no sabemos controlarlas, entonces, terminamos sometidos a ellas.

El escritor francés Matthieu Ricard en su libro *En defensa de la felicidad*, señala que "la palabra 'emoción', deriva del verbo latino *emovere*, que significa 'mover', abarca todo sentimiento que hace que la mente se mueva, ya sea hacia un pensamiento nocivo, hacia uno neutro o hacia uno positivo" (2005:110). Eso significa que el gran problema no son las emociones sino nuestras reacciones frente a ellas. La cosa es simple, o manejamos a las emociones o nos convertimos en esclavos de ellas.

Muchas personas, por educación y experiencias tempranas, sólo reaccionan ante sus estados emocionales. Son como pistolas a punto de disparar que se activan por cualquier estímulo, sin embargo, por esa vía, pronto se enferman y eso afecta no sólo a sus mentes, sino también a sus cuerpos. Tener el control significa elegir una manera de interactuar con nuestras emociones de tal modo que se conviertan en un elemento controlable y no en un volcán que erupciona sin que podamos hacer nada al respecto.

La Biblia dice: "no se ponga el sol sobre nuestro enojo" (Efesios 4:26), una manera metafórica de señalar que una emoción con efectos potenciales tan graves como el enojo, no puede enquistarse en nuestra vida, quedándose de manera permanente. Hay personas que permiten que su enojo se convierta en resquemor, amargura e incluso odio. Cuando eso ocurre, los individuos se tornan en seres enfermos y tóxicos para con las personas con las cuales se vinculan.

El apóstol Pablo, sin tener conocimientos de psicología, pero entendiendo el efecto devastador de las emociones negativas recomienda: "Abandonen toda amargura, ira y enojo, gritos y calumnias, y toda forma de malicia" (Efesios 4:31, similar en Colosenses 3:8). Si no controlamos nuestras emociones negativas, finalmente nos destruyen.

Emociones positivas

"No seas vencido de lo malo, sino vence con el bien el mal"
(Romanos 12:21).

Así como las emociones negativas pueden destruir, las emociones positivas pueden marcar la diferencia en una vida, haciendo que todo tenga más sentido y sin tener que cargar con resquemores o sentimientos que terminan enfermando la mente y el cuerpo. Desde hace años se ha introducido en los estudios psicológicos el concepto de "psicología positiva", que se concentra en el estudio de las llamadas emociones positivas y procura por ese medio catalizar o controlar las emociones negativas que destruyen. El psicólogo Martín Seligman fundó junto a otros especialistas la red de psicología positiva, con el fin de darle otro enfoque a los estudios psicológicos.

¿Por qué es importante pensar en positivo? De alguna forma los pensamientos positivos sirven de antídotos contra los pensamientos negativos que destruyen. Como dice Ricard "los pensamientos de bondad, de ternura y de tolerancia, nos producen alegría y nos infunden valor, nos abren la mente y nos liberan interiormente. Asimismo, nos incitan a la benevolencia y a la empatía" (2005: 117).

Sin ser expertos en psicología, los autores bíblicos hacen énfasis en la misma idea. Pablo, por ejemplo, hace un llamado a vencer el mal con el bien. A menudo se interpreta este texto en acciones positivas a favor de otros, aún cuando actúen de una manera errónea, sin embargo, el versículo es factible de utilizar en el contexto de la mente. Podemos vencer los malos pensamientos reciclando nuestra manera de pensar.

Filipenses es un ejemplo clave. "Por último, hermanos, pensad en todo lo verdadero, en todo lo que es digno de respeto, en todo lo recto, en todo lo puro, en todo lo agradable, en todo lo que tiene buena fama. Pensad en todo lo que es bueno y merece alabanza" (Filipenses 4:8). Nuestra mente puede ser controlada, como diría Martín Lutero, "no podemos evitar que los pájaros vuelen sobre nuestra cabeza, pero si podemos evitar que hagan nido sobre ella", lo mismo ocurre con los pensamientos. Si se anidan pensamientos negativos que terminan siendo nocivos, es nuestra responsabilidad porque lo hemos permitido. La mente se cultiva, de otro modo, se llena, como un campo descuidado, de maleza, cardos y espinas.

No es ingenuidad

"Por último, hermanos, pensad en todo lo verdadero, en todo lo que es digno de respeto, en todo lo recto, en todo lo puro, en todo lo agradable, en todo lo que tiene buena fama. Pensad en todo lo que es bueno y merece alabanza" (Filipenses 4:8).

Los cambios más importantes proceden de la mente y del control de emociones. Cuando ese pensamiento no se entiende, los seres humanos nos convertimos en esclavos de nuestra mente que no nos ayuda a vivir de una manera plena y eficaz.

El aporte de Daniel Goleman y su libro *Inteligencia emocional*, fue plantear lo que no se había podido probar, el ser humano no es sólo un ser cognitivo. Su inteligencia no se termina en los procesos mentales que permiten la resolución de problemas y la adquisición de conocimientos. El ser humano también es un ser emocional y si nuestras emociones no son controladas de manera racional, terminan por convertirse en un obstáculo para el crecimiento y la vida.

Ricard plantea que "la experiencia demuestra que las emociones perturbadoras, al igual que una infección no tratada, adquieren fuerza cuando se les da libre curso" (2005:122). En otras palabras, el torrente de emociones se desborda sin ningún tipo de control cuando permitimos que se les de libre acción. Cuesta entender que somos nosotros los que estamos llamados a controlar nuestros pensamientos y no a la inversa.

Cuando alguien dice "no puedo evitar pensar mal" o "no me resulta fácil controlar mis emociones", simplemente, está reconociendo que está esclavizado a lo que no puede manejar.

La Biblia hace constantes llamados a ocuparnos de nuestra mente, porque por inspiración divina, los escritores bíblicos entendieron que en el diseño de Dios, es la mente la que debe controlar al ser humano y no dejar que lo externo y lo circunstancial definan cómo hemos de sentirnos.

Es imposible evitar que sucedan acontecimientos negativos o que personas que están a nuestro alrededor, y en las cuales confiamos y amamos, nos traicionen, eso va a ocurrir, sin duda, pero somos nosotros los llamados a elegir el tipo de sentimiento que tendremos frente a esas situaciones azarosas. Podemos convertirnos en individuos amargos, vengativos, tristes, o por el contrario, en personas positivas y altruistas. La elección es nuestra.

Pagar con bien

"Apártese del mal, y haga el bien; busque la paz, y sígala"
(1 Pedro 3:11).

Hay personas expertas en acumular rencores y rencillas. Parecen tener una memoria hipersensible que no olvida ningún mal que les haya ocurrido. Van juntando sobre las espaldas todo lo mal que les ha pasado y enquistan todas las situaciones desagradables, si alguien en algún momento ha actuado mal, lo recuerdan como si en eso se les fuera la vida. Se niegan a dejar atrás dicha herida y afrenta, esperando el momento para devolver lo que les han causado. Viven para desquitarse y en el camino pierden la alegría de vivir, y se tornan en amargados, rencorosos y en personas negativas de las cuales los demás van alejándose poco a poco. Luego retroalimentan su amargura quejándose de todos aquellos que alguna vez estuvieron y luego se alejaron.

Para muchas personas el mayor obstáculo de su vida es su propia mente y las emociones que coleccionan como si fueran piedras preciosas. Gastan energía en recordar frustraciones en vez de concentrarse en vivir y tener una calidad de vida superior.

El filósofo José Ingenieros escribió: "El hombre que ha perdido la aptitud de borrar sus odios está viejo, irreparablemente". Pareciera un concepto excesivo, pero esconde una gran verdad. El odio envejece el alma, hace que las personas pierdan las ganas de vivir, su mirada se tuerce viendo en la realidad algo diferente a lo que es y así sucesivamente, es decir, "viejos, irreparablemente", personas que han perdido la chispa de la vida, aun cuando tengan muy poca edad.

Los autores de la Biblia no pueden ser calificados de psicólogos, pero, por inspiración divina tienen una percepción de la naturaleza humana que los hace dar en el clavo de lo que implica vivir una vida emocionalmente sana. Pedro, que aprendió de la manera difícil, aconseja: "Apártese del mal, y haga el bien; busque la paz, y sígala" (1 Pedro 3:11), un muy buen consejo, que nos hace concentrarnos en aquello que nutre la vida y no la destruye. No hay nada de positivo en odiar, eso es buscar el mal a sabiendas. Dejar a un lado el resquemor es lo único que nos ayudará a vivir una vida sana. Muchas cosas que nos han hecho no cambiarán, es probable que quienes hayan actuado mal ni siquiera tengan sentimientos de arrepentimiento, pero dejarnos arrastrar por el odio, es pagar al mal con mal.

¿LIBRES PARA QUÉ?

"Portaos como personas libres" (1 Pedro 2:16).

Alguna vez el filósofo, psicoanalista y escritor mexicano-alemán, Erich Fromm escribió que la mayoría de los seres humanos tiene "miedo a la libertad", y, por lo tanto, prefiere que otras personas o entidades abstractas, tomen decisiones por ellos. ¿Por qué? Simplemente, porque elegir siempre es un riesgo.

Cuando elegimos tenemos que hacernos responsables de una decisión, pero cuando es otro el que elige, entonces, puedo ampararme en lo que otro ha decidido por mí y me siento libre del peso que significa hacerme cargo de mi propia libertad.

Van, sin embargo, ese camino es un callejón sin salida que nos obliga constantemente a replantearnos la realidad y decidir si es eso lo que realmente deseamos vivir. Un esclavo feliz, es de todos modos, esclavo, por mucho que se autoengañe creyendo que tiene todo y está contento, especialmente, porque no tiene que decidir sobre los miles de detalles del día a día.

Muchos religiosos actúan como esclavos, aun cuando se consideran libres. Creen que la religión les debe privar de pensar, reflexionar y tomar decisiones en conciencia. De hecho, muchos grupos religiosos han secuestrado la capacidad humana de elegir por sí mismo y construir su propio futuro como individuos. Las religiones tóxicas enseñan que debemos doblegar nuestra decisión ante otra persona que nos representa, sea sacerdote o lo que sea.

Jesús murió para que seamos libres, pero ¿libres para qué? Por simple que parezca, nos dejó en libertad para que fuéramos capaces de elegir, sin ningún poder que nos limite. A algunos eso le parece hereje, pero no es así, ni Dios controla nuestra vida en contra de nuestra voluntad, menos debemos pedirle a alguien que renuncie a su voluntad, simplemente, porque se convierte en creyente.

Cuando oramos pidiendo que Dios haga su voluntad, lo único que hacemos es reconocer la soberanía de Dios y libremente elegimos que él sea soberano en nuestras vidas. Eso no significa esclavitud, sino ejercer nuestra capacidad de raciocinio y reflexión, para poner nuestra confianza en Dios. La divinidad no busca marionetas, sino seres libres que le elijan.

El riesgo de elegir

"Hemos recibido la liberación" (Colosenses 1:14).

La vida no nos deja la alternativa de las salidas fáciles. Por mucho que nos moleste, tenemos que hacernos cargo de nuestra vida, la existencia humana es un constante elegir, y eso implica un permanente riesgo. Podemos equivocarnos e irnos por el camino incorrecto. Es posible que decidamos por amigos y relaciones amorosas equivocadas. La vida es estar siempre en una encrucijada y no hay más opción que aceptarlo. Como diría el viejo filósofo francés Jean-Paul Sartre "no tenemos otra opción que elegir".

En este superar obstáculos para avanzar, uno de los primeros y más trascendentes obstáculos que debemos superar es nuestra propia reticencia para elegir y hacernos cargo de nuestras elecciones. Siempre es más fácil que otro elija por nosotros, pero a la larga, nos convierte en esclavos de las decisiones de otros.

Para avanzar es preciso arriesgarse a elegir. Lo más probable es que en muchas ocasiones nos equivocaremos, pero si mantenemos fija la atención en no dejar que otros nos controlen y dominen, y nos hacemos cargo de nuestra propia elección, entonces, es posible que logremos superar los escollos del camino y apropiarnos de nuestra propia existencia.

Hacerse cargo de la propia vida es una de las primeras señales de madurez. Dios no espera que nosotros no tomemos decisiones, al final, la divinidad no toma ninguna decisión por nosotros. Nos ilumina, nos da fortaleza, nos guía, nos orienta, nos da voluntad, pero en última instancia siempre la decisión es nuestra. Sin esa comprensión básica, terminamos convertidos en esclavos y no en seres libres por los cuales Cristo dio su vida.

Es interesante que la única renuncia que Dios nos pide es el reconocimiento de su soberanía, pero somos nosotros los que autorizamos a Dios a ser soberano en nuestra vida. No es a la fuerza, porque si así fuera, dejaría de ser justicia y se convertiría en una situación insostenible desde el punto de vista ético.

El que avanza lo hace a fuerza de elecciones. En este ensayo y error, aprende, para que la siguiente decisión sea más sabia y así sucesivamente. Dios nos ilumina, la decisión de qué hacer es nuestra.

Creencias que esclavizan

"Entrega tu mente a la inteligencia" (Proverbios 2:2).

La mente humana es extraordinaria. La capacidad que tiene de crear, inventar, descubrir, elaborar pensamiento y comunicar es asombrosa. Cuesta creer que algo tan pequeño produzca algo tan eficazmente extraordinario como lo es el control del cuerpo humano y las posibilidades sobresalientes que tiene.

De todas las habilidades humanas la que excede en comprensión y maravilla es la capacidad humana de pensar. No me refiero a repetir o memorizar, sino a la posibilidad de crear pensamiento, de elaborar soluciones creativas para problemas de todo tipo. La mente es la puerta abierta al infinito, permite las más grandes proezas. La historia de la ciencia y de la cultura humana nos muestra en extenso el prodigo humano de pensar.

¿De qué se nutre la capacidad de pensar? Pues de algo simple y complejo a la vez. La mente piensa con ideas y con palabras. Sin embargo, si las ideas son distorsionadas, entonces, la capacidad mental del ser humanos se limita por los supuestos, presupuestos y juicios a priori que se instalan en la mente.

En muchos sentidos, el mayor obstáculo humano para poder avanzar en una progresión de nuevas sendas de crecimiento es precisamente, la mente. Por esa razón, es preciso higienizar la mente. Librarla y limpiarla de aquellas ideas que nacen en el mito, el temor o la manipulación.

Una mente sana no vive esclavizada a ideas que no sirven o que se basan en mitos que no se pueden probar y que son simplemente, el medio que han tenido los poderosos para controlar a las masas.

Las ideas no sólo sirven para ayudarnos a elaborar nuevos pensamientos, también tienen el potencial de ayudarnos a cambiar el mundo y la realidad. Muchas ideas que hoy nos parecen geniales, en algún momento fueron sólo un concepto insipiente en la mente de una persona e incluso, algunas ideas fueron resistidas y perseguidas, por ser consideradas peligrosas. Por ejemplo, los primeros cristianos fueron llamados ateos porque se negaban a creer en los dioses romanos. Causa risa, porque los latinos que reclamaban no se daban cuenta hasta qué punto sus ideas los convertían en esclavos de miedos. Liberarse es dejar a un lado ideas que no sirven.

Creencias que liberan

"Habéis sido llamados a ser libres" (Gálatas 5:13).

Tal como hay creencias que esclavizan, hay creencias que nos liberan y nos permiten ser más plenos. Lamentablemente, muchos lo ignoran y deambulan por la vida atados a ideas que no les permiten ser libres ni plenos.

No hay término medio: o somos libres o somos esclavos. Lo mismo sucede con las ideas, o nos liberan o nos atan. Las ideas que nos liberan son aquellas que nos ayudan a vivir sin miedos ni conflictos internos. Nos dan herramientas para interactuar con otros de una manera sana y nutritiva.

La alegría no se improvisa, es fruto de una mente en paz. La sensación de plenitud no se logra con ejercicios de hipocresía colectiva donde juntos nos convencemos en una especie de concientización masiva de que estamos bien. Al contrario, es producto de una vida en armonía con uno mismo y, por ende, con los demás.

Dios nos ha libertado para ser libres. No es una redundancia, es constatar lo que la divinidad ha hecho por nosotros, darnos la posibilidad de ser plenamente libres. Lástima que tantos renuncien a ser libres, simplemente, porque se dejan entrampar en pensamientos que los esclavizan.

Una vida sin prejuicios, sin estereotipos, sin dogmas, sin ideas fijas e inamovibles es lo que da paz. Libera el saber que las conclusiones a las que llegamos no son las últimas, sino un paso adelante en la búsqueda de certezas.

La intolerancia religiosa de algún modo está vinculada a personas de mentes rígidas que no se permiten a sí mismas la posibilidad de pensar distinto. Viven aferradas a viejos dogmas irracionales, simplemente, por el miedo a cambiar. Sin embargo, la vida es cambio. Lo que no fluye se estanca y muere, y lo mismo sucede con los pensamientos que no nos atrevemos a examinar de manera crítica.

Eso no significa vivir sin certezas, pero a nivel humano, lo que tenemos son certezas provisorias, verdades definitivas hasta que no surge otra verdad que da más luz sobre lo que ya sabemos. El miedo que me da con el dogmatismo es que produce secuelas horrendas de muerte, sufrimiento y persecución. Eso es vivir lejos de la libertad que Cristo ofrece.

Certezas

"Ahora bien, la fe es la garantía de lo que se espera, la certeza de lo que no se ve" (Hebreos 11:1).

Alguien escribió: "La conclusión es el lugar donde llegas cansado de pensar". Parece un chiste, pero no lo es, es una verdad que muchos ni siquiera se plantean. Todo atisbo de orgullo supone que su conclusión es la última y no hay más. Los que desean saber, no aceptan dicha premisa, porque la verdad siempre está un paso más adelante de nuestras conclusiones parciales, finitas y humanas.

Toda certeza es un acto de fe, porque suponemos, aunque sea por un instante, que es todo lo que hay por conocer, pero los que son razonables saben que el único absoluto es Dios y todos los humanos sólo podemos gozar de certezas provisionales o conclusiones parciales.

Lo dice con cierto dejo de ironía el escritor Alejandro Dolina, cuando al reflexionar sobre algo similar acota: "La ignorancia es mucho más rápida que la inteligencia. La inteligencia se detiene a cada rato a examinar; la ignorancia pasa sobre los accidentes del terreno que son las nociones a gran velocidad, y jamás hay nada que le llame la atención. Así llega rápidamente a cualquier parte... especialmente a las conclusiones".

No deja de ser preocupante que todos los movimientos religiosos radicalizados se sustentan sobre la base de "conclusiones no criticables". Eso ha sido así desde siempre. Alcanzó su cénit en la Edad Media con la intolerancia de la Inquisición que no aceptaba la libre elección y la posibilidad de discutir los dogmas. Dicha forma de enfocar la religión se ha mantenido casi inalterable en la mente de millones de personas. Los grupos radicales islámicos, que no representan el sentir de todos los musulmanes, son una prueba de esa forma de enfocar el conocimiento sobre lo divino. También están los grupos radicales cristianos que no dudan en utilizar los peores epítetos para quienes no comparten sus conclusiones.

Jesús le dijo a Tomás: "Ven y ve". Invitando en ese gesto a toda la humanidad a examinar, a cerciorarse, a investigar por sí mismo, a tener claridad mental a la hora de decidir, y por sobre todo a ejercer el don maravilloso de la libertad de pensar que Dios otorgó a los seres humanos. Lástima que algunos pretenden privarnos de dicho don.

La fe del que duda

"A Jesús, le adoraron, aunque algunos dudaban" (Mateo 28:17).

El versículo que encabeza esta reflexión, en la traducción de la versión Dios Habla Hoy, presenta una paradoja. Muchos adoraron a Cristo, eso significa, reconocerlo como Dios, pero, aunque participaron de ese acto de adoración, igual algunos dudaban. Desde una perspectiva poco razonable se ha supuesto que toda duda es una manifestación malsana y de origen no divino. Yo creo todo lo contrario. La duda es un don divino, le da al ser humano la posibilidad de examinar con cuidado lo que quiere creer. En todo momento los seres humanos nos enfrentamos a encrucijadas en las cuales tenemos que tomar alguna decisión, es el momento de la indecisión, de la examinación de las evidencias, del análisis introspectivo, de la reflexión pausada, es decir, de la duda, que se acaba cuando elegimos un camino y no vuelve a ocurrir sino hasta cuando aparece otra bifurcación más que obliga a realizar la misma tarea.

Si fuéramos robots o personas incapaces de razonar, entonces, la duda no tendría sentido. Sin embargo, somos seres pensantes, con una inteligencia provista por Dios quien nos ha capacitado para elegir. Sin la capacidad de elegir, no nos diferenciaríamos de seres que actúan por instinto y no por razón. Seríamos computadoras programadas para actuar sólo de un determinado modo. Si Dios quisiera eso para la humanidad, entonces, no querría seres que le adorasen, sino esclavos sin voluntad que le siguiesen.

La duda es lo que nos diferencia del mundo animal. Es lo que nos permite ejercer la facultad de pensar y llevar hasta la máxima expresión nuestra capacidad de reflexionar en base a evidencias. Dios no nos pide que creamos simplemente porque él lo dice, eso sería una especie de imposición manipuladora. Él espera que analicemos las evidencias, que pensemos con cuidado y luego tomemos una decisión.

El radicalismo religioso contemporáneo —islámico y cristiano— está batallando para evitar que las personas piensen. Desea con todas sus fuerzas que los seres humanos dejen de pensar y simplemente, obedezcan porque la religión lo dice. Dicha forma de encarar las cosas, lo único que hace es negar un don dado por Dios precisamente para evitar los excesos de los fundamentalismos radicales: Dudar, una forma inteligente de vivir.

La carga del incrédulo

"Creo; ayuda mi incredulidad" (Marcos 9:24).

El versículo parece una paradoja absurda: ¿cómo se puede creer y al mismo tiempo ser incrédulo? Simple, podemos creer una parte y la otra simplemente no aceptarla. No es tan difícil de entender desde la perspectiva de un Dios que nunca nos ha privado de la facultad de dudar y de elegir un camino distinto al que él nos propone.

¿Cuál es la diferencia entre el que duda y el que es manifiestamente incrédulo? El que duda busca, analiza, reflexiona, no se cierra a la posibilidad de que algo sea distinto a lo que él está viendo en ese instante. No se parapeta detrás de una idea inamovible, simplemente necesita más evidencias que en ese momento no encuentra.

El incrédulo, por el contrario, no examina, no analiza, y simplemente rechaza lo que sus sentidos captan o los mensajes que le son presentados. En cierto modo, la incredulidad es tomar una postura, pero la del que se niega a examinar, porque está en una zona de confort que le impide salir a buscar certezas.

Quienes estamos constantemente investigando y analizando, nunca rechazamos una conclusión simplemente porque parezca absurda, creemos que aún una persona sin saberlo puede dar a conocer verdades trascendentes. La diferencia con el incrédulo es que simplemente se niega a cualquier análisis. No cree, y punto.

En educación existe una premisa básica: sólo aprende quien quiere aprender. Si lo extrapolamos hacia la religión, sólo cree quien quiere creer y aún más, sólo encuentra evidencias quien quiere encontrarlas. No es una tautología ni una petición al absurdo, sino que tiene que ver con actitudes, con deseos de saber más de lo que en el momento se sabe.

Muchos de los que negaron a Jesús comieron de los panes y peces del milagro. Otros tantos que lo rechazaron vieron los milagros de Cristo. Contemplaron azorados algunos de los momentos más portentosos de la vida de Jesús, pero, aun así, se negaron a creer. Así que no se trata sólo de evidencias, sino de actitudes. Quien quiere creer, puede hacerlo, porque tiene las evidencias. Quien no desea creer y ser un incrédulo, no creerá aun teniendo las evidencias ante sus ojos.

Las luchas del que quiere creer

"Jesús le dijo: Si puedes creer, al que cree todo le es posible"
(Marco 9:23).

Cuando elegí ser escritor sabía a las luchas a las que me expondría. Todos los que escribimos nos exponemos. Es más fácil estar en la comodidad del anonimato que expresar lo que se cree y defender las convicciones que se tienen. En nuestro mundo abunda la cobardía de lo políticamente correcto, de aquel que no se arriesga a decir nada que pueda ponerlo en una situación incómoda, esto hace que al final, tengamos más lacayos que líderes y más personas irreflexivas que pensantes. Es un sino de los tiempos y un indicio certero de las limitaciones humanas.

Lo que antes he dicho, no lo formulo como una queja. Es simplemente un hecho. Es más fácil el anonimato que estar en un lugar visible. Algunos incluso me reclaman que por ser "visible" debería ser más político y cuidar lo que digo para "no herir susceptibilidades". A estas alturas de mi vida sé con total certeza que no importa qué diga, ni en qué tono lo diga, siempre alguien se sentirá ofendido, porque siempre ofende que critiquen nuestra zona de confort intelectual en la que nos refugiamos.

No obstante, tengo una especial simpatía por los que indagan. En mis años como docente, los alumnos que más me han atraído siempre son los preguntones, los que no se conforman con las respuestas, los que siempre quieren más, los que desafían al maestro a ir más allá de lo que ha planteado. Los que tienen dudas para creer son mis favoritos, son personas que no se conforman, los que están buscando y los que cuando encuentran, tienen una actitud mucho más sabia y certera que aquellos que a la primera aceptan sin indagar ni analizar.

No obstante, es penoso ver que algunos con poca capacidad de reflexión en vez de escuchar a quienes preguntan, los atacan y los maltratan, simplemente, porque se atreven a pensar. Conozco docentes que son felices con alumnos "muebles", es decir, con jóvenes que se quedan en un rincón, silentes, sin emitir sonido y sin hacer preguntas. Ellos los consideran "buenos alumnos", yo creo que son gorriones asustadizos que han sido educados para no pensar y que tienen miedo aún de sus propios pensamientos. Ese tipo de alumnos son los que luego de adultos le temen hasta su sombra y se aferran a ideas conocidas, por temor a examinar, analizar y pensar.

Cuando se quiere, se puede

"Todo lo que te venga a la mano, hazlo con todo empeño"
(Eclesiastés 9:10).

Dashrath Manjhi, es conocido en la India como "Mountain Man" y con toda justicia, porque es el vivo ejemplo de que cuando una persona se propone algo lo logra, contra viento y marea. Sólo necesita la motivación suficiente para hacerlo.

En la década de 1960 Dashrath perdió a su esposa mientras la llevaba al hospital, distante 70 kilómetros de su pueblo. Sin embargo, el gran obstáculo para llegar fue la montaña. Si hubiera habido una carretera a través de la montaña, entonces, habría estado en una hora con el médico y no a siete horas, como era habitual, porque había que bordear la montaña.

Luego de la muerte de su esposa, hizo lo más lógico, comenzó a enviar cartas a las autoridades para que hicieran un camino a través de la montaña para facilitar el desplazamiento y para que a nadie más le ocurriera lo que él padeció. Sin embargo, es una provincia muy pobre y las necesidades eran otras. Así que un buen día decidió que él iba a hacer el camino. Vendió algunas de sus pocas posesiones que tenía y compró un cincel, un martillo y una pala y decidió hacer el camino con sus propias manos. La gente, al enterarse, en vez de ayudar se puso a reír considerando que estaba loco, pero él no cejó en su empeño.

Durante dos décadas, de 1960 a 1982, Manjhi trabajó sin descanso para convertir un peligroso paso entre montañas en el que sólo cabía una persona, en un camino de más de 9 metros de ancho por el que pueden circular varias personas, motos y bicicletas. En 22 años eliminó una montaña creando un paso de 110 metros de longitud y más de 7 metros de alto. Así redujo la distancia entre su localidad y la ciudad de Gaya de los 75 trágicos kilómetros que impidieron la curación de su esposa a sólo 8 kilómetros.

Esta historia prueba que cuando la motivación es suficientemente alta, cualquiera puede atravesar una montaña y crear un camino. En este caso, sólo utilizando precarias herramientas. Trabajó todos los días después de su labor como campesino, entre cuatro y cinco horas diarias, para hacer algo que beneficia a todo el mundo. Eso hacen los verdaderos soñadores, trabajan, no se dedican a hablar.

Dar sin esperar nada a cambio

"Ustedes deben amar a sus enemigos, y hacer bien, y dar prestado sin esperar nada a cambio" (Lucas 6:35).

Todos los días miles de personas arriesgan la vida al subirse a los vagones de un tren que es conocido en México como "la bestia" y que tiene la particularidad de transportar a cientos de migrantes centroamericanos que van aferrados al tren para intentar llegar hasta la frontera con Estados Unidos. Muchos no lo consiguen y quedan tirados en algún lugar ignorado por quienes no conocen la lucha del que sufre.

El tren se ha hecho tristemente famoso porque es controlado por narcos que en ocasiones utilizan a esas personas para que transporten droga o les cobran para dejarlos subir a ese tren que representa la esperanza de una nueva vida para esas personas.

Sin embargo, no todo es tristeza ni dolor. El tren atraviesa la antigua hacienda "La Patrona", en el estado de Veracruz, donde hay un pequeño pueblo donde hace más de veinte años un grupo de mujeres lidera un peligroso trabajo solidario. Todos los días preparan bolsas con comida y agua y se paran al lado de línea férrea para entregar sus paquetes a esa gente que va colgando del tren y que va con lo justo. Muchos de ellos han dado testimonio que ese gesto no sólo les ha dado esperanza, sino que en algunos casos representó la oportunidad de seguir viviendo y no morir de inanición.

Las mujeres conocidas como "las patronas", lo hacen exclusivamente por amor al prójimo y porque han entendido que la religión cristiana no consiste en palabras sino en acciones. Han sido propuestas al Premio Príncipe de Asturias, pero a ellas no les interesa el reconocimiento, sólo lo hacen porque sienten la carga de ayudar a otros. Cuán diferente sería el mundo con más personas con esos ideales.

El mayor obstáculo para una vida de sentido es aprender a mirar fuera de sí mismo. Muchas personas sólo existen para sí mismos y terminan perdiéndose en su ego, sin ser capaces de entender que el ser humano para existir con sentido, debe salir de sí mismo y encontrarse con otros. La empatía y el altruismo son valores esenciales para una vida de sentido. Las personas más felices son las que dan y se dan por otros. Los más tristes, generalmente se han dedicado a acumular y a esconderse en sus riquezas.

Dar más que recibir

"Hay más dicha en dar que en recibir" (Hechos 20:35).

Si se ocupara sólo un tercio de la comida que se desecha en dársela a quienes padecen de hambre, se acabaría este flagelo en todo el mundo, donde a diario mueren cientos de personas de desnutrición, mientras otros, tiran a la basura mucha comida que serviría para que otros vivieran. Es el mundo al revés. Es la irracionalidad hecha hábito.

El consumismo ha convertido a la mayor parte de la población mundial en personas egoístas, sin sentido de lo humano y más preocupados de recibir que de dar.

La cultura de lo desechable ha llevado a millones de personas a sufrir si no son capaces de reemplazar su celular por otro más moderno, o por no tener el último adelanto tecnológico.

Si se pudiera revisar el hogar de muchas personas que dicen no tener mucho, se observaría que hay muchas cosas acumuladas, que simplemente, ocupan lugar, y no tienen mayor utilidad que la de dar la sensación de que "se tiene" y nada más.

Cuando nuestros niños eran pequeños los acostumbramos a dar antes que recibir. Cuando llegaba el cumpleaños o la navidad, les decíamos que si querían recibir algún obsequio tenían que deshacerse de alguno de sus juguetes, pero no podía ser cualquiera, sino uno que ellos amaran y que estuviera en buenas condiciones. Luego, elegíamos juntos a quién regalárselo. Era nuestra manera de enseñarles que es mejor dar que recibir.

Las personas que sólo esperan recibir tienen un gran obstáculo que atravesar, que las llevará a ser egoístas, faltos de empatía y orgullosos. Lo que le sucede a quienes más tienen, que a menudo, son los que menos dan. Se aferran a lo que tienen como si eso fuera lo que les diera el sentido de sus vidas, sin entender que sólo dando se recibe, y lo más importante, que, al dar, se puede atravesar esa gélida frontera de falta de comprensión con el dolor ajeno.

Luis Alberto Hurtado, un filántropo y religioso chileno, fundador de una emblemática institución llamada "El hogar de Cristo", solía decir que había que "dar hasta que duela", porque de otro modo, no se sabe si se está dando de verdad. Tal vez habría que examinarse qué estamos dando.

Vencer el sueño

"Perezoso, ¿cuánto tiempo más seguirás acostado? ¿Cuándo despertarás de tu sueño?" (Proverbios 6:9).

Dormir es necesario. Es imposible sobrevivir si no se descansa. Pasamos aproximadamente 8 horas diarias durmiendo. Eso implica dormir 2,920 horas por año, lo que equivale a 121 días, poco menos de la mitad del año, dormimos. Sin embargo, algunas personas creen que descansar es dormir más, con lo que aumenta su improductividad al ocupar horas que necesita para otras actividades en un descanso que ya no precisa.

Una cosa es dormir una corta siesta para recuperar fuerzas, otra quedarse a dormir hasta las 2 de la tarde en días feriados o en el fin de semana, o simplemente, dormir siestas de 2 horas.

La gente que tiene éxito tiene una constante. La mayoría son madrugadoras. Se le preguntó a Robert Iger, presidente ejecutivo de las empresas Disney a qué atribuía su éxito, y el no dudó en afirmar que se debía a que se acostaba temprano y estaba en pie a las 4:30 cada mañana. Al inquirir más el periodista contó lo que es una certeza científica. Las cuatro horas después de despertar son las más productivas para los seres humanos.

Así que despertar temprano y dormir lo adecuado no es una mala idea después de todo, aún cuando algunos preferirían pasarse la vida sumidos en sueños improductivos.

El texto que encabeza esta reflexión es duro, enérgico y no admite una doble interpretación, quien no aprovecha la vida y se la pasa durmiendo, es simplemente un perezoso(a), a menos que tenga alguna enfermedad, y en ese caso es comprensible.

Cuando tenemos propósitos de vida claros, entonces, un obstáculo a vencer es el sueño y las ganas de quedarse remoloneando en la cama sin hacer nada. Una vida de provecho saca partido de todo momento libre que se tenga, precisamente porque busca por todos los medios posibles el enfocar la existencia en algo que tenga valor y propósito.

Cuando se logran metas y se alcanzan objetivos, entonces, se valora aún más el tiempo ocupado en algo productivo y se siente bien el saber que se han hecho las cosas bien. Así que a dormir menos y a producir más, eso hará la diferencia en una vida con propósito.

Trazar un plan

"Que te conceda lo que tu corazón desea; que haga que se cumplan todos tus planes" (Salmos 20:4).

Es sorprendente como mucha gente vive sin un plan de vida. Así, simplemente dejándose llevar como si vivir fuera improvisar. Hay lugar para la espontaneidad, sin embargo, un obstáculo que causa muchas dificultades a muchas personas es su nula capacidad para planear sus vidas con sentido.

Alexis Carrel, biólogo, médico, investigador científico, eugenista y escritor francés, galardonado con el premio Nobel de Fisiología o Medicina en 1912, escribió en su libro *La incógnita del hombre*: "La manera más eficaz de vivir es hacer todas las mañanas un plan para el día y cada noche repasar los resultados obtenidos". No se llega a un Nóbel improvisando y del mismo modo, no se vive de manera plena sin trazar un plan para la vida.

Muchos dejan que el azar les indique el camino por el cual deben existir, lo que es un acto de irresponsabilidad toda vez que las personas precisan saber hacia dónde van, de otro modo, no pueden invertir sus esfuerzos en hacer algo, sin tener idea de hacia qué puerto se pretende llegar.

Lo primero que hacen los navegantes, antes de zarpar es trazar una ruta que tiene un inicio y un final. Eso les permite hacer previsión para lo que tendrán que llevar en el viaje. Eso incluye alimentos, aperos, medicinas, ropas, herramientas y todo lo necesario para hacer un viaje sin sobresaltos. Es verdad que en parte del camino pueden ocurrir imprevistos, no obstante, las personas preparadas lo sortean mucho mejor que aquellos que simplemente se dejan llevar.

Algo tan importante como la vida, el don magnífico que nos ha entregado Dios no puede dejarse a la mera casualidad. Las personas de éxito se diferencian de los demás, por hacer un plan de vida. Eso incluye los fines de semana y los momentos libres, todo es parte del trazado de la vida.

Es asombroso preguntarles a algunas personas qué quieren de su vida y que te queden mirando con una cara de incógnita sin que sepan con exactitud qué contestar. Aún los animales se preparan para los momentos difíciles, pero algunos seres humanos simplemente, optan por no planear nada y viven con menos previsión que las aves que preparan sus nidos.

Tiempo que se va

"Aprovechando bien el tiempo, porque los días son malos"
(Efesios 5:16 LBLA).

Tim Ferriss, en su libro *La semana laboral de 4 horas* ha introducido el concepto de "multitarea". Este exitoso autor invita a centrarse en una sola tarea hasta terminarla. Nada de tener fuentes de distracción cuando estamos trabajando, ni correo electrónico, ni mensajería, ni navegador.

Muchas personas rinden menos simplemente por la mala utilización que hacen del tiempo. Ferriss sostiene que nuestro principal activo no es el dinero sino el tiempo, porque es allí donde podemos rendir al máximo.

Es lamentable como muchas personas se quejan de "no tener tiempo", cuando en realidad todos los seres humanos poseen 24 horas. El problema es la manera en cómo utilizamos nuestro tiempo. Tiempo que no se aprovecha, se pierde, irremediablemente y aunque lo lamentemos después no es posible hacer nada, ya no está, se fue y no hay caso.

El obstáculo que muchas personas deben enfrentar para tener éxito es aprender a utilizar su tiempo de manera inteligente, de tal forma que la vida no se les vaya en cuestiones superficiales, sin ocupar las horas en algo que realmente valga la pena.

Como diría el escritor español Baltasar Gracián: "Todo lo que realmente nos pertenece es el tiempo; incluso el que no tiene nada más, lo posee". Por esa razón, no "tener tiempo" es una excusa barata de quien no sabe utilizar las horas que tiene.

Un minuto perdido lleva a horas y días perdidos, y todo suma, hasta que llega el momento en que las personas deben admitir que han despilfarrado un bien no retornable.

La sabiduría consiste en administrar adecuadamente lo que se tiene, porque de otro modo, al desperdiciar este bien, se va diluyendo no sólo las horas, sino la vida, que va perdiendo sentido en medio de una vorágine de actividades sin sentido.

"Perder el tiempo es perder la vida", y, por el contrario, invertir adecuadamente el tiempo es apostar por tener una vida plena, satisfactoria y productiva, lo que lleva a los individuos a obtener dividendos de todo tipo que se traducen en una vida feliz.

Mantenerse activo

"El que compite como atleta, no gana el premio si no compite de acuerdo con las reglas" (2 Timoteo 2:5).

Hay una tendencia mundial al sedentarismo. Sin embargo, extrañamente la gente de más éxito son personas activas, que no sólo hacen ejercicio físico, sino que, además, gustan de actividades al aire libre y ocupan gran parte de su tiempo libre en aprovechar la naturaleza. No se quedan pegados al televisor ni a las redes sociales.

Muchas personas sedentarias tienen la misma actitud con su vida. Van dejando que la vida se acumule sin salir a experimentar nuevas experiencias ni tener aventuras de conocimiento. Esa es una forma burda de vivir, porque tarde o temprano el sedentarismo pasa la cuenta a la vida.

Una persona activa mantiene no sólo su cuerpo tonificado, sino que su mente funciona mejor, con más energía y de manera más productiva. Es extraordinario que la mayoría de las personas que suele hacer ejercicio con regularidad tienen más claridad de pensamiento y pueden rendir mejor en jornadas de trabajo extenuantes.

Una mujer fue a visitar a su médico de cabecera aquejada de fuertes dolores a las rodillas, la espalda y el cuello. El galeno le dijo que eran dolores de sedentarismo, producto de estar muchas horas sentada frente al computador en su trabajo y no hacer ningún ejercicio físico. La dama se quejó de no tener tiempo para ir a un gimnasio. El profesional la escuchó y luego le dijo:

—¿A cuántas cuadras tiene el supermercado más cercano a su casa?

—Supongo que a unas ocho cuadras.

—Pues de ahora en adelante irá caminando al supermercado, y si tiene que hacer una compra voluminosa, entonces, estacionará el auto en la parte más alejada de la entrada para tener que caminar. En su trabajo, no tomará el ascensor sino se irá caminando por la escalera, subida y bajada. En casa, no estará más de media hora diaria frente al televisor, el tiempo restante lo ocupará en hacer una pequeña huerta en su patio. ¿Puede hacerlo? La mujer asintió. Luego de tres meses de esa rutina bajó considerablemente de peso, y no volvió a tener dolores. La vida activa reactiva, la vida sedentaria, por el contrario, mata.

Establecer prioridades

"Busquen el reino de Dios por encima de todo lo demás y lleven una vida justa, y él les dará todo lo que necesiten" (Mateo 6:33).

Establecer prioridades es un grave problema para muchas personas que no son capaces de determinar qué va primero y qué después en sus vidas. Sin embargo, sin establecer categorías de importancia, es imposible poder actuar de una manera correcta. Haremos muchas cosas, pero sin orden y sin saber hacia dónde nos movemos.

Los especialistas en administración lo primero que enseñan es a priorizar. Si no se tiene claridad sobre prioridades se corre el riesgo de estar haciendo algo sin rumbo o invirtiendo tiempo y dinero en algo que no es importante. Este mismo principio básico vale para la vida. Si no establecemos con claridad las prioridades de nuestra vida, corremos el riesgo de no ir en el rumbo correcto.

"No hay que vivir en el meollo de las cosas nimias. Concéntrate en tus prioridades, en esas actividades que tienen verdadero sentido. Tu vida será gratificante y excepcionalmente apacible" dice el escritor Robin Sharma, y tiene toda la razón. Mucha gente está ocupada, estresadas haciendo mucho, pero no concentrado en prioridades, y eso lo lleva a una vida de agitación y agobio, simplemente porque no ha establecido qué es importante en su vida.

El versículo que encabeza esta reflexión nos invita a poner prioridades. Es fundamental establecer qué es lo más importante en nuestra existencia, eso se proyectará en el resto de nuestra vida. Si el dinero es lo más importante, entonces sacrificaremos familia, amistad, religión y cualquier otra cosa para lograrlo a como dé lugar, sin medir consecuencias, como muchos que llegan a viejos habiendo acumulado fortunas, pero están solos, amargados y dedicados a contar dinero, ¿para qué?

Luego de Dios, la familia, los vínculos, el trabajo gratificante, el crecimiento personal, son prioridades fundamentales para tener el tipo de vida que Dios desea para sus hijos. Perder la paz y la tranquilidad mental por no tener prioridades correctas, es un precio muy alto simplemente por llevarnos por la vorágine de acontecimientos que nos rodean, sin sentido y sin propósito. ¿Qué es primero en tu vida?

El equilibrio de las aficiones

"Cántenle una canción nueva; toquen con destreza, y den voces de alegría" (Salmos 33:3).

El mundo contemporáneo ha creado muchas cosas positivas y realmente buenas, no obstante, también ha sido la forjadora de muchos problemas y desequilibrios que le están pasando la factura a muchas personas que se han acostumbrado a un ritmo de vida alarmantemente peligroso.

Muchas personas viven para trabajar, ocupan la mayor parte de su tiempo en conseguir los recursos para su sustento, no obstante, mucho de eso está ligado a deudas por conseguir artefactos que no necesitan y servicios que están sobrevalorados.

En la mentalidad del cambio frenético, muchas personas desechan artefactos en buen estado porque la propaganda los convence de que deben tener otro y otro, y así en una sucesión interminable. Eso va mermando la capacidad de descansar de verdad y se van quedando en rutinas que más parecen verdaderas celdas de tiempo que no les permiten vivir de verdad.

No hay tiempo para los hobbies o aficiones personales que llenen las horas. Al contrario de lo que sucede en pueblos pequeños o campestres, las grandes ciudades están llenas de personas estresadas que andan rápido viviendo en busca de un mejor estilo de vida, pero mientras lo consiguen, se van quemando por dentro, sin vivir, y sin tener una existencia plenamente placentera.

Cuando se visitan esos pueblos bucólicos que han quedado detenidos en el tiempo, una cosa que llama la atención es la capacidad que tienen algunas personas para gozar de pequeños placeres convertidos en hobbies y aficiones personales.

Muchos cristianos, por un enfoque erróneo, tienden a desconfiar de la alegría y del "pasarlo bien", como si fuera un pecado, cuando en realidad es todo lo contrario. Quienes pierden la capacidad de disfrute se privan a sí mismos de un don divino, porque fue Dios quien inventó la alegría, el gozo y la capacidad de disfrutar. Las personas exitosas no se dejan atrapar por el trabajo al grado de perder la capacidad de pasar tiempo haciendo algo que les agrada. La vida es demasiado valiosa para convertirla en una elegía.

Obstáculos internos

"El tono de mi arpa es de lamento, el son de mi flauta es de tristeza" (Job 30:31).

La tristeza es una emoción normal. El problema es controlar la emoción que nos embarga y no permitir que sea al revés. Si la tristeza nos invade al punto de paralizarnos, entonces, se convierte en una carga que puede derivar en algunas enfermedades psicológicas, como la depresión, por ejemplo.

La psicóloga Fanny Franco señala: "No se puede evitar la frustración y tristeza, pero sí manejarlas. Son sentimientos que todos los seres humanos tenemos, pero no debemos de permitir que estos nos dominen, por el contrario, deben ser el trampolín para ser creativos, flexibles y ver el obstáculo como una oportunidad para hacer un cambio". La clave es "trampolín para...", es decir, no dejar que nos inunde para impedir realizar la vida.

Muchas personas justifican algunas de sus malas decisiones porque la emoción de la tristeza los ha inundado de tal modo que no piensan con claridad. Por un tiempo, es posible entenderlo, sin embargo, cuando se convierte en un hábito, entonces, la vida pierde su mayor valor que es la capacidad humana de sobreponerse a las circunstancias que le rodean.

En la Biblia se presenta el caso de David que sufrió y se lamentó por la posibilidad de la muerte del hijo que había tenido con Betsabé. Cuando el niño murió sus siervos estaban preocupados por decirle porque pensaban que si estaba amargado y triste mientras el niño tenía la posibilidad de morir, ahora que efectivamente había ocurrido, ¿cómo reaccionaría? La manera en que lo hace desconcierta a todos: "—Es verdad que cuando el niño estaba vivo yo ayunaba y lloraba, pues pensaba: '¿Quién sabe? Tal vez el Señor tenga compasión de mí y permita que el niño viva'. Pero ahora que ha muerto, ¿qué razón tengo para ayunar? ¿Acaso puedo devolverle la vida? Yo iré adonde él está, aunque él ya no volverá a mí" (2 Samuel 12:22-23). Puede parecer una respuesta fría, pero no lo es. Es aprender que hay cosas evitables y situaciones que no. Estar triste es normal, dejarse dominar por la tristeza es otra cosa. Un obstáculo que deben superar para tener éxito es aprender a controlar sus emociones.

Educar la voluntad

"Hoy pongo al cielo y a la tierra por testigos contra ti, de que te he dado a elegir entre la vida y la muerte, entre la bendición y la maldición. Elige, pues, la vida, para que vivan tú y tus descendientes" (Deuteronomio 30:19).

Muchas personas se niegan a elegir, sin entender, que eso es ya una elección, una mala, pero elección al fin. No han educado su capacidad de elegir, y prefieren que otras personas lo hagan por ellos, de esa forma se configuran las manipulaciones, las victimizaciones, los abusos y un sin número de situaciones que podrían haberse evitado simplemente con la capacidad de elegir por sí mismos.

Nuestra sociedad occidental ha educado para sentir, no para elegir. Una buena cantidad de personas toma decisiones basados en la subjetividad de "cómo se siente", sin evaluar de manera adecuada si lo que "sienten" es objetivamente correcto o no. En la Biblia hay infinidad de llamados a elegir. Dios en su infinito amor, no ha creado autómatas, sino seres pensantes, capaces de decidir por sí mismos. Incluso la renuncia de la voluntad eligiendo que sea Dios quien nos guíe exige pensar y una elección de vida.

Es lamentable como la pregunta más repetida por padres y maestros a niños que aún no desarrollan la capacidad de pensar es simplemente: "Cómo te sientes". Eso va creando una lógica hedonista y de alegación de lo difícil y la búsqueda de la salida más fácil, la que me haga sentir de manera rápida y segura lo más placentero, sin evaluar, si es lo mejor o no.

Las salidas fáciles ahogan el esfuerzo, el tesón y la perseverancia. Si lo único que se busca es que alguien se "sienta bien", entonces, se abandonará la lucha y la constancia que se necesita para conseguir resultados excelentes. Por el camino del "sentir", los resultados siempre serán mejores. Los deportistas lo saben. Llegar a la meta exige dolor, sacrificio, tesón y voluntad. Luego, es posible disfrutar de los beneficios del éxito, pero primero hay que pasar por situaciones difíciles y en algunos casos desagradables que no "te hacen sentir bien".

Una persona con una voluntad educada elegirá en base a lo correcto, lo lógico, lo bueno, aunque eso implique pasar por momentos difíciles. La voluntad se educa en el rigor no en el sentimiento.

Control de impulsos

"El que es entendido refrena sus palabras; el que es prudente controla sus impulsos" (Proverbios 17:27).

La Biblia es clara en establecer que las personas prudentes controlan sus impulsos. El ejemplo del versículo se refiere al control de las palabras, pero el mismo principio vale para muchos aspectos de la vida. Cuando una persona no tiene control, es un peligro latente, que tarde o temprano dañará a otros y a sí mismos.

Ayer hablábamos del poder de la voluntad. ¿Qué hace la voluntad? Pues, ayuda a controlar, entre otras cosas, los impulsos.

Una persona que vive en base a impulsos termina cometiendo muchísimos errores y convirtiéndose en una persona peligrosa, en alguien que termina afectando a todos.

Es cierto que existe una enfermedad que hace que muchas personas no puedan resistirse al impulso o tentación de llevar a cabo acciones, aunque sean peligrosas para él o los demás. El realizar la acción que los impulsa les da una sensación placentera y liberadora. Pero no es de eso que estamos hablando, sino de personas normales, que prefieren vivir en base a impulsos y no a la razón.

Un ejemplo bíblico es el caso de Sansón, su único argumento para hacer las tonterías que hizo fue que "agradó a mis ojos" y luego, fue de una acción temeraria a otra, incluyendo la que lo llevó a la muerte. En algún momento podría haberse detenido y hacer las cosas correctamente, pero su vida fue como estar en un tobogán, una vez que decidía algo no había quien pudiera detenerlo.

La vida humana exige razón. Dios nos ha dado la capacidad de pensar, para entre otras cosas, ser capaces de dominar nuestros impulsos. Una vida sin dominio, o "temperancia", como lo llama la Biblia, termina viviendo en los extremos y aniquilándose de manera rápida.

Dios espera que los humanos pensemos antes de actuar. Que tengamos control de nosotros mismos, que sepamos elegir en base a principios y no por mera emoción pasajera. Eso exige reflexión, análisis, pensamiento crítico y capacidad de contrastar las acciones propias con las de otros. Un individuo sin control de impulsos es una bola de fuego sin dominio..

Motivación

"A cada uno le parece correcto su proceder, pero el Señor juzga los motivos" (Proverbios 16:2).

Los motivos nos delatan. Nuestros actos reflejan nuestra motivación. Somos nosotros los arquitectos de nuestro propio sentir. No hay nada que nos pueda impedir avanzar si tenemos la suficiente motivación para continuar.

El actor y director de teatro, el inglés Thomas Hamblin afirma que: "Nada hay que nos pueda impedir elevarnos y mejorarnos y nadie puede detener nuestro progreso, más que nosotros mismos". En otras palabras, el mejor puente para el avance o el mayor obstáculo somos nosotros mismos. Las personas pueden lograr tanto como lo que se propongan.

El vocablo motivación viene de la expresión "motif", que significa simple y llanamente, motor o algo que genera movimiento. Eso significa que quien está motivado tiene una razón o deseo interno que lo lleva a actuar de la manera en que lo hace. Esta fuerza interna es el punto de partida para cualquier realización personal.

Lamentablemente, muchas personas sufren de apatía existencial, y no tienen la motivación suficiente para vivir y alcanzar metas que vayan más allá de la mera sobrevivencia.

Lo importante en nuestras vidas define lo que logramos. Cuando algo es lo suficientemente importante, entonces, moviliza nuestra existencia y marca las decisiones que hacemos.

Desde nuestro interior salen las metas, el sentido de vida, la perspectiva de propósito y los deseos de vivir. Sin esa motivación interna, es poco o nada lo que se puede hacer. Nadie puede ser el motor de otra persona.

Muchas veces el medio ambiente colabora para que nos motivemos con los premios que otorga por logros. No obstante, no importa cuánta fama, dinero, estabilidad, reconocimiento o aprobación podamos conseguir, si no nos motivamos a nosotros mismos, nada se puede hacer.

Ni Dios puede mover a quien no lo desea. Tal vez el mal del siglo sea la apatía y la sensación de vacío que invade la vida de tantas personas, que no están dispuestas a emprender, porque no hay nada en su interior que las motive. Es tal vez, la causa de su ruina.

Sin desmotivación

"La meta del prudente es la sabiduría; el necio divaga contemplando vanos horizontes" (Proverbios 17:24).

Terminar lo que se empieza es una condición básica de la motivación. Las personas motivadas no necesitan que se las empuje para hacer lo que deben. Tienen motor propio. Van adelante puestos los ojos en la meta que se han trazado. Nada las detiene.

Sin embargo, la desmotivación se caracteriza, por lo contrario. Empezar proyectos o plantearse metas y a mitad de camino perder interés y dejar. Acabar con las ilusiones de otros. Tirar por la borda proyectos y la vida misma, que se diluye entre acciones sin sentido.

Las razones para que esto ocurra son muchas. Descubrir las causas de la desmotivación es una tarea esencial, si es que queremos lograr algo que valga el esfuerzo.

Una razón común es que muchas personas se desaniman porque de pronto se dan cuenta que están intentando cumplir metas de otros. No se puede vivir vidas prestadas. Si no es algo que deseamos profundamente, como meta personal, nunca lo lograremos. Muchos padres pretenden que sus hijos cumplan metas que ellos hubiesen querido lograr, lo que tiene el potencial de convertirse en un factor de frustración en la vida de sus hijos. Como docente universitario he visto esta situación vez tras vez. Es injusto e inhumano que alguien pretenda vivir el proyecto de vida de otro.

Otra causa de desmotivación es querer cumplir metas simplemente para satisfacer las expectativas sociales: "Se espera que las señoritas hagan tal o cual"... ¿Por qué? Porque a alguien se le ocurrió que debe ser así no es suficiente. Las sociedades suelen marcar a fuego expectativas que no son necesariamente lo que las personas desean.

Una característica de no estar en el camino correcto es que intentar sacar adelante una meta produce una carga de ansiedad y angustia que nos impide seguir. Cuando lo que hacemos nos motiva, el resultado es lo contrario. Finalmente, cuando nos ponemos metas imposibles o inalcanzables o utópicas, es la receta perfecta para terminar frustrados. Debemos siempre trazar metas que podamos lograr de otro modo, fracasaremos.

Frustración

"Mis días van pasando, mis planes se frustran junto con los anhelos de mi corazón" (Job 17:11).

La frustración es un animal de diez cabezas, tétrico, asfixiante, intolerable, que lastima y deja en el suelo a quien es atacado por esa fuerza. Aprender a lidiar con la frustración no sólo es necesario, es absolutamente vital en el contexto de una vida con propósito.

Sentirse frustrado es una respuesta normal por no lograr los anhelos acariciados y planes trazados. Quien no se frustre frente a un proyecto que no puede llevarse a cabo, es simplemente, extraño. El problema no es ese, sino cómo interactuamos con la frustración. Cada individuo reacciona frente a la frustración de distintas maneras de acuerdo. Eso también determina el tipo de reacción que se tendrá y la intensidad de esta.

El problema fundamental y el gran obstáculo que muchos deben enfrentar es no la tristeza frente al proyecto no realizado y la consiguiente reacción de frustración, sino la actitud que se asume en esos momentos.

Cuando las personas actúan como si la frustración no les permitiera vivir y como si todo se hubiera acabado, entonces, se está ante una mala reacción que no hace más que complicar el asunto. Una persona emocionalmente sana tiende a tolerar la frustración y eso lo lleva a enfrentar los problemas y conflictos que se le presentan. No da por terminada ni la vida ni otros proyectos. Se levanta e inicia de nuevo.

De hecho, lo que diferencia a personas de éxito con otras que les cuesta lograrlo, es la actitud que se asume precisamente en esos momentos. Las personas exitosas suelen convertir los fracasos en oportunidades y la frustración en acicate para continuar con nuevos bríos. Saben que así se pierde una batalla, pero no la guerra.

Erich Fromm, el escritor mexicano alemán, escribió: "Enquistarse en la soledad y la frustración, quejarse constante y continuamente de las desdichas y tragedias que nos acosan y no hacer absolutamente nada para modificar aquellas situaciones que nos angustian es un camino certero y seguro hacia la depresión". Evidentemente, ese no es el camino, especialmente si deseo lograr algo diferente en la vida a pesar de las dificultades.

SI LADRAN

"El Señor ha escuchado mis ruegos; el Señor ha tomado en cuenta mi oración. Todos mis enemigos quedarán avergonzados y confundidos; ¡su repentina vergüenza los hará retroceder!"
(Salmo 6:9-10).

La frase "si los perros ladran, señal que avanzamos", que muchos se la atribuyen erróneamente a Miguel de Cervantes (1547-1617) en *El Quijote de la Mancha,* pero que en realidad es una variante de Johann Wolfgang von Goethe (1749-1832) de su poema "Kläffer" (Ladrador, 1808), establece una verdad innegable: Cuando avanzamos, cuando nos movemos, cuando caminamos, cuando hacemos la diferencia, siempre, nos saldrán al sendero enemigos que querrán destruirnos. Nadie le sale al paso a quién no hace nada y permanece estático sin moverse.

En el camino de los triunfadores siempre habrá quienes querrán detenerlo o no dejarlo avanzar. Es una ley de la vida, los que no pueden o no quieren, se entretienen desanimando a los que lo intentan. Siempre ha sido así y seguirá siéndolo hasta el fin.

Entender esta verdad histórica es fundamental para no desanimarse frente a la horda de críticos que no aportan, pero sí aúllan de manera estridente cuando alguien se escapa de la medianía. Las frases utilizadas para intentar detener a quienes quieren avanzar son: "Nunca se ha intentado", "no es por allí como nos enseñaron", "la tradición dice otra cosa", y otras oraciones que dichas en diferentes tonos dirán lo mismo: No queremos que avances.

Si alguien quiere triunfar en el área que sea, tiene que estar consciente que el camino no será fácil ni agradable. Habrá muchos momentos en que se querrá tirar todo por la borda, sin embargo, los que viven en función de sus metas y no de los espectadores que no aportan, simplemente, siguen, sin detenerse a escuchar el zumbido molesto de los que critican sin hacer nada.

Cristo tuvo sus críticos, ¿cuánto más nosotros? No se detuvieron ni ante sus milagros ni su vida, ¿por qué habrían de detenerse con nosotros?

Lo único cierto es que no hay que desanimarse ni darles en el gusto. Nuestro triunfo es su peor pesadilla y la reprimenda a su egoísmo miope. Seguir, por nosotros, no por otros, es la única salida posible al triunfo.

Sabiduría y tiempo

"Él será la seguridad de tus tiempos" (Isaías 33:6).

Es una constante mundial: La gente que fracasa a menudo le falta tiempo o alega porque no le alcanzan las horas para hacer lo que quiere. Al contrario, la gente exitosa siempre tiene tiempo para sus aficiones o para dedicar algunas horas a lo más importante.

Todos tenemos 24 horas, el problema no son los minutos ni los segundos, sino lo que hacemos en ese tiempo que tenemos. En una ocasión una persona me dijo:

—Me encantaría tener el tiempo que usted tiene para escribir.

—¿Por qué? —le pregunté en tono irónico— ¿usted tiene un día con menos horas que las mías?

El joven me quedó mirando con una cara de sorpresa, pero de reflexión. Al cabo de un instante, un tanto dubitativo me dijo:

—Creo que debo hacer algunos ajustes.

Luego conversamos sobre el tiempo, la sabiduría y la motivación. El problema no es el tiempo, sino lo que queremos y lo que estamos dispuestos a hacer por algo que nos apasiona.

Las personas que tienen algo importante para hacer, entonces, siempre encuentran tiempo para hacerlo.

Es realmente desastroso ver a tantas personas perder miserablemente el tiempo esperando que se produzca un milagro y les quede algo de tiempo para realizar cosas que quisieran hacer.

En otra oportunidad alguien me dijo en tono sarcástico:

—Cómo se las arregla para escribir tanto.

—Fácil —le dije con ironía— mientras usted duerme yo escribo.

Se puso a reír y luego conversamos sobre el tiempo, un tema que me apasiona porque creo que el gran problema no es el tiempo sino la forma en que lo ocupamos. Pasar dos o más horas frente al televisor, o en una velada conversando de nada, o estar parado sin hacer nada... simplemente, no es provechoso, y a la larga se convierte en la razón de por qué teniendo el tiempo de todos, logramos tan poco. La vida es un don divino, ocuparla de manera sabia es nuestra decisión, no de Dios.

Descanso

"Vengan a mí todos ustedes que están cansados y agobiados, y yo les daré descanso" (Mateo 11:28).

Muchas personas actúan como si el descanso fuera un lujo que no se pueden permitir. Incluso hay algunos que sufren de lo que Viktor Frankl llama "la angustia del domingo", donde algunos están en sus casas como leones enjaulados porque no tiene trabajo para hacer.

Digamos que el trabajo es una bendición, pero sin equilibrio se convierte en todo lo contrario. El descanso es fundamental para vivir una vida sana y fructífera. Pero, hay que aprender a descansar, porque de otro modo las personas se convierten en adictos al trabajo, el llamado "work alcoholic", una forma eufemística de expresar que son personas que no han dado equilibrio a su vida.

Dios estableció seis días para trabajar y uno para descansar, en la mayoría de las culturas se respeta un día de descanso y muchos han incorporado un segundo, pero en todas las civilizaciones hay personas que simplemente, no hacen caso del consejo divino, llegan a sus casas y están pasados de velocidad y siguen trabajando, sin dar descanso.

¿Qué descanso se necesita? Las personas descansan con un cambio de actividad, que siempre debe ser contraria a la que realiza todos los días en su trabajo. Por ejemplo, un oficinista, abogado o docente, que la mayor parte del tiempo realiza trabajos sedentarios, debe el fin de semana descansar haciendo una actividad que le exija ejercicio físico, y a la inversa, alguien que toda la semana se dedica a actividades demandantes desde la perspectiva física, debe ocupar su tiempo libre en actividades más pasivas. Se trata de equilibrio.

El descanso energiza y ayuda a que las personas retomen nuevas fuerzas para continuar con todo lo que tienen para hacer.

Muchos optan por dormir la mayor parte del tiempo libre, pero eso no es sabio, al contrario, porque produce problemas físicos asociados a la inactividad.

Dios nos dio sabiduría para ocupar el tiempo de manera sabia. Una forma correcta de hacerlo es trayendo equilibrio a la existencia. Así que este es un obstáculo que deben salvar, especialmente los adictos al trabajo.

Esclavos

"Cada uno es esclavo de aquello que lo ha dominado"
(2 Pedro 2:19).

Cada época tiene sus propias formas de esclavitud. Las épocas cambian, pero los seres humanos, en el fondo, seguimos siendo los mismos: Seres finitos sujetos a infinidad de formas de esclavitud, aunque no lo creamos ni estemos dispuestos a aceptar.

La época contemporánea ha creado nuevas formas de dependencia. La mayoría de los adictos seguramente dirá a voz en cuello que ellos no son adictos y que dejan en el momento en que quieran aquello que los domina. Lo real es que muchas personas han perdido la fuerza de voluntad y aquello que los domina tiene mayor control sobre ellos del que están dispuestos a admitir.

Una de las nuevas formas de esclavitud adictiva está vinculada a las nuevas tecnologías. Niños, jóvenes y adultos, son esclavos de los juegos electrónicos, viven para jugar y no descansan hasta que logran pasar de un tramo a otro, sin importarles cansancio, alimentación o cualquiera otra cosa que los distraiga de esa manía de apretar botones para jugar con otras personas con las cuales casi no tiene contacto.

Del mismo modo, los celulares se han convertido en las cadenas de muchos que no pueden pensar en estar ningún momento sin conexión a las redes sociales o el chat. Si algo no nos permite dejarlo, entonces, estamos ante una adicción que aun cuando no sea admitida, de todos modos, produce resultados nocivos en la mente de miles y miles de personas. Dios nos ha creado para ser libres, no para vivir conectados a un chat, a una red social, a sitios pornográficos, a juegos electrónicos o la televisión, o cualquier medio que me pida más y más, no estando satisfecha nunca.

Una persona libre no se amarra con nada, menos con medios tecnológicos que lo único que hacen es minar cada vez más la poca capacidad de decidir que se va gestando en las personas adictas. Las adicciones tienen el mismo patrón. Personas que se encadenan y terminan vendiendo todo, con el fin de mantener la adicción. Dios espera que seamos personas libres, que tengamos dominio sobre nuestros impulsos y seamos capaces de realizar acciones correctas hacia otros, sin vivir dependiendo de algo que nos destruirá.

Identidad

"¿Quién eres tú?" (Génesis 27:32).

Hay preguntas que nadie puede responder por nosotros. Son tan íntimas y personales que cualquier respuesta externa será sesgada y carente de la autenticidad.

Thomas Merton en su libro *Los hombres no son islas* escribe: "Nadie puede decirme quién soy yo, ni yo puedo decir quiénes son los demás. Si uno mismo no conoce su identidad personal, ¿quién va a poder decírsela?" (1998: 12).

Nadie puede responder esa pregunta acuciante que hace Isaac a su hijo: "¿Quién eres tú?" (Génesis 27:32). Probablemente Jacob pensó el resto de su vida en eso, sabiendo que de alguna manera su vida se tramó en un engaño.

Podemos engañar a los demás. Podemos incluso pensar que engañamos a Dios, pero tarde o temprano deberemos encontrarnos con nuestra propia conciencia y determinar si hemos sido honestos con nosotros mismos.

Es en nuestro interior, en la conciencia, en esa expresión íntima de nuestro ser donde debemos encontrar la respuesta acerca de nosotros mismos.

Las personas que no logran responder de manera adecuada esta pregunta vital van por allí imitando a otros, tratando de parecerse a quienes admiran, intentando repetir proyectos de vida ajenos, y de esa manera, se van confrontando con desilusiones y una sensación creciente de frustración.

Una persona auténtica entiende quién es. No se miente a sí misma. No intenta repetir proyectos de vida ajenos. Busca vivir conforme a sus principios y no elabora sofisticadas formas para parecer lo que no es.

Si vamos por la vida fingiendo, y escondiendo lo que realmente somos, tarde o temprano la realidad nos cae encima como un huracán que no podemos evitar. Tal como le pasó a Jacob que tuvo que reconocer que la mayor parte de su vida vivió una mentira. Sólo cuando respondió adecuadamente la pregunta ¿quién eres tú?, comenzó a ver la luz al final del túnel y su vida se encarriló en el carril de la plenitud. Esa tarea nadie la puede hacer por nosotros. Es nuestra labor vital única e insustituible.

LIBRES PARA ELEGIR

"Desde mi angustia clamé al Señor, y él respondió dándome libertad" (Salmos 118:5).

Seguramente Ayn Rand, la extraordinaria escritora y filósofa rusa que se cambió de nombre y nacionalidad para no tener rastros de su país de origen, no se sentiría muy cómoda que en un libro cristiano se cite una de sus ideas, pero, las ideas una vez que son expresadas se convierten en libres, amén que cada cual puede expresar verdades extraordinarias aun cuando no sea creyente. En su libro provocativo y lúcido titulado *La virtud del egoísmo* ella escribe:

"El hombre tiene que ser hombre: por propia elección; tiene que considerar su vida un valor: por propia elección; tiene que aprender a conservarla: por propia elección; tiene que descubrir los valores que requiere y practicar sus virtudes: por propia elección. Un código de valores aceptados por la personal elección es un código de moralidad" (2006: 33). Este concepto declara una verdad repetida en la Biblia de muchas maneras, pero que muchos niegan o evaden: Somos arquitectos de nuestro propio porvenir, empezando por elegir quiénes somos.

Nadie nos puede obligar a asumir el valor de la humanidad que somos. No es posible que alguien nos haga sentir humanos, a menos que lo elijamos. Valorar la vida propia, es un gesto personal, único y auténtico. En algún momento de la vida debemos elegir qué tipo de vida queremos vivir y qué valores vamos a aceptar cómo válidos. El código moral que guie nuestra vida debe ser elegido, no puede ser impuesto. Cuando somos obligados a vivir de un determinado modo, entonces, terminamos viviendo lo que Nietzsche llama una "moral de esclavos" que no son capaces de escapar de esa esclavitud, porque en realidad, no saben que lo son.

Cristo dijo que el vino para que tengamos vida y vida en abundancia (Juan 10:10) y no se refería necesariamente a cantidad de años, sino a la facultad de elegir vivir una vida plena. Nadie puede imponernos un estilo de vida, no es justo ni lógico. Debemos trazar el camino por el que queremos ir. Es nuestra la responsabilidad de elegir qué sendero conducirá nuestra vida.

Si sólo entendiéramos la tremenda responsabilidad que tenemos al elegir vivir de un modo u otro, distinto sería el derrotero de nuestra vida.

Rebelión

"El Espíritu del Señor está sobre mí, por cuanto me ha ungido para anunciar buenas nuevas a los pobres. Me ha enviado a proclamar libertad a los cautivos y dar vista a los ciegos, a poner en libertad a los oprimidos" (Lucas 4:18).

A menudo se escucha que Jesús no fue político, que no vino a hacer política y que no produjo cambios políticos. El problema está en establecer qué se entiende por político. Si se considera el término en un sentido restringido, es decir, participación u organización de un partido político o de cargos públicos, ciertamente no participó en eso. En ese sentido, Cristo no hizo carrera política, de hecho, se mantuvo alejado del poder político y fue incluso hostil con los gobernantes de su tiempo.

No obstante, lo anterior, tal como señala el teólogo inglés John Stott "en el sentido más amplio de la palabra, todo su ministerio era político: había venido al mundo para compartir la vida de la comunidad humana y envió a sus seguidores al mundo a hacer lo mismo" (2002: 33).

En términos de impacto social inauguró un nuevo orden social, totalmente opuesto a lo que ocurría en su tiempo, integrando a la comunidad de sus seguidores a esclavos, perseguidos, despreciados, extranjeros, gentiles, mujeres y enfermos (que eran discriminados en la religión oficial).

Su actuar tuvo consecuencias políticas toda vez que organizó una nueva visión de mundo, tanto que fue acusado por sedición y por no acatar la autoridad de César, cuestión que es netamente política.

¿Qué se puede esperar de sus seguidores? Pues lo mismo. Los cristianos no estamos para acomodarnos al status quo, sino para hacer una revolución que cambie las premisas sociales. La comunidad cristiana debe ser un ejemplo de participación, integración e inclusión. Entre los cristianos no hay lugar para seres humanos de diferentes categorías, ese sólo concepto llevado hasta sus últimas consecuencias tiene el potencial de transformar toda la sociedad. Si queremos vivir en un mundo no cristiano con premisas cristianas, definitivamente entraremos en contradicción con los poderes imperantes. El proyecto de Jesús es totalmente revolucionario y político. No entenderlo es convertir al cristianismo en una caricatura de lo que Jesús hizo.

Escapismo o compromiso

"Vendan sus bienes y den a los pobres" (Lucas 12:33).

John Stott sostiene de manera taxativa que los cristianos tienen sólo dos alternativas frente al mundo: escapismo o compromiso (2002:38). En otras palabras, huir de la realidad que le circunda y hacer como que no existe o comprometerse con las necesidades sociales. Lo primero supone lavarse las manos lo segundo implica utilizar las manos. Lamentablemente, la primera actitud ha primado en esa dicotomía mundo/iglesia, como si la comunidad cristiana estuviera desconectada o lejos del mundo.

Jesús dijo "no te pido que los quites del mundo, sino que los protejas del maligno" (Juan 17:15), concepto alejado del escapismo ideológico e insano de cristianos que creen que para servir a Dios deben alejarse del "mundo" como si ellos no estuvieran en él.

Si ese hubiera sido el pensamiento de Jesús no se habría acercado a prostitutas, ladrones, pobres, cobradores de impuestos, extranjeros, mujeres ni enfermos, que para las premisas de la época eran los "olvidados de Dios" o aquellos que "habían sido maldecidos por Dios". Al contrario, Cristo visitó a gente que políticamente era incorrecto visitar. Habló con personas que ningún judío piadoso hablaría. Atendió a individuos rechazados por la cultura de su tiempo y lo hizo sin revelar la más mínima actitud de rechazo, algo muy distinto a algunos "santos" cristianos de hoy que procuran no "contaminarse" con la presencia de algunos pecadores.

Si los cristianos se aíslan, entonces, dejan de cumplir su misión. Es fácil, cómodo y es estar en una zona de confort pedirle a la gente que venga a "nuestra iglesia" a "escuchar" al predicador. Ese ha sido el engaño orquestado por el enemigo desde la Edad Media en adelante, cuando se inauguró la homilía como "el" medio de predicación.

Pero al observar a Jesús lo que se ve es otra cosa. Era él el que iba donde el necesitado, era Cristo el que visitaba las casas de los publicanos y fariseos, el Maestro de Galilea no se quedó en un lugar para esperar que viniera la gente a escuchar sus "sabias palabras". Cristo no fue de oratorias sino de acción. No puso su énfasis en hablar sino en ser testigo. El maestro tocó al leproso cuando nadie siquiera se le acercaba. Ayudó a una mujer despreciada a ponerse en pie. Cristo no huyó de los pecadores, nunca.

Vamos a orar por ti

"Porque tuve hambre, y ustedes me dieron de comer; tuve sed, y me dieron de beber; fui forastero, y me dieron alojamiento" (Mateo 25:35).

Una mujer necesitada se acercó a un pastor para pedirle ayuda, el hombre la quedó mirando con rostro compasivo, puso su mano sobre su hombro y le dijo:

—Voy a orar por ti —y se fue, dejándola sola en su necesidad.

Más tarde la mujer escribió un poema y lo hizo llegar a la organización Shelter y dice así:

"Tuve hambre
 y formaron una comisión para considerar mi problema.
Estuve en la cárcel,
 y se retiraron en silencio a orar por mi libertad.
Estuve desnuda,
 y reflexionaron sobre la inmoralidad de mi aspecto.
Estuve enferma,
 y agradecieron de rodillas por su propia salud.
Necesitaba un techo,
 y me predicaron sobre el refugio del amor de Dios.
Estuve en soledad,
 y me abandonaron para ir a orar por mí.
Parecen tan santos, tan cerca de Dios...
Pero yo todavía sufro hambre, frío
 y soledad" (Stott, 2002:43-44)

En los últimos años la frase que más me molesta en labios de cientos de cristianos es "voy a orar por ti", se encierran en un cuarto a orar y le piden a Dios que haga por los necesitados, lo que Dios dijo que debíamos hacer nosotros. Luego de orar, nos quedamos muy tranquilos en el confort de nuestra casa creyendo que hemos hecho algo estupendo, cuando en realidad, sólo hemos teorizado del amor, no hemos vivido el amor-acción.

Salir de la zona de confort

"Porque tuve hambre, y ustedes no me dieron nada de comer; tuve sed, y no me dieron nada de beber" (Mateo 25:42).

Uno de los mayores obstáculos que enfrenta la iglesia cristiana contemporánea es salir de la zona de confort y comenzar a hacer lo que Jesús dijo que hicieran, ayudar, servir, proclamar.

Algunos "cristianos piadosos" creen que la única función de la iglesia es predicar y que eso consiste en hacer exhortaciones, llamados al arrepentimiento y llevarlos al bautismo. Craso error, esa es una distorsión que se introdujo al cristianismo de la mano de un formalismo que nada tiene que ver con los ideales de Jesús.

Decirle a la gente, desde 40 metros de distancia que deben arrepentirse de sus pecados, y luego irse muy campante a la casa creyendo que se ha hecho un bien es no entender nada de lo que Jesús hacía. El enfoque de Cristo es el único que lleva al éxito en las relaciones humanas. Jesús, conocía a las personas con el objetivo de beneficiarles. Les brindaba comprensión, auxiliaba en sus necesidades y ganaba su confianza. Luego los invitaba a ser sus seguidores.

Jesús tomaba la iniciativa y se acercaba a la gente, no para "predicarles" sermones cargados de efectismo, música, recursos audiovisuales y manipulación. Sólo iba con la intención de hacerles el bien. Les mostraba simpatía, nunca condena ni juicio. Luego, atendía sus necesidades, sin esperar nada a cambio o sin exigir que las personas hicieran algo por Él como respuesta a lo que él hacía. Cuando ya se había ganado su confianza, recién los invitaba a seguirlo.

Muchos cristianos que viven en su zona de confort y que prefieren aislarse entre las cuatro paredes de la iglesia, viven hablando del amor de Dios sin llevar alivio a quienes sufren. Se conforman con meter la mano al bolsillo y sacar una moneda para que otro haga el trabajo de alimentar al necesitado o ayudar a quien lo necesita. Es la zona de confort de quienes viven la religión desde una banca y no en la primera línea.

Lo peor es reunirse en grupos de oración para orar por los pobres sin mover ni un dedo para ir en su ayuda. Luego, se van a sus casas muy conformes de que han hecho algo bueno, cuando en realidad, lo que han hecho es autoengañarse creyendo que dieron, cuando no lo hicieron.

El absurdo de la dicotomía

"No hay judío ni griego; no hay esclavo ni libre; no hay hombre ni mujer, porque todos son uno en Cristo Jesús" (Gálatas 3:28).

Existe una tendencia marcada en muchos cristianos de separar su vida espiritual de su vida cotidiana, como si una cosa y otra no fueran juntas. He escuchado y leído a muchos que defienden el criterio de que el versículo donde Pablo habla de las barreras rotas o destruidas por Cristo sólo se refiere a la salvación, nada más. Ese pensamiento no sólo es absurdo, es, además, irresponsable.

Si tomáramos en serio la idea de que la idea planteada por Pablo se refiere exclusivamente al ámbito espiritual íntimo, entonces, es válido que sigamos sosteniendo el nacionalismo y la defensa de las fronteras como un actuar cristiano. Que sostengamos que el sexismo, el machismo y el androcentrismo son tan válidos como la esclavitud y el abuso de poder hacia otras personas, total, "Cristo no se pronunció sobre eso".

Como diría Stott: "En la iglesia existe una tendencia constante a trivializar la naturaleza de la salvación, como si no significara más que una transformación, o el perdón de nuestros pecados, o un pasaporte al paraíso, o una experiencia mística privada sin consecuencias sociales ni morales" (2002: 47). Estas ideas no son más que una caricatura absurda del cristianismo.

Separar salvación de acción concreta en la vida cotidiana con consecuencias sociales radicales, es malversar el cristianismo, algo que Jesús ni sus más inmediatos seguidores nunca hicieron.

Es un obstáculo para el mensaje de Cristo sostener que se puede ser cristiano y machista a la vez. Quien considera que la mujer es un ser que debe someterse al varón y renunciar a su individualidad al fusionarse con la personalidad del marido, simplemente, no puede llamarse cristiano. En Jesús no hay varón ni mujer.

Quien acepta a Cristo no puede defender opiniones nacionalistas ni radicalizar fronteras ni nacionalidades. En Cristo no hay griego ni judío.

Quien se hace llamar cristiano no puede ni debe explotar a otras personas tratándolas como esclavos. En Cristo no hay más esclavo ni libre. En Cristo todo cambia. De no ser así, no es Cristo quien obra.

Adultos en su modo de pensar

"No sean niños en su modo de pensar. Sean niños en cuanto a la malicia, pero adultos en su modo de pensar" (1 Corintios 14:20).

John Mackay, ex rector del Princeton Theological Seminary se atrevió a decir lo que muchos pensaban, pero no habían dicho por miedo a expresar algo políticamente incorrecto: "El compromiso sin reflexión es fanatismo en acción, pero la reflexión sin compromiso es la parálisis de toda acción".

Algunos cristianos impregnados de espiritualismo y misticismo tienen una gran desconfianza del pensar. Cuando se habla de "pensadores" cristianos reaccionan como si se hablar de algo maligno o malo, simplemente, porque han sido enseñados para obedecer, sin pensar, para creer, sin analizar.

Una religión sin pensamiento profundo, analítico y crítico no puede prosperar con una religiosidad sana, al contrario, tarde o temprano se convierte en un nido de fanatismo y extremismo que se torna en un peligro para la estabilidad física, psicológica y mental de sus miembros.

Pensar implica analizar, criticar, reflexionar y estar dispuestos a cambiar de opinión y de creencias. Sin ese ejercicio el pensar se anquilosa en una maraña de ideas sin fundamento y lógica.

Algunos creen que ser creyente es sinónimo de irracionalidad, que todo lo que tenga un leve matiz intelectual debe ser desechado como espurio. No es extraño que tantos intelectuales no cristianos desprecien el cristianismo por causa de tantas personas irracionales que actúan como si ese fuera el actuar correcto.

Olvidan que el llamado de Pablo apunta precisamente a pensar con profundidad. El apóstol alaba a quienes "aprendieron a renovar su forma de pensar por medio del Espíritu" (Efesios 4:23 PDT). El mismo llama a ser "transformados mediante la renovación de su mente" (Romanos 12:2).

Una religión sana, piensa. Una religión equilibrada, critica su propio pensamiento. Una religión saludable, avanza en el pensamiento generando nuevas ideas y criticando las antiguas. Una religión sana, nunca se estanca en la irracionalidad.

Sin amoldarse

"No se amolden al mundo actual, sino sean transformados mediante la renovación de su mente. Así podrán comprobar cuál es la voluntad de Dios, buena, agradable y perfecta" (Romanos 12:2).

Amoldarse significa tomar la forma del contexto en el que se está. Pablo llama a no amoldarse a los supuestos y conceptos del mundo que, de algún modo, tuercen la voluntad de Dios. Pero para hacer esto hay que abandonar la pereza intelectual de la cual padecen muchos cristianos que prefieren que otros estudien y les den un mensaje superficial y digerible en forma de sermones y reflexiones que no apelen al entendimiento sino a la mera emocionalidad.

Un cristiano real es una persona de intelecto fuerte, profundo y reflexivo. Por el contrario, un cristiano nominal, que sólo asiste a las iglesias para ser "resucitado" espiritualmente los fines de semana, pero al irse a casa se conforma con televisión banal, conversaciones triviales, prejuicios incuestionables y otras formas de aturdimiento intelectual, simplemente, no crece ni puede considerarse honestamente un digno representante de Cristo en un mundo que padece falta de conocimiento profundo y equilibrado.

Como señala Stott: "Si queremos vivir correctamente, tenemos que pensar correctamente. Si queremos pensar correctamente, debemos tener una mente renovada. Pues una vez que nuestra mente se renueve, ya no nos ocuparemos de los asuntos del mundo sino de la voluntad de Dios, lo cual nos transformará" (Stott, 2002: 56).

Esto no es fácil, y aunque avergüence admitirlo, muchos cristianos han caído en el facilismo de las "frases efímeras", de los mensajes "inspiradores", de los versículos sacados de contexto y de la repetición de esos cuadros absurdos e infantiles que pululan en las redes sociales del tipo "Dios te ama, si lo crees di amén"... El verdadero cristianismo exige pensamiento profundo, dedicado y honesto, que sea capaz de enfrentar la gran marea de pensadores ateos y agnósticos que están haciendo mejor trabajo que los cristianos entre gente preparada, universitaria y profesional. No es extraño que gran cantidad de personas que inundan las iglesias cristianas sean buenos cristianos y cristianas sin preparación y que vivan en una especie de analfabetismo funcional, porque leen sin entender lo que leen.

Superar la comodidad

"El Señor hace justicia a los oprimidos, da de comer a los hambrientos y pone en libertad a los cautivos" (Salmos 146:7).

En muchos sentidos el cristianismo se ha convertido en la voz del confort y la comodidad. Reunidos entre cuatro paredes, muchos cristianos se conforman con pedirle a Dios que ayude a los pobres mientras ellos se van a sus casas en autos último modelo y se dedican a comer suculentas comidas, mientras la divinidad se encarga de aliviar la carga de los pobres.

¿Qué Biblia habrán leído algunos? ¿En qué parte de ella habla de que hay que pedirle a Dios que haga el trabajo que él encomendó a sus seguidores? La justicia de Dios es expresión esencial de su amor y Dios espera que sus hijos sean los canales de luz para mostrar su justicia al mundo. Dios es el defensor de la causa de los pobres, y confía en que sus hijos, los que están llamados a mostrar su rostro, sean los que abracen a los pobres y los ayuden.

Dios no sólo defiende a los más necesitados como los extranjeros, las viudas y los huérfanos; él entiende que esa es precisamente la religión verdadera (Santiago 1:27). Dios procura que el hambriento sea saciado, el desnudo cubierto y el enfermo atendido, pero sus brazos son sus hijos, aquellos que van en busca del necesitado y lo hacen con una actitud proactiva, procurando que lo que hablen sean los hechos y no las palabras.

Los hijos de Dios deben superar el obstáculo de la "religión espectáculo", que se conforma con "asistir" a cultos, para escuchar sermones y luego irse creyendo que ha hecho algo extraordinario, cuando lo único que ha hecho es vivir la pasividad de una religión de espectadores. La religión pura, la que Dios desea, es de acción. De alargar las manos para alcanzar al necesitado allí donde está.

Un cristiano entiende que todos somos hijos de Dios, creados a su imagen, dignos de la más grande dignidad, y entienden que tal como Dios deben odiar la injusticia, atender a los necesitados, velar porque se respete la dignidad del trabajo, que se refleje a Cristo en cada acto que se realiza. Ser religioso no es asistir a una iglesia, es SER la iglesia.

Educar y persuadir

"Más bien quisiera hablar con el Todopoderoso; me gustaría discutir mi caso con Dios" (Job 13:3).

El cristianismo a lo largo de su historia ha dado un pésimo ejemplo de tolerancia y diálogo. En el desarrollo de su historia, lo que más ha abundado es la intolerancia y la persecución a quienes se han atrevido a cuestionar sus postulados.

En el versículo que encabeza esta reflexión, el personaje bíblico no duda en hablar con Dios y discutir su caso con él. Entiende que la divinidad no tendrá problemas para enfrentar a alguien que sea capaz de argumentar. Lo mismo se puede observar en algunos salmos y en los profetas, que no dudan en reclamar, discutir y discrepar con Dios, sin temor, sabiendo que Dios no es rencoroso con quien se le opone.

No obstante, entre cristianos la cosa cambia. Algo que el cristianismo maneja muy mal es la crítica y el análisis de sus postulados, porque actúa a la defensiva, como si los que hicieran el análisis estuvieran buscando su destrucción. Quienes deberían ser los mayores defensores de la conciencia personal e individual a menudo han sido lo contrario. Han olvidado que la intimidación no debe existir en los seguidores de alguien que nunca intimidó ni amenazó a nadie.

Ha costado siglos de aprendizaje para entender que "las conciencias se deben educar y no violentar" (Stott 2002: 78). Este principio básico ha sido olvidado muchas veces y aún se sigue persiguiendo a quienes piensan diferente, como si fueran una amenaza, sin comprender que el verdadero peligro es no deliberar ni discutir. Es en la multiplicidad de ideas donde se vislumbra la verdad y se elimina la posibilidad del autoritarismo religioso y la dictadura de quienes, por tener cierto poder relativo sobre otros, se creen con derecho a imponer ideas y criterios.

Nunca Cristo eligió el camino de la intimidación para hablar con sus seguidores. Al contrario, aunque le dolió, supo de antemano que uno le vendería y otros le negarían, y que todos huirían como bandada de aves despavoridas. Pero nada hizo Jesús para evitarlo. Él no era conciencia de ellos. Esa lección aún muchos cristianos no la aprenden.

Ejemplo no imposición

"Cuando enseñes, hazlo con integridad y seriedad, y con un mensaje sano e intachable. Así se avergonzará cualquiera que se oponga, pues no podrá decir nada malo de nosotros" (Tito 2:7-8).

Tiemblo al pensar en que los cristianos tuvieran el poder que tuvieron en la Edad Media. Todos los gobiernos religiosos, por una razón u otra, terminan siendo totalitarios e incoherentes con la fe que defienden. Los ejemplos abundan a través de la vergonzosa historia del cristianismo y también de otras religiones.

Con poder es muy fácil olvidar el valor de la persuasión y el ejemplo. "La Iglesia debería proponerse actuar como la conciencia de la nación. Si no podemos imponer la voluntad de Dios por medio de las leyes, tampoco podemos convencer a la gente simplemente mediante el uso de citas bíblicas. Pues estos son ejemplos de 'autoridad impuesta desde arriba', que provoca resentimiento y resistencia. Resulta más eficaz la 'autoridad que surge desde abajo', la verdad y el valor inherentes a algo que es evidente por sí mismo y que por lo tanto demuestra su propia validez" (Stott, 2002, 79).

La gente puede discutir un sermón o una enseñanza, pero no puede rebatir una vida coherente llena de amor y solidaridad con su prójimo. Es probable que olviden los mensajes teológicos, pero en su recuerdo permanecerá la vida de quien se esforzó por dar testimonio de su fe mediante actos de amor desinteresado.

Cuando la acción social es utilizada como medio de evangelización, es una especie de chantaje: "Te ayudo si es que estás dispuesto a aceptar lo que quiero enseñarte". Esa forma de presentar el evangelio se convierte en algo discordante y que hace ruido con la esencia más pura del evangelio.

No hay ningún versículo en la Biblia que muestre a un Jesús condicionando su ayuda y milagros a que la gente lo siguiera o lo escuchara. Hizo el bien sin mirar a quién, entendiendo incluso que muchos de los que recibían sus bendiciones algún día se convertirían en sus enemigos y perseguidores. Pero igual lo hizo, porque el amor es más grande y poderoso que las mezquindades del egoísmo. Un cristiano está llamado a vivir el ejemplo de Cristo, porque sabe que es el único mensaje que a la postre será escuchado.

Verdadera educación

"Dale buena educación al niño de hoy, y el viejo de mañana jamás la abandonará" (Proverbios 22:6).

Una buena educación no consiste sólo en entregar información de primera fuente ni de alta calidad, eso es importante, pero no es la base fundamental. Una educación de verdad educa para la vida, entrega valores y principios que pueden ayudar al individuo a construir un porvenir sobrio y noble. Educados sin principios y valores hay muchos, más de los deseables. Educados, pero con ideales nobles y altos, son los que se necesitan.

Stott lo define de la siguiente forma: "La educación es el proceso de facilitar el crecimiento de las personas hacia la madurez. Pero no podemos definir la madurez sin antes definir qué es ser persona, y no se puede definir lo que es ser persona sin una referencia a los valores de creencia y comportamiento, es decir, a la religión y la moral" (Stott, 2002: 80). En otras palabras, para poder determinar con exactitud el tipo de personas que queremos formar, es preciso detenernos a pensar qué entendemos precisamente por lo más básico: Qué es ser persona.

Eso implica que la educación por definición no puede ser neutral. Tiene que estar asentada sobre una base lo suficientemente lógica y sustentable que permita entregar una visión del tipo de persona que quiere formar y desarrollar. Ese es un gran obstáculo que hay que resolver. Muchos postulan una educación pluralista, "objetiva" y libre de todo postulado. Eso, es imposible, porque el mismo hecho de plantearlo ya supone una posición y asumir una propuesta valórica.

En eso los cristianos tenemos una responsabilidad enorme. No podemos plantearnos como neutrales ante un mundo que simplemente no lo es. Es preciso tomar partido, y en ese sentido, el cristianismo exige compromiso; de otro modo, se desperfila y termina siendo algo muy distinto a lo que se propone. La neutralidad es imposible, al menos, para seres humanos que por el sólo hecho de existir como tales ya tienen tendencias, nacionalidades, sexo, y un sin fin de elementos que no le permiten una neutralidad tal. En eso el cristianismo debe ser firme. Jesús y los valores que representa no se tranzan. En todo sistema educativo que se llame cristiano debe permearse los ideales de Jesús. No hay otra forma posible.

IMPOSIBLE

"—Porque ustedes tienen tan poca fe —les respondió—. Les aseguro que, si tienen fe tan pequeña como un grano de mostaza, podrán decirle a esta montaña: 'Trasládate de aquí para allá', y se trasladará. Para ustedes nada será imposible" (Mateo 17:20).

Lo admirable de algunas personas es que la palabra "imposible" no parece ser parte de su vocabulario. Tal es el caso de Nick Vujicic, un predicador, motivador y director de la organización dirigida a personas con discapacidad física Life Without Limbs. Nick nació en Melbourne, Australia con una deficiencia de origen genético, consistente en la carencia de tres de sus extremidades, le faltan ambos brazos a nivel de los hombros y extremidad inferior derecha, y con una meromelia de la extremidad inferior izquierda, tiene un pequeño pie con dos dedos como protuberancias de su muslo izquierdo. Sus padres se sintieron desolados, pero Nick nació sano.

Su vida estuvo llena de dificultades. No pudo acudir a una escuela normal pese a no tener discapacidades mentales, pero Nick fue uno de los primeros estudiantes discapacitados en migrar a una escuela normal. Aprendió a escribir usando los dos dedos en su "pie" izquierdo, y utiliza un aparato que se introduce en su dedo más grande para sostener cosas. Aprendió a usar la computadora y a teclear. También puede lanzar bolas de tenis y contestar el teléfono. Sufrió acoso en el colegio, y a los ocho años se planteó seriamente sobre la posibilidad del suicidio. Después de rogar por unos brazos y unas piernas, Nick comenzó a observar que sus logros eran la inspiración de muchos, y comenzó a agradecer que estaba vivo. A los diecisiete años comenzó a dar charlas a su grupo de oración y comenzó una organización sin ánimo de lucro. Viaja por todo el mundo. Está casado y tiene dos hijos.

La mayoría de las personas culpa a sus circunstancias o a falencias de origen genético o social, el no poder lograr más, pero eso es simplemente una excusa para no lograr más de lo que tenemos. El texto de hoy sugiere que si tenemos fe nada nos será imposible. Eso es palpable en Nick que realiza acciones consideradas imposibles para personas en su condición física. El que confía en Dios tiene posibilidades que otros no tienen. No sé si Nick habría logrado lo mismo sin fe.

El límite está en tu cabeza

"Y en medio de él, Moab extenderá sus manos como el nadador extiende sus manos para nadar, pero el Señor abatirá su arrogancia y la destreza de sus manos" (Isaías 25:11).

La natación es una especialidad deportiva que parece sencilla, pero exige mucho trabajo, preparación y esfuerzo. La mayoría de las veces cuando nos imaginamos a los nadadores, los visualizamos fuertes, con cuerpos privilegiados y llenos de energía. Cuesta creer que haya un campeón mundial, ganador de varias medallas de oro olímpicas y que ha batido dos récords mundiales que es simplemente ciego.

A los 9 años, Enhamed Mohamed sufrió un glaucoma que le quitó la vista. Esto sucedió a pesar de que sus padres lo habían enviado a vivir a Gran Canaria para evitar que la arena del Sahara (donde vivían) lo dejara ciego, como suele ocurrir con muchos niños en esa zona.

A Enhamed le gustaba sentarse frente a la piscina, escuchar el grito de los niños y oír el salpicar del agua, hasta que un día alguien le dio la mano y lo invitó a entrar en ella. Por este gesto, su vida cambió completamente, pues para él, fuera del agua todo era un obstáculo, mientras que dentro él decía poder ser todo lo que quisiera.

Comenzó a competir y luego fue conocido también como el "pez grancanario", nadó en Beijing y batió dos récords mundiales, además de obtener cuatro medallas de oro.

Muchas de nuestras limitaciones sólo están en nuestra cabeza. Cuando permitimos que nos manejen se convierten en un gran obstáculo.

Hay gente que cree que sólo algunos pueden tener éxito y que todo debe estar pavimentado de posibilidades y oportunidades para poder lograrlo. Lo cierto, es que la mayoría de las personas que tiene grandes logros ha tenido que sortear una serie de dificultades, que lejos de ser un problema, se han convertido en un beneficio toda vez que les ayuda a generar carácter y actitud de vencedor.

Dios no nos creó para que fracasáramos. La palabra fracaso no está en el vocabulario divino. Él espera que nos vaya bien y superemos los obstáculos que tenemos, reales o ficticios, y nos encaminemos a una experiencia de vida extraordinaria.

Hazañas

"Todos los deportistas se entrenan con mucha disciplina. Ellos lo hacen para obtener un premio que se echa a perder; nosotros, en cambio, por uno que dura para siempre" (1 Corintios 9:25).

De un modo u otro, el deporte es reflejo de la sociedad. Muchas hazañas deportivas lo que han hecho es dar lecciones de vida a millones de personas. La primera y gran lección es que un momento de gloria deportiva no se logra sólo con buenas intenciones. Para cada medalla olímpica se necesitan años de esfuerzo y trabajo silencioso y solitario. Muchos quedan en el camino por no estar dispuestos a hacer el trabajo que se debe hacer.

El 2 de diciembre de 2012, sucedió una escena digna de mencionar. El atleta keniano, Abel Mutai, medallista olímpico en Londres 2012, lideraba la carrera Cross de Burlada, en España. Cuando creyó haber llegado a la meta, el africano bajó la velocidad y empezó a saludar pensando equivocadamente que había ganado. Su perseguidor, el español Iván Fernández Anaya, quien lo seguía, se dio cuenta de esto y en vez de sobrepasarlo, le avisó que aún no acababa la competencia y lo empujó hacia la meta real. La lección es que no se trata de ganar por ganar. No es que tengas que llegar a la meta a como dé lugar y traspasando principios y valores que son importantes para la sociedad y la convivencia.

El héroe de esta historia es el atleta Iván Fernández, bien podría haber sobrepasado al atleta de Kenia y probablemente mucha gente hubiera alabado la astucia de Fernández y Abel Mutai habría quedado mal, al estar tan cerca de la meta y no haberse percatado de llegar. Pero Fernández entendió que eso no era justo. La mayor parte de la prueba la lideró Mutai. Cuando se le preguntó por lo que había hecho dijo: "Hay que ganar en buena lid. Abel simplemente cometió un error, pero era el justo ganador, me habría sentido muy mal de haber ganado por una equivocación de mi compañero".

Si todos tuviéramos esa forma de pensar el mundo sería distinto. Dios nos creó para la colaboración, no para la competencia desleal y aguerrida. Nos hizo con la facultad de elegir lo que es mejor en cada circunstancia. Si prefiriéramos la convivencia antes que la gloria personal, otra sería la situación de la sociedad, de la iglesia y de la familia.

Ganar en justicia

"Más vale tener poco con justicia que ganar mucho con injusticia" (Proverbios 16:8).

El fútbol es el deporte más popular. Reúne a millones de personas para observar una final o un partido especialmente disputado cuando hay rivales clásicos o históricos. Sin embargo, también este deporte es una muestra de lo que es la naturaleza humana, de sus flaquezas y de sus riquezas.

Suelo decirles a las chicas que cuando quieran conocer a alguien de verdad, especialmente si están pensando en tener novios, vayan a verlos jugar al fútbol. Allí aparece todo, los envidiosos, los violentos, los fanáticos, los leales, los que actúan de buena y mala fe, los pillos, los de buena intención, todo se revela en el juego, porque al ser un juego, las personas dejan de fingir y se comportan como realmente son. Por eso en el fútbol mundial hemos tenido una simulación descarada que un sinvergüenza le llamó "la mano de Dios", mordidas a mansalva, golpes, actitudes antideportivas como engañar al árbitro, y un sin fin de situaciones que no nos dejan bien parados como humanos. Algunos celebran dichas situaciones como "viveza", pero no son más que una muestra de la naturaleza torcida del ser humano.

Es digno de destacar lo que sucedió en Alemania, en marzo de 2014. Era un partido entre el Werder Bremen y el Nüremberg, Aaron Hunt, jugador del Bremen, se tropezó y cayó dentro del área rival, el árbitro pensó que había sido una falta y sin dudarlo sancionó un penal. En cualquier otra situación, los jugadores a los que se falló a favor habrían reaccionado alegres porque eso les habría asegurado un punto. Sin embargo, Hunt, el jugador que se había caído al ver la acción del juez, se le acercó y le pidió que retractara la decisión, avisándole que no había sido falta. Sus rivales y compañeros le aplaudieron y le dieron la mano. A diferencia de la "mano de Dios" que es una vergüenza para el deporte mundial, la acción de Hunt quedará como una señal de buen juego y de actuar correcto.

Cuesta poco actuar de manera correcta, pero a muchas personas les duele cuando se obra bien, seguramente algunas personas del equipo de Hunt estarán pensando que no actuó con viveza. La vida no se juega con engaños. Los que obran mal no terminan bien. Es una lección que algunos no aprenden ni siquiera con las evidencias.

Motivado

"Sigo avanzando hacia la meta para ganar el premio que Dios ofrece mediante su llamamiento celestial en Cristo Jesús" (Filipenses 3:14).

Me molesta la palabra "flojera" que muchos utilizan para calificar el rendimiento de algunos alumnos. En realidad, el problema es entender la motivación. Una persona motivada es capaz de lograr increíbles hazañas y superarse a sí misma. Sin motivación, nadie avanza. Enseñar a automotivarse es la mejor lección de vida que padres pueden dar a sus hijos y docentes a sus alumnos. Con motivación se puede lograr lo imposible.

Es lo que ha pasado con Ramón Larramendi, de España, quien ha cruzado la Antártida en un trineo tirado por la fuerza del viento gracias a grandes cometas de diferentes tamaños. Nunca alguien lo había intentado de esa forma, ganando en velocidad y restando esfuerzo. Han sido 4.500 km sobre hielo polar, junto a Juanma Viu e Ignacio Oficialdegui. Una expedición que duró 62 días y que además del logro deportivo es una interesante experiencia científica. Larramendi junto a sus compañeros han estado en lugares que nunca fueron pisados por pie humano.

Pero, no tuvo la idea y al otro día estaba en la Antártida. Seis años antes, mientras realizaba una expedición al Polo Norte Geográfico planeada por la organización "Al filo de lo Imposible", Larramendi pensó, mientras hacía un esfuerzo extremo arrastrando el trineo, que, si las cometas son capaces en impulsar en otros deportes, como el Kite Surf, ¿por qué no iban a facilitar la pesada tarea de arrastrar el trineo? Luego de tener la idea comenzó la labor de diseñar la expedición, para eso utilizaron un catamarán polar tirado por cometas, un transporte revolucionario por su autonomía, fiabilidad y respeto al medio ambiente.

Tuvieron que desarrollar la mecánica del trineo, con sus cometas y luego aprender una técnica para guiarlo. Hicieron prácticas y ajustes en los Pirineos; después realizaron cuatro expediciones a Groenlandia y luego, realizaron la expedición. Todo eso les llevó más de dos años de preparación. Las hazañas no se improvisan. Así es con la vida. Dios nos dio capacidad de análisis, de creatividad, de esfuerzo, para que aprendiéramos que con motivación podemos lograr lo que queramos, siempre y cuando nos preparemos adecuadamente.

Diligente

"¿Has visto a alguien diligente en su trabajo? Se codeará con reyes, y nunca será un Don Nadie" (Proverbios 22:29).

Probablemente si alguien lee el nombre Jeff Bezos, sólo algunos entendidos sabrán de quién se trata. Sin embargo, en el mundo de Internet es considerado como el emprendedor que revolucionó las compras a través de la red. Fundó una de las empresas más prósperas y simbólicas de la revolución en línea, Amazon, una de las empresas pioneras en el comercio electrónico. Cuando a Bezos se le ocurrió la idea, fue a dar un paseo en el Parque Central con su jefe para compartir lo que estaba pensando.

Bezos, en 1992, era vicepresidente senior para "The New York Hedge Fund D. E. Shaw". Le contó a su jefe su sueño de crear una empresa que vendiera libros por Internet. Su jefe escuchó atentamente antes de darle un pequeño consejo condescendiente: "Eso suena como una muy buena idea, pero sería una mejor idea para alguien que no tuviera ya un buen trabajo".

Sin embargo, Bezos, guiado por su visión y pasión, ignoró el consejo de su jefe y en 1994 puso en marcha su proyecto, y le tomó más de 6 meses reportar su primer beneficio trimestral. La paciencia y constancia han sido factores clave para hacer de Amazon una empresa importante y duradera.

Seguramente en el mismo período a más de alguna persona se le ocurrió la misma idea, pero nadie la hizo realidad, no al menos como Bezos que comenzó vendiéndole libros a sus amigos y conocidos. En la actualidad es un portal que no solo vende libros, sino millones de productos variados en todo el mundo.

No basta con tener una buena idea. Es preciso trabajar para que se haga realidad. Muchos soñadores se quedan solo en eso, en un sueño que no llevan a la práctica porque no se atreven a dar los pasos necesarios.

Dios nos dio la capacidad para prosperar. De hecho, Dios no patrocina fracasos ni busca que nos vaya mal, al contrario. Es un error suponer que Dios desea que seamos pobres y míseros, esa idea, surgida en mentes manipuladoras medievales es no solo errática, lleva al sino de la herejía. Dios espera que prosperemos, pero hay que comenzar trabajando con diligencia.

Primeros

"El Señor te pondrá a la cabeza, nunca en la cola. Siempre estarás en la cima, nunca en el fondo" (Deuteronomio 28:13).

Cualquiera que haga una búsqueda en Internet sabe lo obvio, las primeras búsquedas que se posicionan tienen más opciones de ser vistas que las que están en otra posición. Las empresas crean algoritmos y estrategias para intentar que el motor de búsqueda más importante del mundo ubique su sitio en los primeros lugares. Existe incluso una palabra para eso: "googlear", que es un derivado del sitio más famoso de Internet: Google.

De hecho, muchos especialistas sostienen que la historia de la red se divide en dos partes, antes y después de Google. Pocos saben que los creadores de este motor de búsqueda fueron dos jóvenes estudiantes, Larry Page y Sergey Brin, quienes no sabían que su invento iba a revolucionar la forma en que se piensa Internet; de hecho, Google es sinónimo de Internet, y para muchos este buscador es la interfaz para acceder a un mundo de conocimiento e información único.

En 1996, Larry Page tenía 23 años y tenía el sueño de hacer algo para que la inmensa cantidad de información que ya había en Internet fuera más accesible. Cuenta que tomó un lapicero y empezó a escribir las ideas que tenía y pasó la mitad de la noche haciendo bosquejos y convenciéndose de que era posible hacerlo. Buscó a su compañero de clases Sergey Brin, y el resto es historia.

Google con el tiempo dejó de ser solo un gran buscador para convertirse en una de las empresas más importantes de la era Internet. Han desarrollado múltiples productos que abarcan desde aplicaciones web y herramientas empresariales hasta software y conectividad móvil.

Cuando contaron su idea, algunos se rieron en su cara. Como siempre ocurre, los que no sueñan desaniman a los que tienen ideas. El secreto está en seguir pese a la actitud negativa de quienes están a nuestro lado. Cuando veo a cristianos creyendo la mentira de que para ser un buen seguidor de Cristo hay que ser pobre y mísero, no solo me molesta, también entiendo que el enemigo de Dios ha logrado convencer a muchos de que no es posible tener sueños, lo que es contrario a lo que Dios quiere. Dios desea que seamos cabeza, no cola. Primeros y no últimos.

La gentileza vende

"Mándales que hagan el bien, que sean ricos en buenas obras, y generosos, dispuestos a compartir lo que tienen" (1 Timoteo 6:18).

Había llegado tarde al aeropuerto de Saint Louis, en EE.UU. Había salido con tiempo suficiente desde el lugar donde estaba alojando, pero nos encontramos en una autopista varados a causa de un accidente y no pudimos avanzar como estaba previsto. Tenía vuelo en Southwest Airlines, así que llegué al mostrador y lo primero que me llamó la atención de la señora que me atendió fue su amable sonrisa. Me dijo: "No se preocupe, buscaremos la forma de que pueda volar a tiempo. Tenemos convenios con otras aerolíneas." Ni siquiera tuve que rogarle; ella solo vio la hora del boleto, se dio cuenta de que estaba atrasado, no preguntó nada y solucionó el problema. En media hora estaba sentado cómodamente en otro avión de otra empresa, y en dirección a mi destino. Quedé admirado de su amabilidad y me dije a mí mismo que si volvía a volar en EE.UU. sería en esa aerolínea. Tiempo después supe el secreto detrás de esa atención.

Southwest Airlines es la aerolínea más grande de Estados Unidos que celebró su 43° año consecutivo de rentabilidad en el año 2016. Su fundador, Herb Kelleher, lo ha logrado a costa de uno de sus principios fundamentales: Lo principal es el cliente. Un pasajero satisfecho volverá a volar en Southwest.

Desde un comienzo, Kelleher se enfocó en brindar un excelente servicio al cliente. Desde el principio entendió que el personal que atiende a las personas puede hacer o deshacer un negocio. Para lograr que sus empleados se comprometieran, Kelleher inició un programa de reparto de utilidades y opciones de acciones que hicieron a los empleados sentirse y actuar como propietarios.

Los cristianos debemos aprender esa lección. Cuando una persona ingresa a una iglesia, debe ser tratada como la persona más importante del mundo y lo es, puesto que Jesús murió y resucitó por ella. A veces, actuamos como si diera lo mismo que alguien escuche o no el evangelio. Sin embargo, nunca da lo mismo. Es preciso expandir las buenas nuevas, y eso se hace no con la enseñanza de doctrinas o disputas teológicas, sino con el trato amable, cortés y empático ante las necesidades de las personas. Cuando entendemos que la iglesia somos nosotros, todo cambia.

Renuevo

"Cada mañana se renuevan sus bondades" (Lamentaciones 3:23).

El refrigerador es un aparato indispensable en cualquier hogar. Sin esta máquina, los alimentos durarían mucho menos y no sería posible guardarlos más de uno o dos días. Lo que parece increíble es que este aparato entró al mercado el año 1934; sin embargo, el principio que lo hizo posible se conocía desde 1834, es decir, se tardó 100 años en que se aceptara su pertinencia y necesidad. Como siempre, los cambios son duramente resistidos por quienes se acostumbran a lo que conocen y no desean nada nuevo que les suponga mudar hábitos o formas de actuar.

La mayor revolución en las cocinas del mundo fue la llegada de este aparato y la muerte del vendedor de verduras, permitiendo mantener los productos perecederos frescos durante varios días. Sin embargo, pocas personas hicieron caso del invento.

Jacob Perkins (1766-1849), inventor estadounidense que murió a los 84 años en Londres, ingeniero mecánico y físico, fue el primero en describir cómo tubos llenos de químicos volátiles cuyas moléculas se evaporan fácilmente podían mantener la comida fría. Patentó su invento; sin embargo, se murió sin ver la masificación de lo que él consideraba un medio útil para producir hielo y mantener los alimentos congelados.

¿Por qué los seres humanos se demoran tanto en aceptar los cambios? ¿Por qué lo conservador y consuetudinario puede más que la novedad y la renovación?

No es fácil contestar estas preguntas que sociólogos, filósofos de la cultura, antropólogos e historiadores suelen hacerse desde hace mucho. La verdad sea dicha, por muy difícil que sea una situación, la gente suele aferrarse a lo conocido más allá del sentido común.

Cuando esto ocurre, los seres humanos se estancan. Nada es más fácil de no ser analizado ni criticado que la religión, que logra mantenerse por siglos con los mismos criterios y en un estancamiento difícil de comprender. Siendo Dios absoluto y el ser humano finito, cuesta entender que algunos seres humanos siquiera se planteen la remota posibilidad de haber logrado toda la comprensión de la divinidad que deberían. Sin cambio no hay progreso, ni comprensión ni aprendizaje real.

Escribir derecho

"Procuró también hallar las palabras más adecuadas y escribirlas con honradez y veracidad" (Eclesiastés 12:10).

Tengo una especie de obsesión con los lápices. Necesito siempre tener uno al alcance. En mi bolso ando trayendo cuatro o cinco, entre bolígrafos y lápices. Los hay al lado del velador, sobre el escritorio, en la cocina, en el baño y en la mayoría de mis sacos. Si me llega una idea y no tengo un lapicero o un lápiz a mano, es como si el mundo se me acabara. No sé cómo harán otros escritores, pero en mi caso siento que las ideas vienen y van con una facilidad pasmosa, por lo que preciso tener algo con que anotarlas al instante cuando vienen. El lápiz, al igual que el bolígrafo, son inventos extraordinarios.

En el caso del lápiz, éste surgió en 1564, cuando fue descubierto un depósito de grafito en Borrowdale, Columbia, Estados Unidos. En esa oportunidad se pensó que era algún tipo de plomo. Un año después, el naturalista y médico suizo Conrad Gesner (1516-1565) describió una herramienta para escribir que contenía esa sustancia. Nicolas Conté (1755-1805), militar, pintor y aeronauta, perfeccionó el lápiz más de cien años después cuando mezcló el grafito con yeso y lo pegó entre dos tiras de madera. En esencia, la vieja fórmula de Conté no ha cambiado mucho, aunque se ha hecho más sofisticada.

Los seres humanos siempre han buscado la forma de mantener sus pensamientos por escrito. Los diferentes instrumentos que se han usado en la historia para ese fin, estiletes, plumas y palos afilados, no han tenido otro sentido que perpetuar por escrito ideas y sentimientos, para que no se las lleve el tiempo y no sucumban a la memoria.

Todos los seres humanos pensamos, la diferencia es que sólo los escritores pueden reclamar un pensamiento como propio, porque cuando está escrito pasa, por derecho autoral, a tener un dueño... el primero que lo escribió.

Dios nos dio esa capacidad. La de expresarnos y que seamos capaces de comunicar lo que hay en el fondo de nuestros pensamientos. Es un privilegio que sólo las criaturas humanas poseen y al cual muchos renuncian simplemente por no creer en sí mismos y conformarse con la imitación burda de la forma de pensar de otros.

Atreverse

"Pero en esta carta me he atrevido a escribirles francamente sobre algunas cosas, para que no las olviden" (Romanos 15:15 DHH).

Arthur Schopenhauer (1788-1860), el filósofo alemán, alguna vez escribió: "No es la dificultad la que impide atreverse, pues de no atreverse viene toda la dificultad". ¡Qué palabras! Y tiene toda la razón, una cantidad enorme de dificultades sobrevienen porque tenemos sueños, anhelos, esperanzas, expectativas y no damos el paso necesario para que se concreten. No nos atrevemos, y eso se convierte en un lastre en la vida, para no progresar ni salir del estancamiento en el que nosotros mismos nos ponemos.

¿Estás sin trabajo? Pues, nadie va a venir a tu puerta a ofrecértelo. Levántate temprano y haz de la búsqueda un trabajo, ocho horas diarias. Difícilmente estarás mucho tiempo sin haber encontrado algo.

¿No te gusta el trabajo que tienes? Pues comienza a planificar qué paso quieres dar. Si quisieras algo donde necesitas una preparación previa, pues, ocupa tus horas libres, y prepárate. En otras palabras, no te quedes rumiando frustraciones ¡haz algo!

¿Quieres emprender un negocio? Prepárate para hacerlo. Establece los pasos que debes dar. Si no sabes exactamente qué quieres, entonces, pide ayuda a alguien que sepa, por último, sale más barato contratar a un experto que te guíe y luego realizas lo que sueñas.

¿Quieres convertirte en escritor? Comienza a escribir.

¿Deseas destacar como músico? ¿Qué esperas para aprender un instrumento o hacer lo que tengas que hacer?

¿Deseas un trabajo independiente? Analiza qué pasos debes dar, enfócate en lo que te gusta y adelante, comienza.

Dios no patrocina fracasos. No busca que las personas se conformen con metas mediocres y de corto alcance.

Dios no desea que pasemos hambre o apreturas económicas. Tampoco desea que nos vaya mal. Él quiere que seamos prosperados en todo. Sin embargo, Dios no nos puede obligar. Somos nosotros los que debemos levantarnos y emprender lo que queremos lograr. Dios está para darnos fortaleza, la elección de atreverse es nuestra.

COBARDÍA

"¿Quién es hombre medroso y cobarde de corazón? Vaya, y vuelva a su casa, y no apoque el corazón de sus hermanos, como su corazón" (Deuteronomio 20:8).

Probablemente no exista miedo más paralizante que el de no atreverse simplemente, por temor al futuro. Aquellos que no se atreven conforman una multitud, individuos con buenos sentimientos, pero sin la valentía necesaria para dar el paso que cambiaría su situación.

El lema del Renacimiento era "Vivere Risolutamente", es decir, "vive resueltamente". Lo que diferencia a las personas exitosas de las fracasadas, a los independientes de los dependientes, es que los primeros se atreven y toman la decisión de cambiar su situación existencial. No esperan milagros, ellos crean las condiciones para que lo imposible suceda.

Las personas tienden a enredarse y terminan atrapadas en elecciones que les hacen infelices. Se quedan en trabajos que no les satisfacen, en relaciones de pareja insatisfactorias, viven en ciudades que no les gustan, habitan en casas que detestan, entre muchas otras cosas. Es lamentable cómo muchos van perdiendo la agilidad que los caracterizaba y cómo la audacia queda en el pasado.

El otro día escuché una propaganda que decía: "No envidies lo que tengo si no sabes todo el esfuerzo que hay detrás". ¡Es cierto! Nadie se convierte en una persona exitosa sin esfuerzo y sin tomar decisiones que hagan de su vida algo diferente.

En la psicología contemporánea se habla cada vez más de "la inteligencia resuelta", la capacidad que algunos desarrollan para sobreponerse a las circunstancias y tomar decisiones que cambien las condiciones en las que viven.

Hace algunos años, uno de mis alumnos me dijo: "Algún día viviré a pocas cuadras de la Torre Eiffel, seré ciudadano francés". Sonreí porque la audacia de los jóvenes entusiasma.

Hace poco me envió una foto de su casa en París y una fotografía de su documento de residencia. No se quedó en sueños. Tomó la decisión e hizo lo que debía hacer para cumplir su objetivo. Seguramente sabrán que Dios sonríe cuando ve a uno de sus hijos satisfecho y feliz.

Metas

"Así que yo no corro como quien no tiene meta; no lucho como quien da golpes al aire" (1 Corintios 9:26).

Al leer biografías de personas que han tenido éxito en diversas áreas de la actividad humana, algo se mantiene como un factor común entre todos ellos: cada hombre o mujer que ha logrado algo importante lo hizo estableciendo metas y trabajando arduamente para hacerlas realidad.

Una meta se diferencia de las buenas intenciones y de las declaraciones de buenos propósitos. Una meta fija su objetivo con claridad, propone fechas y formas de lograr lo que se ha propuesto. No es un sueño, es aterrizar las expectativas a situaciones reales.

Muchos fracasan simplemente porque se dejan estar y el tiempo pasa sin que trabajen en sus metas.

Existen metas a largo, mediano y corto plazo. Cada una debe ser establecida según las necesidades, sin embargo, es necesario establecer otras metas pequeñas que permitan cumplir los objetivos que están por delante.

Escuché una entrevista a un atleta que practica carreras de 400 metros. En mi ignorancia, pensé que era simplemente correr, pero aprendí al escuchar al atleta que hay metas fuera de la pista y en el momento de correr. Si necesita mejorar la fuerza de arranque, realizará determinados ejercicios para lograrlo, pero en otro momento. Si necesita aumentar su musculatura, también se dedicará a trabajar en ello.

Pero una vez iniciada la carrera, cada minuto está programado con el entrenador. Hay momentos para estar en el grupo, otros para estar entre los diez primeros y luego, para rematar la carrera corriendo para alcanzar la punta. No se trata de lanzarse, sino de planificación.

Toda meta exige planificación e inteligencia.

Sin una buena planificación, no se llega a ninguna parte, pero no basta con planificar, hay que trabajar en los detalles y luego avanzar paso a paso hasta alcanzar las metas propuestas. Así funciona también en la vida. No es cuestión de azar, sino de trabajo y planificación. Dios nos ha dado la inteligencia para lograrlo, la decisión de hacerlo o no es nuestra.

Sin miedo

"No les tengas miedo, que el Señor tu Dios pelea por ti"
(Deuteronomio 3:22).

El miedo es el gran enemigo de la estabilidad mental. Una persona temerosa no avanza, se queda paralizada y realiza acciones que no son ni lógicas ni productivas. El miedo hace aflorar en nosotros nuestros aspectos más oscuros. Aprender a controlar el temor es fundamental para una vida en desarrollo y para tener éxito.

El escritor checoslovaco-austriaco Franz Kafka (1883-1924) escribió una fábula en la que cuenta la historia de un pequeño animal que vivía temeroso en el fondo del bosque. Lo único que quería el animalito era vivir seguro. Se metía en su madriguera y la tapaba con mucho cuidado para que ningún depredador lo descubriera. Sin embargo, para estar completamente seguro de estar cubierto, tenía que verla desde afuera y comprobar que todo el camuflaje funcionara. Inevitablemente, al salir destruía su obra, y una y otra vez tenía que volver a comenzar. Era tanto el miedo que no podía desarrollar el criterio que le permitiera pensar con más cordura.

Lo mismo ocurre con aquellos que viven inundados de miedo. El temor no les permite pensar con claridad y terminan tomando decisiones absurdas y dejándose esclavizar por sentimientos que no les ayudan a salir de la situación. El miedo nos hace cobardes, tanto que no somos capaces de tomar una decisión por temor a las consecuencias. La valentía, por el contrario, no es la ausencia del miedo, sino la capacidad que nos permite avanzar a pesar de las emociones de temor que albergamos. Es un error creer que los valientes no temen; la realidad es que han aprendido a vivir con sus miedos y a tener control sobre ellos.

Es imposible que no existan situaciones que nos desborden y no nos permitan acceder con facilidad a las fuerzas que nos saquen de esa situación. No necesitamos actuar como héroes, simplemente debemos entender que somos humanos y que estamos sujetos a emociones que nos hacen ver la realidad desde una perspectiva ligada a la emoción que tenemos. Dios nos hizo sujetos de emoción. Es interesante que la frase que más se repite en la Biblia sea "no temas", porque Dios sabe que el temor nos destruye, por eso debemos enfrentarlo en lugar de esconderlo.

Riqueza

"Quien ama el dinero, de dinero no se sacia. Quien ama las riquezas nunca tiene suficiente. ¡También esto es absurdo!" (Eclesiastés 5:10).

Un mito del éxito es creer que se refiere al dinero. Suponemos a priori que una persona que posea una gran riqueza es una persona exitosa y tendemos a creer lo contrario, tratando al "pobre" como una persona fracasada. La realidad es diferente a ese estereotipo. De hecho, numerosos estudios han demostrado que muchas personas adineradas tienen más conflictos y problemas que aquellos que viven con un salario mensual.

En el dinero hay una tentación que seduce incluso a los más fuertes. Llegan a creer que la riqueza los hace poderosos y que lo que tienen en su cuenta bancaria los coloca por encima de los demás. Sin embargo, como señala Salomón, considerado el hombre más rico de su época e incluso de todas las eras, aquellos que "aman el dinero" nunca se sacian, nunca tienen suficiente y siempre están buscando más, como si obtenerlo fuera lo único que diera sentido a sus vidas.

En su libro *El mapa para alcanzar el éxito*, el escritor John C. Maxwell cuenta que en 1923 se reunieron en el Hotel Edgewater Beach de Chicago, Illinois, un pequeño grupo de hombres que en ese momento eran los más ricos del mundo. Juntos constituían una élite de riqueza y poder. En ese momento, ellos controlaban más dinero que el Tesoro de los Estados Unidos.

Sin embargo, la situación era muy distinta para esas personas después. Charles Schwad, presidente de la industria independiente del acero, murió en la bancarrota; Arthur Cutten, el más grande de los especuladores de trigo, murió en el extranjero como un indigente; Richard Witney, presidente de la Bolsa de Valores de Nueva York, murió poco después de ser puesto en libertad de la prisión de Sing Sing; Albert Fall, miembro del gabinete de un presidente de los EE.UU., fue indultado de la prisión para morir en su hogar; Jess Livermore, uno de los más grandes de Wall Street, se suicidó al igual que Leon Fraser, presidente del Bank of International, e Ivar Kreuger, jefe del monopolio más grande del mundo.

El dinero es un medio, no un fin. El verdadero éxito no consiste en acumular riqueza; ese es un mito peligroso de creer.

Felicidad

"Para el afligido todos los días son malos; para el que es feliz siempre es día de fiesta" (Proverbios 15:15).

El día de ayer decíamos que definir el éxito en función de la riqueza era un callejón que probablemente llevaría a muchos a perderse. De hecho, muchas personas ricas no tienen las satisfacciones que supuestamente se esperan de ser ricas. ¿Entonces?

La salida es definir el éxito en relación con la felicidad; eso significaría que las personas felices serían exitosas. El problema de definir el éxito en función de un sentimiento es que no logramos entender que la vida es incierta y las emociones inestables.

Como dice Maxwell, "si haces de la felicidad tu meta, ciertamente estás destinado a fracasar. Estarás continuamente en una montaña rusa, y pasarás del éxito al fracaso con cada cambio de humor". Si tuviéramos garantizado que nada nos pasaría en el futuro y que no tendríamos que enfrentar ninguna situación incierta, entonces, tal vez; pero la vida no es así.

Ser feliz es resultado de muchas situaciones, y lo que hace feliz a algunas personas no necesariamente es positivo. Alguno podrá ser feliz bebiendo alcohol o drogándose, y sabemos cuán inestable es ese camino y cuán efímeros son esos momentos felices. He visto a ladrones felices por haber robado algo que los mantendrá por unos días, sin embargo, poco les dura cuando tienen que enfrentar las consecuencias de sus acciones.

Así que probablemente ese no sea el camino, por muy válido que nos pueda parecer.

La verdadera felicidad está vinculada con la paz interior, con familias estables, con lazos familiares profundos, con el amor y la aceptación, es decir, con cuestiones más simples y a la vez más complejas de lo que algunos suponen.

Es la ironía del libro *Cantar de los Cantares*, cuando el rey con toda su riqueza tiene que sucumbir ante la realidad de que él, con todo su poder y dinero, nunca ha conocido el amor, al menos no el que disfrutan el campesino y su esposa, la sunamita, que había sido raptada para el harén del palacio. Personas pobres tenían más que alguien lleno de lujos y riqueza. Así que la felicidad es subjetiva y no todo lo que brilla es oro...

Posesiones

"¿Temeré a los que confían en sus riquezas y se jactan de sus muchas posesiones?" (Salmos 49:6).

Otros creen que el éxito está directamente relacionado con la cantidad de posesiones que tienen. Suelen contarlas, admirarlas y sentirse ufano porque son capaces de exhibir mucho, o poco, porque es subjetivo.

Sin embargo, basar el éxito en posesiones es altamente peligroso. Vivo en una zona de terremotos. Cada cuatro o cinco años viene algún terremoto que hace que muchos pierdan todo lo que han acumulado. La mayoría de las personas tiene un solo tipo de respuesta cuando se le pregunta por lo que han perdido:

—¡Solo son cosas! La vida y la familia son lo importante. Estamos vivos y juntos. Nada más importa.

Es en momentos así cuando entendemos la importancia de afirmar la vida en lo que realmente es importante.

Las posesiones son un activo temporal, van y vienen, por lo tanto, aferrarse a ellas como si fueran el símbolo de nuestra prosperidad y éxito es simplemente absurdo.

Alejandro Magno quiso conocer al filósofo Diógenes, del que tanto le habían hablado. Un hombre que había renunciado a poseer algo y vivía en la calle. Alejandro, ufano, se le acercó y le dijo:

—Pídeme lo que quieras y te lo daré.

Diógenes lo quedó mirando por un instante, y con un gesto un tanto de fastidio le dijo:

—Hazte a un lado que me tapas el sol.

Alejandro murió de una forma absurda, lleno de posesiones y con un vacío existencial que ahogó en alcohol. Diógenes murió en Corinto, respetado como un hombre sabio, aunque siguió viviendo en la calle el resto de su vida. ¿Quién de los dos tuvo más éxito?

Es probable que algunos sugieran que Alejandro por las conquistas y batallas que ganó; sin embargo, me inclino a pensar en Diógenes, que fue capaz de vivir su propia vida, bajo sus condiciones, siendo autosuficiente y no teniendo que depender de nada ni de nadie.

Poder

El "es la cabeza de todo poder y autoridad" (Colosenses 2:10).

El poder fascina a muchos. Millones de personas creen que, si tienen poder, serán felices y tendrán éxito, no necesariamente en ese orden, pero creen que estas dos cosas van de la mano.

La verdad sea dicha: el poder es uno de los bienes más inestables que existen en esta tierra, se va tan rápido como llega.

El poder tiene la facultad de mostrar los lados oscuros de la personalidad humana, tal como alguna vez señaló Abraham Lincoln, expresidente de los Estados Unidos: "Casi todo hombre puede resistir la adversidad, pero si quieres probar el carácter de un hombre, dale poder". ¡Claro! Porque en ese momento aflorará la verdadera persona, que no siempre se vislumbra en la fachada que construimos para mostrar lo que queremos que los demás vean, aunque no siempre sea auténtico.

El poder es una verdadera prueba de carácter. Supongo que muchos lectores habrán tenido la oportunidad de conocer a personas que eran fiables, amables, sencillas, accesibles y empáticas, pero que, al obtener algo de poder, mostraron características totalmente desconocidas. Se volvieron desconfiados, poco amables, orgullosos, inaccesibles y fríos ante las necesidades de los demás.

El poder puede ser una bendición en manos de una persona íntegra, pero como muestra la historia humana, si un individuo inescrupuloso lo posee, se convierte en un arma de destrucción que mancha su entorno.

Si medimos el éxito en función del poder, entonces Satanás sería considerado exitoso, al igual que muchos de aquellos que a lo largo de la historia han tenido poder sobre la vida y muerte de otras personas. Dictadores, tiranos, asesinos y genocidas serían considerados personas exitosas, ya que en su momento poseyeron poder absoluto.

¿Es eso el éxito? No. Una persona exitosa no busca el poder por el poder mismo. No evalúa su vida en función de lo que logra hacer arbitrariamente en favor o en contra de otros. El poder viene y va. No es algo que se mantenga, por mucho que algunos se aferren a él.

Logro

"¡Sean reconocidos sus logros, y públicamente alabadas sus obras!"
(Proverbios 31:31).

Muchas personas han hecho del logro su razón de vivir. No descansan hasta tener algo que exhibir: un título, una copa, una presea, un galardón; algo que demuestre que han obtenido algo y que los ha colocado en el podio de las personas exitosas. Algunos acumulan títulos universitarios no por afán de servicio, sino para mostrar sus logros. Otros buscan trofeos deportivos, y la lista es larga. Cuando uno examina el libro de los *Récords Guinness*, encuentra cientos de absurdos que simplemente buscan romper algún récord para ser reconocidos por un logro.

Sin embargo, esta no es una forma sabia de ver el éxito. El hecho de que una persona alcance una meta no la convierte automáticamente en una persona satisfecha y plena. Conozco personas que han alcanzado el más alto nivel académico, donde ya no hay más títulos que obtener, y se sienten profundamente decepcionadas con la vida.

El éxito, como señala John C. Maxwell, "no es una lista de metas que se van tachando una tras otra. No es llegar a un destino. El éxito es el viaje".

Muchas personas que logran lo que han anhelado durante años, una vez alcanzada la meta, se desilusionan y no saben qué hacer con sus vidas. Lucharon tanto que no saben qué camino tomar. Como dijo de manera irónica el escritor inglés Oscar Wilde (1854-1900): "Un tonto no se recupera de un éxito".

La ambición mata. La búsqueda de logros solo por el logro en sí ha llenado los cementerios de personas que terminaron con sus propias vidas en busca de un logro que los hiciera destacar.

Las metas deben servir como un medio. Si alcanzamos lo que esperamos, debemos tener un plan B, no podemos quedarnos estancados sin saber para qué hemos hecho el esfuerzo.

El logro es como la lección del alpinista, quien se prepara durante años para alcanzar la cumbre. Lo logra, pero no puede quedarse allí; quiera o no, debe descender, y lo hace con dignidad, sabiendo que la vida no puede reducirse a un logro, ya que de lo contrario se volvería trivial e insustancial.

ÉXITO

"Sólo te pido que tengas mucho valor y firmeza para obedecer toda la ley que mi siervo Moisés te mandó. No te apartes de ella para nada; sólo así tendrás éxito dondequiera que vayas" (Josué 1:7).

El éxito no tiene que ver con dinero, poder, logros o posesiones. Aunque, no significa que en sí mismo la riqueza, ejercer poder, lograr metas y tener cosas, sea malo en sí, sino el no entender que no depende la vida de eso, sino de algo más importante.

Cuando le preguntamos a algunas personas sobre el propósito de su vida, algunos lo reducen a alguna de las cuatro características que se han mencionado, sin entender, que eso no puede ser el fin.

Si se entiende el éxito como un viaje y no como un destino, entonces, se estará más preparado para enfrentar situaciones difíciles y habrá más disposición para examinar y flexibilizar lo que no corresponde.

Como señala Maxwell, "éxito es… Conocer su propósito en la vida, crecer para alcanzar su máximo potencial y sembrar semillas que beneficien a los demás". Estos tres elementos juntos constituyen la estructura del éxito. Si no conocemos nuestro propósito en la vida, el por qué vivimos, para qué hacemos lo que hacemos, entonces, la existencia humana se convierte en un sin sentido, en mera sobrevivencia.

El psiquiatra austriaco Viktor Frankl (1905-1997), alguna vez escribió: "Cada uno tiene su vocación o misión específica en la vida. Cada cual tiene que llevar a cabo una tarea concreta que exige cumplimiento. En esto la persona no puede ser reemplazada ni se puede repetir su vida. Por lo tanto, la tarea de cada uno es tan única como específica la oportunidad para realizarla". ¡Cuánta verdad!

El descubrir el propósito para la vida puede llevarnos mucho tiempo, pero una vez que sabemos exactamente cuál es nuestra vocación de vida, el por qué vivimos, todo se torna más fácil y la vida transcurre sobre rieles. Sócrates, el filósofo griego solía decir que lo más importante era "conocerse a sí mismo", es decir, descubrir quiénes somos. Dios nos creó distinto a los animales, no tenemos un patrón único y común. Cada individuo debe definir para qué está en esta tierra. Tamaña tarea tenemos.

Dar el máximo

"No vivan como necios sino como sabios, aprovechando al máximo cada momento oportuno, porque los días son malos" (Efesios 5:15-16).

Tener un propósito para la vida es vital, pero, no es suficiente. El descubrimiento nos debe servir de guía, pero luego viene la hora de trabajar y desarrollar el máximo de potencial en aquello que hemos entendido es la razón de nuestra vida. Muchas personas languidecen pensando que tienen que lograr algunos objetivos importantes en su vida, en relación con lo que saben es el propósito de su vida, pero no invierten lo mejor de sí mismos en lograrlo, y al final, terminan frustrados y con amargura.

Una gran cantidad de personas se detienen en lo que suponen no pueden realizar, y así se van quedando varadas por el miedo o por la falta de empeño. Henry Ford (1863-1947), el inventor e ingeniero escribió que "no hay hombre viviente que no pueda hacer más de lo que piensa que puede". A menudo, por la falta de ambición positiva, terminamos dando menos de lo que podríamos. Lo observo a menudo con mis alumnos universitarios que se quedan en resultados mediocres y luego terminan lamentándolo.

En Chile existe el dicho "maestro chasquilla" y se usa para referirse a personas que hacen trabajos de mantención, que saben, supuestamente de todo, pero no son especialistas en nada. Todo lo dejan a medio hacer o lo realizan de manera mediocre, porque, a fin de cuentas, no han invertido todo su potencial en desarrollarse en una sola área para hacerlo bien.

Hace poco necesité a un fontanero y me recomendaron a alguien, lo llamé vino, hizo el presupuesto y luego vino a trabajar. Quedé asombrado por su profesionalidad, fue eficiente, rápido y cosa diferente a otros, dejó todo limpio, incluso me entregó cada una de las boletas de compra de los materiales que había utilizado. Cuando le había pagado sacó de su bolsillo una tarjeta de presentación que decía que era egresado de un Instituto Profesional. Me dio gusto. La próxima vez que necesite a un fontanero no dudaré en llamarlo y ya lo he recomendado.

¿Qué hace la diferencia con otras personas? Pues algo muy simple. Está usando todo su potencial, o como diría Salomón "todas sus fuerzas". Sé que no se morirá de hambre y tendrá mucho éxito, usa todo su potencial.

Dormirse en los laureles

"Más tarde, el profeta se presentó ante el rey de Israel y le dijo: 'No se duerma usted en sus laureles; trace un buen plan, porque el año entrante el rey de Siria volverá a atacar'" (1 Reyes 20:22).

El dicho "no se duerma en sus laureles" se hizo famoso por los griegos, pero ya era usado mucho tiempo antes como se observa en las palabras que el profeta Elías dirige a Acab. ¿Qué significa la expresión?

El laurel era considerado por griegos y romanos como un árbol protector y curativo. También era un símbolo de resurrección, porque las hojas de laurel no se marchitan cuando son cortadas. Luego, lo usaron para representar la gloria del triunfo, de allí que a los ganadores de las olimpiadas recibían como galardón una corona tejida con hojas de laurel, de allí se acuñó la palabra "laureado", para referirse a los ganadores. En la práctica, la expresión se convirtió en un símbolo de aquellos que una vez obtenido un éxito se descuidaban o abandonaban la actividad que habían emprendido, confiando en los éxitos logrados.

La actitud persiste en aquellos que una vez obtenido un logro se relajan y no se esfuerzan más, pretendiendo que se les valore y recuerde por lo que fueron. El problema es que la vida humana es difícil y exige retos una y otra vez. Si alguien se duerme, entonces es avasallado por el resto y pierde protagonismo.

Recuerdo a un compañero con quien nos graduamos juntos de la facultad de teología que un día me dijo muy ufano:

—Yo no leo, para qué. Ya leí todo lo que debía leer mientras estudiaba.

Otro día se me acercó otro y me dijo:

—¿Para qué sigues escribiendo? Yo estaría contento con un libro y listo.

La expresión que describe a estas personas es "mediocridad", individuos que se conforman con lo mínimo y no se esfuerzan por dar más de sí mismos. Todos aquellos que alcanzan éxito lo hacen porque constantemente están dando el máximo potencial de sus posibilidades, y una y otra vez se esfuerzan por ser mejores. Dios no nos hizo para la mediocridad, sino para ser mejores, no para enorgullecernos, sino para dar lo mejor de nosotros.

Focalizar

"Fijemos la mirada en Jesús, el iniciador y perfeccionador de nuestra fe, quien por el gozo que le esperaba, soportó la cruz, menospreciando la vergüenza que ella significaba, y ahora está sentado a la derecha del trono de Dios" (Hebreos 12:2).

El autor del libro de Hebreos toma una metáfora extraída del mundo de los atletas olímpicos de Grecia. Les dice a sus oyentes que, aunque estamos rodeados de una multitud, debemos despojarnos del lastre que nos estorba y debemos correr la carrera que tenemos por delante con perseverancia, fijando los ojos en Jesús.

Todo corredor para tener éxito debe tener su mente puesta en la meta. No debe pensar ni en los testigos que lo vitorean ni en quienes intentan desanimarlo. Ni siquiera debe compararse con los otros corredores que van junto a él. Cada corredor sabe que la carrera se gana o se pierde en la mente.

Pablo lo sabía bien. Por eso nos dice que para tener éxito en la vida cristiana debemos mantenernos focalizados en Jesús, de otro modo perderemos el rumbo y fácilmente caeremos seducidos por la multitud que nos rodea o por conductas que no nos ayudan para correr bien.

Hemos venido hablando por varios días del éxito. Esta perspectiva que sustenta el apóstol Pablo sirve para extrapolarla a otras áreas de la vida. Las personas exitosas no divagan. Se concentran en una meta principal. Hacen de dicho derrotero el ideal de su vida y siguen adelante, sabiendo que no deben perder de vista el objetivo. Muchos fracasan no porque no tengan potencial o capacidades, sino porque están concentrados en tantas cosas a la vez que pierden de vista el objetivo por el que viven.

Le pregunté a uno de mis estudiantes por qué estaba metido en tantas actividades distintas. Él sólo movió los hombros y como toda respuesta dijo que lo hacía porque le gustaba. Cuando le pregunté qué quería hacer, su respuesta fue rápida: quería graduarse y ser el primer profesional de su familia. Lo miré y le dije:

—Es buenο lo que planeas, pero como vas no lo vas a lograr. Si no te focalizas, no lo alcanzarás.

Me hizo caso. Se concentró sólo en su meta. Hoy es un profesional.

Aprendizaje permanente

"Oh simples, aprended prudencia; y vosotros, necios, aprended sabiduría" (Proverbios 8:5 LBLA).

Las personas exitosas no se conforman. No llegan a un estado donde creen que no deben saber más. Al contrario, son personas que están constantemente aprendiendo y haciendo esfuerzos por perfeccionarse.

El otro día leí acerca de un jugador de fútbol que gana millones de dólares por su juego, pero que se queda todos los días después de los entrenamientos dos horas más y se dedica a perfeccionar su tiro al arco. Sabe que es su debilidad y se esfuerza por lograr la perfección. Cuando lo entrevistaron le sugirieron que lo que hacía era absurdo si jugaba muy bien, a lo que respondió:

—Sí, en algunas áreas he logrado ser muy bueno, pero en esto tengo que aprender más.

Lo mismo he escuchado y leído de otras personas exitosas. No se conforman. Siempre están intentando hacerlo mejor y procuran concentrarse en sus debilidades para poder superarse a sí mismos.

Los mediocres a menudo se comparan con otros. Las personas exitosas saben que luchan contra sí mismos y para superarse.

El escritor inglés William Hazlitt (1778-1830) escribió algo que parece obvio, pero en la práctica no lo es: "Cuanto más hacemos, más podemos hacer". El sentido de su frase se refiere a los logros de quienes se concentran en aprender. Para lograr llegar, es preciso intentar una y otra vez, y como bien saben los que tienen éxito, cuando llegan, les resulta más fácil seguir adelante y lograr algo que antes habrían supuesto como imposible.

Nadie sabe de qué es capaz hasta que no lo intenta. Las personas que tienen éxito están constantemente aprendiendo. Están abiertas a las críticas que puedan recibir, porque saben que es posible mejorar. Se esfuerzan en escuchar, en indagar, en estudiar, con el fin de ser mejores. No se quedan con lo logrado.

Dios desea que los cristianos seamos los mejores. Que no solo nuestras vidas reflejen que hemos estado en la presencia de Cristo, sino que debemos hacer que los demás se pregunten qué nos pasa, por qué siempre vamos un paso adelante. Dios nos apoya porque cree en nosotros.

Ciegos

"Estás convencido de ser guía de los ciegos y luz de los que están en la oscuridad" (Romanos 2:19).

Uno de los personajes que más admiré en mi adolescencia fue Helen Keller (1880-1968). Leí su biografía y quedé prendado de su vida. Es el mejor ejemplo de que la tenacidad, el esfuerzo y la lucha continua por superarse dan sus frutos.

Cuando tenía solo diecinueve meses de edad tuvo una grave enfermedad que le provocó la pérdida total de la visión y la audición. Estando ciega y sorda, su familia pensó que ella se convertiría en una carga el resto de la vida. Su incapacidad de comunicarse la hizo ser intratable durante un tiempo.

Cuando tenía siete años, sus padres salieron a pedir ayuda y un instituto especialista en ciegos le envió a la profesora Anne Sullivan (1866-1936), quien creó un método para lograr comunicarse con Helen y luego, se mantuvo a su lado el resto de su vida hasta su muerte.

Helen fue la primera persona sorda y ciega en obtener un título universitario. Se convirtió en escritora, oradora y activista. Su libro *Luz en mi oscuridad* sigue siendo considerado una obra maestra.

Realizó viajes por todo el mundo promoviendo diálogos y discusiones por los derechos de las personas con discapacidades. En 1964, recibió la medalla Libertad, entregada por el presidente de los EE.UU., a personas que hacen contribuciones sobresalientes a la sociedad. En su país de origen, el día de su natalicio es conmemorado como el "día de Helen Keller" y se hacen reflexiones sobre integración y aceptación de personas con discapacidades. Su vida ha sido llevada al cine, al teatro y se han escrito cientos de libros y artículos para reflexionar sobre lo que hizo.

Cuando pienso en todas las personas que se autolimitan por el origen que tuvieron, por la pobreza o por mil excusas que ponen para no lograr su potencial, pienso en esta mujer que, contra todo presagio, se convirtió en un referente mundial para todos los que tienen que luchar contra miles de dificultades para salir adelante.

¿Ves? ¿Oyes? ¿Entonces? ¿Cuál es tu excusa para no lograr tu máximo potencial? ¿Qué le dirás a Dios cuando te pregunte por qué no diste más?

Obstáculos

"Por tanto, dejemos de juzgarnos unos a otros. Más bien, propónganse no poner tropiezos ni obstáculos al hermano" (Romanos 14:13).

La vida no es un sendero de montaña, a orillas de un lago en un día primaveral. No es un paisaje de ensueño de calendario. Es más bien un camino lleno de obstáculos, algunos pequeños y otros grandes, que dificultan nuestro avance. Lo primero que debemos aprender del éxito es que aquellos que logran superar los obstáculos tienen más probabilidades de ser ganadores.

Muchas personas se paralizan antes de siquiera comenzar, simplemente pensando en las dificultades que encontrarán en el camino, sin siquiera reflexionar sobre cómo pueden superar los obstáculos.

Franklin Delano Roosevelt (1882-1945) tenía 39 años cuando sufrió un grave caso de poliomielitis que lo dejó inválido y con una gran carga de sufrimiento. Ya no pudo caminar sin ayuda, y la silla de ruedas se convirtió en su compañera constante. Sin embargo, esto no fue un obstáculo para que utilizara todo su potencial. Ocho años después, se convirtió en gobernador del estado de Nueva York, y en 1932 fue elegido presidente de los Estados Unidos.

La mayoría de los obstáculos están en nuestra mente. A menudo, lo que nos limita es producto de nuestra imaginación y de los miedos acumulados que nos impiden avanzar. Si Roosevelt se hubiera quedado en casa, rumiando su frustración y tal vez sumido en una depresión o angustia debido a su enfermedad, la mayoría lo habría compadecido y asumido que hizo lo mejor que pudo. Pero él no se dio por vencido, desafió lo que se suponía que no era posible: una persona discapacitada que continuara desarrollando su potencial.

El escritor estadounidense Alfred A. Montapert escribió: "La mayoría ve obstáculos; pocos ven objetivos; la historia registra los éxitos de estos últimos, mientras que el olvido es la recompensa de los primeros".

Una vez, un profesor nos hizo una broma al preguntarnos sobre un nombre desconocido, y todos nos quedamos mirando, sin saber quién era:

-Exacto, es alguien que nadie recuerda, uno más que se dio por vencido.

Estigma

"Así Isaac fue acumulando riquezas, hasta que llegó a ser muy rico"
(Génesis 26:13).

La riqueza está estigmatizada. Muchas personas honestas creen que ser rico y ser creyente son incompatibles. Incluso algunos predicadores enfatizan vivir en la pobreza, como si ser pobre fuera un mérito en sí mismo.

No hay nada nuevo bajo el sol, estas ideas, aparte de ser absurdas, esconden conceptos que se tejieron en la Edad Media. Como una forma de manipular al pueblo, subyugarlo y poder abusar de él, se propagó la idea de que Dios elegía nuestro destino. De esta manera, si alguien nacía pobre, debía agradecérselo a Dios y no aspirar a nada más. Los ricos, en ese contexto, eran considerados bendecidos por Dios y debían disfrutar de las bendiciones otorgadas. Este modelo sirvió para el abuso, la megalomanía y una distribución desigual de la riqueza. Los pobres no podían desear dejar de serlo, ya que estarían atentando de alguna forma contra un diseño divino.

Es sorprendente que algunas personas aún alberguen ideas en ese sentido. Por eso, el primer obstáculo que debemos superar para vivir una vida digna es criticar, desechar o modificar conceptos arraigados en nosotros, que llegamos a creer que son verdades inmodificables. No solemos pensar en algunos personajes bíblicos como personas ricas, pero muchos de ellos lo eran. Personas como Abraham, Isaac, Israel, Job y otros, tenían mucha riqueza, y algunos no la habían heredado, sino que la habían adquirido a lo largo de sus vidas.

He conocido creyentes ricos que son una tremenda bendición para otros. Son humildes, sencillos y viven sin ostentación. También he conocido pobres soberbios, con un orgullo monumental y superficial. El problema nunca es la riqueza en sí, sino la forma en que manejamos los recursos que tenemos. Se puede ser rico y ser modesto y generoso, al igual que se puede ser pobre y ser vanidoso y avaro. El estigma de que la riqueza en sí misma es el problema no admite un análisis serio al observar la evidencia.

Dios quiere que logremos lo mejor y hagamos lo mejor con los recursos que tenemos, sin importar si son muchos o pocos. Lo que somos y lo que tenemos puede convertirse en una bendición o en una maldición, dependiendo de nosotros.

Forjar un camino

"El Señor dice: 'Yo te instruiré, yo te mostraré el camino que debes seguir; yo te daré consejos y velaré por ti'" (Salmos 32:8).

Cuando era niño tuve un profesor en la escuela básica que había tenido una infancia muy dura. Hijo de un pescador artesanal, se había criado ayudando a su padre en la pesca. Salía en las tardes junto a su progenitor a la mar, para estar toda la noche pescando, para luego volver a casa con lo necesario para vivir. Sin embargo, su padre lo motivó para tener otra vida, así que él solía decir con orgullo: Soy el primer universitario de toda mi familia.

Cuando pienso en ese hombre y en muchas otras personas que he conocido a lo largo de mi vida, no puedo entender cómo algunas personas han hecho del conformismo una forma de vida. Actúan como si no hubiera otra forma de vivir más que la que les ha trazado el supuesto "destino".

La verdad es que somos arquitectos de nuestro propio porvenir. Elegimos qué vivir. No existe algo así como el destino, una idea determinista creada por los antiguos griegos para intentar explicar lo que ellos llamaban "la tragedia de la vida".

Una visión optimista de la vida debería ayudarnos a pensar con una actitud positiva.

Me encanta leer biografías, y cada vez me convenzo más que no existe una sola manera de hacer las cosas, y que nada está predestinado en la vida de una persona. Somos los forjadores de nuestro propio camino. Ni aún Dios nos obliga a hacer algo que no queramos, somos nosotros los que elegimos qué vivir y la manera de hacerlo.

Como dice el versículo, Dios puede instruirnos, aconsejarnos, decirnos cuál es el mejor camino, de hecho, él quiere hacerlo, pero siempre, la decisión final es nuestra.

Mi antiguo profesor podría haber elegido algo distinto al consejo que le daba su padre de buscar una vida mejor, tal vez, podría haber elegido seguir siendo pescador como su progenitor, pero decidió convertirse en universitario. Él solía contarnos cuán orgulloso estaba su padre y cómo había colgado con lágrimas en los ojos su título en la sala de su casa para que todos lo vieran, tal como hace Dios cuando a ti y a mí nos va bien.

Ideas

"Hermanos, no sean niños en su modo de pensar. Sean niños en cuanto a la malicia, pero adultos en su modo de pensar"
(1 Corintios 14:20).

Pensar y generar ideas, es un don extraordinario que Dios le ha dado a la raza humana. De hecho, somos la única especie que puede hacerlo y transmitir dichas ideas a otros de una manera coherente. Acumulamos ideas, y también las criticamos, modificamos o desechamos. Pablo alienta a la comunidad de Corinto a que aprenda a pensar como un adulto. ¿Cómo es eso?

Me encanta ver a mi nieto. Ya a tan temprana edad va uniendo conceptos y entendiendo ideas en un proceso de causa y efecto. No habla, pero se comunica con gestos, con sonidos a medio terminar y es capaz de relacionar lo que se le dice con acciones, órdenes, ideas y momentos. Todos los seres humanos aprendemos a pensar, en un desarrollo que implica unir ideas y conceptos en un todo lógico. Los niños pequeños -como mi nieto- lo hacen en un proceso más lento y de aprendizaje, sin embargo, se espera que los adultos sean capaces de expresar todo de una manera mucho más coherente, que entiendan lo que se les dice, que, además, sean creativos, que desarrollen nuevos conceptos, que, en suma, no actúen como recién nacidos, pueden entender que algo está bien o mal, que están siendo engañados o que una idea no es coherente, se espera, un poco de razonamiento lógico, si es un adulto.

Lamentablemente hay adultos-niños, cuyo pensamiento infantil, los hace tomar decisiones apresuradas, sin sentido y con poco o nada de análisis de las consecuencias de elegir determinadas acciones.

Los niños no suelen medir lo que realizan, no podría culpar a mi nieto de un año y medio si no es capaz de entender alguna instrucción y hace algo que puede provocar, por ejemplo, que se dañe algo o se quiebre un objeto que no ha sido puesto en un lugar adecuado, en ese caso, se espera que el adulto tome las precauciones del caso.

Los adultos se responsabilizan de sus propios pensamientos y decisiones y no culpan a otros. Cuando Pablo hace el llamado a pensar como adultos, lo hace en el contexto de que todo adulto piensa las consecuencias de las ideas que acepta o rechaza. Pensar es gratis, no hacerlo sale caro.

Simple y claro

"Ustedes los inexpertos, ¡adquieran prudencia! Ustedes los necios, ¡obtengan discernimiento!" (Proverbios 8:5).

Los escritores sabemos algo que la gente desconoce: Es más fácil escribir en difícil que redactar ideas claras y simples. Lo primero no exige gran conocimiento, sino más bien una actitud soberbia y que desconoce el camino de la claridad y la cortesía de comunicar ideas entendibles por todos. Los grandes de la literatura universal han logrado decir grandes ideas de manera entendible.

Lo mismo ocurre en el mundo de los negocios y las empresas. A menudo, son ideas simples y claras las que triunfan y logran imponerse en el competitivo mundo de quienes trabajan todos los días para producir.

Richard Branson, fundador de una de las aerolíneas más importantes de EE.UU., Virgin, señala que: "Cuando se piensa en una nueva idea, es importante no atascarse en la complejidad. Es complicado pensar simple y claro".

¿Por qué es complicado? Simple: exige más análisis, reflexión, y la capacidad de expresar de manera clara lo que muchos complican con palabras rebuscadas o modismos que no conoce nadie.

Las empresas funcionan mediante objetivos que se van estableciendo y cosechando. Una vez que se ha alcanzado uno, se pasa a la siguiente etapa. Cuando estos objetivos se atascan o no cumplen los planes previstos, suelen acabar fracasando, por lo que es importante no pensar demasiado en todas las complicaciones.

Si se observan los grandes inventos, simplemente, resultaron ser soluciones simples para problemas complejos. Pensar en simple, exige, más trabajo, porque sin duda, complicar es más sencillo que dar claridad y lógica a procesos complejos. Es la característica de los buenos maestros, los malos profesores hacen complicado lo simple, al revés que los maestros de verdad hacen sencillo lo más complejo. Es como Jesús, no dijo verdades utilizando frases enigmáticas ni con palabras rebuscadas, pero aún hoy, siglos después, se siguen estudiando sus dichos por estar llenos de sabiduría y profundidad. La verdad no necesita complicaciones, así como la vida, para superar obstáculos, basta buscar la solución más simple, la que a menudo es la mejor.

El reto de aceptar la imperfección

"No pienso que yo mismo lo haya logrado ya" (Filipenses 3:13).

No hay manera fácil de decirlo: El legalismo mata y destruye. No hay forma de expresarlo para que suene menos duro. Los legalistas están destruyendo el cristianismo y la fe en la religión. Ellos solos, con su espíritu amargo y destructivo, están logrando que millones de personas dejen de creer en Dios y se convenzan de que la religión es una soberana tontería. Lo mismo ocurre entre musulmanes y judíos. El legalismo no es de autoría cristiana.

Una de las bases ideológicas del legalismo es la convicción de que el ser humano mediante su esfuerzo puede llegar a ser perfecto. La sola idea es una locura. Muchos cristianos citando textos fuera de contexto como Mateo 5:48, se convierten en hipócritas profesionales, expertos en simular y autoengañándolos de manera permanente.

Aceptar que se es imperfecto y que NUNCA seremos perfectos en este ámbito de pecado es un paso hacia la sanidad mental y el equilibrio religioso.

Walter Riso en su libro *Maravillosamente imperfecto, escandalosamente feliz* (me encanta el título), dice: "Ten presente que la valía personal nunca está en juego. La consigna es determinante: puedes ser escandalosamente feliz en medio de tu maravillosa imperfección" (2015: 21).

Muchos religiosos cristianos hacen esfuerzos denodados para autoconvencerse de que es posible lograr ser bueno y perfecto, creyendo que de esa forma están viviendo mejor el cristianismo, cuando en realidad, la fe cristiana está basada en la imposibilidad humana versus las posibilidades divinas que son entregadas por gracia al ser humano, no para que llegue a ser perfecto, sino que inicie un camino de santidad, que nunca acabará, ni siquiera en otra dimensión eterna.

No significa que la libertad cristiana es una forma de libertinaje, sino que es la aceptación de que nadie se salva por ser "bueno" o "perfecto". Es una de las primeras grandes dificultades que debe confrontar el cristiano que desea vivir una vida equilibrada. Los fariseos son amargos y amargan, porque en el fondo se dan cuenta de la imposibilidad, pero su orgullo es más fuerte para aceptarlo.

El peso de la culpa

"Como puedes ver, ya te he liberado de tu culpa" (Zacarías 3:4).

John Gibson era pastor y profesor en el Seminario Teológico Bautista de Nueva Orleans. Un hombre carismático, simpático y querido no solo por su comunidad, sino también por su familia. En el pasado, había luchado contra la depresión y problemas de adicción, pero había salido adelante para convertirse en un sobreviviente. Sin embargo, el 24 de agosto de 2015, su esposa lo encontró muerto. Se había suicidado. La causa: su nombre figuraba en el sitio de citas en línea Ashley Madison, cuya base de datos fue hackeada y publicada en todo el mundo.

Su viuda, Christi, expresó: "lo que sabemos de él es que entregó su vida a otras personas y ofreció gracia, misericordia y perdón a todos los demás, pero de alguna manera, no pudo hacer lo mismo por sí mismo". Es una reflexión trágica y amarga. Llevar a otros a los pies del perdón y no ser capaz de perdonarse a sí mismo por el peso de la culpa.

El legalismo mata, aquí hay un claro y trágico ejemplo. Nadie debería hundirse en la culpa. Por más grande que sea la vergüenza de admitir una falta, el cristianismo ofrece redención y libertad del pecado.

¿Por qué John Gibson tomó esa decisión tan drástica? Lo más probable es que conociera a su comunidad religiosa y supiera que, aunque sería perdonado, no olvidarían su falta, porque eso es lo que hacen muchos cristianos: perdonan, pero no olvidan. Sin entender que el perdón sin olvido no es perdón, es simplemente un sucedáneo mentiroso del perdón real y auténtico.

A consecuencia del legalismo, el cristianismo se ha convertido en una máquina de acusar. Los legalistas son expertos en señalar los pecados ajenos y pedir condena por las faltas de otros. Su amarga cruzada de "pureza" los lleva a mirar con sospecha a toda persona que se cruza en su camino.

Lo sorprendente es la capacidad de autoengaño, porque no alcanzan a percibir que todos los seres humanos estamos en la misma condición. No se trata de "pecados", sino de "pecado". Cada ser humano que existe es "culpable", no por haber pecado, sino por haber nacido con tendencia al mal, y la única solución para eso es la redención, no la culpa.

Vivir con miedo

"No tengas miedo" (Apocalipsis 1:7).

Una religión real y auténtica no fomenta el miedo. No hay ética en hacer que las personas actúen de una u otra forma influenciada por el temor. Eso es manipulación y falta de respeto a la dignidad humana. A lo largo de los siglos, lamentablemente, ha sido la estrategia preferida de los terroristas de la religión. Los "Osama Bin Laden" del cristianismo han vendido la idea de temer a Dios para no ofenderlo ni enojarlo. Especialistas en transmitir una idea infantil de la divinidad, han creado generaciones de personas neuróticas y enfermas, con una salud mental frágil y llenas de miedo.

Las repercusiones en el mundo cristiano de la exposición pública de los clientes del sitio Ashley Madison en 2015 solo se sabrán en la eternidad, pero muchas personas no solo atentaron contra su vida, como el caso que vimos ayer, sino que se retiraron de sus congregaciones religiosas aplastadas por la vergüenza.

Algunos intentaron pagar miles de dólares para que su nombre fuera retirado de la lista, por el miedo que les provocaba ser expuestos frente a su comunidad, amigos y familia.

Algo muy malo sucede con el cristianismo cuando no puede ofrecer paz en lugar de temor. Thomas Rainer, presidente de LifeWay Research, vinculado a los Bautistas del Sur, señaló con relación a los hechos: "es muy triste y trágico cuando los cristianos en la lista [de Ashley Madison] tienen más miedo y menos esperanza que los no creyentes en la lista. Me temo que algunos cristianos adoptarán una actitud legalista y de juicio, cuando la gracia debería reinar".

Cuando la gracia no reina, la desgracia se manifiesta en toda su magnitud. Los expertos en acusar no saben que eso no es cristianismo. La esencia de Jesús es "ni yo te condeno" (Juan 8:11). ¿Qué evangelio han leído los cristianos que, después de 2000 años, aún no entienden que, si ni siquiera Jesús estuvo dispuesto a condenar, nosotros tampoco debemos estarlo?

Un cristiano que condena se condena. Una persona que dice amar a Jesús y se convierte en juez de su hermano, en realidad, se transforma en verdugo de sí misma.

Reconocer

"Reconozcan sus miserias, lloren y laméntense" (Santiago 4:9).

Es extraño encontrar una cita bíblica como esta, pero es tremendamente alentador que exista en la Palabra. No nos anima a esconder nuestras miserias ni dolores, sino nos invita a llorar y lamentarnos. ¡Cuánta falta les hace a tantos entender esta simple verdad! Dolor que no se reconoce, enferma.

Cuando el cristianismo enfatiza el gozo por sobre la tristeza, y sataniza o convierte en pecaminosa la tristeza, entonces, provoca un daño de consecuencias incalculables.

La tristeza es parte de la vida. Quien no vive tristezas, en realidad, no vive.

Cuando dicha tristeza se convierte en algo más profundo, dolor emocional que no se puede tolerar, eso se torna en depresión, que no es más que una enfermedad del ánimo que debe ser tratada por especialistas.

Nadie está libre. Teddy Parker Jr., de 42 años, pastor de la Iglesia Bautista Bibb Mount Zion, en el estado de Georgia, en EE.UU. se suicidó disparándose con un arma en la cabeza, según publica Gospel Prime citando a Charisma News.

Su esposa lo encontró en la entrada del garaje de su casa el domingo. Él había predicado esa mañana y tenía que volver a hacerlo aquel día. No dejó ninguna nota explicando su lamentable decisión.

¿Qué pasa por la mente de una persona depresiva que decide terminar con su vida? Simplemente, el dolor emocional es tan intolerable que la muerte aparece como la única salida. Muchos, no saben a ciencia cierta lo que están haciendo. ¿Cómo evitarlo?

Nunca, por ninguna razón, deberíamos en un contexto cristiano hacer sentir a una persona triste o deprimida como si estuviera pecando por sentirse así, si eso ocurre, lo único que hacemos es maltratar y no ayudar.

Estar triste no es pecado, es cosa de leer los Salmos y ver al mismo Jesús clamando en el Getsemaní. Si no aprendemos a lidiar con la tristeza propia y ajena el cristianismo no nos sirve, tal como ocurrió en la vida de Teddy y de tantos otros que no fueron capaces de pedir ayuda a tiempo.

Un tiempo de luto

"Un tiempo para estar de luto" (Eclesiastés 3:4).

En la escala de estrés y angustia, la pérdida de un ser amado, como el cónyuge, es la que provoca el índice más alto de tensión, dolor, tristeza y sensación de pérdida. No existe algo similar. Lamentablemente, no nos preparamos para la muerte, porque vivimos ilusionados con la sensación de una vida que no tiene fin, por esa razón cuando la muerte golpea nuestra puerta, muchos se sumen en tristezas incontrolables. Nadie escapa a esta situación.

Ed Montgomery, era junto a su esposa, el pastor de la iglesia Asamblea Internacional del Evangelio Completo, en el Estado de Illinois en EE.UU. Sin embargo, su esposa murió y eso lo sumió en una profunda depresión. Un día, sin aviso se suicidó delante de su madre y su hijo, sin medir ni pensar en las consecuencias que aquella terrible decisión tendría sobre la vida de otros seres amados. La tristeza ciega, especialmente, cuando nunca hemos sido preparados para estar triste.

Por ser pastor, ocupaba tiempo en oración y en ejercicios espirituales, pero eso no impidió su fatal decisión. Lamentablemente, muchos fallan en comprender la función de la oración y la convierten en un reemplazo de otras medidas que también son importantes.

La oración se convierte para muchas personas en una forma de escapar de la realidad. Oran, pero no enfrentan lo que viven, en la seguridad ingenua que todo se solucionará con la oración, sin entender, que la oración es para conectarnos con Dios, pero hay cosas que la divinidad no hará, especialmente, si nos compete a nosotros. En otros casos, Dios está limitado por otros factores para intervenir.

Pedir ayuda no nos hará menos creyentes. Si alguien en este momento tuviera un ataque al corazón no dudaría ni un instante en solicitar un médico, ¿por qué no ponerse a orar? No es falta de fe, sino la comprensión de que necesitamos medidas urgentes y un médico en medio de un ataque cardiaco no es mala idea.

Orar es importante, pero también lo es actuar. Muchas personas aquejadas de enfermedades como la depresión podrían ser ayudados sólo si pidieran ayuda a especialistas, antes que sea tarde.

Pedir ayuda

"Cada uno ayuda a su compañero, y le infunde aliento a su hermano" (Isaías 41:6).

Hay profesionales que son reacios a pedir ayuda, especialmente a tiempo. Pastores, médicos, abogados y psicólogos, contrariamente a lo que saben, generalmente no solicitan ayuda cuando están en problemas. De este grupo, el mayor problema son los líderes religiosos. Por la misma naturaleza de la función que realizan, les cuesta mucho entender que pedir ayuda no denigra ni rebaja su trabajo. Es una labor muy difícil convencer a los pastores de que deben acudir a especialistas, y esto es aún más complicado cuando necesitan algún profesional de la salud mental. Es un gran obstáculo, no solo para ellos, sino también para sus feligreses y familias.

La realidad es que las estadísticas mundiales indican que muchos pastores enfrentan problemas de depresión y agotamiento físico y mental. El 70% de los pastores luchan constantemente con la depresión, y el 71% están "agotados". Además, el 72% de los pastores dicen que solo estudian la Biblia cuando necesitan preparar sermones, el 80% cree que el ministerio pastoral afecta negativamente a sus familias, y el 70% dice no tener un "amigo de confianza", según el informe del Instituto Schaeffer.

Lo que hay en el fondo es no solo una mala comprensión del ministerio pastoral, sino también de la vida religiosa y de la relación con Dios y su poder de gracia.

Muchos creen que ante las problemáticas que deben enfrentar solo sirve orar, lo que se convierte en una especie de negación psicológica que les impide dar el paso de solicitar ayuda.

Por otro lado, cuando un porcentaje muy inferior logra traspasar la dificultad de pedir ayuda, no saben a quién recurrir, porque les han enseñado que ellos, como líderes religiosos, no deberían tener problemas. Por lo tanto, la vergüenza y la culpa los inmovilizan para pedir ayuda.

La realidad es que todo ser humano necesita ayuda en algún aspecto. Nadie está inmune a tener conflictos. No ha nacido la persona que no precise ayuda. Quien asume que pedir auxilio es de algún modo degradarse, no entiende lo que implica y significa ser humano. La persona humana es frágil, aceptarlo es el primer paso para ser fuerte, por muy paradójico que nos parezca.

NADIE ES INMUNE

"Chillé como golondrina, como grulla; ¡me quejé como paloma! Mis ojos se cansaron de mirar al cielo. ¡Angustiado estoy, Señor! ¡Acude en mi ayuda!" (Isaías 38:14).

Una mala comprensión de la fe es peligrosa. Nadie es inmune al desánimo ni a la depresión. He mencionado intencionalmente en los últimos días ejemplos de pastores que han recurrido al suicidio como un intento desesperado de salir de los conflictos que viven. Esto es algo común en personas que no piden ayuda a tiempo.

Larry DeLong, de 60 años, era pastor de la iglesia Valley Presbyterian, del sur de Arizona. Sin embargo, fue encontrado muerto después de suicidarse con un disparo en la cabeza en un parque de la ciudad de Green Valley, una ciudad que está a 60 kilómetros al norte de Nogales (frontera con México).

Una de sus feligresas recordó que en el último sermón que había predicado Larry había dejado un desafío a quienes lo escuchaban. Les había pedido a todos tener una conversación con alguien fuera de la iglesia, una conversación donde solo escucharan, tal vez porque él mismo tenía una gran necesidad de un oído amigo con tiempo para escuchar.

Un amigo mío, psicólogo especializado en conflictos de adolescentes, me dijo un día con total desparpajo:

—Cada seis meses voy a ver a un colega psicólogo para que me escuche y evalúe mi estabilidad psicológica.

—¿Por qué lo haces? —le pregunté intrigado.

—Porque no quiero volverme loco. Necesito descargar la carga emocional que llevo. No es posible que alguien normal se mantenga estable recibiendo tantos problemas de otros.

Fue una gran lección. Lamentablemente, muchas personas, especialmente pastores, creen que no deben recurrir a nadie y que solo Dios debe ayudarlos. Creo que Dios ayuda, pero también creo que los brazos de personas honestas que ayudan se convierten en los brazos de Dios para los creyentes que están dispuestos a entender que Dios tiene muchas formas de ayudar a quienes están dispuestos a solicitarlo. Una mala comprensión de la fe lleva a la presunción y, a partir de ahí, dar un paso hacia la depresión, la angustia y el desánimo. Pedir ayuda no nos hace menos, al contrario..

Darse permiso para errar

"Jesús lloró" (Juan 11:35).

El legalismo sataniza y condena la equivocación. Por esa vía se forman extremistas de la fe y personas que enferman su cuerpo y su mente. Lamentablemente, el fenómeno va en aumento, en parte, porque el fundamentalismo religioso también ha crecido como espuma. En parte por la ignorancia bíblica y también, porque muchos quieren vivir el éxito en todas las facetas de su vida, y eso incluye, la religión. No quieren aparecer como cristianos débiles o que cometen errores.

Un pastor, luego de escuchar una de mis conferencias sobre el pastorado y la salud mental me dijo muy preocupado:

—¿Cómo podría pastorear una congregación si ellos supieran que estoy luchando con un problema emocional?

—Así mismo —le dije— enfermo, reconociendo que tiene un problema y necesita ayuda. Hacer eso le dará confianza a la gente en usted, porque entenderán que es como ellos. Jesús no tuvo problemas con llorar delante de sus discípulos cuando estuvo triste. ¿Por qué usted debería ser superior a Cristo y esconder sus tristezas?

El nombre de Isaac Hunter figuró en todos los diarios de EE.UU., en parte por ser hijo del consejero espiritual del presidente Obama, pero también, por ser el líder de una importante congregación cristiana. La razón de tanto interés: Su suicidio de una manera sorpresiva para todos.

Luego se supo que estaba enfrentando problemas matrimoniales que finalmente lo llevaron a una profunda depresión.

¿Por qué no pidió ayuda? ¿Por qué no dejó lo que hacía para recuperarse?

Siempre he admirado la actitud de un amigo pastor que ante la situación de un hijo que se estaba metiendo en drogas, dejó todo, se fue a vivir al campo, alejado de todos y durante varios años se concentró sólo en pedir ayuda y colaborar en la recuperación de su hijo. Cuando estuvo seguro de que su hijo amado estaba recuperado y en buen camino, regresó al ministerio, con la seguridad de que ahora sí tenía las herramientas necesarias para hacerlo. Una buena comprensión del evangelio nos lleva a admitir nuestros conflictos y enfrentarlos, no al revés.

Cambio

"Le hemos oído decir que ese Jesús de Nazaret destruirá este lugar y cambiará las tradiciones que nos dejó Moisés" (Hechos 6:14).

El temor al cambio inmoviliza. Hace que el miedo a lo nuevo nos impida avanzar y entender las ventajas de modificar algo de lo que vivimos. Cuando eso ocurre, tal como los personajes mencionados en el texto de este día se aferran a las "tradiciones", las que finalmente se convierten en el lastre para avanzar.

Todos los gerentes de empresas y los dueños de grandes, medianos y pequeños negocios saben que la clave del éxito está en la innovación y el cambio.

Lo mismo ocurre con los individuos. Los que se niegan a lo nuevo, terminan siendo ineficientes y sus formas de actuar improductivas. Cambiar es inherente a la humanidad, de hecho, a cada instante nuestro cuerpo está cambiando, aunque no logremos darnos cuenta.

Si nos negamos al cambio, entonces, terminamos en una situación difícil y compleja, porque no podemos avanzar en la vida.

En la actualidad se habla de "empresas abiertas al aprendizaje", porque se entiende que el aprender modifica conductas y formas de actuar que son obsoletas. Toda empresa que desee sentar presencia real y sostenible debe estar dispuesta a aprender, de otro modo, pierde relevancia.

El escritor Paul Valery lo dice de manera irónica: "El futuro ya no es lo que era". Porque hasta las expectativas cambian y se modifican de acuerdo con los procesos que vamos viviendo.

Temerle al cambio es absurdo. Oponerse al cambio, es simplemente, irracional. Los personajes del tiempo de Cristo simplemente no vieron a Jesús, porque su tradición estaba tan enquistada que no podían ver la novedad que representaba Jesucristo. Su inmovilidad provenía de la tradición, de esa frase que algunos esgrimen como ventaja, sin darse cuenta de que es su mayor debilidad: "Así hemos creído siempre", y ¿qué tal si lo que has creído necesitaba algún cambio y no lo hiciste simplemente por el temor a lo nuevo?

Oponerse al cambio es impedir el crecimiento y negarse a aprender.

Experiencia

"El rey David le dijo a toda la asamblea: Dios ha escogido a mi hijo Salomón, pero para una obra de esta magnitud todavía le falta experiencia" (1 Crónicas 29:1).

La inexperiencia nos lleva, inevitablemente, a cometer errores. La forma de superar este problema es simple: adquirir experiencia. Prepararse. Estar listo para rendir lo mejor cuando las circunstancias lo requieran.

Sin embargo, no se adquiere experiencia mirando desde las gradas. Es necesario bajar al terreno de juego y practicar, utilizando una metáfora del fútbol. No podrás jugar bien a menos que entrenes una y otra vez, hasta que lo difícil se convierta en algo fácil.

Muchos fracasan por falta de experiencia porque no se esfuerzan en adquirirla. No importa cuánto sepas, debes poner en práctica lo que sabes. Es necesario someterse a pruebas reales para ver hasta dónde eres capaz, cuáles son tus habilidades personales y qué puedes realizar bien o no.

David anuncia que su hijo Salomón dirigirá la construcción del templo, pero señala que aún no tiene experiencia para una obra de esa magnitud. ¿Cómo la adquirió? Pues, haciéndose cargo de obras de menor envergadura, hasta que tuvo la suficiente experiencia para emprender el trabajo de dirigir la construcción del templo. Siempre es así, comienza por algo pequeño hasta que adquieras suficiente experiencia para asumir una mayor responsabilidad.

Recientemente, un joven me dijo que quería convertirse en empresario. No hay nada de malo en tener ese sueño, pero le dije: "¿Qué estás haciendo para cumplir tu sueño?". Él respondió: "Estoy esperando mi oportunidad". Así no es posible, esperar no ayuda. Le dije que, si quería emprender algo, debía comenzar ahora mismo, tomando el trabajo inicial de hacerse cargo de una pequeña idea que pudiera desarrollar. En ese proceso aprendería, ganaría experiencia y acumularía lecciones que podrían ayudarlo a hacer algo más grande.

La experiencia es fundamental en la vida, pero no se gana experiencia desde las gradas, a menos que seas un simple espectador.

Innovar

"El vino nuevo se echa en odres nuevos" (Mateo 9:17).

En tiempos bíblicos, no existían recipientes de plástico ni vidrio para almacenar líquidos. Sin embargo, idearon formas ingeniosas para hacerlo. Una de esas innovaciones tecnológicas fue el invento de los odres. No hay registros de quién fue el inventor, pero funcionó y se utilizó durante mucho tiempo.

Los odres se fabricaban con cuero, generalmente de cabra, oveja y buey. Tomaban el cuero y lo cosían por todos lados, excepto en la parte correspondiente al cuello del animal. Las pieles se curtían, es decir, se preparaban en un proceso para que pudieran contener los líquidos que se guardaban.

Los odres servían para almacenar agua, aceite, leche, vino, mantequilla y queso. Se cosían de tal manera que las costuras dobladas evitaban que el líquido se derramara. Se dejaba una abertura en donde se encontraba la cabeza del animal, y allí se colocaba un tapón o una cuerda para mantenerlo cerrado. En todo el proceso, lo más importante era curtir bien el cuero para que el líquido contenido en su interior no adquiriera mal sabor.

Alguien lo inventó. Puede parecernos rudimentario en el siglo XXI, acostumbrados a recipientes sofisticados y materiales diferentes. Pero en esa época, supuso una revolución tecnológica que permitía transportar líquidos sin derramarlos ni que se evaporaran debido al calor.

La vida exige innovación. Muchos innovadores han hecho la vida más fácil para las personas, aunque no conozcamos sus nombres. Todos tienen una característica en común: no se conforman con lo que existe, siempre están buscando nuevas alternativas que hagan la vida más sencilla.

Lo que ocurre en el ámbito de la innovación tecnológica también debe ocurrir en la vida humana. Aquellas personas que no cambian, que no hacen innovaciones en su vida, se estancan y terminan viviendo rutinas que resultan destructivas.

La vida exige innovación. Debemos proponernos nuevas metas, buscar formas de facilitar la vida y elegir las mejores alternativas que nos permitan vivir de manera diferente.

Innovar es la clave del éxito en todo. Aquellos que fracasan a menudo son conformistas, personas que se conforman con lo que han logrado y se quedan ahí sin buscar mejorar.

El miedo al fracaso es aprendido

"Si lo que se proponen y hacen es de origen humano, fracasará"
(Hechos 5:38).

El miedo al fracaso inmoviliza, hace que las personas autoboicoteen sus propios esfuerzos para salir adelante. Nada hay más letal que el miedo al fracaso, porque convierte a sus víctimas en timoratos que no logran avanzar, porque han condicionado su mente para no hacerlo.

El fracaso comienza y termina en la mente. De hecho, con los deportistas de élite, suelen trabajar psicólogos quienes los preparan para tener una mente fuerte y no permitir que pensamientos de derrota entren en su mente y les impidan avanzar de manera adecuada.

El fracaso no es el fin. Suelo decirles a las personas que tienen conflictos porque han condicionado su mente para el fracaso, imagina lo peor que podría sucederte si das el paso que tanto temes, y luego, sitúate en esa circunstancia, ¿qué podría pasar? Evalúa tus opciones. Cuando hacen el ejercicio, se dan cuenta que lo peor que les puede ocurrir no es tan terrible como supusieron, y que, en el fondo, se han estado limitando por su propia mente.

Los cristianos son los que menos deberían temer al fracaso. Porque no están solos. Es lo que dice el versículo de hoy, si lo que proponemos para nuestra vida no cuenta con el aval de Dios, fracasará, pero si no, seguirá adelante y tendremos éxito.

—¿Qué hacer frente al fracaso? -Me preguntó un joven emprendedor de 24 años que es dueño de varias tiendas de calzado y que tiene una empresa de construcción de muebles.

—Simple -le dije- analiza las razones del fracaso y luego, vuelve a comenzar.

Las personas de éxito se levantan una y otra vez. Nadie está inmune al fracaso. No se ha inventado la fórmula para no fracasar. Pero, lo que determina el rumbo de una vida, está vinculado esencialmente a la actitud que se asume frente a las derrotas.

Hay personas que fracasan y se levantan. Otros en la misma situación se hunden. No es la circunstancia la que determina, sino la actitud que se asume frente al hecho. Cuando aprendemos que es la mente la que controla lo que llegamos a ser, entonces, trabajamos nuestros pensamientos.

Sin miedo al fracaso

"Pero nadie golpea al que está derrotado" (Job 30:24).

Los niños son osados, no saben qué es fracasar, así que como eso no está en su mente, lo intentan sin miedo. Prueban, experimentan, exploran, avanzan, buscan, hurgan, y lo hacen con total naturalidad sin ningún tipo de temor. Sin embargo, a medida que van creciendo, son los adultos los que comienzan a poner trabas en su mente al calificar algunos de sus resultados como derrotas o fracasos.

Los adultos crean condicionamientos que se van tornando en obstáculos invalidantes en la mente de los menores, en parte, porque los mayores tienen conflictos personales con el fracaso.

Pero ¿qué es el fracaso? Muchos adultos lo ven como una derrota amarga que no debería repetirse. La razón por la que se actúa de esa manera es porque se ha estigmatizado el fracaso como algo malo y que tiene consecuencias fatales en la vida humana. Dicha perspectiva no sólo no es lógica, sino que se convierte en un factor determinista en la vida de las personas que no hacen más y no avanzan, simplemente, por esos temores que han aprendido y que les han inculcado los adultos.

La realidad es que el fracaso es sólo experiencia. Cuando alguien es derrotado en algo, lo único que debería aprender es que así no se hace o que por ese camino no se avanza. Sin ninguna carga peyorativa o acusadora de quienes ven el fracaso como algo malo. Los adultos tienden a estigmatizar la derrota como algo inaceptable. Muchos, con un negativismo absurdo, lo ven como el fin de todas las oportunidades. Otros sienten que cometer un error es un signo de debilidad, de incapacidad, poca destreza o falta de inteligencia. Lo único que se consigue con esto es condicionar a las personas a tener miedo y a no querer intentarlo, precisamente, por temor a ese miedo que ha sido sembrado en su mente.

Nadie ha logrado nada sin fracasar. Así como los niños precisan caerse muchas veces antes de perder el miedo a caminar, los seres humanos fracasarán una y otra vez, antes de poder perder el miedo a caminar. Cuando lo hacen, pues olvidan los intentos e incorporan el caminar como un elemento natural en sus vidas. Así debería ser con todos. Dejar de estigmatizar el fracaso y entender que sólo son experiencias que nos permitirán caminar mejor.

Crecer

"Tú das la victoria a los humildes, pero humillas a los altaneros"
(Salmo 18:27).

El especialista en golf, H. Stanley Judd, expresa un concepto que no sólo tiene aplicación en el deporte, sino también en la vida: "Si no estás fallando, no estás creciendo". En otras palabras, los errores son un indicador de avance, no de fracaso como lo pintan muchos que no logran entender lo que significa realmente vivir.

Obviamente, si no haces nada, no hay posibilidad de fracasar. Pero si avanzas, si pruebas, si intentas, lo más probable es que en algún momento te va a ir mal. Sin embargo, si tienes la actitud correcta, ese error sólo será aprendizaje y experiencia, y te mostrará otra forma en que debes vivir.

Cuando estigmatizamos el error haciendo creer a la gente que equivocarse es malo en sí mismo, entonces dejamos de crecer y las experiencias que vivimos no nos enseñan.

La educación real debería prever que los jóvenes en algún momento tendrán una situación compleja en la que el error los intentará hacer desistir para que se detengan y no continúen.

La actitud correcta es intentar, equivocarse, sanar la herida de la caída y continuar intentándolo una vez más.

Grandes estrellas de los deportes, de las artes y de la literatura fueron personas que fracasaron alguna vez, pero aprendieron lecciones y continuaron.

Se les hace un flaco favor a los jóvenes cuando se estigmatiza el fracaso y se les hace creer que nadie inteligente fracasa o se equivoca. Crecen creyendo que equivocarse es malo y que cometer errores es algo que los rebaja y los denigra. No aprenden que el error enseña. No logran entender que los errores son una escuela para formar el carácter y darnos herramientas para vivir de una manera diferente.

La vida es aprendizaje continuo. Los errores forman parte de ella. Es cierto que a algunas personas les cuesta más aprender que a otras, no obstante, nadie debería ser estigmatizado simplemente porque tiene problemas para entender. El error no nos define; lo hace las decisiones que tomamos a partir de la equivocación. Si ésta nos enseña y aprendemos la lección, entonces es una experiencia valiosa; de otro modo, no.

Organizar la vida

"David organizó a los sacerdotes por turnos para el desempeño de sus funciones" (1 Crónicas 24:3).

Todo lo que valga la pena necesita organización. No se puede construir una empresa en medio del caos ni dirigir un emprendimiento si no se tienen claros principios de misión y de propósito. Organizar no es una pérdida de tiempo; es fundamental para que todo funcione bien.

Esto lo sabemos. La mayoría de las personas lo defiende para reclamar, por ejemplo, cuando el tráfico de su ciudad es demasiado caótico, y entonces demanda al alcalde que haga algo para solucionarlo, porque es imposible vivir en un medio tan "desorganizado".

Hace poco le escuché a alguien reclamar contra su municipio porque no se han organizado adecuadamente para arreglar las calles. Lo sabemos, lo entendemos, lo reclamamos, pero cuando llega la hora de aplicar el mismo principio para la vida, entonces muchos simplemente no saben qué decir ni qué hacer.

Viven como pajaritos, aunque eso suena a un insulto para los pájaros que son más organizados que un buen número de personas que conozco y que no tienen idea de hacia dónde va su vida ni qué es lo que quieren hacer con ella.

Cuando se analiza la vida de las personas exitosas, en todos hay un común denominador. En algún momento de su vida planearon el resto de su existencia y organizaron su día a día en función de las metas que se habían propuesto.

Se suele envidiar a la gente exitosa, pero muchos no entienden ni valoran el hecho de que para poder llegar a ser exitosos tuvieron que sortear dificultades, aprender, fracasar, comenzar de nuevo y seguir. Pero al tener una meta clara fueron capaces de reorganizarse.

Cuando me encuentro con jóvenes que sólo se dedican a dormir, perder el tiempo en conversaciones banales y andar constantemente en búsqueda de sensaciones pasajeras, me da pena porque sé lo que sucederá con esas vidas. Al cabo de algunos años estarán empobrecidos, sin futuro, amargados y refunfuñando, culpando a otros por su "mala suerte", sin entender que ellos son los culpables de su suerte. Somos arquitectos de nuestro propio porvenir. Se comienza con organizar la vida.

RESILIENTES

"Y el Señor le contestó: ¡Levántate! ¿Qué haces allí postrado?"
(Josué 7:10).

Las personas de éxito son resilientes, es decir, son capaces de levantarse y continuar, incluso cuando han sufrido un revés, un fracaso o una derrota que los haya tirado al suelo o los haya dejado en la banca rota. No se quedan a lamer sus heridas; simplemente, se levantan y avanzan. "La resiliencia es la capacidad de tener éxito de modo aceptable para la sociedad, a pesar de un estrés o de una adversidad que implican normalmente un grave riesgo de resultados negativos" (Barudy y Dantangnan, 2005:56).

El énfasis de la definición de Stefan Vanistendael que hemos citado, pone el acento en la capacidad de sobreponerse a situaciones adversas que suponen un grave riesgo. Es decir, la posibilidad que tienen algunas personas, por no dejarse arrastrar por las circunstancias y salir adelante pese a todo.

La resiliencia no es genética; se logra en un proceso donde los individuos toman decisiones alentados por su medio, para no dejarse arrastrar por la riada de circunstancias difíciles que le rodean.

Las personas resilientes no culpan a los demás por lo que les ocurren. Son capaces de levantarse sabiendo que lo que pueda ocurrir con sus vidas estará condicionado por las decisiones que tomen. Muchas personas permiten que las circunstancias elijan lo que serán ese día y en lo sucesivo. No se hacen cargo. No asumen la responsabilidad de sí mismos. Tienden a descansar en lo que otros podrían hacer para ayudarles a salir de su situación compleja.

Todas las historias de éxito muestran a varones y mujeres levantándose de las cenizas. No dejándose avasallar por las circunstancias. Asumiendo que si no son ellos los que hacen algo, nadie lo hará por ellos.

Los perdedores, los que dejan que las circunstancias determinen su vida, suelen ser personas que han perdido la batalla para hacerse cargo de sí mismos y se dedican a rumiar sus derrotas y a vociferar en contra de quienes han tenido éxito, como si tener éxito fuera solo posible para algunos, sin entender que la capacidad de triunfar reside, principalmente, en nuestra mente y en que seamos capaces de sobreponernos.

Oportunidad

"Todo tiene su momento oportuno" (Eclesiastés 3:1).

Conocí a un empresario que me contó que el mejor momento de su vida se gestó cuando fue despedido de la empresa donde trabajó por veintidós años. De un día para otro, la fábrica donde trabajaba entró en crisis y comenzaron a despedir gente. Como él llevaba mucho tiempo, pensó que iba a salvarse, pero se equivocó rotundamente, la gerencia decidió despedir a los que llevaban más tiempo y contratar a jóvenes, inexpertos, para pagarles menos.

De pronto se vio en la calle con casi 50 años y sin saber qué hacer. No tenía título profesional y aunque lo hubiese tenido, ya se había dado cuenta de que la mayoría de las empresas contrataba a gente joven. Se ofreció para trabajos muy por debajo de lo que él había realizado en los años anteriores, pero estaba desesperado por encontrar cualquier cosa que le permitiera volver a trabajar y hacer frente a los gastos que tenía por delante.

Se desanimó y hasta deseó morirse. Le daba envidia ver a la gente dirigirse a sus trabajos en la mañana. Se sumió en una amargura que lo iba destruyendo día a día, hasta que una madrugada, donde como era habitual no había podido dormir, se dijo a sí mismo:

—¡Basta! ¡No puedes seguir así! ¡Algo tienes que hacer!

Esa mañana fue a la tienda donde hacía las compras a conseguir algo de pan para el desayuno y escuchó a una mujer que preguntaba por granola y la dueña del almacén le dijo que era un problema, porque se acababa pronto y se demoraban en proveerle de nuevo.

Llegó a su casa entusiasmado. Vio si tenía los ingredientes necesarios. Se puso manos a la obra ante el asombro de su esposa y se puso a hacer granola. Cuando la tuvo lista, tomó algunas bolsas que había guardado, las selló y se las llevó a la dueña de la tienda y le dijo que él podría proveerle granola todas las semanas. Llegaron a un acuerdo.

Fue su primera venta. En la actualidad es dueño de una fábrica que le da trabajo a más de 100 personas y provee granola y alimentos a todo su país. La oportunidad está allí, en tus narices, tienes que dejar de llorar para verlas y hacer algo para cambiar tu situación. Siempre se puede.

NEGAR

"No atiende a consejos, ni acepta corrección" (Sofonías 3:2).

La negación es autoengaño. Una persona que no acepta que tiene un problema o que se inventa una realidad que solo existe en su mente, es muy difícil que reciba ayuda. La condición básica para salir adelante y recuperarse de un traspié o una situación compleja es aceptar que se tiene un problema y permitir que alguien nos oriente o nos brinde soluciones que no estamos viendo.

Se produce un proceso de "disonancia cognitiva", utilizando la expresión acuñada por L. Festinger en 1957, porque, por un lado, sabemos que lo que estamos haciendo, engañarnos a nosotros mismos, está mal, pero, por otro lado, seguimos en la misma situación, sin dar un paso al costado en relación con esa conducta errática.

La negación es un mecanismo de defensa que utiliza el autoengaño como una manera de ocultar la realidad que se está enfrentando. Aquellos que caen en la negación no son capaces de percibir lo que les está sucediendo e inventan excusas para evitar enfrentar su situación existencial. Vagan por la vida creando fantasías que solo existen en su mente y no son reales.

Cuando se activa el mecanismo defensivo de la negación, la persona ignora cualquier realidad que le resulte difícil de aceptar, y si la reconociera, se vería obligada a tomar conciencia de sus emociones y, en la mayoría de los casos, a tomar alguna acción al respecto.

En la Alemania nazi, miles de personas que vivían cerca de los campos de concentración negaron los hechos, a pesar de las evidencias. Les resultaba tan increíble creer que eso podría estar sucediendo que, en una negación colectiva, callaron ante el genocidio y actuaron como si eso no estuviera ocurriendo.

A nivel individual, siempre es así. Por esa razón, las personas exitosas son aquellas que pueden ver con certeza cuál es su situación personal real y enfrentarla, sin ignorar las debilidades y fortalezas de su propio comportamiento.

Cuando alguien utiliza mecanismos de negación, se convierte en un firme candidato para sufrir secuelas de dolor, sufrimiento y tristeza, emociones que acompañan a aquellos que descubren que se han engañado a sí mismos.

El éxito está en tu mente

"Pondré mis leyes en su corazón, y las escribiré en su mente"
(Hebreos 10:16).

El investigador Jeff Brown, psicólogo de la Harvard Medical School y coautor de *El cerebro del ganador*, ha estudiado a muchas personas exitosas y ha llegado a la conclusión de que el éxito no está vinculado a los orígenes, el entorno o las experiencias, sino a la forma en que los individuos utilizan su cerebro.

Las personas exitosas han aprendido a optimizar sus cerebros. Comprenden que, a menos que den lo mejor de sí mismas y utilicen sus mentes de la mejor manera, no lograrán tener éxito. Es interesante que la Biblia afirme que los cambios siempre comienzan en la mente, y los expertos una y otra vez confirman lo mismo.

Los desafíos están en nuestra mente. Somos nosotros quienes nos autolimitamos y no avanzamos más simplemente porque no hacemos lo que debemos para progresar.

Brown ha determinado que existen al menos ocho razones por las cuales los cerebros de los ganadores pueden producir más que las mentes de las personas que pierden.

Uno de los primeros conceptos es que lo que pensamos de nosotros mismos determina lo que llegamos a ser. Cuando tenemos una visión poco positiva de nosotros mismos y no creemos en nuestras posibilidades, eso se convierte en una profecía autocumplida; creamos las condiciones mentales para que lo que tenemos se vuelva realidad. De una forma u otra, nuestra percepción de la realidad condiciona todo lo que somos.

La mente es la responsable de nuestro éxito o fracaso. Si pensamos que fracasaremos o que tendremos éxito, en ambos casos tenemos razón. Nuestras acciones tienden a confirmar lo que nuestra mente ya ha establecido que sucederá. Somos nosotros quienes, con nuestra forma de pensar, condicionamos nuestro propio desarrollo.

Por eso es importante examinar cuidadosamente nuestros preconceptos, las ideas que albergamos y las opiniones que hemos permitido que moldeen nuestra actitud hacia nosotros mismos.

Arquitecto de tu porvenir

"La meta del prudente es la sabiduría; el necio divaga contemplando vanos horizontes" (Proverbios 17:24).

Las personas de éxito en cualquier área se hacen cargo de su propia vida sin responsabilizar a nadie. Trazan una meta, trabajan por ella, y salen adelante. Los que son perdedores, hacen todo lo contrario, van como veletas, y rara vez asumen su propia responsabilidad, porque siempre resulta más sencillo culpar a otros.

Si observamos a la gente exitosa, su sendero hacia los primeros puestos ha estado lleno de giros y cambios. "Las personas exitosas toman muchos circuitos", dice Jeff Brown, el autor que mencionábamos ayer. Los exitosos "tienen un truco para reconocer las oportunidades no tradicionales".

En lugar de esperar en una larga fila común, toman caminos que otros no han intentado. Emprenden proyectos que añadan una habilidad única a tu caja de herramientas, encuentran formas de reunirse con personas que admiran o buscan oportunidades.

No existe una sola forma de hacer las cosas como sostiene la tradición a la que se aferra la mayoría de las personas. Hay muchos caminos que conducen al mismo lugar, la gracia está en descubrir el adecuado para nosotros.

Conocí a un hombre que deseaba ser independiente. No sabía cómo, hasta que un día descubrió que las señaléticas de su ciudad estaban descascaradas, algunas habían perdido su brillo, otras estaban totalmente destruidas por las inclemencias del tiempo. Se fue a su casa, trabajó por un par de semanas en hacer un prototipo que fuera firme, durable, con pintura que pudiese ser visible en el día pero que resaltara en la noche. Planeó que fuera óptimo, de buena calidad y con un costo atractivo.

Se fue con sus prototipos donde el alcalde y le ofreció cambiar las señaléticas de la ciudad. Le pidieron un presupuesto que él ya llevaba listo y un estimado del tiempo que se demoraría, que también tenía preparado. A las dos semanas lo llamaron para decirle que habían aceptado su proyecto. Mientras esperaba, se había ido a la cárcel de mujeres y le había propuesto a la directora del penal, que si le daban el trabajo, él quería hacer el taller allí y que las reclusas fueran sus empleadas. Nadie ofrecía trabajo allí. En la actualidad hace el mismo trabajo para todo el país.

Habilidades

"Entre todos ellos había setecientos soldados escogidos que eran zurdos, todos ellos capaces de lanzar con la honda una piedra contra un cabello, sin errar" (Jueces 20:16).

En más de alguna oportunidad he llegado a pensar que esta anécdota histórica que menciona el libro de Jueces puede ser una exageración, hasta que supe de algunas personas que tenían una habilidad similar. Es decir, no sólo ser capaces de tomar una honda con una piedra, sino que acertarle a un cabello, lo que implica no sólo destreza sino una muy buena vista. Lo interesante es que todos eran zurdos. No es extraño que se convirtieran en soldados temibles, porque su puntería siempre acertaba.

Es notable que las personas exitosas hacen un recuento de sus habilidades regularmente, y usan esa información para darse retroalimentación y mejorar. Si algo necesitan desarrollar y renovar, lo saben, porque están conscientes de qué pueden y en qué son débiles.

Además, las personas exitosas, a diferencia de los perdedores, están constantemente pidiendo a mentores y guías para que evalúen sus fortalezas y debilidades. Lo hacen no con afán de exhibirse, sino para progresar y no quedarse dormidos en los laureles. Saben bien que si no se autoanalizan y no piden objetivamente que otro haga lo mismo con ellos, corren el riesgo de fracasar.

Las personas exitosas usan la información que reciben para identificar en qué áreas deben avanzar y necesitan aprender o practicar para dominar sus fortalezas y disminuir sus debilidades.

Los perdedores, por el contrario, se alejan de las críticas por miedo u orgullo, lo que es fatal para avanzar y tener éxito, porque impide estar consciente de su propia realidad.

Es cierto que los que viven atados a la opinión ajena, tampoco avanzan, no estamos hablando de eso. Sino de la sabiduría de escuchar y analizar lo que otros ven, y que probablemente, no somos capaces de percibir adecuadamente.

Una persona exitosa toma riesgos, pero no se olvida de preguntar a otros por las características que muestra al avanzar, de esa forma se asegura de hacer las cosas bien, sin arriesgar demás o sin exponerse a fracasar, simplemente, por no estar consciente de sus debilidades.

Enfocados

"No me pondré como meta nada en que haya perversidad"
(Salmo 101:3).

Resulta asombroso cómo tantas personas pueden vivir sin una meta. Sin saber hacia dónde van. Sobreviven el día a día, con una actitud totalmente ajena a un propósito para sus vidas. Al contrario, las personas exitosas tienen metas claras y trabajan para que se cumplan. Por esa razón, se ven y se sienten felices, porque tienen objetivos que cumplir y esos propósitos les dan sentido a sus vidas.

Es común en las personas de éxito el elegir una meta y trabajar por ella sin distraerse en otra cosa que pueda entorpecer su objetivo. Según el psicólogo Jeff Brown, quien ha estudiado a la gente de éxito, las personas que triunfan: "Tienen un gran enfoque, lo que potencia su capacidad para pensar y ejecutar". En otras palabras, apuntan hacia un blanco claro y preciso, y eso guía sus vidas. Para que eso sea posible, es fundamental establecer prioridades. Si tenemos una meta, no podemos distraernos en cuestiones secundarias que nos puedan apartar de nuestro objetivo. Los dispersos, los que dejan pasar los días sin saber hacia dónde ir, terminan frustrados y con la sensación de no haber logrado nada.

Suelo cortarme el pelo en una peluquería dirigida por dos hermanos gemelos. Ambos, anhelaron convertirse en barberos, pero aspiraron alto, primero, trabajaron duro para estudiar en una academia prestigiosa, luego, buscaron una ciudad donde pudieran tener una oportunidad, descubrieron un pueblo cercano donde los dos peluqueros pronto se jubilarían. Decidieron instalar la peluquería allí, en una calle que no es muy concurrida, pero eligieron hacer el mejor trabajo. Para ir a su peluquería hoy, hay que pedir turno, de otro modo, es difícil que puedan atenderte. Pero, su fama ya se propagó, vienen gente de ciudades cercanas y cada vez llegan más famosos a ser atendidos, ¿por qué? Simplemente, porque eligieron ser los mejores en su rubro.

Siempre es así. No importa lo que hagamos. Si tenemos metas claras, y sabemos con certeza hacia dónde vamos, el éxito llega como compensación al esfuerzo, el trabajo bien hecho y la seguridad que hemos puesto en adquirir las herramientas para lograr los objetivos trazados. No existe la suerte, sólo metas, objetivos y trabajo. Lo demás, viene por añadidura.

Zona de confort

"José de Arimatea, miembro distinguido del Consejo, y que también esperaba el reino de Dios, se atrevió a presentarse ante Pilato" (Marcos 15:43).

Una constante de las personas exitosas es que se atreven a tomar riesgos. Salen de su zona de confort para exponerse a situaciones difíciles. Saben bien que quién no toma riesgos está condenado a vivir una rutina aplastante y a no sobresalir.

Sin embargo, no toman riesgos innecesarios, ni se exponen a situaciones que puedan destruirles. Son riesgos calculados, medidos y pensados. Pero, saben bien que, al hacerlo, están creando las condiciones para que les vaya mejor.

Muchos especialistas en éxito sostienen que todos deberíamos exponernos a situaciones en las que tomemos riesgos que nos saquen de nuestra zona de confort y que hagan sentir algo incómodos, pero a la vez emocionados y ansiosos por el paso que estamos dando.

El ir tomando riesgos, exponiéndose y atreviéndose, servirá de escuela para estar preparado para riesgos mayores. De algún modo, permanecer sin avanzar, estando cómodo en la zona de confort se convierte en un lastre que impide crecer y avanzar.

Si se analiza la historia de grandes empresas y multinacionales, en la mayoría, hubo personas que soñaron y corrieron riesgos, se atrevieron a ir más allá de lo que la mayoría de sus coterráneos hacía, trayendo de esa manera utilidades y beneficios que nunca habrían obtenido si se hubieran quedado en lugares conocidos.

La razón por la que muchas personas no se atreven a correr riesgos es simplemente por miedo. El temor se aprende. Muchos han llegado a creer que lo que tienen es lo único que tendrán y están condenados solo a ese estilo de vida y nada más.

Los exitosos no creen en determinismos sociales impuestos por otros. Ellos corren riesgos. No se conforman con la manida frase "no se puede", al contrario, la pregunta que se hacen es: "¿Por qué no se puede?". Y esa sola cuestión cambia totalmente su forma de enfrentar la realidad y la manera de interactuar con ella. No son genios. Son simplemente personas que no se conformaron y decidieron probar algo nuevo.

Constancia

"Como perseveran, producen una buena cosecha" (Lucas 8:15).

Una gota de agua cayendo sobre una roca de granito, tarde o temprano, termina por quebrar la superficie más dura. Es una sola gota cayendo de manera constante la que hace la diferencia. Lo mismo ocurre con las personas exitosas, saben bien que sus esfuerzos constantes y no esporádicos son los que darán resultados al final y les traerán su recompensa.

Los individuos que tienen éxito trabajan incansablemente para alcanzar sus metas. Tienen un impulso interior que les brinda la energía suficiente para seguir adelante, incluso en situaciones conflictivas o difíciles. Son persistentes y constantes. No se rinden, porque saben que al final obtendrán el premio que anhelan.

El éxito se construye día a día, minuto a minuto. Puede ser que al principio no se obtengan los resultados esperados, pero si se persiste, en algún momento llegará la recompensa.

Los exitosos también comprenden que es la búsqueda lo que brinda alegría, ya que les ayuda a mantener el enfoque y les hace saber que están trabajando para alcanzar sus sueños. Se sumergen en una rutina de éxito, sin improvisar la vida, tienen una meta clara y trabajan constantemente para lograrla.

Por otro lado, los perdedores son inconstantes. No persisten una vez que han comenzado. Ante la menor dificultad, abandonan todo, autoconvenciéndose de que no podrán alcanzar lo que soñaban, sin darse cuenta de que con esa actitud solo generan profecías autocumplidas.

Es triste ver a personas con mucho potencial y características que podrían llevarlas al éxito conformarse con cualquier cosa con tal de no salir de su zona de confort, simplemente porque no quieren persistir.

Resulta interesante que mucha gente que fue calificada de irracional por persistir, o terca por intentar una y otra vez, cuando logran su meta y se convierten en triunfadores, los observadores con una actitud negativa se niegan a aceptar los hechos. Algunos se alegran creyendo que es solo suerte, sin darse cuenta o sin admitir todo lo que la persona de éxito ha hecho para llegar donde está. Nadie tiene éxito por casualidad o por azar. La suerte acompaña a quienes trabajan ardua y constantemente.

Menos, es más

"A su debido tiempo cosecharemos si no nos damos por vencidos"
(Gálatas 6:9).

En los últimos años, el concepto de "menos, es más" se ha impuesto en todo el mundo, es decir, no es necesario trabajar más horas para ser más productivo.

Esto se ha demostrado en diversos ámbitos. Por ejemplo, Finlandia es el país con menos horas de clases por alumno, pero posee el mejor rendimiento educativo del mundo, a diferencia de otros países que tienen el doble de horas de clases y no obtienen los mismos resultados.

En el ámbito empresarial, Suecia ha comenzado un experimento que está dando resultados: reducir la jornada laboral de 8 a 6 horas. Por ejemplo, algunos centros de trabajo de la empresa japonesa Toyota en Suecia decidieron recortar las horas de trabajo de los mecánicos a seis, ya que el estrés que experimentaban llevaba a errores frecuentes. Se implementaron dos turnos de seis horas con la misma paga, pero con menos tiempo y frecuencia de descansos. Desde entonces, el uso de las máquinas es más eficiente y las ganancias han aumentado un 25 por ciento.

En los centros de salud donde se ha adoptado esta política, los empleados informan que sienten más energía y entusiasmo tanto en su vida laboral como en la personal. Esto implica una reducción de enfermedades, depresión y estrés, que son muy comunes entre los trabajadores, además de llevar a un mejor trato hacia los pacientes.

Menos, es más. No siempre aquel que trabaja más horas logra los mejores resultados, sino aquel que optimiza el tiempo que dedica a su trabajo. Cuando logramos entender esto, la vida se vuelve mucho más agradable. La productividad en la vida no se relaciona con la cantidad de horas que trabajamos, sino con la calidad de vida que llevamos. Si el trabajo nos causa malestar, eso se trasladará a otras áreas de la vida; si es, al contrario, sucederá lo mismo.

Trabajar menos y ser más productivo genera pensamientos positivos, actitudes más sanas y conduce a una mejor calidad de vida. La vida no es mecánica, es activa, necesita energía y entusiasmo para poder mantenerse adecuadamente en el tiempo.

La bendición de la riqueza

"De ti proceden la riqueza y el honor" (1 Crónicas 29:12).

En la Edad Media se inventó el mito de que la riqueza era mala. Que ser pobre era una bendición. Que se podría ser una mejor persona si se sufría las consecuencias de la pobreza. Millones de personas fueron engañadas, hasta el día de hoy, con esas ideas falsas que lo único que pretendían era manipular a la multitud de personas que vivían con lo mínimo y de esa forma, pensar que los ricos, lo eran porque Dios lo había decidido así.

Muchos cristianos se conforman con la pobreza. Viven creyendo que padecer hambre y tener recursos limitados es una bendición, porque los priva de ser tentados. Lo cierto es que todas esas ideas no son más que patrañas. Inventos de sinvergüenzas que de esa forma justificaron sus excesos y estilos de vida que nada tenían que ver con el cristianismo.

Dios no desea que seamos pobres. Al contrario, hay cientos de textos en la Biblia donde la bendición de Dios está asociada a la riqueza y a la satisfacción de nuestras necesidades de una manera digna, sin tener que mendigar ni andar dando lástima. Nelson Mandela, el emblemático líder sudafricano, alguna vez escribió: "Erradicar la pobreza no es un acto de caridad, es un acto de justicia". El concepto es absolutamente cierto. Nadie que se precie de inteligente puede defender la pobreza como una bendición.

Mantener la pobreza por cuestiones religiosas es lo máximo de la manipulación. Convence a las personas de que Dios desea que seamos pobres por una cuestión espiritual y de esa manera lo único que hace es perpetuar el dolor.

Ser cristiano y ser pobre es un contrasentido. Sabiendo que Dios es el dueño de todo y sus hijos de nada no tiene sentido. Lo cierto es que a menudo los que hacen llamados a la pobreza son los que tienen mucho o son ricos. Son avaros que en su avaricia no tienen nada, pero no lo perciben.

Eso no significa confiar en la riqueza como un fin en sí mismo, pero tampoco deberíamos maldecir los bienes materiales como si fueran algo malo en sí mismo. Hay pobres llenos de orgullo y avaricia con lo poco que tienen, y hay ricos humildes y dadivosos que siempre reciben más. El asunto no es la riqueza, como siempre, es la actitud.

SER FELIZ

"Para el que es feliz siempre es día de fiesta" (Proverbios 15:15).

Puede parecer banal, pero ser feliz es un arte. Hay personas que han desarrollado la habilidad de amargarse la vida, todo un arte. Buscan mil y una manera para ver lo peor de la existencia humana y en eso se concentran, pensando que eso es vivir. No obstante, hay otra forma de encarar la existencia, y esa es, entendiendo que las circunstancias no son las que deben gobernar nuestra existencia.

Hemos nacido para la felicidad, no para la tristeza. Dios no desea nuestra desdicha. Esa idea que nació en el medievo y que tanto daño ha hecho, que es el hacer creer a la gente que la desdicha es parte de la existencia y que debemos aceptarla como "un regalo del cielo", también fue creada por inescrupulosos que de esa manera manipularon a generaciones enteras.

Ser feliz demanda entender que debemos estar por sobre las circunstancias. Permitir que éstas nos doblequen es dejar que sea lo exterior el que dirija nuestra vida. Viktor Frankl, en su libro *El hombre en busca de sentido* narra cómo aún en situaciones límites, como estar viviendo en un campo de concentración tristemente célebre como Auschwitz, en Polonia, puedes ser feliz, si tu vida tiene un sentido y un propósito, más allá de lo que vives.

La vida es demasiado corta para estar rumiando infelicidades. Quienes desarrollan el arte de ser infelices lo hacen porque sus mentes no han aprendido a separar y poner límites, permiten que lo negativo haga presa de ellos.

El otro día vi una caricatura que te invitaba a pensar en cómo la mirada condiciona. Dos personas sentadas en un autobús, una feliz mirando el paisaje alrededor de una montaña, contemplando los valles y el horizonte, y el otro pasajero, amargado mirando las rocas y la pared de granito alrededor del camino. Sólo si hubiera girado un poco la vista el paisaje hubiera cambiado.

Así somos. Nos concentramos en lo que nos hace feliz o amargado, eso es prerrogativa nuestra. Podemos mirar el paisaje y los valles, o podemos mirar exclusivamente la pared de granito. De nosotros depende, porque la mirada a la realidad condiciona todo lo que somos y lo que hacemos. No es una cuestión mística ni de milagros, es sólo de voluntad para concentrarnos en aquellos aspectos que verdaderamente iluminan nuestro día.

Depender de lo interno

"El que quiera amar la vida y gozar de días felices [...] que busque la paz y la siga" (Salmo 34:12, 14).

Tenemos dos alternativas, o permitimos que lo externo condicione nuestra existencia o sacamos fuerzas de nuestro interior. ¿Cómo es posible que existan formas de enfrentar la vida que no estén condicionadas por lo externo? Tuve una amiga que en medio de una enfermedad terminal animaba a otros, no con fe fingida ni con alegría engañosa, sino con una auténtica y noble actitud de vida. Sabía que no tenía nada, pero quienes la conocimos sabíamos que tenía todo.

Conocí a un hombre que perdió a su esposa en un accidente, luego tuvo un contratiempo con su empresa y tuvo que empezar de nuevo, uno de sus hijos había desarrollado una rara enfermedad que lo hacía padecer dolores extremos, sin embargo, en vez de estar agobiado, simplemente, vivía cada día con paz y serenidad, la misma que le faltaba a los que lo observaban y no podían comprender cómo aquel hombre podía estar tranquilo en medio de esa situación.

Seguramente más de alguno de los que lee esta reflexión conocerá a alguien en condiciones similares. Van por la vida con serenidad, aunque su mundo se está viniendo abajo alrededor. Tienen un secreto que pocos son capaces de emular. Han aprendido a sacar fuerzas de su interior y no permitir que lo externo controle su mente y su manera de sentir.

Las frases típicas de quienes hacen depender su felicidad de lo externo suenan más o menos así: "Cuando encuentre otro trabajo todo será distinto", "si me cambio de casa, mi vida dará un giro", "un novio me haría la persona más feliz del mundo", "si mi jefe se muriera o tuviéramos a otros, mi vida cambiaría", y así sucesivamente. Como si el hecho de cambiar las circunstancias fueran la varita mágica que necesitan para modificar sus vidas.

Lo cierto es que, si cambian de trabajo, casa, novio, jefe, ciudad o lo que sea, seguirán siendo las mismas personas, porque los condicionamientos no están en el exterior sino en su mente, en la manera en que perciben la realidad y cómo interactúan con su entorno a partir de lo que fluye desde su mente. El condicionamiento más importante que existe es la mente. Con ella podemos ver oscuridad o luz, solo a partir de lo que pensamos.

Lo que nos afecta

"En la serenidad y la confianza está su fuerza" (Isaías 30:15).

Epícteto (55-135), filósofo griego estoico, que vivió parte de su vida como esclavo en Roma, escribió una verdad tan grande que pocas personas se detienen a pensar en ella: "No nos afecta lo que nos sucede, sino los que nos decimos acerca de lo que nos sucede". En otras palabras, lo que nos afecta es producido por nuestra mente.

Hace años conocí a un anciano que había vivido toda su vida en una caleta de pescadores frente al mar, en un lugar pequeño, con pocas comodidades. Ya no estaban sus hijos, a los que veía cuando venían a visitarlo, su esposa había muerto, y él pasaba sus días ayudando a otros pescadores, quienes le daban pescado, y con lo poco que recibía compraba sus otras provisiones. Tenía poco, si lo vieran desde lejos dirían que no tenía nada, sin embargo, su sonrisa desdentada, su carcajada honesta, su amabilidad, su forma de ser serena y relajada, hacía que todos los que entraban en contacto con él se sintieran más tranquilos, porque su serenidad era contagiosa.

—¿Cómo lo hace? -le pregunté intrigado.

—¿Hacer qué? -me preguntó divertido.

—Eso -le dije- vivir la vida con serenidad y sin amargarse.

Se largó a reír a carcajadas como si yo hubiera dicho un chiste y me respondió con una simplicidad luminosa:

—No pienso en tonterías.

Puede parecer simplista, pero no lo es. Simplemente, ese hombre que no había ido a ninguna universidad, ni leído ningún tratado de psicología, ni asistido a ninguna conferencia de un connotado especialista había descubierto la clave de la serenidad: Tú permites que tu vida sea luminosa o tétrica a partir de los pensamientos que dejas que aniden en tu cabeza.

Nos afecta lo que permitimos que nos afecte. Nos daña o nos desequilibra mentalmente todo aquello que dejamos que altere nuestra paz interior. En nosotros está la clave de permitir que lo externo nos domine. En medio de la cárcel Pablo y Silas cantaban. Otros, en su situación, llorarían. Somos nosotros los que elegimos qué elegir en medio de una circunstancia adversa, aunque nos cueste entenderlo.

Lo que nos sobra

"Mi pueblo habitará en un lugar de paz, en moradas seguras, en serenos lugares de reposo" (Isaías 32:18).

En el budismo se enseña que la raíz de todos los males es el deseo, y aunque la idea parece un poco extrema, no deja de tener algo de razón. Muchas personas no logran ser felices angustiadas por lo que no tienen, sin agradecer o vivir en paz con lo que tienen.

He estado en mansiones de ricos, donde la ansiedad se los come ante la premura de poder conseguir el último aparato tecnológico que no logran conseguir porque ha salido en otro país. Su afán de tener les mantiene en una constante infelicidad.

Estuve en casa de una pareja de millonarios. Su mansión de 10 habitaciones estaba llena de cosas, llena de adornos traídos desde distintos lugares del mundo, pero no parecían felices, querían algo que allí no estaba. Pensé -mientras los escuchaba- que así era siempre la realidad de quienes no han aprendido a gozar la vida, sino anhelar cosas. Cuando alguien vive en constante anhelo de algo, sin sentir satisfacción por lo que tiene, entonces, la vida se torna en difícil y compleja.

Por el contrario, he estado en pequeñas casas, de gente modesta, sin muchas cosas, pero felices, porque han aprendido a gozar de cada día, con menos, pero con más satisfacción. Muchos, alrededor del mundo han aprendido que menos, es más, y cada vez se encuentra más gente que renuncia a bienes materiales por calidad de vida. Dejar mansiones vacías y llenas de objetos para trasladarse a casas más pequeñas, pero con lo necesario, sin tener que vivir afligidos porque alguien podría venir a robarles lo que han acumulado.

Es la historia triste de Rico McPato, el personaje de Disney, que solo acumula, sin gozar nunca de lo que tiene. Cuando eso ocurre, simplemente, la vida nos muestra lo complejo que es dejar que las cosas gobiernen nuestra vida. Las cosas son cosas, prescindibles y desechables. La vida, no puede basarse en objetos, tiene que haber algo más valioso que la sostenga, cuando ese simple y llano mensaje no se entiende, entonces, la existencia se complejiza, y los seres humanos pasan a ser manipulables por las multinacionales que están ocupadas en vender, y para eso, crean necesidades artificiales, haciendo que se anhele lo que no se necesita.

La mente agradecida

"Siempre doy gracias a Dios" (2 Timoteo 1:3).

La mente agradecida vive en una constante alegría de vivir. Mira a su alrededor y encuentra múltiples motivos para estar agradecido. Encuentra motivos en la naturaleza, en los vínculos, en sí mismo, en lo que tiene y lo que no posee. Siempre hay motivos para dar gracias, cuando la mente está abierta a mirar.

Por el contrario, las mentes que han decidido no agradecer, no encuentran motivos, su vida se desenvuelve en una constante alarma y sensación de pérdida, porque están concentradas fundamentalmente en lo que no tienen y viven obsesionadas por lo que podrían ser si aquellas "necesidades" estuvieran satisfechas. Lo irónico de la situación es que siguen sintiendo lo mismo incluso cuando algunos de esos deseos han sido satisfechos y se convierten en personas que están permanentemente a la espera de que algo les quite esa sensación que tienen de manera constante.

Encontrar motivos para estar agradecido es un ejercicio que libera nuestra mente para prepararnos para vivir de una mejor forma. José Martí (1853-1895) el político y escritor cubano señaló alguna vez: "La gratitud, como ciertas flores, no se da en la altura y mejor reverdece en la tierra buena de los humildes". ¡Exacto! El orgullo ciega para poder ver motivos de gratitud alrededor, para hacerlo se necesita una actitud receptiva que es propia de mentes que no se enceguecen por la vanidad.

Las personas agradecidas son felices porque han dejado de pensar en sí mismas y ven la realidad con ojos de quien contempla todo por primera vez. Son capaces de sentir el canto de las aves, la brisa sobre su rostro y la luz que con sus diferentes tonalidades va construyendo el horizonte. Tienen ojos para detenerse y mirar, porque no basta tener la capacidad de observar, para ver de verdad es preciso hacer un alto en la ajetreada jornada y mirar con detenimiento.

Quienes van por la vida como si fueran almas en pena, sin mirar, sin detenerse, sin darse un respiro para contemplar una puesta de sol, un amanecer y la insondable fragancia de las flores, simplemente, no han aprendido a vivir, solo sobreviven y no pueden experimentar el verdadero gozo que significa apropiarse de la existencia, como si fuera un caminante que cada día llega a un oasis a gozar del agua de la vida.

Impedimentos

"Y toda altanería que pretenda impedir que se conozca a Dios"
(2 Corintios 10:5 DHH02).

Ya en tiempos de Pablo había problemas con algunos cristianos que tenían dificultades para entender la misión y la forma de llevarla a cabo. A lo largo de la historia, muchos cristianos han sido motivo de burla para el cristianismo. Han convertido la fe en una parodia y han utilizado la fe de aquellos que creen para llevar a cabo acciones contrarias al cristianismo. A menudo, los mayores obstáculos para cumplir la misión encomendada por Cristo han sido los propios cristianos.

El arzobispo anglicano de Sudáfrica, Desmond Tutu, solía decir irónicamente: "Cuando los misioneros vinieron a África, ellos tenían la Biblia y nosotros teníamos las tierras. Ellos dijeron: 'Oremos'. Cerramos los ojos. Cuando los volvimos a abrir, nosotros teníamos la Biblia y ellos eran quienes poseían las tierras". Esto puede resultar gracioso, pero es un sarcasmo triste, ya que debido a esto millones de personas dejaron de escuchar acerca de Cristo.

En un acto simbólico sin precedentes, un grupo importante de indígenas sudamericanos solicitó una audiencia con el Papa Juan Pablo II durante su visita a Sudamérica. Se les concedió pensando que vendrían a rendir homenaje al Papa. Sin embargo, llevaron consigo una copia de la Biblia y solemnemente se la entregaron diciendo:

—Venimos a devolverles su Biblia. Ella nos ha traído desolación, hambre, muerte y dolor. No la queremos. Por favor, ¡llévensela!

En el cumplimiento de la misión evangélica, el mayor obstáculo es la mentalidad de aquellos que no comprenden el mandato de Cristo. Se hacen hincapié en aspectos secundarios, olvidando que Jesús dijo que seríamos reconocidos por el amor. Algunos creen que ser cristiano se reduce a seguir una determinada doctrina e insistir en que la gente la acepte, como si todo se redujera únicamente a un aspecto cognitivo. Por este camino, se han producido los peores excesos. Como señala Philip Yancey: "Al insistir en la doctrina, nos alejamos de 'los demás' y podríamos sentirnos tentados a imponer nuestras creencias por la fuerza" (Yancey, 2015:131)... lamentablemente, algo que ha ocurrido en repetidas ocasiones a lo largo de la historia después de Cristo..

LLEVARSE BIEN CON LOS DEMÁS

"Hagan todo lo posible por vivir en paz con todo el mundo"
(Romanos 12:18).

Nada es más complejo que aprender a vivir en paz. Es difícil y lleva toda una vida aprender que los seres humanos, para ser felices, debemos convivir con otros. Es inevitable. Nos necesitamos unos a otros, si lo entendamos será mejor para todos.

Hay personas que tienen la habilidad de llevarse bien con los demás, pero a veces les resulta difícil hacerlo. Parece que a medida que crecen, menos lo comprenden. Es un ámbito de la inteligencia social que a algunas personas les cuesta desarrollar por diversas razones. ¿Qué se necesita para llevarse bien con los demás?

Empatía. Es una actitud que a menudo se confunde con la simpatía. Muchos simpáticos no son empáticos, pero la mayoría de los empáticos suelen caer bien. No es un trabalenguas, es una realidad. La empatía consiste en la capacidad de ponerse en el lugar de otra persona y tratar de entender su punto de vista. Cuando se logra esto, entonces caemos bien y las demás personas tienden a confiar en nosotros. Es una regla básica de la psicología social que, si quieres tener un impacto, primero debes entender.

Saber escuchar. Está directamente relacionado con lo anterior, y es la capacidad de escuchar con atención e inteligencia a los demás. Muchos conflictos interpersonales se resolverían simplemente con el simple acto de escuchar. Muchas personas oyen, pero eso no es suficiente. Es necesario dar un paso más e intentar comprender lo que la otra persona nos está diciendo, y eso implica escuchar de verdad. Al escuchar, somos capaces de captar matices, comprender formas de ser y empatizar con la situación de una persona, simplemente porque logramos entender su perspectiva, y eso se logra solo escuchando.

Claridad. Cuando enseñaba en una universidad donde se ofrecía la carrera de traducción, un joven me contó la importancia de hacer bien el trabajo de traducir, ya que podría generar conflictos de gran magnitud si un traductor de la ONU hiciera mal su trabajo. En menor escala, muchos conflictos surgen porque no somos claros en lo que queremos, sentimos o pedimos. Los demás nos malinterpretan porque no usamos el lenguaje adecuado, las palabras correctas, simplemente para ser claros.

Autenticidad

"Vino una mujer con un frasco de alabastro lleno de perfume de nardo auténtico" (Marcos 14:3 CAS).

Mi alegría se transformó en decepción. Estaba en la capital de un país X (no lo menciono para no herir susceptibilidades), estaba recorriendo sus calles en una mezcla de asombro por la variedad y entusiasmo al ver tantas cosas interesantes. De pronto, me topé con una pequeña tienda de perfumes. Siempre me han gustado las fragancias. Utilizo la misma desde hace más de veinte años, pero siempre tengo dos o tres distintas, que utilizo para variar. Me detuve un momento, porque me llamó mucho la atención los precios, porque normalmente los perfumes son caros, al menos, el que yo utilizo. Comencé a oler fragancias y de pronto una me llamó la atención, el precio era el adecuado así que la compré. Había olido el perfume en un probador que tenían, así que me entregaron mi perfume sellado. A la mañana siguiente, y antes de partir desde el hotel al aeropuerto decidí ponerme algo de mi perfume. Pero quedé fastidiado. Tenía tanto alcohol que la fragancia se diluía en minutos.

Mientras iba al aeropuerto le conté a un amigo que me llevaba lo que me había pasado y mi molestia por no poder ir a reclamar porque ya me iba. Él me preguntó dónde lo había comprado y cuando le dije sonrió, no se rió a carcajadas por respeto, y me dijo:

—Todos los perfumes que venden allí son falsificados.

—Pero si yo probé y era auténtico.

—Si —me dijo, sonriendo— lo único auténtico es el perfume del probador. ¿Por qué crees que te entregan el perfume sellado?

Lo mismo sucede con las personas. Nada hay que cause más conflictos interpersonales que el comprobar que la persona con la que estás interactuando no es auténtica, y es, por el contrario, una persona falaz y de doble cara.

La autenticidad hace amigos y crea lealtades. Una de mis amigas entrañables lo es, precisamente por su honestidad. Llega a parecer agresiva algunas veces, pero si algo valoro de ella es que es lo que es. No usa máscaras. No se esconde detrás de falsas actitudes o de caras de circunstancias, como suelen hacer los políticos y los manipuladores. Una persona auténtica conquista, precisamente, porque no esconde nada.

Sepulcros blanqueados

"¡Ay de ustedes, maestros de la ley y fariseos, hipócritas!, que son como sepulcros blanqueados. Por fuera lucen hermosos, pero por dentro están llenos de huesos de muertos y de podredumbre"
(Mateo 23:27).

Jesús era empático, pero no necesariamente, simpático. No sé a quién le habrá gustado que utilizara estas palabras tan duras. No se me ocurre ningún insulto tan lleno de sentido como éste utilizado por Cristo. Seguramente algún fariseo que esté leyendo estas palabras estará rasgando vestiduras:

—¡Insulto! ¡En labios de Cristo! ¿Cómo se te ocurre tamaña barbaridad?

Así, simplemente pensando. Los insultos, especialmente, cuando son inteligentes como éste, suelen estar llenos de significado. Cuando era estudiante un compañero solían decirle "empanada". No entendía, hasta que le pregunté a uno que solía saber el sentido de todos los apodos que se utilizaban en el internado y me dijo:

—Él es como una gran empanada, linda por fuera, apetitosa, pero, llena de excremento. Así que como no suena bien decirlo completo, sólo le decimos "empanada" y todo el resto sabe el sentido, y los que no, preguntan como tú.

Ese insulto es equivalente a "sepulcros blanqueados". Lindos por fuera, pero dentro están llenos de "huesos muertos y podredumbre". No creo que exista alguien que le guste hurgar dentro de sepulcros. Los judíos no tenían la costumbre de enterrar a sus muertos, la mayoría eran cremados en la gehena (mal traducido como infierno, en la mayoría de las versiones), un valle que quedaba cerca de Jerusalén donde se tiraban los desechos y se incineraban los cadáveres. Sin embargo, los ricos sí mandaban a hacer sepulcros, que eran pintados con cal, una manera de alejar los olores, aunque se solía sellar las entradas para que no saliera lo fétido de allí.

Si una persona se muestra de una manera, cuando en realidad es diferente. Si trata de ser empático, cuando no lo es. Es simplemente, una persona que se esconde detrás de una máscara (hipocretés), y resulta ser un sepulcro blanqueado, limpio por fuera escondiendo toda su podredumbre. Este tipo de personas aparte de ser tóxicas, contaminan todo a su paso.

Elegir la paz

"Que busque la paz y la siga" (1 Pedro 3:11).

El apóstol Pedro aprendió cómo vivir con las personas que le rodeaban. Habiendo sido un hombre impetuoso, poco atinado, lleno de rencor, inestable, prejuicioso y atolondrado, se convirtió en alguien diferente. En muchos sentidos, los mayores obstáculos los tuvo contra sí mismo. Por eso sus palabras son tan importantes, no lo dice una persona sin experiencia, sino alguien que vivió el desierto de la inestabilidad y llegó al paisaje tranquilo del equilibrio.

Sus palabras: "El que quiera amar la vida y gozar de días felices, que refrene su lengua de hablar el mal y sus labios de proferir engaños; que se aparte del mal y haga el bien; que busque la paz y la siga" (1 Pedro 3:10-11).

Para amar la vida y gozar de días felices, el apóstol recomienda refrenar la lengua para no hablar mal, no proferir engaños, apartarse del error y hacer el bien, buscar la paz y seguirla. No está hablando de pasividad sino de acción, de obrar de tal modo que la vida del que cree se haga notar.

Un gran problema es que muchos cristianos prefieren atacar, maltratar con sus palabras, zaherir e incluso mentir sobre personas que no piensan igual a ellos, como si las diferencias de opinión fueran un pecado mortal. Sin embargo, quien es cristiano tiene una actitud diferente. En primer lugar, refrena su lengua. ¡Qué difícil es controlar lo que se dice! Pareciera que muchos no tienen conexión entre el cerebro y los labios. Como si su lengua se manejara sola y tuviera la facultad de decir lo que sea, y tuviera que ser aceptado todo lo que dice.

Estamos frente a otro fenómeno preocupante. Muchos cristianos que antes perdieron la vida por la defensa de su derecho a hablar, hoy, esgrimiendo el derecho ganado a la libre expresión se han convertido en incitadores al odio, homofóbicos, maltratadores de todos aquellos que tienen formas de vida diferentes a las de ellos, incluso violentos en palabra y acción con aquellos cristianos que difieren de sus ideas. Lo terrible es que invocan el nombre de Dios como si tuvieran el privilegio de maltratar solo porque son creyentes. No entienden que hablar es una cosa, maltratar a otra persona es un delito de odio o de discriminación. En cualquier caso, una forma poco feliz en labios de alguien que ama a Jesucristo.

Triufar desde el abismo

"Me ha estrellado contra el suelo; me ha hecho morder el polvo"
(Lamentaciones 3:16).

Debería existir un letrero que estuviera en las paredes y dijera: "Ten cuidado cuando emitas un juicio sobre otra persona, puedes equivocarte rotundamente". Muchos de los que conocieron a Khalil Rafati antes del año 2003 habrán emitido duros epítetos en su contra y le habrán augurado lo peor. Sin embargo, si lo conocieran o reconocieran hoy tendrían que tragarse sus palabras. Estando en su novena sobredosis de cocaína y entendiendo que si hubiera una décima su vida dio un giro totalmente distinto. El equipo médico que lo atendió después de revivirlo con un desfibrilador le dijo claramente que una vez más y no la contaba.

Había vivido en la calle hace años. Pasaba sus días cuidando autos y vendiendo droga para sostener su adicción. Tuvo una niñez complicada y se mudó a Los Ángeles, EE.UU., con el fin de probar suerte en la industria del cine, pero no le fue bien y terminó como muchos, sobreviviendo en lo que podía hasta que llegó a la calle.

A los 33 años era adicto a la cocaína, al crack y pesaba apenas 49 kilos y su piel estaba totalmente ulcerada. Era hueso y piel. Parecía un cadáver viviente. En esas condiciones tuvo su novena dosis. En la actualidad tiene 46 años, es millonario, dueño de varias empresas y viaja exclusivamente en avión privado. Su empresa más rentable "Sunlife Organics", que se dedica a los jugos naturales y otros productos saludables, se extiende por todo EE.UU. y Japón. ¿Cómo fue eso posible?

Estando en el hospital decidió que no podía seguir en esas condiciones. Tenía que hacer algo. Se internó en un centro especializado para atender a drogadictos. Estuvo cuatro meses. Al salir trabajó en dos centros de rehabilitación, lavó autos y sacó a pasear perros.

Ahorró cada dólar que pudo y trabajó siete días a las semanas 16 horas diarias hasta que tuvo lo suficiente para alquilar una casa y fundar una institución para ayudar a personas adictas que pudieran pagar diez mil dólares por su rehabilitación. Luego sus pacientes empezaron a pedirle botellas de sus jugos de frutas. El resto es historia. Podemos estar en el polvo y decidir permanecer allí o hacer lo que esté de nuestra parte para salir.

Oculto a la vista

"¿Acaso puede un ciego guiar a otro ciego? ¿No caerán ambos en el hoyo?" (Lucas 6:39).

No hay nada más desconcertante que tener algo a la vista y simplemente, no verlo. Es como si estuviéramos cegados a la posibilidad de que la realidad se pueda mostrar en toda su extensión ante nosotros. No hay peor ceguera que la mental.

Uno de los mayores obstáculos para la proliferación del evangelio de Jesucristo son los mismos cristianos, evidentemente, no todos, pero sí una gran cantidad. Si Jesús estuviera entre nosotros, difícilmente se reconocería a sí mismo en actitudes, palabras y conductas de muchos de sus seguidores.

Me avergüenza saber que muchos "hermanos" de iglesia y que cada semana se reúnen a alabar el nombre de Dios, sean, a través de las redes sociales, personas intolerantes, violentas, mal habladas, llenas de juicios, prejuiciosas y con actitudes que están llenas de odiosidades, resquemores y expresiones que no se dan ni siquiera al mayor enemigo.

Lo que desconcierta es que dicen representar a Jesús, el amigo de pobres, prostitutas, ladrones y enfermos, pero no son capaces de hacer lo que su Maestro hizo. Aunque Cristo tuvo compasión con sus adversarios, y trató con amabilidad, incluso a sus verdugos, ellos están llenos de odio y resquemor, que no tienen empacho para decir lo peor de quienes no comparten su manera de ver la religión.

En un país sudamericano, en el contexto de la discusión de una polémica medida para implementar en los colegios información acerca de género, un pastor, desde un púlpito llamó a asesinar a quienes tenían esa visión de la realidad. Luego, los mismos cristianos, que profieren expresiones de odio y rechazo, se extrañan porque esas mismas personas no desean escuchar nada acerca de Jesús, lo que les sirve de retroalimentación para su mente, cognitivamente sesgada, y vuelven a la carga, emitiendo blasfemias y expresiones de odio sobre los que se niegan a escuchar "las buenas nuevas". ¿Qué tipo de cristianismo es ese? No el de Cristo, sino uno que ha secuestrado el nombre de Cristo para utilizar su figura para vender odio, discriminación y exclusión. Jesús, el "príncipe de paz" (Isaías 9:6), es defendido por violentos que aún no lo ven, al menos en su faceta de pacificador, y lo han convertido en un nombre de odio.

La guerra sin fin

"Pero Dios vio que la tierra estaba corrompida y llena de violencia"
(Génesis 6:11).

La ignorancia es osada y peligrosa. Vivimos en la época de la posverdad, donde los rumores y los prejuicios se han convertido en las "nuevas verdades" para muchos. Estudiar, investigar, analizar, buscar libros de eruditos, no se considera necesario para muchos, que creen que la verdad está en la Internet o en las redes sociales. Discutir con quienes hoy sienten que su opinión tiene tanto o más valor que un experto es simplemente como rascar vidrio.

Hace poco intenté explicarle a uno de los opinólogos que abundan en la red que la yihad islámica es un fenómeno que tiene siglos, y que, en parte, ha sido posible por la actitud que los cristianos históricamente han asumido en su ambigüedad frente a la violencia. La persona en cuestión, sin haber leído lo más mínimo sobre el asunto, simplemente me trató de ignorante. Suelo no molestarme por ese tipo de situaciones. No obstante, estoy convencido de que la ignorancia es peligrosa porque genera prejuicios, fomenta odios, altera la verdad y promueve la irresponsabilidad. También, expande el error y el amarillismo en todos sus sentidos.

La odiosidad del mundo musulmán hacia los cristianos no comenzó el 11 de septiembre de 2001, es de larga data. Hubo una época donde los árabes vivieron en paz y formaron una coalición de pueblos donde no solo se respetaba la religión de otros, sino que, además, se creía que las personas podían convivir en paz. Quienes iniciaron guerras sangrientas fueron los turcos en la expansión del Imperio Otomano, hicieron su propia guerra religiosa, la yihad, en contra de todos los pueblos cristianos, incluyendo a muchos árabes que no se sometieron a su premisa expansiva. El Imperio Otomano ocupó parte del Imperio Bizantino y regiones de los Balcanes, Grecia, Hungría, Polonia y Austria, y gran parte de Europa.

Los cristianos reaccionaron de la peor forma, llegando a fomentar atrocidades en la supuesta defensa de la fe. Las batallas sangrientas que se suscitaron no hicieron más que fomentar odiosidades que continúan hasta el día de hoy. Nada hay nuevo bajo el sol. Los pueblos cristianos han creído en una guerra santa, tal como los árabes y los turcos. Una guerra sin fin.

La dificultad de amar

"Y encontré algo más amargo que la muerte: a la mujer que es una trampa, que por corazón tiene una red y por brazos tiene cadenas" (Eclesiastés 7:26).

Las palabras de Salomón en el Eclesiastés son de un pesimismo que roza la locura. Seguramente, las malas decisiones que tomó en su vida respecto al amor y a la pareja lo llevaron a esa especie de "indefensión aprendida" que lo hacía tener una visión oscura de la existencia. Por eso, no es fácil leer ese libro, y tampoco lo es amar. El amor tiene mucho de alegría y satisfacción. De hecho, quienes encuentran el amor, la verdad detrás de una sonrisa casual, el encuentro real con una persona, son los que logran superar las peores dificultades porque se saben escuchados y respetados, ya que eso es lo que hace el amor: escuchar con atención y respetar con dignidad.

Es difícil amar. Los escritores a lo largo de los siglos han buscado la manera de transmitir mediante todos los estilos lo complejo que es llegar a amar a alguien diferente, que no solo tiene perspectivas de mundo distintas, sino que además posee una visión de mundo construida a partir de historias, contextos y familias a menudo opuestas. Franz Kafka, el escritor judío austriaco, en sus Cartas a Milena, refleja un poco de esa angustiosa búsqueda del amor. En una de las misivas, le escribe a su amor platónico: "quizá no se trate realmente de amor cuando digo que tú eres lo que más amo; amor es que tú seas el puñal con el cual revuelvo dentro de mí" (Kafka, 2006:131). La nostalgia de esas palabras refleja la actitud de quien no solo busca con desesperación amar y ser amado, sino que experimenta la dificultad que supone vivir el amor en toda su magnitud.

En otro momento, revelando su profunda lucha por la autoestima, expresa: "¿qué cosa digna de amar puede encontrarse en mí? Mi miedo, en cambio, es digno de ser amado" (Ibid., 90). ¿Cómo podría él amarme a mí? Me decía una chica hace algunos años y no podía dejar de pensar en el escritor austriaco. La dificultad de amar radica en lo difícil que es encontrar a alguien que sea lo suficientemente atractivo para que podamos unir nuestros afectos a él o ella, pero también superar nuestros miedos y conflictos para poder entregarnos. Quien encuentra el amor, sabe con certeza que de un modo u otro ha ganado un pedazo de cielo.

Tocar los extremos

"Mi boca rebosa de alabanzas a tu nombre, y todo el día proclama tu grandeza" (Salmos 71:8).

Blas Pascal, el genial escritor, filósofo, matemático, físico y polímata francés, escribió: "No se muestra la grandeza situándose en un extremo, sino tocando ambos a la vez". Así describía la necesidad de buscar el equilibrio, cuestión que cada vez nos cuesta más a los seres humanos, tan propensos a los extremos. Uno de los obstáculos con los que los cristianos tienen que lidiar en el siglo XXI es la necesidad de buscar el equilibrio de manera que no se conviertan ni en fundamentalistas extremistas ni, por otro lado, en personas ausentes y apáticas, de modo que la religión solo sea un barniz ideológico que sirva para algunas cosas, pero que en realidad no tenga un impacto real en la vida de las personas.

La imagen que a menudo proyectan los cristianos entre las personas que no comparten la misma fe deja mucho que desear. En una investigación realizada en Phoenix, Arizona, los investigadores se sorprendieron al entender cómo los cristianos eran percibidos. Según lo que presenta Philip Yancey, "los evangélicos eran llamados analfabetos, codiciosos, psicópatas, racistas, estúpidos, gente de mente estrecha, prejuiciados, idiotas, fanáticos, tarados, locos gritones, ilusos, simplones, arrogantes, imbéciles, crueles, bobalicones y estrafalarios". Luego agrega: "algunas personas no tienen la menor idea de lo que son los evangélicos en realidad, ni de lo que creen; solo saben que no los pueden soportar" (Yancey, 2015:15-16).

Suelo viajar mucho y lamentablemente, solo en los últimos meses he escuchado opiniones similares en Colombia, Perú, México, El Salvador y España. Si no tuviera idea de quiénes son los cristianos, por las opiniones que algunos expresan en las redes sociales, simplemente no querría saber nada de muchos que hablan de Jesús con arrogancia y un lenguaje lleno de odio y violencia, lo cual es tóxico estar cerca de ellos. Ahora, más que nunca, necesitamos un cristianismo de reconciliación. Una religión que una extremos y no que los agrande. Aquellos que están dominados por un celo religioso tal que se convierten en maltratadores de su prójimo no se dan cuenta de que se convierten en "tontos útiles" al servicio de movimientos políticos y sociales que necesitan eso para seguir.

La difícil tarea de respetar

"¿Quién nos apartará del amor de Cristo? ¿La tribulación, o la angustia, la persecución, el hambre, la indigencia, el peligro, o la violencia?" (Romanos 8:35).

Vivimos en el siglo XXI, pero algunas personas mantienen ideas y actitudes propias del Medievo. A veces me resulta frustrante tener que interactuar con personas cuyas ideas están tan tergiversadas y las consideran normales. Esto es especialmente grave en lo que se refiere a la situación de la mujer y la forma en que interactuamos con los derechos humanos, no solo de la mujer sino también de niños que son educados en un modelo discriminatorio y violento.

Samra Zafar es una activista de los derechos humanos y conferenciante internacional sobre temas especialmente de violencia sexista y la situación de la mujer en general, y en particular, en contextos religiosos. Soportó un matrimonio forzado durante 16 años. Fue obligada a casarse cuando aún no cumplía diecisiete años, nadie le preguntó si podía opinar. Se le negó el derecho a expresar su opinión. Demoró casi dos décadas en librarse del yugo al que fue esclavizada. Logró ahorrar y, con su esfuerzo, convertirse en alumna de la Universidad de Toronto, en Canadá, donde obtuvo las más altas calificaciones que algún alumno hubiera logrado alguna vez en su especialidad, economía.

Recientemente, Yahoo Canadá emitió una entrevista y un video donde se da a conocer su historia. Su historia da esperanza, especialmente para tantas mujeres que luchan por salir de contextos abusivos.

El problema es que, en medios cristianos, donde muchos creen ser "buenos y fieles a Jesús", se siguen transmitiendo ideas contrarias a la mujer y se supone que basados en la Biblia pueden ningunear, encasillar, discriminar, disminuir y maltratar a la mujer. Lo más lamentable es que tanto varones como mujeres lo consideran lo más normal del mundo. Muchas damas han perdido la capacidad de reacción considerando que no tienen más opción que soportar dicha vida.

Jesús vino a liberar a los oprimidos, si no se vive dicha libertad en hogares cristianos, entonces, Cristo aún no ha sido invitado.

El miedo al otro

"Se volverán el uno contra el otro y se pondrán a pelear entre ellos mismos" (Zacarías 14:13).

El profesor de la Universidad de Berlín, Byung-Chul Han, oriundo de Corea del Sur y considerado uno de los más importantes filósofos de occidente actual, señala en su libro *La expulsión de lo distinto*: "El signo patológico de los tiempos actuales no es la represión, es la depresión. La presión destructiva no viene del otro, proviene del interior" (Han, 2017:9).

Con estas lapidarias palabras, Han deja en evidencia uno de los fenómenos más extendidos del mundo actual: millones de personas sumidas en un sinsentido aplastante, que no les permite experimentar la alegría de la existencia porque están sumidas en conflictos que viven la existencia como algo exótico.

En todos los tiempos vivir ha sido difícil; no obstante, hoy padecemos el conflicto de lo abundante. Tanta información está produciendo seres catatónicos que no se impresionan por nada. El acceso a tanto produce la sensación de saciedad que no deja lugar a la curiosidad ni a la posibilidad de saber que se necesita algo. Lo superfluo es tan aplastante que lo importante no se reconoce como tal. Lo banal se ha convertido en habitual. La mayoría de la gente está vacía de propósito, pero llena de sonrisas falsas que están allí para obtener lo mismo que se les niega a todos.

Cristo dice en Juan, "yo he venido para que tengan vida, y la tengan en abundancia" (Juan 10: 10). Jesús espera que tengamos una vida plena. Llena de sentido y propósito. Que logre que seamos felices, porque Dios lo espera y para eso hemos nacido, para lograr tener plenitud en todo el sentido de la expresión.

Sólo se sabe el valor del agua cuando se tiene sed, del alimento cuando se tiene hambre, de la paz, cuando se padece de guerra. Todo lo que el ser humano experimenta es un sendero que le muestra un solo camino, el que lleva al único que puede lograr que los seres humanos tengamos plenitud: Dios.

Un siglo sin Dios está produciendo abundancia de bienes y carencia de sentido. Exuberancia de experiencias, pero carencia de propósito. Vivir así es simplemente no lograr experimentar la gracia de vivir.

La ceguera de la información

"Viendo no ven, y oyendo no oyen, ni entienden" (Mateo 13:13).

Toda época tiene sus dificultades. En el Medievo, la dificultad más grande fue la ignorancia fomentada por los poderes fácticos y religiosos, quienes buscaban mantener a la gente sin conocimiento para poder dominarla mediante mitos y miedos. Sin embargo, la situación actual no es muy diferente, aunque con matices distintos.

El filósofo surcoreano, residente en Alemania, Byung-Chul Han, habla de "la tormenta digital de datos e información" que "nos hace sordos al silencioso resonar de la verdad" (Han, 2017:15). Esta metáfora expresa la gran paradoja del mundo occidental contemporáneo: nunca hemos tenido tanta información al alcance, pero al mismo tiempo, nunca se han difundido tantas falsedades y conceptos erróneos como en esta época, donde muchos se conforman con leer una información parcial en un medio digital sin examinar su validez o veracidad.

La verdad, que se construye lentamente a través de la reflexión y la pausa, ha sido desplazada por una sobreexposición de datos, donde prevalece la opinión desinformada y las fronteras entre el conocimiento erudito y la mera opinión ya no se reconocen. Internet ha popularizado la idea de "estar presente", por lo que cualquier persona con un teclado y una conexión opina sobre cualquier tema y espera que sus palabras tengan autoridad, simplemente porque se le ocurrió expresarlas.

La defensa del derecho a la expresión se ha convertido en una demanda absurda para que opiniones absurdas, infundadas y caprichosas se conviertan en una verdad absoluta.

Al menos, en la Edad Media, la ignorancia era inconsciente, porque la gente estaba controlada por los poderes fácticos y religiosos que buscaban mantenerla así para poder manipularla. En la actualidad, la lucha consiste en persuadir a las masas de que el aprendizaje es un ejercicio arduo, que requiere concentración, que la excelencia se logra como resultado del esfuerzo y que una opinión no constituye en ningún momento un concepto verdadero, a menos que sea comprobado, ratificado y analizado de manera competente. El peligro actual radica en enfrentarse a otro tipo de ignorancia, la de aquel que cree saber solo porque leyó una breve crónica en una red social o una opinión.

La ilusión de la cercanía

"Mejor es el vecino cerca que el hermano lejos" (Proverbios 27:10).

En el mundo tecnológico en el que vivimos, existe la ilusión de que al estar frente a una computadora y conectados a una red social estamos realmente conectados, sin embargo, eso no es más que una ilusión. Solo cuando estamos cara a cara con otra persona, en diálogo y colaboración, podemos afirmar con certeza que estamos conectados.

Haciendo referencia a este hecho, el filósofo surcoreano Byung-Chul Han señala: "La eliminación de la distancia no genera mayor cercanía, sino que la destruye. En lugar de cercanía, lo que surge es una falta total de distancia" (Han 2017: 16-17). ¡Qué verdad! La ilusión de la cercanía se enfrenta a la realidad de la soledad dialéctica de aquellos que, conectados a una red social, son incapaces de establecer una conexión cara a cara. Es desolador ver a un grupo de adolescentes sentados uno al lado del otro en un patio escolar, cada uno con su teléfono móvil en la mano, incapaces de establecer una conexión cara a cara, como si la cercanía los hubiera alejado tanto que ya no pueden reconocerse en las miradas y el encuentro.

El ser humano necesita de conexiones interpersonales. Cada persona necesita sentir que resuena en otro individuo. Los vínculos no son un agregado a nuestras vidas, sino una necesidad vital. Sin la capacidad de diálogo cara a cara, se pierde la vitalidad de ser comunidad y nos convertimos en meras estadísticas.

La Biblia habla mucho sobre la comunidad y la comunión. De hecho, sin la comunión, no es posible construir una comunidad y, aunque parezca redundante, una y otra se necesitan como el oxígeno y el hidrógeno para formar la molécula del agua.

Para que exista una comunidad, es necesario reconocer al otro, al que está frente a mí, y saber que es un ser importante, necesario y fundamental. No se trata simplemente de obtener "me gusta" en una foto, sino de tener un diálogo honesto y sincero que nos permita salir del aislamiento existencial en el que estamos sumidos. Una comunidad verdadera se construye para que los seres humanos encuentren sentido y propósito, para que sepan que sus vidas no son banalidades ni superficiales. La distancia que existe entre una persona y otra debe ser traspasada por medio del diálogo, la presencia, la colaboración y el estar presente, especialmente en los momentos difíciles..

El sabio no tiene ideas

"Nosotros no podemos ordenar las ideas a causa de las tinieblas"
(Job 37:19).

El filósofo chino Confucio acuñó la frase "el sabio no tiene ideas", concepto que han tomado muchos filósofos contemporáneos, como el filósofo francés Francois Jullien, que tituló uno de sus libros precisamente así. ¿Qué significa la expresión?

Según Jullien, que un sabio no tenga ideas significa que el sabio "no se encuentra en posesión de ninguna, ni prisionero de ninguna" (Jullien, 1998: 17). Las ideas de algún modo nos inmovilizan en una mirada única. El riesgo mayor es creer que ya hemos llegado a toda opción posible y no hay nada más que pensar.

Abunda el autor al señalar que "toda primera idea es ya sectaria: ya ha empezado a acaparar y, por ende, a dejar de lado" (Ibid., 18), lo que se convierte en el embrión del fundamentalismo y todos los extremos que ya conocemos. "El sabio, en cambio, no aparta nada, no abandona. Sabe que, al establecer una idea, ya hemos tomado, aunque sólo sea temporalmente, cierto partido respecto a la realidad: al ponernos a tirar de un hilo, de éste y no de otro, en la madeja de las coherencias, hemos empezado a plegar el pensamiento en cierto sentido" (Ibid.)

Toda idea tiene el potencial de ayudarnos a descubrir la realidad, pero también de atarnos a una sola perspectiva o punto de vista. Una idea nos hace perder la totalidad y caer en el peligroso juego de creer que ya sabemos todo lo que había que saber y llegamos a una conclusión absoluta, lo que no sólo nos deja en una posición muy difícil, sino que nos pone en vía de la soberbia cognitiva más absurda, esa que se enceguece con su propio conocimiento.

La sabiduría consiste en estar permanentemente abierto a la posibilidad de nuevas y variadas ideas. No atarnos a un solo pensamiento ni forma de ver el mundo. Todos los terrorismos, fundamentalismos e istmos extremos se aferran a ideas únicas descartando de plano la posibilidad de examinar su propio pensamiento y la posibilidad de descubrir nuevas vías de conocimiento o reflexión. Dios es el único en posesión del absoluto. Los seres humanos, en cambio, estamos en constante proceso de aprendizaje y análisis, siempre en proceso de saber, permanentemente en certezas provisorias.

Rigidez

"¿Quién ha puesto sabiduría en lo más íntimo del ser, o ha dado a la mente inteligencia?" (Job 38:36).

Uno de los mayores problemas que está enfrentando el mundo contemporáneo es la rigidez de los extremismos y la dificultad que tienen muchísimas personas para entender que el absoluto no es una opción dada a la humanidad. Todo lo que tenemos siempre son vislumbres de verdad y reseñas imperfectas de la totalidad. Por eso mismo, los extremismos contemporáneos lo único que están haciendo es pretender que existe una sola mirada de la realidad y no hay nada fuera de ella. Cada pensamiento sectario es embrionario de una catástrofe humana.

Jullien, del que hablamos ayer, señala que "toda idea establecida cierra al tiempo que abre o, más exactamente, empieza por cerrar otros puntos de vista posibles para abrir camino al suyo: parece necesaria, a la par que arbitraria, cierta ceguera en el origen del acto de filosofar bien sea respecto a tal aspecto de la experiencia o del pensamiento de los demás" (Jullien, 2001: 20).

En otras palabras, al elegir un pensamiento rechazamos otro. Siempre el pensar supone la arbitrariedad de poner una idea sobre otra o anteponer un concepto sobre otro. El riesgo es llegar a creer que se tiene la idea total, la que cubre la totalidad, es decir, un pensamiento absoluto, lo que está en la base de todos los extremismos.

El sectarismo descalifica la diferencia y la opción distinta. Todo radicalismo supone que nadie puede tener "la verdad" o "idea" que sostiene el individuo en particular. Cuando eso ocurre, entonces se cierra la posibilidad de conocer y seguir conociendo; es llegar al absurdo de suponer que el ser humano tiene la posibilidad de tener el absoluto al alcance de su mente.

Toda verdad en el ámbito humano siempre es provisional. Una vislumbre de una verdad a la que tiene acceso solo Dios. Por esa razón, las discusiones teológicas, en muchos sentidos, se transforman en un acto de soberbia cognitiva y en creer que se tiene una verdad incuestionable que no permite acceder a otra vislumbre. Jesús lo dijo: "tengo mucho más que decirles, pero en este momento sería demasiado para ustedes" (Juan 16:12). Lamentablemente, algunos no logran entenderlo… sienten que pueden soportar todo o tener la carga de conocer la verdad absoluta, una ilusión absurda.

Medias verdades

"Aleja de mí la mentira y las palabras engañosas"
(Proverbios 30:8a).

Una media verdad siempre es una media mentira. Algunos se especializan en esa forma engañosa de comunicación. No dicen una mentira de frente, pero al no decir toda la verdad, terminan engañando.

El poeta y escritor español Antonio Machado escribió alguna vez: "¿Dijiste media verdad?, dirán que mientes dos veces si dices la otra mitad". ¡Claro! Porque para sostener "media verdad" es necesario seguir afirmando una mentira. Una declaración que contiene una parte de la verdad y no dice todo lo que verdaderamente es, simplemente, es un engaño, por mucho que algunos se esfuercen en aparecer como probos o inocentes. A menudo, quienes utilizan esta argucia de la comunicación lo hacen porque directamente quieren engañar. Cuando no existe la intención de hacerlo, entonces, no es necesario manipular la verdad.

Manejar la verdad siempre es más sencillo que hacer frente a la mentira, más aún cuando se dice a medias. El problema es que las verdades a medias o lo que se dice fuera de contexto tiene un efecto más poderoso que las mentiras abiertas, porque son persuasivas, precisamente porque la declaración contiene un elemento de verdad. Es la confusión de la mezcla de verdad y error lo que produce más daño, porque a menudo, las personas no son capaces de ver la diferencia.

En la religión, las medias verdades son comunes. Se toman declaraciones bíblicas, por ejemplo, parcialmente, fuera de contexto y se las afirma como verdades absolutas, provocando que muchos crean que son verdades totales, cuando en realidad, son conceptos engañosos, porque al no presentarse todo el contexto o la declaración, se hace decir a la Biblia y sus autores lo que no han dicho.

Llevado a la práctica cotidiana hace que muchas personas simplemente se dejen llevar por el engaño y por informaciones parciales. Si a eso agregamos que hay muchos que no se dan el trabajo de cerciorarse por sí mismos de cuanta validez tiene un concepto, entonces, estamos ante la presencia de una gran manipulación y verdades a medias que son aceptadas como verdades completas. Engañar es un arte, y muchos lo han perfeccionado hasta el hartazgo.

Verdad parcial, mentira completa

"Hemos hecho de la mentira nuestro refugio Y en el engaño nos hemos escondido" (Isaías 28:15).

Mentir es un arte. Así como suena. Los mentirosos suelen aparentar ser probos, y pueden engañarte en tu cara, y lo harán con tranquilidad y sin ningún problema de conciencia. Mentir parcialmente, es algo que exige a los artistas del engaño, mucha sagacidad y malabarismos dialécticos para no dejar entrever la verdad total, porque de otro modo, quedarían en evidencia. En política se suele mentir, pero no lo hacen de una manera abierta, sino, dando declaraciones incompletas. Mienten al hacer promesas que saben desde el principio que son imposibles de cumplir, al sugerir o insinuar posibles comportamientos de un contrincante, al fabricar logros que no se tienen, y así sucesivamente.

Hace poco vi un debate entre dos candidatos a la presidencia de Francia. Quedé asombrado por la capacidad de una candidata para decir tantas verdades parciales, con una convicción engañosa. Para saberlo, hay que estar informado, y ese es el problema más agudo. En una época de mentiras vendidas como verdades, diferenciar qué es correcto y qué no, es simplemente, un gran desafío. La Internet, especialmente con las redes sociales, y los medios de comunicación han hecho de la media verdad su modus operandi. Pero, hay millones de incautos que creen todo lo que leen en la red o todo lo que escuchan de los medios de comunicación masiva.

Informarse es un acto de protección. Es aprender a poner límites a la mentira. Es entender que, si no sabes, eres fácilmente víctima del engaño y de quienes, manipulando la verdad, terminan por hacer creer a otros de mentiras, vendidas de una forma engañosa.

Los religiosos son, a menudo, víctimas de esta situación. Predicadores que toman frases sueltas, textos descontextualizados de su contexto textual y cultural, logran que muchas personas crean falsamente el engaño. El mayor desafío es lograr distinguir entre el trigo y la hojarasca, entre la verdad y el error. Cuando una verdad es presentada entre mentiras, distinguir el error se hace difícil. Por eso hay que estudiar, leer, reflexionar, preguntar, indagar, no quedarse con meras opiniones, porque de otro modo, el engaño se cuela como el viento en primavera.

El efecto sospecha

"Sus labios hablan mentira" (Isaías 59:3).

Por una extraña razón, los seres humanos tienden a recordar con mayor facilidad lo malo que lo bueno, la mentira más que la verdad, el engaño y no las certezas. Eso lo saben muy bien quienes se especializan en sembrar sospechas.

¿Qué es sembrar sospechas? Decir algo de alguien sin aportar ninguna prueba, solo para que otras personas digan: "Si el río suena, es porque piedras trae", en otras palabras, "si es lo que dicen, por algo será". ¡Claro! Si se dice algo, ¿no podría ser simplemente porque alguien ha decidido no decir la verdad?

El problema de sembrar una sospecha sobre algo o alguien es que, posteriormente, aunque se pruebe que lo que se ha dicho es mentira, la sospecha quedará sembrada y no faltará alguien que dirá: "Es que escuché algo", como si el mero hecho de que exista un rumor ameritara que sea verdad.

La mente humana es engañosa. Acepta como verdad mentiras encubiertas, simplemente porque pocas personas se dan el trabajo de averiguar si lo que se dice sobre algo o alguien es una verdad total.

Las iglesias están llenas de personas que aceptan verdades a medias. Hace poco escuché un video del pastor mexicano Jesús Adrián Romero defendiéndose de las mentiras que se dicen de él en las redes sociales. Su explicación, aparte de ser honesta y completa, generó miles de reacciones, pero una me dejó lelo. Un joven escribió: "Bueno, pero si se defiende es porque lo que dicen de él es verdad". Es decir, ¿intentar aclarar una mentira y defenderse de ella te convierte en culpable? Esa forma de pensar produce podredumbre ideológica, eso mantiene a muchos en una mentira consciente.

Cuando estudié filosofía, uno de mis profesores solía decir: "Los predicadores son, en esencia, mentirosos finos y elegantes". En ese momento me molestó, pero luego, con los años, he tenido que aceptar que esa aseveración es cierta.

Cada vez que se dice una media verdad sobre algo o alguien se miente. Si tomo una parte de un texto bíblico, sin mencionar el contexto, la historia detrás de las palabras, el uso de las expresiones originales, la intención del autor, los motivos, etc., simplemente, se miente, aunque no lo parezca.

Marionetas

"La mentira y no la verdad prevalece en la tierra" (Jeremías 9:3).

Que algo sea una verdad a medias, en realidad, no tiene tanta importancia para algunos que se especializan en sembrar sospechas. Los manipuladores de la verdad lo saben, comprenden perfectamente que si logran que una duda se instale en la mente de las personas habrán logrado su objetivo y podrán manejar a las personas a su antojo como simples marionetas. Las personas que son manipuladas y manipulables, en general, son crédulas. Se las puede manejar precisamente por esa condición, porque tienden a aceptar algo porque lo afirma alguien con cierta autoridad o porque un medio masivo lo señala.

En el mundo contemporáneo, conocido ya como la era de la "posverdad", no interesa que algo "sea" verdadero, sino que convenza, es decir, la persuasión se ha instalado como un elemento crucial a la hora de comunicar. Como nada hay nuevo bajo el sol, esa idea ya se enseñaba en la antigua Grecia donde los sofistas buscaban la forma de hacer aparecer una mentira como si fuera verdad. Enseñaban el arte de manipular la información para que aún lo más erróneo pareciera verdadero.

Los motivos de los manipuladores de la verdad pueden ser variados: Envidia, venganza, deseos de obtener beneficios, etc., el problema es que el motivo interesa poco cuando se logra el objetivo. Los usos de las medias verdades son múltiples: dañar una pareja, debilitar a un rival para ascender en la carrera profesional, romper la unión de un grupo para debilitar su poder, evitar votos contrarios a nuestros intereses, intentar que despidan a un compañero de trabajo o a un superior, dejar sin apoyo a un aspirante, poner a todos en contra del elegido, lograr que una idea nuestra sea aceptada, etc.

Un efecto nocivo es que los manipuladores de la verdad a menudo actúan en las sombras de manera solapada, eso deja a las víctimas indefensas, cuando se logran dar cuenta de lo que ha pasado, a menudo, es tarde, el daño está hecho. Un viejo amigo me decía, respecto a una difamación de la que he sido víctima:

—No importa lo que digas, si se siembra una sospecha, mucha gente lo creerá, aunque tenga evidencias que digan lo contrario.

Esa es la mayor victoria de los manipuladores de marionetas.

.

LIBERTAD DE EXPRESIÓN

"Has confiado en la mentira" (Jeremías 13:25).

La libertad de expresión es un derecho básico, no cabe duda de eso. Mucha gente ha ofrendado su vida para que eso sea posible. El problema es que en el uso de dicha libertad se ha abusado de tal modo que se ha olvidado en el proceso que un derecho sin un deber, dicha libertad se convierte en un arma de doble filo.

Tenemos derecho a dar nuestra opinión y expresar libremente lo que pensamos, pero tenemos el deber de hacernos responsables de lo que decimos. Eso incluye enfrentar consecuencias penales si cometemos el ilícito de mentir o difamar. Amparados en la libertad de expresión, muchos se arrogan el derecho a mentir. Lo primero es correcto, lo segundo es simplemente un delito enmascarado como un derecho.

Un derecho que no va acompañado del ejercicio de un deber se convierte en algo muy distinto a aquello para lo cual fue concebido. No basta con dar una opinión, es preciso hacerse cargo. Si digo, sin pruebas, que una persona es de una determinada manera, no puede ser afirmado con un simple "me parece", porque la subjetividad del "parecer" es tan débil como un copo de nieve expuesto al sol. Ninguna apreciación debería ser dada sin la certeza de que lo que se afirma es verdad. En una ocasión, una persona me preguntó mi opinión sobre un predicador y le respondí:

—No sé, no lo he escuchado lo suficiente como para emitir una opinión.

Me quedó mirando y me dijo:

—Pero algo se le ocurrirá, ¿cómo no va a dar una opinión?

Mi respuesta lo desconcertó aún más.

—Si se trata de opinar, todo el mundo tiene una opinión. No me parece responsable decir algo sobre una persona de la que no conozco lo suficiente.

El asunto es más profundo. Incluso de personas que conocemos bien, no tenemos derecho a opinar, porque en el fondo, difícilmente alguien puede conocer exactamente a alguien. La libertad de expresión no autoriza a opinar sin fundamento, pero, aun así, una persona inteligente sabe que todo fundamento puede ser rebatido de alguna forma.

Lealtad

"El que sigue la justicia y la lealtad Halla vida, justicia y honor"
(Proverbios 21:21).

Lealtad es una palabra que muchas personas utilizan, pero no todas con el mismo sentido e intención. Es importante entender que la dificultad que sugiere la expresión es entender qué motivo hay detrás de quien la exige o la pide como si fuera lo necesario para construir una relación familiar, matrimonial, filial o laboral.

El uso de la expresión se ha alejado un poco del sentido original del término, que viene del latín "legalis" y que se traduciría literalmente como "respeto a la ley", no solo en su aspecto legal, sino también moral. Está ligada al concepto de fidelidad e implica que quien vive de manera leal tiene un compromiso con la verdad, el respeto y la obediencia hacia alguien, incluso hacia una idea en particular.

Lo contrario es la traición, cuando alguien falla y no actúa conforme a los compromisos que ha hecho. Lealtad y amor van de la mano. Quien ama es leal.

Hay momentos donde este binomio, lealtad y amor, se pone en tensión, como, por ejemplo, cuando alguien debe optar por dos valores superiores para elegir en una situación difícil, cuál es el mal menor. La vida exige muchas veces poner a prueba las lealtades, no solo hacia personas, sino también hacia ideas e instituciones.

La dificultad mayor entre las parejas es que el amor no es garantía de que una relación vaya a funcionar. En ese caso, la lealtad va de la mano de la honestidad y no mantener un vínculo simplemente por compromiso o porque no se sabe de qué otra forma actuar. A menudo, las personas se sienten traicionadas, no porque han dejado de ser amadas, lo cual es un acto voluntario, sino porque no se ha sido honesto.

Los seres humanos, en general, tienen problemas para expresar realmente lo que sienten. A menudo, muchas personas, por pensar en la posible reacción de la persona con la cual deben sincerarse, terminan por no decir realmente lo que piensan. De esta forma, se encuentran en los caminos sinuosos de la falta de lealtad, que también va de la mano de la verdad.

Es preferible escuchar una verdad dolorosa que mantener una relación basada en una mentira piadosa.

Las apariencias engañan

"¿No saben que en una carrera todos los corredores compiten, pero solo uno obtiene el premio? Corran, pues, de tal modo que lo obtengan" (1 Corintios 9:24).

Nadie sabía que ese día, 29 de abril de 2017, sería tan especial y causaría un revuelo internacional. En México se celebró la llamada ultra maratón de 50 kilómetros para todo corredor. Se presentaron 500 atletas de 12 países, algunos de los cuales se habían preparado durante años para ese momento.

Contra todo pronóstico, quien ganó la carrera fue María Lorena Ramírez de 22 años, una joven indígena de la comunidad Tarahumara. Lo más sorprendente es que ella no es atleta profesional, sino que se dedica al pastoreo de cabras y vacas.

Al observar las fotografías, lo que se ve es un cuadro cognitivamente discordante. En una tarima de ganadores hay dos atletas profesionales con todo su atuendo para la ocasión, que incluye, por supuesto, zapatillas especiales para correr, y está en el podio de los ganadores María Lorena luciendo una falda, una blusa y una bufanda. Lo más sorprendente es que corrió con sandalias fabricadas de caucho de neumático. Ningún equipo profesional la acompañó y no tuvo a ningún entrenador que le diera instrucciones, simplemente corrió.

La competencia que se realizó en el Ultra Trail Cerro Rojo en Puebla, en el centro de México, ha puesto de manifiesto ese dicho "las apariencias engañan".

Los Tarahumaras tienen fama de ser excelentes corredores. María Lorena terminó la carrera en siete horas y tres minutos y fue galardonada con 6.000 pesos (320 dólares).

Cada día camina entre 10-15 kilómetros para reunir a sus animales. Esa ha sido toda su preparación.

Seguramente, más de algún atleta la miró con desdén al momento de la partida sin saber que estaban frente a una ganadora. Así es siempre: los seres humanos tienen dificultades para entender que detrás de las apariencias siempre se esconden sorpresas, porque el ser humano es impredecible y sin que logremos percibirlo siquiera, recibimos una lección ante nuestros prejuicios e ideas preconcebidas.

El obstáculo de la exclusión

"-Entre ustedes yo soy un extranjero; no obstante, quiero pedirles que me vendan un sepulcro para enterrar a mi esposa" (Génesis 23:4).

La discriminación, la exclusión y el racismo siguen siendo un problema mayúsculo aún en pleno siglo XXI. En algunos lugares aún se vive y se actúa como en los peores momentos de la segregación racial, por ejemplo.

Pedro y Dorothy Barrera estuvieron casados por 44 años. Cuando él murió, ella fue al cementerio de Normanna, Texas, EE.UU., el pueblo donde llevaban más de una década viviendo, y pidió enterrar allí sus cenizas. Sin embargo, el administrador del cementerio le dijo que no podría enterrarlo allí porque ese cementerio era exclusivamente para gente blanca. Tendría que llevarlo a un camposanto conocido como "El bosque", para gente de origen latino y negra.

Al lado de la cerca del cementerio, a escasos centímetros de la valla, hay una lápida de una persona de apellido latino que data de 1910 con un epitafio en español. Es un crudo testimonio de que la discriminación continúa aún después de muerto. La viuda apeló a la justicia. Es vergonzoso que se llegue a esa instancia para algo que debería resolverse solo con sentido común: todos somos seres humanos y no es posible seguir pensando que existen personas de primera y segunda categoría.

Lo sorprendente y escandalosamente vergonzoso es que muchos de los habitantes de ese pueblo son cristianos comprometidos con sus iglesias locales y están completamente de acuerdo con lo dictaminado por el administrador del cementerio. No ven una discordancia entre su creencia cristiana y el racismo. Si viniera Jesús, de tez morena, con nariz grande al estilo sumerio, con frente amplia, pelo negro y ojos oscuros, no lo recibirían en sus iglesias porque no calza con sus estereotipos racistas.

El asunto es más común de lo que parece. Me crié en Chile, un país clasista y xenófobo en muchos sentidos. Viví en Perú, donde ocurre lo mismo con quienes no tienen recursos o son de origen indígena. Lo mismo vi en México y en otros lugares. Es como si no aprendiéramos de la experiencia de otros y continuamente tuviéramos que buscar algo que nos haga sentir superiores a otros porque saberse humano, a algunos, no les basta.

La naturalización de la violencia

"Soy como un extraño para mis hermanos; soy un extranjero para los hijos de mi madre" (Salmos 69:8).

No hace mucho, los maestros eran autoridad. Si reprendían a un alumno, sus padres se sentían avergonzados y recriminaban a su hijo. En este momento, en una buena parte de este extraño mundo que vivimos, sucede lo contrario: si una maestra o un profesor llama la atención a uno de sus alumnos, seguramente vendrá su padre o su madre a reprender al docente por atreverse a hacer lo que hace, es decir, corregir. Es el mundo al revés, y luego esos mismos padres lloran lágrimas de sangre cuando ven a sus retoños cometer una estupidez tras otra.

Hace poco, fue noticia de portada en casi todo el mundo el caso de una madre que abofeteó a la profesora de su hijo delante del niño y en presencia de otras personas. La mujer, que no merece ser nombrada, se indignó porque la docente no permitió que el niño de seis años se fuera solo a su casa porque su madre no lo había ido a buscar. La mujer envió a dos menores, no parientes del niño, a buscarlo, y la docente se mantuvo firme en no dejarlo ir, porque eso transgredía las normas del colegio. Cualquier ser pensante lo habría entendido. La profesora sólo estaba intentando proteger al niño. Una hora después de la salida apareció la madre furiosa diciendo:

—A mi hijo lo crio como se me dé la gana.

—Hágalo fuera del horario escolar —le dijo la docente— mi turno acabó hace una hora.

Como respuesta recibió una bofetada de la mujer. El caso ha pasado a la justicia. En Argentina existe una ley que protege a los docentes, precisamente de padres sin control, como en este caso. El asunto es más preocupante. Luego de la noticia, se ha sabido que más de 300 casos así ocurren en el país cada año, y muchas personas simplemente no denuncian por temor.

¿Qué está pasando en nuestro mundo? ¿Por qué hemos naturalizado la violencia? ¿Qué lleva a una madre a actuar de ese modo? Si obra así en público, ¿qué hará en privado? No es menor responder estas preguntas y plantearse el dilema de que cuando no hay principios éticos rectores del actuar humano, entonces, cualquier cosa es posible. La ausencia de principios éticos genera caos y barbarie, siempre ha sido así.

La fuerza para vivir

"¡Cuán incomprensibles son la mente y los pensamientos humanos!"
(Salmos 64:6).

Seguramente si ves el nombre William Griffith Wilson o el diminutivo Bill W. no te dirá mucho, sin embargo, si escuchas sobre Alcohólicos Anónimos lo más probable es que sepas exactamente de qué se trata, ya sea porque conoces a alguien de tu comunidad que ha pasado por esa experiencia o porque conoces un grupo de apoyo con esa denominación o porque alguna vez integraste ese grupo. Alcohólicos Anónimos tiene en la actualidad, 2017, 12 millones de miembros en 180 países, y se considera que es la organización que más vidas ha salvado, superando a cualquier medicamento.

Bill W., quien fue un corredor de bolsa, que se mantuvo sobrio durante 36 años luego de fundar la organización con su amigo el Dr. Robert Smith, fue considerado en 1999 por la revista Time como uno de los hombres más influyentes del mundo contemporáneo, uno de los cien héroes del mundo actual. ¿Por qué? No sólo por haber fundado AA, sino porque fue capaz de encarnar el cambio, de demostrar que es posible, que cuando una persona lo quiere se puede.

Una frase que Bill W solía repetir es "todo está en tu mente", y es algo que muchas personas aún no atinan a comprender. Suelen culpar al entorno o a las circunstancias por los problemas que enfrentan, sin darse cuenta de que bastaría un cambio en su manera de pensar para que realmente se produjera una reforma en todo. La mente es sorprendente. Cuando se utiliza de manera sobria, ordenada, y entendiendo que los cambios más importantes proceden de lo que pensamos, entonces, comienzan a producirse cambios profundos. Es como si de pronto se iluminara todo el camino en medio de una noche oscura y cerrada.

La mente está allí para conducirnos, para darnos nuevas esperanzas, para mostrarnos el camino. No en vano Pablo, el apóstol, sostiene que todos los cambios comienzan en la mente, su llamado es a ser transformados por la "la renovación de su mente" (Romanos 12:12), no por el cambio en tu medio ambiente. No es mudándote de casa como cambias o huyendo a otro país, o comenzando en un lugar nuevo donde nadie te conozca. Es en tu mente donde deben producirse los cambios. De allí nacen los éxitos verdaderos.

Torpe y veloz

"Pero los que confían en el Señor renovarán sus fuerzas; volarán como las águilas: correrán y no se fatigarán, caminarán y no se cansarán" (Isaías 40:31).

Se llama David Valenzuela y es doctor en física por la Universidad Católica de Chile. Hasta allí, parece un dato más y anecdótico. Sin embargo, lo realmente sorprendente es que este joven que sufre de parálisis cerebral no puede desplazarse si no es con ayuda, habla con dificultad y no puede tomar un lápiz para escribir.

Nació con asfixia lo que le provocó sus problemas neurológicos. Los médicos le dijeron a su madre que él no podría caminar y no haría nada más que ser dependiente. Sin embargo, Sara Díaz no estuvo dispuesta a aceptar un diagnóstico tan lapidario.

Desde un comienzo, se hizo cargo de él y procuró darle lo mejor. Aprendió todo lo que pudo sobre su condición y buscó la manera de integrarlo. Nunca permitió que lo trataran diferente, incluso, nunca dejó que en el colegio lo eximieran ni siquiera de las actividades deportivas y físicas. Los profesores le asignaban a él tareas simples para otros niños, pero complejas para él.

Su madre quiso acompañarlo al colegio desde el primer día, pero no la dejaron, así que ella contrató a una auxiliar educativa que estaba constantemente con él, le anotaba los apuntes y las tareas, y lo acompañaba en los exámenes para dar la respuesta que David tenía en su mente, así fue hasta que terminó la secundaria, y siempre obtuvo los primeros lugares académicos.

Cuando quiso ir a la universidad su madre lo acompañó y durante 12 años se mantuvo a su lado hasta que obtuvo su doctorado. Ahora, él pretende tener un postdoctorado e ir a una universidad extranjera y su madre dice que lo acompañará hasta que sus fuerzas le den.

Las mayores dificultades que enfrenta una persona no están en su cuerpo sino en su mente. ¡Cuántos jóvenes están paralizados, simplemente, por no atreverse a ir hasta el máximo de sus posibilidades! Personas como David demuestran que nada es imposible en tanto una persona esté motivada y dispuesta a trabajar para que los anhelos se cumplan. La vida es demasiado corta e importa para perder el tiempo en lamentos y en buscar excusas. Se vive, sólo si se quiere.

Como niños

"Entonces dijo: —Les aseguro que a menos que ustedes cambien y se vuelvan como niños, no entrarán en el reino de los cielos"
(Mateo 18:3).

A menudo los niños son asociados con inmadurez, berrinches y caprichos. Sin embargo, Jesús, con sus palabras les da un sentido totalmente diferente. Lo que dice tiene un dejo de absoluto, porque ese "a menos que", tiene la carga de "no hay otra opción". ¿Qué significa en realidad? Es cierto, la infancia se caracteriza por un proceso de desarrollo donde muchos niños suelen llorar por frustración, romper objetos por no saber utilizar sus extremidades de manera adecuada, hacer berrinches frente a situaciones que no son capaces de resolver por la vía racional, y así sucesivamente, de hecho, para muchas personas la edad infantil es sinónimo de molestia.

No obstante Jesús rescata otro aspecto. El de la niñez confiada, de aquel que no hace demasiadas preguntas al padre y se deja llevar por la seguridad que le confiere el adulto que está a su lado. En muchos sentidos, sin esa actitud, es muy difícil entrar al "reino de los cielos" o lo que es mismo, a pertenecer a la comunidad de los redimidos. Los adultos pretenden respuestas racionales para aspectos de la realidad que no tienen una respuesta racional o al menos, que esté al alcance de nuestras posibilidades humanas.

Muchos enfados humanos están vinculados con esa presunción de saber que los lleva a querer indagar más allá de lo posible, y frustrarse si no se tienen todas las respuestas y con la celeridad que amerita, porque esa es la otra situación extraña: Quieren todas las respuestas para todas las preguntas y lo más rápido posible, como niños caprichosos que no están conformes.

En cambio, hay una etapa de la infancia caracterizada por la confianza tranquila en quien ha demostrado cariño y amor incondicional, por lo que las respuestas que se reciben son aceptadas sin ninguna doble intención o una suposición de sospecha. Simplemente, se aceptan porque entienden que el Padre no podría estar engañando, más aún conociendo el carácter del progenitor. En las palabras de Jesús hay una pequeña trampa, se es un niño confiado en la medida en que se conoce al Padre y es ese conocimiento el que retroalimenta la confianza, en un ciclo de bendición permanente.

La dificultad de ser sabio

"Da al sabio, y será más sabio; enseña al justo, y aumentará su saber" (Proverbios 9:9).

Uno de los mitos más arraigados en Occidente es que la edad conlleva sabiduría, pero esta idea no es cierta. Muchas personas son necias, y esto no tiene que ver con la edad, sino con su actitud.

En uno de sus libros, Nicolas Sparks señala: "He aprendido que la edad no garantiza la adquisición de sabiduría, al igual que no garantiza un aumento en la inteligencia. A menudo consideramos que las personas mayores son más sabias debido a sus cabellos blancos y arrugas, pero últimamente he llegado a la conclusión de que algunas personas nacen con la capacidad de ser sensatas, mientras que otras no, y en algunos casos, la sabiduría es algo natural incluso cuando son jóvenes" (Sparks, 2017:16).

Es fácil observar que algunas personas actúan con calma y prudencia, mientras que otras se dejan llevar por las circunstancias y reaccionan impulsivamente, y luego, a veces demasiado tarde, piensan en las consecuencias. Se trata de ser sensato, prudente y sabio. Esto implica algo más que simplemente utilizar la inteligencia y la capacidad cognitiva. La sabiduría requiere comprensión, empatía, experiencia, ponderación, paz interior y una dosis de intuición.

Vivimos en una sociedad que enfatiza demasiado la adquisición de conocimientos y la obtención de títulos académicos, pero olvida la sabiduría como expresión de lo más esencial del ser humano. Cuando eso sucede, no solo se ponen en riesgo los elementos más fundamentales de la humanidad, sino que también se cae en el peligroso juego de considerar sabio a aquellos que solo poseen un título y se deja de lado a personas que, sin tener una educación universitaria, demuestran más cordura y prudencia que aquellos que ostentan títulos prestigiosos de reconocidas universidades.

He visto a doctores y personas con maestrías, graduados de grandes universidades, cometer errores propios de un niño, mientras que personas sin formación académica muestran más empatía, sentido común y prudencia que los más preparados. No hay que confundirse, la adquisición de sabiduría tiene más que ver con actitudes que con aptitudes, con carácter más que con capacidades intelectuales.

Solicitar ayuda

"Ando apesadumbrado, pero no a causa del sol; me presento en la asamblea, y pido ayuda" (Job 30:28).

Quienes trabajamos con personas sabemos que pedir ayuda es la mitad de la solución. Aquellos que se atreven a solicitar colaboración para afrontar sus problemas ya tienen la disposición de ser orientados. No hay peor problema que aquel que se niega a reconocer su existencia.

Sin embargo, los seres humanos somos reacios a pedir ayuda. A menudo creemos que debemos resolver nuestros problemas por nosotros mismos. Esto es más común en los hombres que en las mujeres y en ciertas profesiones. Los que menos piden ayuda son precisamente aquellos que se dedican a ayudar a los demás: médicos, abogados, pastores, psicólogos, trabajadores sociales y todos aquellos que se ocupan de resolver los problemas de otros, pero que no son capaces de ver los suyos propios.

En la relación con Dios, es vital comprender que lo necesitamos. Si una persona siente que no necesita lo divino en su vida, no hay más que hacer, incluso Dios no puede intervenir, ya que sería forzar la voluntad humana. Por esa razón, también ocurre que muchos religiosos ocultan sus problemas o no los enfrentan, creyendo de manera infantil que Dios lo solucionará todo, como si existiera una varita mágica para cualquier dificultad. En realidad, Dios, que puede ocuparse de lo imposible, no suele hacer por los seres humanos lo que ellos pueden hacer por sí mismos.

Cuando nos negamos a aceptar que tenemos un problema, nos cegamos ante nuestra propia realidad y vagamos como marionetas, arrastrados por hilos invisibles que representan todos los problemas latentes que simplemente no vemos.

No es sabio aferrarse a nuestra propia opinión, como bien dijo alguien que fue considerado el más sabio de su tiempo y, debido a las decisiones que tomó, se convirtió en el más necio. "No seas sabio en tu propia opinión" (Proverbios 3:7). Mantenernos firmes en lo que creemos que es la verdad, sin tomarnos la molestia de ver a través de los ojos de los demás, puede llevarnos a la negación y a no percibir las dificultades mayores que vendrán, precisamente, debido a nuestra actitud poco humilde para aceptar que hay algo que cambiar. Pedir ayuda no implica que nos digan qué hacer, sino que nos permite ver aquello que no podemos observar desde nuestra perspectiva limitada.

Discutir

"No será humillado al discutir con sus enemigos en la puerta de la ciudad" (Salmo 127:5).

En su libro *Metáforas de la vida cotidiana*, George Lakoff, lingüista y profesor en la Universidad de California, sostiene que una de las dificultades que los seres humanos tienen es que cuando discuten o plantean ideas suelen utilizar un lenguaje de guerra. En ese contexto plantea que "una discusión es una guerra" y se usan frases como: "Tus afirmaciones son indefendibles", "atacó todos los puntos débiles de mi argumento", "sus críticas dieron justo en el blanco", "destruí su argumento", "nunca le he vencido en una discusión", "¿no estás de acuerdo? Vale, ¡dispara!", "si usas esa estrategia, te aniquilará" (Lakoff, 2004: 40).

Visto así, cada vez que hablamos de algo se tiende a ver a la persona con la que compartimos ideas como un oponente. "Atacamos sus posiciones y defendemos las nuestras. Ganamos y perdemos terreno. Planeamos y usamos estrategias. Si encontramos que una posición es indefendible, la abandonamos y adoptamos una nueva línea de ataque" (Ibid., 41). Esta forma de ver hace que la conversación o la confrontación de ideas se convierta en una guerra, y visto así desde un principio, sólo se crean enemigos y contrincantes.

Lakoff nos invita a imaginarnos una sociedad donde la discusión no sea vista en términos de guerra. Donde no se trate de ganar ni de perder, atacar o defender, recuperar o ceder terreno, sino más bien, donde la exposición de ideas fuera vista como una danza, ejecutada de manera estéticamente agradable y de forma equilibrada. Ni aún de temas espirituales la gente es capaz de hablar sin recurrir a la confrontación, el lenguaje bélico y el ver al otro como un oponente, simplemente, porque tiene un punto de vista distinto.

¿Qué son los puntos de vista? Lo que la expresión dice. Un punto de vista, una mirada desde un sector, que no es global ni absoluta, sino que refleja una parte del problema de la cuestión que se analiza. Sin embargo, no hemos sido educados para ver en el otro a alguien que también ve la realidad, desde un ángulo diferente, y que es también válida, como nuestra perspectiva.

El temor al relativismo lleva a muchos a convertirse en dogmáticos que no admiten discusión sobre lo que ellos consideran "su verdad". Triste y real.

Hereje

"Os lo repito: Cualquiera que os anuncie un evangelio diferente del que habéis recibido, sea anatema" (Gálatas 1:9).

Pablo no suele ser un escritor ponderado. De hecho, creo que carga las tintas de una manera que puede ser impropia. En este versículo, por ejemplo, donde acusa de "anatema" o "condenado por Dios" a cualquier que enseñe algo diferente de lo que él enseña. ¿Escribiría de la misma manera si entendiera que sus palabras serían consideradas varios siglos después, palabra de Dios, equivalente al Antiguo Testamento? No estoy seguro, porque en el momento en que redactó sus cartas, eran sólo eso, cartas que enviaba a las iglesias o a individuos expresando sus preocupaciones personales y desde su perspectiva particular. Que la tradición luego las considerase "inspiradas" es otra historia.

A través de toda la historia del cristianismo ha sido un problema tratar con las personas que opinan diferente. Este mismo texto se ha usado en mi contra más de alguna vez por personas que dicen defender la "ortodoxia" y se oponen a lo que ellos, en su subjetividad, consideran correcto.

La expresión herejía, originalmente tenía un sentido positivo, viene de la palabra griega haíresis que significa elección. En el mundo grecolatino se lo aplicaba a una escuela filosófica distinta, sin la carga negativa que adquirió luego con el cristianismo. En el mundo judaico se le dio la misma connotación para referirse a los fariseos y saduceos (Hechos 5:17; 15:5; 26:5) y era el término con el que los judíos inicialmente designan a los cristianos (Hechos 24:5; 28:22), y que en algunas versiones se traduce como "secta", sin hacer honor al sentido original de la expresión.

Es Pablo, precisamente el defensor de la libertad, el que comienza en sus cartas a darle un sentido negativo y de condena a quien piense diferente, lo que constituye un énfasis desmedido y un error de apreciación. Probablemente, el rabino que habitaba en el apóstol le juega una mala pasada y lo vuelve al celo de antaño cuando asesinaba cristianos que pensaban diferente al judaísmo. Es lamentable, porque cuando se entiende el impacto de las palabras, se modera. Nunca debería ser condenado alguien por pensar distinto. Eso va contra el más primario derecho que Dios concedió al ser humano, que es el de pensar libremente, sin ataduras de ningún tipo.

Anatema

"Pero aun si alguno de nosotros o un ángel del cielo les predicara un evangelio distinto del que les hemos predicado, ¡que caiga bajo maldición!" (Gálatas 1:8).

Es probable que Pablo, cuando escribió las palabras de Gálatas 1:8, no haya entendido el impacto que sus palabras tendrían y el sufrimiento que ocasionarían a miles de personas que fueron torturadas, heridas, maltratadas, excluidas y asesinadas, precisamente, basado en sus palabras. La "santa" inquisición solía repetir estas palabras del apóstol como una autorización expresa para perseguir a herejes. Lo mismo hacían en Rusia, los ortodoxos que organizaban los Progrom para perseguir y asesinar judíos. Pablo, no entendiendo la gravedad de lo que escribía, condenó a miles de personas a sufrimientos indecibles, simplemente, por celo, por defender lo que a él le parecía lo correcto.

Sin embargo, en honor a la verdad, no siempre Pablo fue tan tajante. De hecho, en 1 Corintios matiza el concepto haíresis. Ha pasado tiempo, y probablemente ha entendido que su actitud en Gálatas no fue la mejor, porque en la otra carta presenta una idea diferente. ¡Sostiene que le hace bien a la iglesia que existan diferencias de opinión y que se dé cierta pluralidad de ideas para "que se demuestre quiénes cuentan con la aprobación de Dios!" (1 Corintios 11:19).

Eso habla bien de Pablo, porque a diferencia de algunas personas, es capaz de mudar sus conceptos y entender que hay ideas que deben ser mejor expresadas. Pablo no escribía por dictado, mal que les moleste a algunos fundamentalistas, sino expresaba lo que sentía en el momento y luego, revisaba su propio pensamiento. De hecho, siempre la presencia de ideas distintas ayuda a aclarar y diferenciar la verdad del error, porque en general permite que las personas puedan investigar y analizar con más propiedad, para así creer con certeza. Cuando se sostiene que todos deben pensar de la misma manera, se está negando una característica fundamental de la humanidad que es la libertad de pensamiento.

En cambio, cuando se invita a debatir y contrastar ideas, se hace algo inteligente, que evita la dictadura que ejercen algunos que creen que ellos son los únicos dueños de la verdad y nadie tiene derecho a expresar algo distinto. Jesús aceptó la disidencia, ¿por qué no habríamos de aceptarla nosotros?

Disidencia

"Al que cause divisiones, amonéstalo dos veces, y después evítalo. Puedes estar seguro de que tal individuo se condena a sí mismo por ser un perverso pecador" (Tito 3:10-11).

Ayer mencionamos el cambio que tuvo Pablo cuando les escribió a los cristianos de Corinto para hacer frente a ideas distintas. Fue más abierto a la posibilidad de relacionarse con personas que pensaran diferente. Hasta allí bien, pero los viejos hábitos volvieron. Pablo no podía con su genio combativo, así que a Tito le aconseja algo diferente, incluso, la exclusión de quienes "causen división", traducción poco feliz para hairetikós. Gracias a estas declaraciones poco ponderadas de Pablo, el cristianismo que, en palabras de Cristo, debía ser distinguido por el amor (Juan 13:35), y la bondad, en el siglo II comenzó a caracterizarse por la saña con la que trataba a quienes tenían ideas diferentes.

La historiadora Mar Marcos sostiene que en este contexto de confrontación de ideas "la herejía presupone la existencia de un cuerpo de doctrina y un código ético y disciplinar inmutable, susceptible de ser violentado, fijado por una autoridad a quien compete corregir o condenar al que disiente" (Marcos 2009:13). En la última parte del texto de esta investigadora se observa el mayor problema: "corregir y condenar al disiente". En otras palabras, en el cristianismo se instaló una forma de tratar con las diferencias que no admitía duda: Persecución, exclusión, e incluso muerte para quienes disentían de la doctrina mayoritariamente aceptada.

El problema es que el cristianismo a través de toda su historia ha tenido diferentes maneras de ver la doctrina. Lo que en algún momento ha sido considerado herejía en otro se lo ha aceptado como "sana doctrina". Esto va de la mano con otro concepto difícil de aceptar, en el entendido que la "verdad es progresiva", es decir, que los seres humanos van teniendo una mejor comprensión de la verdad a medida que pasan los años y de alguna manera mediatizado por los acontecimientos que van mostrando formas de enfrentar la realidad que difieren con lo que pensaron algunos en el pasado. Lo que muchos les cuesta entender es que la pureza de la doctrina no emerge cuando todos están en acuerdo, sino precisamente cuando hay diferencias y se hace necesario el análisis ponderado y frío para descubrir la verdad.

Ortodoxia

"En esto sabremos que somos de la verdad" (1 Juan 3:19).

El mayor problema no es tener una verdad, sino aprender a respetar las verdades que ha encontrado otra gente, incluso, aquellas que difieren de las nuestras. En la historia del cristianismo lo más difícil ha sido lidiar con lo ortodoxia y lo heterodoxia (es decir, lo contrario a la idea imperante).

Algunos sostienen que la verdad que ellos tienen es la única verdad posible y que debe ser descartada y rechazada toda otra verdad que no coincida con lo que ellos entienden por verdad. En ese contexto se realizan verdaderas cruzadas institucionales y denominacionales para librarse de la herejía.

Se desprecia el pensamiento divergente y se trata con desdén a quienes manifiestan ideas contrarias al grupo mayoritario o a quienes ostentan el poder dentro de un conglomerado religioso. El dogma, aceptado como correcto se convierte en la norma. Lo real, de acuerdo con W. Bauer es que la ortodoxia no nace en el rechazo a la herejía, sino tal como establece en su libro ya clásico *Orthodoxy and Heresy in Earliest Christianity*, la ortodoxia emerge durante el proceso de definición de la herejía y no a la inversa. Eso implica que mientras algunos pierden tiempo y energía atacando supuestas herejías otros se concentran en analizar la supuesta herejía para desde allí establecer qué es correcto y qué no lo es.

Cuando las comunidades cristianas establecen un conjunto de doctrinas y señalan que ya no hay nada más que analizar ni reflexionar, privan a sus propias comunidades del fluir necesario de ideas que permita aclarar, profundizar, rechazar o extender verdades ya conocidas. Una organización religiosa sana nunca se opone a ideas nuevas, al contrario, siempre está indagando la posibilidad de ideas nuevas, formas más frescas de acercamiento a la fe y la gracia.

Por el contrario, las comunidades eclesiales enfermas se caracterizan por su constante satanización de todo lo diverso. De excluir a cualquiera que proponga una nueva definición o tenga una visión diferente sobre antiguas ideas ya vertidas dentro de la comunidad. Lo que caracterizó el primer y segundo siglo de cristianismo fue el dinamismo teológico, la búsqueda, la reflexión, el análisis, que se fue perdiendo lentamente con el dogmatismo, los credos y las declaraciones cerradas de doctrinas.

Dios reconocerá a los suyos

"Los que me persiguen caerán y no podrán prevalecer"
(Jeremías 20:11).

Uno de problemas de la intolerancia es que deriva en violencia. Los que no toleran los pensamientos o prácticas de otros ceden a la tentación de convertirse en verdugos. La historia lo atestigua. Algunos de los peores episodios de la historia humana han sido protagonizados por religiosos cristianos seguros de que hacían un bien al hacer un mal a otros.

A Arnaud Amaury, monje que dirigió la cruzada contra los albigenses se atribuye el grito: "Matadlos a todos, Dios reconocerá a los suyos". La orden la dio en la ciudad de Béziers, el 22 de julio de 1209, cuando sus guerreros luego de haber abierto una brecha en las defensas de la ciudad se dirigieron al monje para que les diera instrucciones para poder distinguir a un católico creyente de un cátaro hereje. Los soldados obedecieron la orden y todos los habitantes de la ciudad, más de 20 mil, fueron asesinados indiscriminadamente (O'Shea, 2000: 14-15).

¿Qué mente cristiana podría pronunciar una frase tan despiadada y en la misma apelar a Dios? Pero, la verdad, es que así es. En la actualidad no se producen tantos incidentes violentos de hecho por causas religiosas, no porque no se quiera, sino porque las leyes lo limitan. Pero, algunos si pudieran hace rato que habrían raído de la tierra a sus oponentes religiosos. ¿Vale la pena ser intolerante? Definitivamente no. Dios no necesita nuestra defensa. Creer que la divinidad pueda necesitar que nosotros demos defensa de su "honor", es simplemente, un insulto al concepto básico de lo que es divino, es limitar a Dios y creer que él no tiene herramientas para lidiar con los que se le oponen.

La cristiandad no ha sabido enfrentar de manera "cristiana" la disidencia y la oposición. Enseguida surgen de los labios de los profesos cristianos las palabras: Expulsión, apostasía, disciplina, rebeldes, insolentes, borramiento, exclusión, desfraternización y otros eufemismos para quitar de en medio a quien se atreve a formular ideas distintas a la ortodoxia. En el medioevo se asesinaba a quienes creían de una manera diferente. En la actualidad, el asesinato es más sutil: Dejar de hablar con el disidente, excluirlo de la comunidad, amenazarlo, expulsarlo del trabajo, al fin de cuentas: Verdad hay una sola. La intolerancia cambia de ropaje, no de esencia.

El dilema de creer

"Pero algunos se negaron obstinadamente a creer" (Hechos 19:9).

En el prefacio de su obra cumbre, Barrows Dunham expresa con claridad el sentido máximo de la vida de todo ser humano: creer. Él dice: "Una de las cosas que un hombre debe hacer en la vida es descubrir, en la medida de lo posible, los fundamentos para creer en lo que se le pide que crea. Por supuesto, la razón lo invita a creer en todas y solo en aquellas afirmaciones que parecen ser verdaderas. Tan pronto como el hombre intenta seguir fielmente la razón, se da cuenta de otros principios, o al menos de los condicionamientos que emanan de la sociedad organizada que lo rodea. Esto significa que se encuentra constreñido y atraído por creencias que de otra manera nunca hubiera poseído" (Dunham, 1969: 7).

Descubrir "los fundamentos para creer en lo que se le pide que crea", pero sin obviar que cualquier creencia está mediada por muchos factores ajenos a la razón: el sexo que nos define, la sociedad en la que nacemos y nos desarrollamos, la familia que nos condiciona, los incidentes que marcan nuestra vida y los avatares propios del día a día y de la vida. Nadie puede creer simplemente con objetividad absoluta.

Tengo muy claro que soy cristiano porque nací en un hogar cristiano, porque crecí en contacto con una comunidad cristiana y porque, en muchos sentidos, pude ser cristiano porque el país en el que nací no me generó problemas para vivir mi fe. Pero si hubiera nacido en la India, sin conocer nada más, probablemente sería politeísta y tendría a Vishnu como mi dios principal; o si hubiese nacido en algún país árabe, creería en Alá y sería musulmán; y así sucesivamente. ¿Hasta qué punto es posible defender la objetividad absoluta de lo que creo si lo que creo está condicionado por otros factores subjetivos?

Para ser honestos, esa misma lucha la enfrentan aquellos que crecieron en lugares donde la única fe es política o donde la vida está ligada a valores inmanentes y lo espiritual es desechado como signo de decadencia o inferioridad. Oponerse a lo establecido en un determinado grupo humano siempre lleva a exponerse a la exclusión y el descrédito. Cada persona tiene derecho a pensar como quiera y en lo que quiera. Nadie tiene derecho a imponer su creencia personal, por mucho que sienta que lo que él cree es superior a otras creencias. Esa es la máxima superior.

Creer por decreto

"Unos se convencieron por lo que él decía, pero otros se negaron a creer" (Hechos 28:24).

A lo largo de la historia humana y en todas las religiones, la tentación ha sido obligar a creer por decreto. Una de las historias antiguas que ejemplifica esto es la protagonizada por quien es conocido por haberse casado con la mujer más hermosa de su tiempo. Amenhotep IV, un faraón de la dinastía XVIII, gobernó Egipto entre los años 1372 y 1354 a.C. y es más conocido por el nombre que adoptó: Akhnatón, "Atón es muy feliz". Su esposa era la reina Nefertiti, cuyo nombre significa "la belleza mora entre nosotros". Akhnatón prefería buscar explicaciones físicas, por lo que le resultó mejor concebir a un dios omnipotente como un disco solar en lugar de como un espíritu del sol. El faraón prohibió todas las antiguas teologías y cerró los templos de los dioses tradicionales, abolieron los sacerdocios, los servicios religiosos y los beneficios asociados.

En su afán por proclamar la nueva fe, fundó una nueva capital, Akhetaten, la ciudad del Horizonte del sol. La gente común se vio desprovista de sus creencias tradicionales de la noche a la mañana. Esto hizo que muchos conservaran en secreto su fe. Cuando murió Akhnatón, los antiguos sacerdotes y el pueblo destruyeron todo lo que el antiguo faraón había construido, incluyendo su ciudad, que fue arrasada hasta los cimientos. Su hijo, Tutankamón, nunca pudo continuar con su obra religiosa impuesta por la fuerza.

Cuando Dunham comenta este incidente, señala a modo de conclusión: "Cuando las divinidades se mezclan con la política, deben estar preparadas para enfrentar la penumbra y la oscuridad" (Dunham, 1969:10). Esta tendencia nunca ha desaparecido. Incluso en el siglo XXI, muchos cristianos pretenden imponer sus propios criterios religiosos sin considerar diferencias conceptuales y el derecho de los demás a pensar de manera diferente.

Hace poco escuché el discurso político-religioso de un predicador en un Te Deum evangélico donde estaba presente la presidenta de Chile, Michelle Bachelet, y me dio miedo pensar que ese individuo pudiera tener algún tipo de poder, porque si lo tuviera, no dudaría en imponer, prescribir, perseguir, proscribir y negar derechos básicos en nombre de la fe. Nunca se puede imponer una creencia.

Condenación eterna

"El Señor su Dios es compasivo y misericordioso. Si ustedes se vuelven a él, jamás los abandonará" (2 Crónicas 30:9).

El cristianismo está llamado a ser fuente de consuelo, compasión y misericordia. Los cristianos están llamados a llevar paz y amor a quienes se han visto maltratados por diversas razones. Eso dice la teoría de Jesús. La práctica cristiana está muy lejos de ese ideal. A menudo, los cristianos protagonizan y han desarrollado en el pasado los peores actos de barbarie, exclusión y maltrato que ni siquiera los no cristianos se atreven a hacer.

En Bausén, un pueblo del Valle de Arán (Lleida), justo en la frontera entre Cataluña, España y Francia existe un cementerio que tiene los restos de sólo una persona. Nadie nunca más fue sepultado allí, sólo ella, Teresa, quien murió repentinamente a los 33 años en 1916. Su familia no pudo enterrarla en el cementerio religioso reservado sólo para aquellos cristianos que estaban en "regla" con la iglesia. En ese lugar no había un cementerio civil como en ciudades más grandes, así que para no ser enterrada a orillas de un camino abandonado o tirada en una acequia, como solía hacerse con aquellos que no eran "cristianos", sus vecinos, se organizaron y junto a su joven esposo crearon el único cementerio civil que existe en toda España para una sola persona.

¿Cuál fue su pecado? Haberse enamorado y haber comenzado a convivir con su primo Francisco sin haberse casado. Para casarse oficialmente tenían que pagar una multa de dispensa por consanguineidad que equivalía a 25 pesetas de la época, el equivalente a dos días de un jornal. Es decir, si pagaban a la iglesia una multa esta los eximía del "pecado" de haberse enamorado de un primo, y, además, permitía que sus hijos no fueran considerados "bastardos" por no ser reconocidos como hijos legítimos, como si el nacer fuera en sí mismo un acto ilegítimo.

Los casos como Teresa se multiplican en el mundo. La odiosidad de quienes fueron llamados a la misericordia, la bondad y la compasión no tiene explicación desde la perspectiva de Cristo. Lamentablemente, aún muchos cristianos creen que serlo implica condenar, excluir, señalar, acusar, denostar, y separar a todos aquellos que, según sus cánones éticos, están fuera de la gracia de Dios. ¿Quiénes somos nosotros para decidir eso? ¿Qué mensaje se da a los visitantes de aquel cementerio, un símbolo de la intolerancia?

Camino de Emaús

"Aquel mismo día dos de ellos se dirigían a un pueblo llamado Emaús, a unos once kilómetros de Jerusalén" (Lucas 24:13).

El camino de Emaús es un sendero de tristeza, amargura y desilusión. Dos hombres caminan de regreso a lo que llamaban hogar, pero han perdido el norte. Habían planeado su vida. Tenían la expectativa de ser participantes de un proyecto inmenso con un Maestro que sería capaz de todo y ahora esa ilusión les ha sido arrebatada y no les queda más que la amargura de ver cómo su vida se destroza y todo lo planeado se cae a pedazos. El camino de Emaús no fue querido ni soñado, simplemente ocurrió. Si alguno de ellos hubiera sabido que su amargura y tristeza estaban demás, y que en realidad estaban ausentes de lo que en realidad estaba ocurriendo, probablemente no estarían en esas condiciones sino acompañando a los otros discípulos que en ese momento se debatían entre la duda y la perplejidad.

Cuando los dos jóvenes que iban camino a Emaús habían abandonado su pueblo lo habían hecho con la seguridad de haber encontrado algo muy distinto a lo que conocían hasta ese momento. "Habían descubierto toda una nueva realidad oculta tras el velo de sus actividades cotidianas; una realidad en la que el perdón, la reconciliación y el amor ya no eran meras palabras sino fuerzas que tocaban el centro mismo de su humanidad" (Nouwen, 1996: 23-24). Todo eso les había sido arrebatado de un momento a otro. Lo último que esperaban es que Jesús fuera llevado al cadalso.

Lo importante de esta historia no es la tristeza ni la amargura de ver que los sueños se vienen abajo, sino la actitud de Dios cuando eso ocurre. Jesús apareció a su lado para guiarles y darles ánimo, y para mostrarles la realidad que no estaban viendo. Como siempre ocurre, los humanos nos concentramos en los hechos puntuales y en esa visión parcial, carecemos de la perspectiva de conjunto. Dios nunca nos abandona. Es un engaño sutil y cruel hacer creer a las personas que Dios destroza nuestros anhelos y nos deja en la estacada. Muchas veces hemos sido acompañados en nuestro propio camino de Emaús sin darnos cuenta hemos dialogado con Jesús mismo, que se ha tomado la molestia de venir a nuestro lado para mostrarnos aquello que en nuestro dolor no estábamos viendo porque la tristeza ciega, pero el amor devela.

Dos caminantes

"Sucedió que, mientras hablaban y discutían, Jesús mismo se acercó y comenzó a caminar con ellos" (Lucas 24:15).

Eran tan sólo dos caminantes. Probablemente otros iban cerca de ellos haciendo el mismo camino. Nadie se percataba lo que había en aquellos rostros cansados y sin aliento. Hombres que hasta hace sólo dos días caminaban felices y llenos de entusiasmo ahora llevaban una pesada carga de desilusión sobre sus hombros. Sentían que nada volvería a ser igual. Algo había cambiado para siempre.

"El extraño de Nazaret lo había hecho todo nuevo; les había convertido en personas para las que el mundo ya no era una carga, sino un desafío; ya no era un campo de minas, sino un lugar de infinitas posibilidades. Había traído paz y alegría a su experiencia cotidiana. ¡Había convertido su vida en una danza!" (Neuwen, 1996: 24).

Ahora todo eso había quedado atrás. Lo que venía por delante era sólo incertidumbre y tristeza. Regresaban a lo que había sido su hogar, pero sabían que allí tampoco estaba la respuesta. Lo habían tenido todo y ahora se habían quedado sin nada.

Los dos caminantes nos representan a todos. En algún momento vivimos como en una danza. Todo parece encajar. Es como si el universo conspirara para que seamos felices y plenos. Nada parece romper la armonía de nuestras ilusiones y sueños. Pero, pronto nos damos cuenta de la fragilidad de la existencia. Como en un abrir y cerrar de ojos, en segundos, el castillo de naipes que hemos armado y al que llamamos vida, se nos viene abajo y nos deja allí, en el sendero de Emaús, perdidos y sin rumbo.

Si la historia bíblica hubiera terminado allí sería deprimente. Sin embargo, esa es otra faceta de la existencia. Por muy oscuro que se vea el sendero y las posibilidades que tenemos por delante, Dios siempre se las ingenia para mostrarnos lo que no vemos, afligidos como estamos, por la tristeza no nos dejan pensar con claridad. Sin embargo, Dios no hace aspavientos de su presencia, simplemente, está, tal como en la historia, donde los dos caminantes sólo percibieron a última hora que habían estado caminando junto a Jesús, el mismo que lamentaban y lloraban en su regreso a casa. Dios nunca nos deja solos, no es su estilo, no va con su carácter y con su esencia el abandonar a sus hijos, especialmente cuando más lo necesitan.

La carga de la desilusión

"Pero no lo reconocieron, pues sus ojos estaban velados"
(Lucas 24:16).

La desilusión tiene un efecto secundario pocas veces entendemos. La tristeza ciega. La amargura nos deja tan perplejos que dejamos de ver y escuchar. De pronto, nada tiene sentido. Esto es cierto cuando pasamos por situaciones traumáticas que tiran por el suelo todos nuestros anhelos y proyectos vitales.

Los dos caminantes hacia Emaús sólo unas horas antes habían disfrutado de la presencia de uno que parecía dominar todo, desde las tormentas hasta las enfermedades más difíciles, incluso, aún la muerte. A su lado todo era posible. Sentían que estaban construyendo algo, que eran parte de un movimiento que no sería parado por nadie, pero de pronto, todo se desmoronó. Jesús "ahora había muerto. Su cuerpo, que irradiaba luz, había sido destrozado por las manos de sus torturadores. Sus miembros habían sido descoyuntados por los instrumentos de la violencia y el odio, sus ojos se habían convertido en cuencas vacías, sus manos habían perdido la fuerza, y sus pies la firmeza. Se había convertido en un 'don nadie' de tantos. Todo había quedado en nada... Le habían perdido; pero no sólo a él, sino que, juntamente con él, se habían perdido a sí mismos. La energía que había llenado sus días y sus noches les había abandonado por completo" (Neuwen, 1996: 24).

Todos, alguna vez, en este peregrinar que llamamos vida, tenemos nuestro camino a Emaús. Ese momento donde el horizonte se convierte en un escenario oscuro, lleno de incertidumbres y dudas. Ese instante que todo se trastoca. El hito que nadie quiere vivir, pero que, en el fondo, sabemos que está allí, al acecho, porque la vida es tan frágil que todo puede ocurrir en el minuto siguiente, por mucho que intentemos evitarlo, esa sensación de precariedad está allí, siempre. Los espantapájaros de la fe, que están allí al acecho para vender amarguras y desilusión, que se ríen de nuestras ilusiones y sueños, los que se gozan con vernos hundidos en el fango, ellos, los mismos que asesinaron a Cristo no ven el panorama completo.

Eso es lo que hizo Jesús con estos dos jóvenes del camino de tristeza, mostrarles lo que no estaban viendo. Mirar más allá de las circunstancias y observar el horizonte, y más, mucho más allá de lo que vemos.

Pérdida

"Los jefes de los sacerdotes y nuestros gobernantes lo entregaron para ser condenado a muerte, y lo crucificaron" (Lucas 24:20).

La palabra pérdida es cruel. Denota algo que nadie quiere pasar y se vincula con la vida, los afectos y lo que nos rodea. En Chile cuando alguna mujer ha tenido un aborto espontáneo suele decir: "Tuve una pérdida". No es algo que se dice con alegría sino con una sensación de tristeza y amargura.

La vida parece ser una serie de pérdidas: Se pierden amigos, nos vemos enfrentados a la muerte y nos damos cuenta de que es algo irremediable. Se pierden trabajos y amores. Nos quedamos sin salud y sin esperanza. Perdemos oportunidades y la existencia nos pone en situaciones de conflicto. La pérdida y la sensación de precariedad nos acompaña a menudo. "A veces parece incluso que la vida no es más que una interminable serie de pérdidas" (Neuwen, 1996: 25).

¿Cómo se vive en una situación similar? ¿Cómo se enfrenta la precariedad de la existencia y la fragilidad de cada instante? Algunos lo viven con una sensación de miedo y temor permanente, por esa vía, se llega a la neurosis. Otros, actúan como si nada importara, lo que lleva irremediablemente a la apatía. Hay quienes espiritualizan todo o culpando al diablo o responsabilizando a Dios, lo que es una forma de negación e indolencia ética al no hacerse cargo de nada. ¿Cuál es la vía sana?

Es necesario admitir que en ocasiones tendremos pérdidas que son inevitables: Salud, vida, trabajo, amistades, lugares, y un gran etcétera. El saber que aquello ocurre no debe convertirnos ni en indolentes, ni neuróticos ni apáticos, simplemente, en personas que aprenden a vivir cada instante como si fuera lo último e invierten las mejores energías en vivir de manera positiva y proactiva, no dejando que las circunstancias dicten cómo debemos sentirnos.

Esta forma de pensar es más difícil, pero es la única que nos puede dar una perspectiva de la existencia más sana y positiva. Es lo que hizo Jesús con los dos jóvenes caminantes a Emaús, no se lamentó con ellos ni les hizo la venia de la indolencia, simplemente, cambió su perspectiva, les mostró lo que no estaban viendo, les ayudó en su ceguera para que pudieran percibir aquellos aspectos que en medio del dolor estaban olvidando. Jesús fue proactivo, tal como deberíamos ser siempre nosotros.

La difícil tarea de entender

"Casi en todas sus epístolas, hablando en ellas de estas cosas; entre las cuales hay algunas difíciles de entender, las cuales los indoctos e inconstantes tuercen, como también las otras Escrituras, para su propia perdición" (2 Pedro 3:16).

Pedro admite en su epístola lo que es obvio y algunos les cuesta mucho entender: La Biblia no es fácil de entender y algunos pasajes, como el mismo admite, son posibles de torcer o tergiversar, precisamente por la dificultad que ofrecen.

Las diversas traducciones de la Biblia dejan en evidencia el problema. Algunos pasajes son traducidos de manera totalmente distinta entre una versión y otra. Esto, porque "en los textos originales bíblicos en hebreo, arameo y griego se encuentran pasajes de difícil comprensión o ambiguos. A veces sus autores no escribieron con claridad. Los traductores tienen a veces que adivinar qué querían decir. Y han de elegir, por tanto, entre traducir literalmente, manteniendo la ambigüedad original, o traducir libremente resolviendo la ambigüedad del original" (Brown, 2002: 17).

Este planteamiento suele asustar a mucha gente que cree que los originales bíblicos existen, cosa que no es cierta... todos ellos se perdieron o destruyeron, lo que tenemos son solo copias y diversas, algunas mejores que otras, los llamados Códices. Los traductores hacen su mejor esfuerzo para lograr encontrar la versión más cercana al original y desde allí hacer una traducción que resulte por una parte fiable y por otro lado comprensible.

Las traducciones no suelen ser literales, porque muchas cosas no se entenderían si así fuera. Se hacen traducciones interpretativas, para poder de esa forma el texto comprensible. Muchas personas, por temor e ignorancia, creen que eso no es posible. Además, tienden a enamorarse de la versión que más les gusta, que es a menudo la que más se acomoda a los conceptos que ha adquirido, rechazando de ese modo cualquier versión que pudiera poner en riesgo su comprensión preferida, que no necesariamente es la más acertada. Esto crea una gran dificultad que solo se resuelve con el estudio constante y profundo de las Escrituras. Lamentablemente, el folklore religioso puede más que la academia y la erudición, y muchos persisten en sus creencias erróneas aun cuando las evidencias señalan otra cosa o plantean lo contrario de lo que se supone.

Progreso permanente

"Progresaba en sabiduría" (Lucas 2:52).

Una frase común en muchas de mis conferencias o que surge a partir de algunos de mis artículos o libros es: "Nunca había escuchado o leído esa idea antes". Sé que esta expresión puede tener dos interpretaciones posibles. Por un lado, alguien sorprendido por descubrir un nuevo concepto que lo ayude a aclarar sus preconceptos o ideas arraigadas. Sin embargo, tristemente, también tiene otra connotación más común: como es una idea nueva, no la acepto, me quedo con lo que ya conozco y punto.

El miedo al cambio es lo más constante en la naturaleza humana, y esto es aún más evidente en las comunidades cristianas y en las mentes de las personas religiosas que se aferran a lo que han conocido, asumiendo que ya no hay nada más por descubrir. Lamentablemente, con esta actitud se privan a sí mismas de crecer y aprender.

Lo cierto es que la comprensión de la Biblia y de la religión en general no tiene fin. La verdad sobre Dios es progresiva, y debe ser así, es lógico. Dios es absoluto, suponer que ya conocemos todo lo que deberíamos sobre él nos coloca en una posición presuntuosa, y también nos lleva a una actitud que puede volverse peligrosa, simplemente porque no entendemos lo que Dios es y significa. Los fundamentalismos literalistas están poniendo en serio riesgo a la religión en general y a muchas religiones en particular. Tanto los seguidores del cristianismo como los de otras religiones tienden a tergiversar el verdadero sentido de la Palabra cuando caen en literalismos absurdos, sin comprender el principio de la comprensión progresiva.

Leer la Biblia seriamente implica estar dispuestos a examinar con cuidado las posibles diferencias en las traducciones. Me sorprende que muchas personas no se pregunten por qué un versículo se traduce de una manera en una versión y de otra manera en otra. No es casualidad. Algunas traducciones son ideológicas, es decir, están al servicio de una cosmovisión religiosa previa, y en otras, el traductor está comprometido con una perspectiva particular, lo cual se refleja en lo que traduce. Son pocos los traductores que intentan ser totalmente fieles al texto, sin sesgos ideológicos o posturas personales. No es fácil la lectura de la Biblia, por mucho que el fanatismo religioso diga lo contrario.

Dios y afectividad

"Vivirás tranquilo, porque hay esperanza; estarás protegido[s] y dormirás confiado" (Job 11:18).

Nuestras creencias nos definen. Cada persona desarrolla una forma de ver el mundo y, a partir de ahí, construye una visión de la realidad que da sentido a todo lo que hace. Sus elecciones o rechazos, su afectividad u orfandad emocional, están marcados por las ideas que posee.

En uno de sus últimos libros, el psiquiatra francés Boris Cyrulnik dice: "Dios no cae del cielo, echa raíces en una relación afectiva estructurada mediante los relatos del entorno, de la familia y de la cultura. Esta convergencia explica por qué el simple hecho de pensar en Dios crea un sorprendente sentimiento de intimidad" (Cyrulnik, 2018, 74).

La creencia religiosa está influenciada por la experiencia de vida, especialmente por los afectos que se forman en la familia. Como afirma el mismo autor: "Aprender la religión de los padres crea un vínculo de apoyo tan importante como hablar su lengua" (Ibid., 39). Por eso, es absurdo creer que la gente "cambiará de religión" por convicción intelectual. Las religiones basadas en doctrinas no logran atravesar los afectos ni comprender que en toda creencia hay un factor de irracionalidad vinculado a la vida afectiva que los individuos han tenido con sus experiencias tempranas.

Por lo tanto, "cuando el sustituto no brinda seguridad al niño, o cuando la institución lo aplasta en lugar de acompañarlo, el niño aprende a odiar al Dios de sus guardianes" (Ibid., 57). Es decir, la afectividad está directamente relacionada con la relación que el individuo desarrolla con la divinidad. Muchos de los grupos extremistas de base religiosa explotan este sentimiento al establecer vínculos entre sus seguidores y sus raíces familiares o cualquier aspecto que les recuerde su entorno afectivo positivo.

Cuando la religión se convierte en una cuestión de debates dialécticos, doctrinales y teóricos, se pierde la verdadera fuerza intrínseca del afecto y los recuerdos felices. Si la creencia está asociada con paz, afecto, consuelo y felicidad, entonces no resultará difícil para un adulto mantener esa creencia, incluso cuando en algún momento pueda parecerle carente de sentido y lógica. Creer es afecto.

Una creencia única

"Sólo el de conducta intachable, que practica la justicia y de corazón dice la verdad" (Salmo 15:2).

Chimamanda Ngozi Adichie, la extraordinaria escritora nigeriana/norteamericana, nos advertía hace un tiempo sobre el peligro de la historia única. Es decir, reducir la historia de un pueblo, de una etnia, incluso de una sola persona, a un solo relato, definitivo, acotado, completamente terminado, construyendo de esa forma un mito en torno a ese país, historia o individuo. En palabras de Chimamanda: "El relato único crea estereotipos, y el problema de los estereotipos no es que sean falsos, sino que son incompletos. Convierten un relato en el único relato" (Chimamanda, 2018, 22).

Luego agrega que "la consecuencia del relato único es la siguiente: priva a las personas de su dignidad. Nos dificulta reconocer nuestra común humanidad. Enfatiza en qué nos diferenciamos en lugar de en qué nos parecemos" (Ibid., 23). Los relatos únicos producen guetos conceptuales, que se niegan a autoevaluarse y dejarse examinar.

En el mismo tenor, pero ahora referido a las creencias, Boris Cyrulnik, hablando de cómo vamos adquiriendo nuestras creencias afirma: "Cuando el adolescente, bien desarrollado, está bien acompañado por una cultura religiosa afirmativa y abierta a otras religiones, será feliz en su fe y se interesará por otras formas de creer. Pero cuando su desarrollo lo ha hecho vulnerable, se enrola de buen grado en un dogma de hierro, y se somete plenamente a una creencia única que conduce al menosprecio de las otras religiones" (Cyrulnik, 2018, 77). Una creencia única hace daño, porque produce una sensación de triunfalismo que convierte en miopes a quienes creen un dogma cerrado y acotado.

La verdad religiosa no puede reducirse a mero ejercicio intelectual de dogmas, doctrinas y teorías teológicas, eso, y las discusiones que genera, lo único que logra es que la gente salga a la estampida huyendo de actitudes que nada tienen que ver con el evangelio del único que tiene verdades absolutas, por eso que no dudó en calificarse a sí mismo diciendo: "Yo soy la verdad" (Juan 14:6). Todos los demás seres humanos, solo tenemos vislumbres de verdad, y nadie una completa certeza que no admita crítica o análisis. Una creencia única fomenta la descalificación, el fanatismo, el tener comunidades cerradas, y no abiertas a conocer.

Salvarse de ideas falsas

"¡Ni pensar que Dios cometa injusticias! ¡El Todopoderoso no pervierte el derecho!" (Job 34:13).

Barbara Brown Taylor, pastora episcopal de Nueva York, y escritora de gran éxito escribió: "El problema es que muchas personas que necesitan salvarse están en las iglesias, y al menos parte de lo que necesitan salvarse es de la idea de que Dios ve el mundo de la misma manera que ellos".

La idea es interesante y da cuenta de una situación que muy pocos cristianos se detienen a pensar, lo que ves y lo que oyes, lo que entiendes y lo que piensas, está mediatizado por tus experiencias vitales que incluyen muchos factores: género, educación, familia, historia personal, traumas, conflictos, pareja, y un gran y largo etcétera. En el caso de Dios, no hay nada que lo limite, por lo tanto, su mirada de la realidad es absoluta.

La mente estrecha y limitada de muchas personas no les permite entender que lo que ven del mundo, lo que los alemanes de la época moderna llamaron la "cosmovisión", está vinculada estrechamente con la finitud humana. Por lo tanto, suponer que Dios ve la realidad del mismo modo en que el individuo lo percibe, no sólo es un acto de arrogancia intelectual, también es una forma pueril de actuación, que no entiende la misma finitud humana.

Este es un obstáculo difícil de superar. Porque la tendencia habitual es circunscribir a Dios a la limitación humana cuando debería ser al revés. En mi caso nací y me crié en Latinoamérica, eso implica tener dificultad para entender la cosmovisión oriental o asiática. La primera vez que estuve en Rusia, me sorprendí de la manera en que encaraban algunos temas, con una tranquilidad pasmosa, y otros, les resulta difícil encararlos, evidentemente, su contexto les indicaba cómo pensar.

Lo mismo me ha ocurrido con otras culturas. Un alumno taiwanés que tuve, que fue a Argentina para estudiar español, no lograba entender por qué algunos de sus compañeros se complicaban la existencia para intentar comprender algunos asuntos teológicos, me costó entender que la teología era lo más lejano que había en su mente para intentar entender la divinidad. Dios no puede ser entendido plenamente con premisas antropológicas, de allí su misterio.

Amar a Dios

"Hagan, pues, todo lo que está de su parte para amar al SEÑOR su Dios" (Josué 23:11).

Me encuentro de pronto en un libro de psicología con una frase que me deja pensando: "Hay que amar a la vida para amar a Dios" (Cyrulnik, 2018, 91). Me sacude y me hace pensar que finalmente algo malo ocurre en nuestra formación que nos hace ver la existencia de una manera tan tórrida, y eso retroalimenta una relación con Dios lejana y sin vitalidad.

Una persona sin ganas de vivir, difícilmente se contactará con Dios, porque su horizonte estará inundado de desesperanza y de una sensación de vacuidad y eso, produce, tarde o temprano, una vislumbre oscura de la realidad.

Una persona que ama la vida, por otra parte, busca la esperanza y el amor, como parte esencial de lo que vive, en ese contexto, fijarse en Dios e intentar vincularse a la divinidad, es el resultado normal de querer mantenerse en la vida, y conectado a la existencia.

Amar la vida, es vivir con un sentido de alegría, cada día, como si en ese día tuviéramos que bebernos cada sensación que vamos a experimentar.

Todos los días mi nieto se va a acostar refunfuñando, no quiere ir a dormir, siente que, al irse a la cama, tras una jornada extenuante, se perderá algo, y eso le resulta insoportable... nos reímos, es un niño, no obstante, en su mente, de amor a la vida, no es algo banal perderse algo, porque cada instante cuenta. ¡Cuánto debemos aprender los adultos de los niños!

Pero el amor a la vida se aprende y se vive en función de aquello que nos motiva a vivir. Hace poco vi una breve entrevista a un campesino de 92 años que sale todos los días al campo a trabajar. El periodista, le preguntó, desde su perspectiva citadina: "Abuelo, ¿por qué no se queda en su casa descansando? ¿Por qué aún trabaja?". El anciano lo mira cómo no entendiendo la pregunta y a continuación agrega sonriente: "Salgo a trabajar porque eso es vida, respirar el aire de la mañana, ver a mis animales, cosechar, regar, hacer las cosas de todos los días, ¿para qué me voy a quedar descansando y perderme todo ese espectáculo?". La misma pregunta me hago, para qué te quedas contemplando la pared y ahogando tu aburrimiento, si hay tanto para gozar.

LAS APARIENCIAS ENGAÑAN

"Nada en su apariencia lo hacía deseable" (Isaías 53:2).

Hay una escena de la película Pretty Woman (Mujer bonita), protagonizada por Julia Roberts y Richard Gere, que me encanta, porque muestra en toda su dimensión cómo funciona la naturaleza humana, los estereotipos y la ridiculez humana.

Edward (Richard Gere), le dice a Vivian (Julia Roberts) que vaya a comprarse ropa. Así que sale a un lugar de tiendas exclusivas, y a la primera tienda donde va la reciben mal, en realidad, la hacen sentir como si fuera un mosquito en un congreso de arañas, un ser de otra galaxia. Ella se va triste, y sin ganas de volver.

En otra escena, regresa, pero ahora a otra tienda y Edward le dice al hombre que atiende que está dispuesto a gastar una suma "escandalosa" y que la atiendan. Así que un grupo de asistentes la atiende y le traen la ropa que ella quiere. Edward le deja su tarjeta y se va. La siguiente escena es de ella con una ropa elegante, con un sombrero espectacular, y pasa por casualidad por la tienda donde la despreciaron y entra y le pregunta a la mujer que la discriminó antes si se acordaba de ella, luego le dice que supone que ella trabaja por comisión y le dice:

—Ha sido un gran error.

¡Claro que es un error! Cada vez que calificamos a una persona por lo que parece, por lo que muestra, y a partir de esa vinculación tan efímera sacamos conclusiones parciales.

Un obstáculo que los seres humanos tienen que enfrentar a diario y que lleva, prácticamente, toda la vida subsanar es entender que nadie puede ni debe ser tratado de una manera inadecuada, solo por la apariencia o por sus circunstancias particulares: raza, posición social, capacidades, educación, etc. Es una lección que nos ha costado siglos entender y mucha gente, lamentablemente, en vez de reflexionar sobre el tema, aumenta su problemática, al seguir tirando leña al fuego para acrecentar la diferencia con los diferentes.

La pobreza es un fenómeno multifactorial, que no se resuelve generando más diferencias. Los cristianos deberían ser por vocación, y por entender el amor de Dios, quienes mostraran en su experiencia particular lo que debería ser el trato hacia el necesitado, porque somos seguidores de alguien que fue pobre.

104 AÑOS

"Algunos llegamos hasta los setenta años, quizás alcancemos hasta los ochenta, si las fuerzas nos acompañan. Tantos años de vida, sin embargo, sólo traen pesadas cargas y calamidades: pronto pasan, y con ellos pasamos nosotros" (Salmo 90:10).

En el salmo que encabeza esta reflexión, Moisés tiene una visión pesimista de la edad y de lo que acarrea. Al leer este texto, da la impresión de que nada bueno puede salir de la vejez. Probablemente, esto se deba a que en su época era desalentador, ya que no había buen tratamiento para las enfermedades y las personas estaban expuestas a las consecuencias no deseadas de dolencias mal tratadas. Podías morir por una muela infectada o un resfriado. Por lo tanto, su actitud es comprensible. Sin embargo, estamos viviendo en una época diferente, donde la expectativa de vida es otra y las circunstancias también lo son.

El mundo contemporáneo es de contrastes. Por un lado, tenemos a una multitud de jóvenes apáticos con la vida, huyendo entre drogas, desatinos y juergas, y, por otro lado, a personas de generaciones más adultas y jóvenes que intentan ser un aporte.

He sido profesor universitario durante casi tres décadas y una de las cosas que más me ha emocionado en todo este tiempo ha sido ver el esfuerzo de los alumnos que, contra viento y marea, apuestan por sus estudios y por salir adelante. He llegado a admirar a varios de ellos por su tenacidad, ganas de aprender y espíritu de sacrificio. Esta semana leí la historia de Lucio Chiquito, un anciano colombiano de 104 años que acaba de terminar su tesis doctoral, luego de 30 años de haberla empezado y por circunstancias nunca pudo acabarla.

La pandemia le sirvió de estímulo para avanzar. Se encerró en cuarentena en su casa para culminar tres décadas de estudios. Además, sus observaciones sirvieron para encontrar una fórmula matemática que permite calcular el caudal óptimo de un río para producir energía eléctrica, un enigma que llevaba más de 2000 años sin resolverse.

Si alguien cree que está viejo para estudiar, este ingeniero que además tuvo una carrera exitosa como empresario lo desmiente. Nunca es tarde para convertirse en doctor a los 104 años, y pensar que hay personas de 40 que se creen viejas.

Pensamiento conspiranoico

"Aborrezco toda senda de mentira" (Salmo 119:104).

Conspiranoia es un neologismo surgido de las palabras "conspiración" y "paranoia", que se ha vuelto común en los últimos años, en parte debido a la explosión de información que vivimos, especialmente la que surge de las redes sociales.

El periodista Noel Ceballos, en su libro *El pensamiento conspiranoico* (2021), señala que este fenómeno no es nuevo, al contrario, es algo que nunca ha estado ausente de la sociedad humana.

Al ser humano siempre le ha atraído el misterio, lo oculto, lo extraño y lo que no se puede explicar.

¿Cómo se vence este pensamiento conspiranoide? Ceballos propone que no sirve de nada intentar reemplazar un pensamiento por otro. Es necesario sembrar dudas que, de alguna manera, rompan con el edificio de ideas cerradas que dan lugar a un pensamiento divergente, pero al límite de lo normal y extraño.

No sirve de nada argumentar, porque el conspiranoide considera que su argumento es válido y parte de la base de que tu pensamiento está manipulado por el poder. Ceballos sostiene que, en el fondo, el conspiranoide es un rebelde contra el sistema, por lo tanto, todo lo que suene a versión oficial les suena a falso.

Quienes ven en todo una conspiración se convierten en una especie de tribu urbana, donde se asocian con otras personas que transmiten códigos similares.

Los seres humanos, por esencia, buscan orden y que su entorno tenga alguna explicación, así que las teorías conspirativas sirven como un entramado explicativo, aunque algunas de sus explicaciones sean simplemente una locura.

Las personas creyentes necesitan cuidarse de las teorías negacionistas y de las fábulas conspiranoicas, porque de lo contrario, la esperanza, confianza y dirección que brinda la Palabra de Dios se diluye entre pensamientos contaminados de ideas espurias, no solo contrarias a la Biblia, sino también al sentido común, la lógica y la inteligencia más básica.

Creer no está contra la inteligencia y el pensamiento, porque si no se entiende correctamente, la fe se convierte en irracionalidad y las teorías conspiranoides en una fuente de verdad.

Aporofobia

"A los pobres siempre los tendrán con ustedes" (Mateo 26:11).

La experta en ética, la docente y escritora Adela Cortina, ha acuñado el término "aporofobia", una expresión que hasta muy poco tiempo no era de uso común, pero a partir de su libro *Aporofobia, el rechazo al pobre* (2017) comenzó a ser utilizado no sólo en medios académicos sino también en periódicos y noticias de televisión, como una manera de expresar una realidad que estaba invisibilizada.

De muchas formas el desprecio y el mirar en menos a otras personas se ha convertido en el modo de ser de muchas personas, incluso cristianas, que no entienden que dicha actitud lo único que provoca es una sensación de contradicción con el evangelio y con un Jesús que enseñaba a cada paso la necesidad de ayudar al necesitado.

Cortina nos recuerda que "quien desprecia asume una actitud de superioridad con respecto al otro, considera que su etnia, raza, tendencia sexual o creencia —sea religiosa o atea— es superior y que, por lo tanto, el rechazo del otro está legitimado" (Ibid., 18). Esa subjetividad relativa, no le permite ver que todos somos humanos y que antes o después, todos necesitaremos una mano amiga para que nos ayude a vivir y superar los obstáculos que surgen en el camino.

Siempre han existido personas que consideran que tienen una posición de privilegio frente a otras personas. "Éste es un punto clave en el mundo de las fobias grupales: la convicción de que existe una relación de asimetría, de que la raza, etnia, orientación sexual, creencia religiosa o atea del que desprecia es superior a la de quien es objeto de su rechazo. Por eso consideran legitimados para atacarle de obra y de palabra, que, a fin de cuentas, es también una manera de actuar" (Ibid., 18-19).

Nada justifica que alguien haga sentir a otra persona como inferior. La aporofobia, lo que en realidad demuestra, es la fobia de quienes temen estar en la misma situación de individuos que no gozan de los mismos privilegios de la mayoría. Un cristiano debe ser sensible a las necesidades de otro, mal que mal, son seguidores de uno que no tenía "dónde recostar la cabeza" (Mateo 8:20), y no lo decía con el fin de victimizarse, sino con la seguridad de quien, habiendo renunciado a todo, vivía como un hombre de calle, sin tener nada.

Olvidarse de vivir

"Dejen su insensatez, y vivirán; andarán por el camino del discernimiento" (Proverbios 9:6).

El mal del siglo, "olvidarse de vivir" y dedicarse solo a sobrevivir, dejando que la vida pase, sin entusiasmar y teniendo una sensación de agobio por el cada día.

La pandemia del COVID ha hecho que millones de personas se replanteen seriamente el vivir, muchos se han dado cuenta de la necesidad de enfrentar la vida de una manera distinta, no sólo respirar, sino tener una razón para vivir.

Ya lo decía el filósofo, escritor y moralista francés, destacado por su sátira, Jean de La Bruyere (1645-1696): "Para el hombre hay tres acontecimientos importantes: El nacimiento, la vida y la muerte, pero no es consciente de nacer, sufre cuando muere y se olvida de vivir".

¿Cómo es posible olvidarse de vivir? Parece un contrasentido, pero en la práctica no lo es en la vida de muchas personas, que dejan de percibir la existencia con alegría y con sentido vital.

Una manera de despertar es aprender que no sabemos todo y que necesitamos aprender y construir una existencia de permanente búsqueda. "Reconocer que somos grandes ignorantes —nos dicen Mercé Conangla y Jaume Soler— que tenemos mucho que aprender es el primer paso para mejorar nuestra vida. Nada hay peor que una persona cerrada de mente, tan llena de sí misma que no tiene espacio para nuevos aprendizajes y experiencias" (Conangla y Soler, 2012, 61).

Las mentes cerradas no permiten luz en su entendimiento. Van por la vida sin enterarse de que a cada paso todo cambia, que nada es estable, y que a menos que mantengamos una actitud plena de aprendizaje, terminamos, en algún recodo del camino, perdiendo interés en la vida y todo lo maravilloso que entrega.

Hacernos cargo de vivir, y no solo de sobrevivir, es tarea de personas que cuentan con una inteligencia emocional saludable, que les permite sortear las dificultades y obstáculos que necesariamente surgen en el camino, pero con una actitud positiva, de manera proactiva, y sin caer bajo el peso de las circunstancias, como personas libres que controlan su vida, y no al revés.

LA DIFICULTAD DE RELACIONARSE

"Si tu enemigo tiene hambre, dale de comer; si tiene sed, dale de beber. Actuando así, harás que se avergüence de su conducta" (Romanos 12:20).

Mi primera experiencia con el acoso escolar la viví en la escuela primaria. Me gustaba mucho estudiar, leía de corrido desde el comienzo de mi actividad escolar, me costó muy poco aprender, fue algo natural. El profesor me convirtió en su alumno preferido, y de pronto me convertí en el blanco de las bromas pesadas y de las actitudes hostiles de buena parte de mis compañeros, simplemente porque me hice visible. Allí aprendí con dolor que no siempre las relaciones interpersonales son fáciles; a menudo son complicadas y carecen de lógica. Sin embargo, gracias a la inteligencia de ese docente, que supo utilizar mis habilidades naturales de una manera inteligente, logré ser parte del grupo. Todos los seres humanos tenemos necesidad de pertenecer.

El médico Walter Dresel, en su libro *Un sueño posible* (2008), dice acertadamente: "El éxito o el fracaso en las relaciones interpersonales dependen en gran medida del rol que cada uno de nosotros adopta en el marco del encuentro con otros seres humanos" (Ibid., 186). Si nos ponemos en una posición de jueces o emitimos críticas destructivas sobre otras personas, como un bumerán, se volverá en contra de nosotros.

Siempre tendremos personas difíciles con las cuales interactuar; no obstante, la actitud que tengamos va a señalar la manera en que seremos tratados. De un modo u otro, recibimos lo mismo que sembramos. Esa lección es importante, y cuando no se aprende, la existencia se torna difícil.

Muchas personas podrían tener una existencia más tranquila si aprendieran a relacionarse de manera proactiva, sin tratar a otros como enemigos o antagonistas. No es tan difícil; basta entender que todas las personas tienen necesidades similares y procuran para sus vidas más o menos lo mismo que todos. Casi todos los seres humanos quieren ser felices, tener lo más básico, un lugar para vivir, no pasar por aprietos económicos y poder tener a sus seres queridos cerca. Tal vez el ejemplo de Cristo nos sirva para entender que hay muchas más similitudes entre los seres humanos que diferencias que nos separan. De un modo u otro, estamos hermanados en el dolor y la alegría.

CÓRDOBA SIN TI

"Mi alma se deshace de nostalgia hacia tus decisiones, de continuo"
(Salmo 119:20 Cast).

La música tiene el poder de transportar a las personas a imágenes, sueños y situaciones que de otro modo pasarían desapercibidos. El cantautor argentino Luciano Pereyra hizo famosa una canción titulada "Córdoba sin ti", que fue escrita por Pedro Alberto Favini y Carlos Ernesto Bazán. En algunos de sus versos dice:

"Hoy he vuelto solo, y qué distinta la ciudad sin ti".

"Y no es lo mismo Córdoba sin ti, veo en sus calles la tristeza que hay en mí".

"Y tu figura se dibuja en el portal, donde una tarde prometimos no olvidar, y tú no estás, no volverás".

Es un canto nostálgico que mueve a tristeza y melancolía. Los seres humanos vamos perdiendo algo todos los días. De un modo u otro, vamos dejando en el camino amores, amistades, sueños, y si no aprendemos a manejarlo, eso se convierte en un lastre que no nos permite vivir.

Nostalgia, de algo que hemos perdido y no vamos a recuperar. Lo interesante de esta palabra es que fue inventada por un médico suizo a finales del año 1600. Está formada por la expresión griega "nostos" (regreso a casa) y "algos" (dolor, angustia), y se trataba originalmente de un diagnóstico médico utilizado con los soldados que sentían tristeza por lo que habían dejado atrás. Hoy describe una sensación agridulce por un anhelo sobre el pasado.

El pasado se convierte en un obstáculo para avanzar cuando no somos capaces de procesar lo que hemos perdido. Esa nostalgia que nos lleva hacia algo que ya no volveremos a tener, y que, si no lo trabajamos adecuadamente, no nos deja continuar en el camino.

La vida es avance, continuar, y en cada tramo del sendero, tenemos que volver la vista atrás, no para añorar, sino para aprender. Los que somos migrantes y hemos dejado tanto atrás, probablemente nos cueste mucho menos esto de cortar raíces para poder mantener la libertad de poder seguir avanzando. Todos los seres humanos necesitan hacerlo siempre; de otro modo, las ataduras de lo que vivieron y no procesaron se convierten en lastre.

Dios no es teoría

"¿Crees tener la razón, Job, cuando afirmas: Mi justicia es mayor que la de Dios?" (Job 35:2).

La teología es un invento humano. Viene desde Aristóteles y Tomás de Aquino, el monje y filósofo domínico de origen italiano terminó por darle forma. Se refiere al "estudio de Dios". Lamentablemente, ha generado una raza de individuos que hace gala de teorizar sobre Dios, como si hubiese alguna teoría que permitiera comprender la divinidad.

A partir de esta estructura tan estricta, se esgrimen argumentos, teorías, principios y un sin número de tópicos para diseccionar a la divinidad, como si se pudiera contener en un vaso el océano entero. Tiene razón cuando Sarah Bessey sostiene que "no creo que Dios sea glorificado por argumentos bien elaborados manejados como armas" (Bessey, 2013, 31). La Biblia utilizada como garrote dialéctico para ganar discusiones y generar la satisfacción de la pelea terminada. Muchos cristianos se comportan como abusones y busca pleitos, especialmente en las redes sociales, y "defienden" a Dios, como si la divinidad fuera tan débil que ameritara defenderla.

No obstante, al analizar la Biblia, lo que se observa es que en el texto bíblico no hay una teorización de la fe, ni siquiera una doctrina sistemática, todo eso es creación humana que obedece al afán de intentar, por una parte, controlar el discurso, y, por otro lado, generar maneras de manipular a las personas.

La Biblia es esencialmente un testimonio de fe, por lo tanto, su acercamiento no puede ser sistemático, doctrinal ni teórico, sino entendiendo que los seres humanos que la escribieron eran, usando la frase de Unamuno, personas de "carne y hueso", que sentían, soñaban, tenían emociones, vivían frustraciones, y de alguna forma, en base a las experiencias personales, subjetivas y únicas que tuvieron, plasmaron en papel, lo que vivenciaron.

Cuando se pretende un acercamiento filosófico, teológico o de cualquier índole similar, se priva a la Escritura de su característica más auténtica, que es la visión que tenían seres humanos normales acerca de la divinidad, con sus claros y oscuros, con sus visiones parciales o limitadas, pero, a fin de cuentas, perspectivas o vislumbres de un Dios que no puede ser contenido en un libro de algunos miles de páginas, porque Dios es Dios, por mucho que no se acepte.

ADICCIÓN A LA RELIGIÓN

"Cristo nos liberó para que vivamos en libertad. Por lo tanto, manténganse firmes y no se sometan nuevamente al yugo de esclavitud" (Gálatas 5:1).

El médico de la India, Deepak Chopra afirma: "La adicción no es más que un sustituto muy degradado de una verdadera experiencia de gozo".

Probablemente a algunas personas les resultará chocante el título de esta reflexión, pero, lo cierto es que la religión en general tiene todos los atributos para convertirse en un elemento adictivo formidable, con resultados tan funestos como el consumo de alguna sustancia.

En adicciones se habla de adicciones a procesos (ludopatía, trastornos alimenticios, pornografía, workalcoholic, etc.) y adicciones químicas (fármacos, cocaína, metanfetaminas, etc.) La religión reúne todas las características para una adicción de proceso.

Cuando la religión se busca como un paliativo para superar pérdidas, culpa, complejos, o ser simplemente una vía de escape, entonces, fácilmente se torna en adictiva. Como señalan Matthew y Linn (1997), "la adicción religiosa intenta controlar una realidad interna dolorosa, a través de un rígido sistema de creencias religiosas".

Sergio Oliver Burruel define esta adicción como "usar a Dios, la iglesia o un sistema de creencias como un escape de la realidad o como un arma contra sí mismos y contra otros, en un intento de encontrar o elevar su autoestima o bienestar" (Burruel, 2002).

Si la religión se la entiende de ese modo, obviamente provocará resultados desastrosos, especialmente, para quienes padecen de algún problema de base anterior al ingreso a un sistema de creencias. Problemas emocionales, por ejemplo.

Dios no espera que sus seguidores se desconecten del mundo para seguirlo (adicción), algo que va en contra del deseo explícito de Jesús (Juan 17:15) de estar en el mundo. Por el contrario, Dios quiere que seamos luz EN el mundo (Mateo 5:14), no separado de él y que mostremos en nuestras vidas que de un modo u otro tenemos conexión con Dios y con los valores que representa (2 Corintios 3:2), no hay otra forma de ser cristiano.

Religión para adictos

"En él, mediante la fe, disfrutamos de libertad y confianza para acercarnos a Dios" (Efesios 3:12).

Bernardo Stamateas, el psicólogo y pastor argentino, sostiene que mucha gente "abraza la religión como lo hacen los drogadictos o los alcohólicos a su droga. La singularidad es que eso no está mal visto, a la religión se la ve bien, y entonces eso hace más difícil la confrontación" (Stamateas, 2011).

Características de personas adictas a la religión:

-No son capaces de pensar por sí mismos, ni cuestionar, dudar ni diferir de sus líderes religiosos a los que se someten sin más.

-Su pensamiento es polar, todo o nada, blanco o negro. No hay matices en su pensamiento.

-Adherencia a las normas y reglas de su sistema religioso de manera rígida y obsesiva, acompañado de un sentimiento de vergüenza de no estar a la altura de lo que se exige.

-No toleran que su sistema religioso sea criticado, analizado o juzgado.

-Mantienen conductas compulsivas, como, por ejemplo, oración, acompañada de culpa y temor.

-Contribuciones económicas, de tiempo, de recursos, bienes, etc., a su sistema religioso, más allá de lo recomendable o saludable.

-Dudas respecto a la sexualidad y a su propio cuerpo, debido a las ideas que ha adquirido en su sistema religioso.

-Conflictos de confrontación y duda respecto al valor de la ciencia, la medicina y la educación formal.

-Rompimiento de vínculos sociales, debido a que así lo manda "las Escrituras" o una revelación divina.

-Sensación de ser parte de un grupo único, separado de todo otro grupo religioso.

No es fácil reconocerse como un adicto a la religión, pero si alguna de estas características está presente en quien lee, entonces, es hora de analizar con cuidado la forma en que cree.

Adicción y vida

"¿Por qué se ha de juzgar mi libertad de acuerdo con la conciencia ajena?" (1 Corintios 10:29).

Cuando se configura la adicción a la religión, se suscitan situaciones lamentables, como justificar lo que se realiza al interior del grupo religioso, aunque lo que se hace sea, incluso, ilegal; no ser capaces de proteger a los hijos, incluso de situaciones de abuso; o no hablar, por miedo a manchar la "imagen del grupo religioso", y así sucesivamente.

Las adicciones están vinculadas al mal manejo de la vida emocional, cuestión que los grupos religiosos suelen explotar y manejar muy bien, consiguiendo la fidelidad de sus adeptos.

Ciertas personalidades con tendencias adictivas son propensas a convertir la religión en adicción, especialmente, porque no son capaces de establecer con claridad límites.

Se reemplaza la relación espiritual con Dios por una práctica religiosa. "No se reza, no se estudia ni se escucha la palabra de Dios, sino que se sigue una serie de reglas, pautas y normas; se impone la obsesión por encajar en estas normas, cumplir más rituales. De algún modo sienten que así ganarán más favor de Dios, que se llenará así el terrible vacío que sienten" (Stamateas, 2011).

Lo más complejo de la adicción a la religión es que las personas se van aferrando cada vez más a los rituales de su grupo religioso y poco a poco, esto les consume la vida, nunca es suficiente, no hay límites. Sheila Matthew y Dennis Linn proponen una pregunta clave para evitar caer en adicción a la religión, cualquiera sea ésta: "¿Es un lugar donde se protege la libertad de espíritu de cada persona?" (Matthew y Linn, 1997). La respuesta mostrará si realmente somos libres de la adicción a la religión.

La clave es poner límites y no permitir que nadie, bajo ningún pretexto religioso controle nuestra conciencia, y nos haga esclavos de ritos y formas. Eso no es lo que presenta la Biblia ni lo que pretende Dios, ponernos una camisa de fuerza, donde la religión se convierta en el carcelero. El conocer a Cristo, "la verdad" (que no es teórica), nos hace libres (Juan 8:32). Ningún sistema religioso puede reemplazar la libertad que se gana con Jesucristo, y ya lo advirtió Pablo, con no perder la libertad que se ha ganado con Jesús (Gálatas 5:1).

Abuso espiritual

"Pero entre ustedes no debe ser así. Al contrario, el que quiera hacerse grande entre ustedes deberá ser su servidor" (Mateo 20:26).

Según la definición de Johnson y Van Vonderen: "El abuso espiritual consiste, precisamente, en maltratar a una persona que necesita ayuda, apoyo o mayor crecimiento espiritual, lo cual debilita, sabotea o disminuye el desarrollo espiritual de esa persona" (Johnson y Van Vonderen, 1995, 22).

El abuso espiritual está tan normalizado en la mayoría de las congregaciones cristianas que tiende a ser espiritualizado y no se le da la importancia que tiene. La expresión "abuso" no está usada en el sentido sexual, sino en un sentido más amplio, referido a la actitud de muchos religiosos de no respetar la conciencia ajena y de inmiscuirse en temas, situaciones y vidas privadas, actuando como si ellos fueran los que tuvieran que definir qué debe vivir otra persona y cómo debe ser su actuación.

Me crie en un hogar cristiano. No sé lo que es vivir como no cristiano. Toda mi vida me he relacionado con personas cristianas, me costó mucho entender que muchas situaciones que consideraba "normales", simplemente no lo eran, y constituían abuso espiritual, algunos de forma sutil, otras de manera abierta e incluso agresiva.

Siendo pastor, tuve que enfrentarme a menudo a situaciones difíciles donde intentaba consolar y curar heridas ocasionadas por personas que se suponía estaban para ayudar, consolar y amar, pero no para dañar, maltratar o manipular.

No hay semana en la que no deba tratar algún caso de personas que han sufrido o sufren situaciones de abuso espiritual, y se pretende que no solo lo acepten, sino que además lo consideren un privilegio por ser "parte del pueblo de Dios"... muchas veces me he preguntado "¿de qué Dios?".

Como dice Alfonso Pérez Ranchal (2019), "Hablar de abuso en el contexto de la iglesia es como entrar en un territorio casi virgen o inexplorado y no debido a que se desconozcan casos, sino porque los mismos parecen silenciarse, siendo considerado este tema una especie de tabú".

Tabú, porque se pretende barrer bajo la alfombra actitudes que se saben que están mal, pero es más fácil callarlas antes que hablar.

Normalizar el abuso

"No sean tiranos con los que están a su cuidado, sino sean ejemplos para el rebaño" (1 Pedro 5:3).

Lamentablemente, como el abuso espiritual tiende a normalizarse, es muy difícil que se denuncie o se declare como tal. La manipulación lo que logra es que las personas se conviertan en esclavos de las decisiones de otros y terminen por no entender que están siendo utilizados para fines que no buscan. Una de las causas que propicia y permite el abuso espiritual es la supuesta autoridad pastoral o la de líderes cristianos, que a partir de lo que consideran "su derecho divino inalienable", terminan por convertirse en dictadores y manipuladores de la vida de otros. "Dictadores espirituales", como los llama Lövas (1991).

Una característica común al abuso es que los dictadores espirituales no permiten la discrepancia, porque se supone que es un ataque directo a su investidura "sacerdotal", "pastoral", "de liderazgo", o como quiera que se le llame.

Cuando alguien propone una mirada distinta a un concepto, a una idea, a un análisis bíblico, es llamado al orden y se pretende que se alinee con "la autoridad pastoral", de otro modo, es estigmatizado, excluido, motejado, maltratado simplemente, ninguneado, por no estar en el mismo carril oficial. No puedes oponerte al "escogido" de Dios.

Hace algunos años, un hermano me pidió que lo visitara. Cuando llegué a su casa, estaba acongojado por una situación que había vivido. Luego me contó que nunca se había sentido tan humillado. El "pastor" lo había visitado y le había exigido que le entregara su liquidación de sueldo porque él tenía que verificar si él estaba siendo "honesto" con los diezmos. Cuando él le dijo que no le parecía correcto lo que estaba haciendo, le dijo que a partir de esa semana no tendría más los cargos que antes tenía en la iglesia y que no iba a predicar más, por haberse atrevido a oponerse "al ungido de Dios". Lamentablemente, ese maltratador "ungido" fue promovido a un puesto de liderazgo y luego a la administración de un campo: "Por sus buenos resultados en la administración eclesiástica". De los abusos, nadie dijo nada, aunque se enteraron.

Los abusones espirituales pareciera que ganaran, pero en algún momento quedan en evidencia y cosechan lo que han sembrado.

Tolerancia cero

"Se mofan, y con maldad hablan de opresión; hablan desde su encumbrada posición" (Salmos 73:8).

La normalización del abuso produce un efecto devastador en quienes lo sufren, hace que muchas personas duden de su propia espiritualidad, y que comiencen a dudar de sus convicciones. La mayoría calla, y opta por un silencio cómplice, simplemente, callar parecer ser la mejor forma de capear el vendaval.

Una mujer habló con uno de los líderes de la iglesia para contarle que estaba sufriendo abuso sexual, físico y emocional de su marido. El "líder" le dijo que tenía que estar con su marido, porque a algunos les toca el don del martirio, y a ella le había tocado, "no vaya a ser que por su causa él se aleje del Señor". Cuando finalmente, luego de meses de tratar de llegar a una conciliación y de sufrir en silencio, fue a la fiscalía a declarar lo que le ocurría, y el hombre fue conminado a abandonar la casa, cosa que finalmente no ocurrió, y ella partió con sus hijos donde una buena samaritana que los recibió (no siendo de la iglesia), su congregación tomó la medida de "censurarla" y "no permitir que ella fuera considerada miembro de la iglesia", por haber "provocado un divorcio" y no "haberse sometido dócilmente a la autoridad de su esposo". Ella vivió momentos muy complejos, finalmente, él fue apoyado, continuó siendo líder, y ella estigmatizada y tratada como una "mala mujer" por haber abandonado a un hombre "tan bueno" que se había arrepentido.

Cuando escucho historias así, no sé si llorar o enojarme, porque me emociona con tristeza saber cuán poco conocemos a Jesús y al Dios de justicia que decimos representar, y, por otro lado, porque terminamos llamando al mal bien, y al bien mal.

En EE.UU., un pastor desde el púlpito señaló con ironía sobre un caso donde una mujer llevó a la corte a su marido por "violación marital", y él, con total desparpajo dijo: "La violación en un matrimonio no es violación, es derecho, ella no tiene de qué quejarse". Resultado, a él lo pusieron en baja administrativa, mientras la administración "investigaba" por si había que tomar alguna medida. ¿Investigar qué? ¿El que un individuo con serios problemas éticos y desconociendo el derecho, convierta un delito en algo normal, y fustigue a las mujeres que se quejen por ser violadas? Es de locos, pero así es la realidad, y el caso, aun se sigue investigando.

¿Cuándo es abuso?

"Rescátame de la opresión del hombre, para que yo guarde tus preceptos" (Salmos 119:134).

El abuso se produce cuando "dirigentes, supuestamente espirituales, coaccionan, presionan e incluso colocan un interrogante a la integridad moral del que se ha atrevido a mostrar su disconformidad" (Pérez, 2019). Es una cuestión de poder. Es creer que la iglesia está por sobre la conciencia de las personas, y que éstas tienen que aceptar sin derecho a opinar u oponerse.

Las redes sociales se han convertido en vitrina del abuso espiritual. Cuando se quiere enlodar a alguien porque sostiene una posición contraria o porque no está alineado con la "ortodoxia", se lo moteja de disidente, de difícil, de complicado, de persona no alineada o sin obediencia a la disciplina. Por supuesto, como dice Pérez "la ortodoxia la marca el acusador" y se pasa de la exposición al acoso. "Bajo una máscara de piedad pretende actuar en nombre de Dios cuando, lo que posiblemente está haciendo, es actuar en nombre del diablo" (Pérez, 2019).

Hace años, una exalumna, a quien aprecio como si fuera hija, y su esposo, en ese momento pastor de una congregación, me contaron que estaban sufriendo abuso verbal, físico y amenazas de su padre, pastor también, y que no sabían qué hacer. Comencé a escucharlos, animarles e intentar que no perdieran la fe, en medio de una situación tan difícil. Finalmente, una psiquiatra les aconsejó que se alejaran de ese hombre, y, además, iniciaron una querella criminal para lograr el alejamiento del padre, y la corte les dio la razón, en esa ocasión y en dos ocasiones más.

Tiempo después, comencé a ser perseguido por ese hombre, acusándome de que su hija había decidido alejarse de él a causa de la lectura de uno de mis libros. Aún circulan en la internet libelos que él escribió sobre mí, "con un aire de piedad" y fingiendo preocupación por la "verdad", pero maltratándome en todos los foros posibles. Nunca he contestado sus acusaciones, ni accedido a escribir un documento evidenciando sus mentiras, pero, muchos han tomado ese documento como verdad y lo esgrimen como si fuera incuestionable. En todos estos años, solo dos personas, tristemente, solo dos, se han acercado a escuchar mi versión y pedir que les explique qué ha pasado.

El abuso espiritual existe, negarlo, es también otra forma de abuso.

Otras formas de toxicidad religiosa

"Protestan bajo el peso de la opresión, claman ante el abuso de los poderosos" (Job 35:9).

Cuando se pretende que las personas vivan la religión de una determinada manera y se las maltrata si no lo hacen, estigmatizándolas o tratándolas de forma agresiva o despectiva, se comete abuso espiritual.

Cuando se manipula a una persona para que no abandone una relación tóxica con supuestos argumentos bíblicos y, si lo hace, se le segrega, excluye o maltrata, se participa en abuso espiritual.

Cuando se elabora un listado de personas que pueden o no participar en determinadas actividades "espirituales" basándose en los aportes que dan a la congregación (ya sea diezmo, ofrenda, pacto u otro nombre), sin considerar la situación particular de esa persona, y se le califica como "poco espiritual" o "poco fiel", se comete abuso espiritual.

Cuando se utiliza información privada para exponerla desde un púlpito o utilizar la experiencia de esa persona como ejemplo negativo, se comete abuso espiritual.

Cuando se pretende que alguien dé tiempo y recursos más allá de sus posibilidades porque "sus bienes son del Señor", se comete abuso espiritual.

Cuando se excluye, maltrata o segrega a alguien por oponerse a ideas o prácticas del líder de turno de su iglesia, sea cual sea el nombre, se comete abuso espiritual.

Cuando se maltrata a alguien porque, por diversas razones, no asiste a los cultos o actividades eclesiásticas, o no acepta que las actividades de la iglesia tengan preeminencia sobre su familia, y por esa razón se le excluye, se le maltrata o se siembran sospechas sobre él o ella, se comete abuso espiritual.

Cuando se duda de la libertad de conciencia y se cree que una persona debe someter su libertad individual a la presión del grupo, la conciencia colectiva o la instrucción del pastor, dirigente o grupo, se comete abuso espiritual.

Cuando no se acepta la discrepancia y se comienza a motejar de "conflictivo", "pecador", "disidente" y otras expresiones de descalificación a quien, haciendo uso de su derecho, simplemente, expresa su disconformidad con una idea, se comete abuso espiritual. Hay muchas formas de abusar espiritualmente.

Abuso espiritual, formas

"¿Hasta cuándo he de quejarme de la violencia sin que tú nos salves?" (Habacuc 1:2b).

Son muchas las formas de manipulación espiritual que configuran cuadros de abuso. Lamentablemente, hay conductas tan naturalizadas que terminan siendo parte del día a día de millones de cristianos que consideran que dichas conductas son naturales y honestas.

Cuando se utiliza la Biblia como garrote contra el creyente para crear culpa, vergüenza, invalidez emocional y temor, para que las personas acepten un determinado modo de actuar, sin oponerse y naturalizando la experiencia, se está ante un cuadro de abuso espiritual.

Cuando se les pide a las mujeres que se sometan a sus esposos, porque supuestamente la Biblia así lo ordena (lo que es falso), y si no lo aceptan, se las excluye, maltrata o moteja, se comete abuso espiritual. Lo cierto es que, de no mediar una intervención profesional, muchas mujeres siguen en dicho esquema tóxico creyendo que eso es normal.

Y podríamos seguir, porque las formas de abuso espiritual son, lamentablemente, muchas.

Las personas atrapadas en los ciclos de abuso espiritual les resulta muy difícil salir del abuso y reconocerlo. Salir, porque lo que más temen es el rechazo de quienes consideran sus "hermanos", y reconocer porque el abuso se naturaliza y se termina espiritualizando, cosa que los abusadores espirituales lo saben y son maestros en la manipulación.

Si Jesús viniera, volvería a decir las mismas palabras que dijo alguna vez a los abusadores espirituales de su tiempo: ¡Sepulcros blanqueados! ¡Generación de víboras!

Advertir sobre el abuso espiritual y evitar caer en él, ya sea como actor o como víctima, es una tarea de todos, porque Dios no acepta ni tolera ninguna forma de abuso, por muy espiritual que parezca.

Muchos necesitan leer la recomendación tajante de Pedro que dice claramente: "No sean tiranos con los que están a su cuidado, sino sean ejemplos para el rebaño" (1 Pedro 5:3). Consejo que muchas personas, simplemente, olvidan y no consideran como valedero.

Lecciones de la cucaracha

"Son como nubes de insectos" (Nahum 3:17).

Peter Drucker, el experto en liderazgo, escribió: "A los elefantes les cuesta mucho adaptarse, las cucarachas sobreviven a todo". En China y en otros lugares de Asia las comen, asadas y con sal. He visto algunos videos y no me hacen gracia, pero dicen que son muy nutritivas. Cuesta entenderlo, pero se ven feas, repugnantes incluso, pero, aunque cueste aceptarlo, son insectos extraordinarios.

Son del orden de la Blattodea (de allí la blattofobia, para quienes les temen). Se calcula que hay aproximadamente 4.600 especies y solo 30 están asociadas al hábitat del ser humano y 3 son consideradas plagas. Incluso las termitas son cucarachas.

Tienen una capacidad increíble de adaptación, sobreviven en casi todos los ambientes y comen casi cualquier cosa, de manera voraz, si es necesario. Por eso se están realizando estudios para ver si es posible utilizarlas para devorar la basura que producen los seres humanos.

Tienen una biomecánica en su cuerpo extraordinaria que les permite enfrentar toda clase de peligros y salir exitosas, como reducir su altura de 12 milímetros a 4 milímetros si es necesario. Su velocidad de desplazamiento es de 1,5 metros por segundo, proporcionalmente más rápidas que un guepardo o una gacela.

Pueden soportar 900 veces el peso de su cuerpo sin resultar lesionadas gracias a su caparazón flexible. Además, pueden resistir 10 veces la radiación que mataría a un ser humano. Después del desastre nuclear de Chernóbil, fueron una de las especies que siguió proliferando sin ningún problema.

Son prácticamente ciegas, utilizan sus antenas para detectar movimientos, temperatura y objetos, pero son foto fóbicas, por eso huyen de la luz y salen casi exclusivamente de noche. Suelen pasar la mayor parte de su existencia, al menos un 75% de ella, en alguna grieta, rincón o hueco.

Pueden sobrevivir hasta un mes sin agua gracias a la capacidad de su cuerpo para absorber la humedad del ambiente. En otras palabras, sobreviven adaptándose a cualquier medio donde se encuentren.

Mañana seguiremos analizando las lecciones de este insecto.

Extraordinario

"¡Ay del país donde resuena un zumbido de insectos;" (Isaías 18:1).

A las personas les parece que las cucarachas son repugnantes, pero después de comprender cómo funcionan, a mí me parecen fascinantes. La teoría de la evolución de Charles Darwin no propone, como dicen aquellos que nunca han leído El origen de las especies, que la existencia sea una lucha despiadada donde solo sobreviven los más fuertes. Eso es falso, Darwin nunca lo dijo. Lo que él postuló y la ciencia ha corroborado una y otra vez es que en la existencia sobreviven mejor aquellas especies que tienen mayor capacidad de adaptación. Los que no son capaces de adaptarse, simplemente desaparecen.

Probablemente, la mayor lección de la cucaracha sea: *su capacidad de adaptarse a los ambientes más hostiles sin amilanarse, simplemente porque quieren sobrevivir*. Pensando en lo fascinante de este insecto, pensé en algunas lecciones de la cucaracha:

-No te preocupes por tu aspecto, es lo menos importante. Lo que realmente cuenta es tu capacidad de seguir adelante, no por cómo te veas, sino por cómo te sientas. ¡Qué más da si a alguien no le gustas! Al final, lo que realmente cuenta es si lograrás continuar pese a todo. Los lindos y las lindas se confían tanto que al final, son los primeros en desaparecer.

-No temas las circunstancias. No siempre la vida será agradable, pero lo que marcará la diferencia con otras personas será tu capacidad de adaptarte a todo ambiente, incluso a los más hostiles. El secreto para sobrevivir está en ti, no en lo que te rodea.

-No siempre podrás comer todo lo que te gusta, pero come. Eso de hacerse el exquisito en momentos difíciles no sirve. Los que continúan viviendo son aquellos que no le hacen asco a la comida que sea, porque tienen en mente sobrevivir, aunque sea devorando frijoles todos los días porque no hay más.

-Huir no siempre es cobardía. Aquellos que se quedan a pelear con molinos de viento o intentar enfrentar dragones de fuego con pequeñas espadas que no sirven, son héroes, pero generalmente mueren, y un héroe muerto no sirve para nada más. Escapar para protegerse es, en muchos casos, la mejor defensa.

Recuerda que estas lecciones de la cucaracha nos enseñan sobre la capacidad de adaptación y supervivencia en situaciones difíciles. Mañana continuaremos analizando más lecciones de este insecto.

Otras lecciones de la cucaracha

"Todo insecto con alas será considerado impuro. No lo comeréis"
(Deuteronomio 14:19).

Hacerse el muerto, tampoco es mala idea. Muchas cucarachas se voltean sobre su caparazón para confundir a especies más grandes, pasan por muertas, y pasado el peligro continúan. A veces, no hacer ruido es la mejor estrategia, especialmente, cuando lo que tienes a tu lado son devoradores de bichos raros.

No temas ser el raro del grupo, no te olvides, que el que sobrevive es el último bicho que se mantiene en pie, no el que hace alarde de su belleza ni de sus capacidades, ni de sus bienes, ni del apellido de papá.

Vuela, repta, corre, trepa, haz lo que sea para continuar y no permitir que el depredador de turno te atrape, porque siempre hay trampas en el camino, pero los que triunfan son los que tienen la inteligencia de observar con cuidado y avanzar sorteando con inteligencia los peligros que siempre hay en el sendero.

No le temas a ambientes que no conozcas, las cucarachas hacen su hogar en la ranura menos promisoria o en el rincón más inesperado, lo importante es adaptarse, vivir, aprender a estar satisfecho consigo mismo, aunque vivas en el rincón más oscuro de tu entorno.

No des lecciones de moral, porque para eso están las grandes especies, que cuando viene el desastre son las primeras en desaparecer. Vive tu vida, de la mejor forma, sin aspavientos, que si alguien es inteligente aprenderá de ti y de otros, sin que tengas que usar un megáfono en su rostro para convencerlo.

Mira con cuidado, observa, adáptate, improvisa, porque lo que otros llaman basura, es en ocasiones un tesoro único para sobrevivir y seguir dando pasos acelerados para huir, y luego, quedarse en la zona que has elegido a descansar, mientras otros, pasan de largo, simplemente, porque no han visto los tesoros que tú sabes que están en todos los lugares, si te detienes a ver.

La próxima vez que veas a una cucaracha, aunque te cause repulsión piensa que, a la hora de la hora, ella sobrevivirá, mientras tú, probablemente, con tu cara de asco y repugnancia, caerás bajo el peso de las circunstancias, a menos que aprendas y te adaptes.

La gran contradicción

"¿Cómo entonces podré yo responderle? ¿Dónde hallar palabras para contradecirle?" (Job 9:14).

La extraordinaria escritora inglesa Virginia Woolf escribió: "No hay barrera, cerradura ni cerrojo que puedas imponer a la libertad de mi mente", defendiendo algo que a veces olvidamos.

Cuando estudiaba en la Universidad de Concepción, en Chile, tuve un problema de conciencia, si participar o no en una huelga que había paralizó las clases de la universidad por casi dos meses. No estaba de acuerdo con el objetivo de la huelga, podría haberme quedado en la casa, estudiando, pero elegí entrar a clases. El primer día, fui el único alumno, en una sala para casi 100 estudiantes. El profesor, que iba a leer y pasar el rato, me quedó mirando y me dijo:

—Te va a ir mal.

Conversamos, le di mis razones. Me dijo que era respetable, pero que mis compañeros no me entenderían.

Cuando salí de la clase había un grupo de unos 50 compañeros que comenzaron a gritarme de todo. Literalmente, me llevaron a la fuerza a la reunión que se estaba llevando a cabo en el foro y me obligaron, so pena de golpearme a que me explicara.

Un tanto titubeante dije:

—Ustedes dicen estar aquí para defender a las minorías que no pueden hacerlo, y yo soy parte de esa minoría, podría haberme quedado en la casa y vine, porque no comparto los objetivos de esta huelga y ustedes me están obligando.

Comenzó un abucheo y una gran cantidad de insultos, y de pronto se hizo paulatinamente silencio, porque apareció desde un costado el presidente de la Federación de estudiantes, que, además, era parte de mi facultad, y les dijo a todos:

—El compañero tiene razón. Si aquí estamos reclamando para que se respete la libertad, no podemos obligar a alguien a actuar en contra de su conciencia.

Me dio la mano y me invitó a retirarme. Salí en medio de una multitud, que iba abriéndome paso, y me miraban en silencio. Nunca olvidé el gesto de Alejandro, actualmente senador en Chile y se lo expresé en más de una oportunidad.

La libertad se defiende, sea quien sea el que la ejerza.

Libertad de expresión

"El SEÑOR es mi roca, mi amparo, mi libertador"
(2 Samuel 22:2).

Ayer hablaba de una experiencia que viví en la universidad, en un momento de inflexión donde tuve que dar cuenta de mi libertad de conciencia. A partir de ese día, no falté a ninguna clase, no tuve problemas, y, al contrario, comencé a compartir mis apuntes con mis compañeros, y se unieron a las clases dos compañeros evangélicos, que sentían lo mismo, pero no se habían atrevido, en otras palabras, imperó el respeto, por sobre la pasión y la intolerancia.

Nos gusta mucho hablar de libertad de expresión y de libertad de conciencia, no obstante, cuando aparece alguien que opina distinto o que tiene una conciencia diferente, solemos caer en la intolerancia, en el ninguneo y en múltiples actitudes que hablan de una contradicción interna, por decir lo menos.

Expresar una opinión es un derecho, expresada en la declaración de los derechos humanos, sin embargo, el derecho implica un deber, y ese consiste en respetar el derecho a opinar que tiene la otra persona.

Muchas personas creen que opinar consiste en aplastar al otro, cuando en realidad, esa es una forma sutil de ninguneo e intolerancia.

La filósofa y escritora francesa, Simone de Beauvoir, autora de ese extraordinario libro que es *El segundo sexo*, sostiene: "Que nada nos limite. Que nada nos defina. Que nada nos sujete. Que la libertad sea nuestra propia sustancia". Para que eso se logre, no debemos autolimitarnos, sino al contrario, ser capaces de expresar, sin temor, pero cuando alguien expresa su opinión y aparece un cargamontón simplemente, porque no le gusta dicha opinión, están negando, en la práctica, aquello que pretenden defender.

Religión y política, son dos temas de los cuales suele decirse que no son para conversar. De eso no se habla. Pero eso es una contradicción. Definitivamente, hay que conversar, y de todo, porque de otra forma, regresamos a la época donde la intolerancia era la tónica y no era posible expresar nada, especialmente, si no le satisfacía al que ostentaba el poder.

Tienes libertad de opinar, y el deber de respetar al otro.

OPINIÓN Y DISIDENCIA

"Cada uno debe estar firme en sus propias opiniones"
(Romanos 14:5).

Auto censurarse por temor a expresar una opinión que pueda moAuto censurarse por temor a expresar una opinión que pueda molestar a alguien, es simplemente, una manera poco sabia de vivir. No se puede tener coherencia interna si a la vez se hace autocensura. De una forma u otra, esa actitud tendrá efectos nocivos en la vida de quien calla lo que piensa.

Considerar enemigos a quienes opinan diferente, es simplemente, señal de intolerancia. Eso abunda, especialmente, en personas que no saben dialogar. Creer que alguien es una mala persona o poco inteligente, simplemente, porque tiene una idea diferente, es otra señal de intolerancia.

Es decir, la contradicción vital de quienes dicen respetar la libertad de expresión, siempre y cuando, coincida con su pensamiento, y eso, es otra expresión más de una intolerancia que se está instalando en la sociedad, de una manera, cada vez más alarmante.

Todo derecho supone un deber. La defensa del derecho de expresión supone el deber de respetar la opinión de otro, aun cuando no estemos de acuerdo, si eso no se produce, el resultado siempre es un ambiente de caos, intolerancia y falta de respeto.

Cuando viví esa experiencia en la Universidad de Concepción, como conté antes, aprendí que es posible estar en desacuerdo y a la vez, actuar con respeto. Espero que algún día algunos logren entenderlo.

Lo que es lamentable, es que, a nivel mundial, en todo orden incluyendo los ámbitos eclesiales y religiosos, la libertad de expresión, sobre todo de aquellas personas que expresan opiniones contrarias a los líderes de las denominaciones o estados, es reprimida, cancelada o limitada, corriendo riesgos de juicios, condenas o castigos, simplemente, porque en conciencia, algunas personas no están en condiciones de apoyar determinadas ideas.

Hace algunos días, le decía a alguien, en relación con una opinión sobre una denominación, cómo es que la libertad de expresión es limitada o anulada en función de la unidad o de cuestiones como la doctrina, es simplemente, enfatizar algo que es falso en esencia. Ser libre, es ser libre, sin coerción de ningún tipo.

Escatología sensacionalista

"Ya se acerca el fin de todas las cosas" (1 Pedro 4:7).

El sociólogo inglés Anthony Giddens escribió: "El miedo puede alcanzar fácilmente niveles desproporcionados en relación con los riesgos reales, mientras que situaciones de alto riesgo pueden ser asumidas con tranquilidad y sangre fría en ocasiones".

A lo largo de la historia, la escatología y el sensacionalismo, lamentablemente, han estado unidos en su mayoría. Esto se debe a los predicadores y teólogos oportunistas que han interpretado las catástrofes naturales, las enfermedades, los movimientos políticos y las situaciones difíciles como la "mano de Dios obrando".

El miedo suele ser un buen negocio para los teólogos manipuladores.

Por ejemplo, el famoso predicador bautista estadounidense John Piper, autor del libro *Coronavirus y Cristo*, afirma categóricamente: "El coronavirus fue enviado por Dios" (Piper, 2020, 41). No es sorprendente dada su postura calvinista y determinista. Sin embargo, esto pone a Dios en una posición difícil de defender, como un ser monstruoso que usa la enfermedad para obligar a la gente a buscarlo. Es una versión terriblemente equivocada de la zanahoria y el garrote. En otra parte de su libro afirma que "el coronavirus es una de las miles de formas en las que Dios nos llama al arrepentimiento" (Ibid., 77). ¿Qué clase de Dios monstruoso haría eso? ¿Dónde queda la libre elección? ¿Cómo podemos creer en un Dios justo y amoroso que al mismo tiempo mata y enferma?

Desearía que Piper fuera el único, pero desafortunadamente no lo es. La manipulación ha existido siempre, y bajo el argumento de la salvación y el arrepentimiento, muchos predicadores y teólogos oportunistas usan la Biblia como un arma ideológica para atormentar a la gente, olvidando que Dios nunca utilizó una metodología similar.

La Biblia dice que Dios es amor (1 Juan 4:8), por lo tanto, es la fuente de todo lo bueno (Santiago 1:17). Suponer que está detrás del dolor y el sufrimiento, en este caso de una enfermedad como el COVID, no solo es monstruoso, sino cruel.

Nunca un Dios de amor procuraría el mal para sus hijos, ni actuaría de una forma contraria a su esencia de amor.

Manipulador universal

"Ustedes son de su padre, el diablo, cuyos deseos quieren cumplir. Desde el principio éste ha sido un asesino, y no se mantiene en la verdad, porque no hay verdad en él. Cuando miente, expresa su propia naturaleza, porque es un mentiroso. ¡Es el padre de la mentira!" (Juan 8:44).

El enemigo de Dios es el origen de todo lo malo y el manipulador universal por excelencia (Génesis 3:4; Juan 8:44; 1 Juan 3:8). En otras palabras, es el mentiroso supremo, aquel que distorsiona todo lo bueno.

El salmista declara una verdad que a menudo los teólogos sensacionalistas y aquellos que usan la profecía como un arma ideológica pasan por alto: "El Señor es justo; él es mi Roca, y en él no hay injusticia" (Salmo 92:15).

Moisés también lo afirmaba de manera clara: "Él es la Roca, sus obras son perfectas, y todo lo que hace es justo. Dios es fiel, verdadero, digno de confianza y no actúa con maldad" (Deuteronomio 32:4).

Justo, fiel, benévolo, digno de confianza, así es Dios. No es la caricatura que los predicadores sin vergüenza presentan de manera irresponsable, solo con el propósito de ganar seguidores mediante el viejo y desgastado recurso del miedo y la manipulación. A lo largo de la historia, este recurso ha sido utilizado para obtener seguidores y formar grupos con una mentalidad escatológicamente enferma.

En el mundo contemporáneo, confluyen dos realidades que hacen posible la escatología sensacionalista.

Por un lado, lo que Bauman, Giddens y otros autores llaman la "globalización del miedo". Nunca fue tan fácil manipular a la gente, ya que nunca en la historia fue posible difundir rumores, noticias aterradoras y otros males de la manera en que hoy es posible.

En este contexto, los cristianos, que creen en un Dios bueno, misericordioso, justo y lleno de amor, deberían ser los promotores de un ambiente de confianza en lugar de miedo, un contexto de fe en lugar de temor. Y eso está relacionado con la idea que tenemos de Dios. Si pensamos en una divinidad castigadora y punitiva, nos resultará fácil creer en una escatología similar, porque esa es la visión que hemos construido. Por el contrario, si nuestra visión es de fe y esperanza, eso es lo que mostraremos.

Escatología

"Queridos hijos, ésta es la hora final" (1 Juan 2:18a).

Las noticias, de televisión cuyo esquema es utilizado en casi todo el mundo, es un patrón que enseñó en la década de 1950 el publicista de las comunicaciones, Vance Packard, es decir, comenzar los informativos con noticias alarmantes, que causen sensación, para obligar al espectador a quedarse frente al televisor hasta la llegada de la primera tanda de comerciales.

Nunca van a ver, en ningún canal de televisión, ya sea los de libre circulación o en los de internet, una noticia positiva o buena, al comienzo, sino al final, si es que lo llegan a pasar, yo suelo ver noticias a través de Euronews, un canal alemán, y siempre tienen al final los llamados "no comment", es decir, sin comentarios, donde se da cuenta de hechos extraordinarios que ocurren en todo el mundo, pero, bien lo saben, lo bueno no es noticia y lo que produce satisfacción no vende. El miedo, obviamente, vende más.

Por otro lado, tenemos la masificación de la ignorancia, es decir, las nuevas tecnologías han democratizado, entre otras cosas, la estulticia y la bobería. Como dice el semiólogo y lingüista Umberto Eco, en el último libro que escribió antes de morir: "El drama de Internet es que ha promocionado al tonto del pueblo al nivel de portador de la verdad".

En un discurso que Eco dio en la Universidad de Turín, dice: "El fenómeno de Twitter es por una parte positivo, pensemos en China o en Erdogan. Hay quien llega a sostener que Auschwitz no habría sido posible con Internet, porque la noticia se habría difundido viralmente. Pero por otra parte da derecho de palabra a legiones de imbéciles". Esto último lo secundo absolutamente. Cualquier crío o bobo con un teclado y conexión a internet se cree dueño de la verdad.

Todo esto es terreno fértil para la masificación a nivel global de una escatología sensacionalista, que no pretenden el estudio serio y honesto de la Biblia, sino provocar miedo por una parte y difundir medias verdades como si fueran certezas absolutas, siempre con un fin manipulador: Lograr conversiones (como si Dios necesitara esos artilugios); hacer que la gente se arrepienta (sin entender que el miedo es un mal persuasor, porque el arrepentimiento perdura hasta que pasa el miedo). Lo único saludable es creer en un Dios de amor que no manipula nunca.

Sin temor

"¡Sé fuerte y valiente! ¡No tengas miedo ni te desanimes!"
(1 Crónicas 22:13b).

Una de las expresiones más comunes de la Biblia es "no temas". El énfasis es llamar a la tranquilidad y la paz entendiendo que en Dios no hay nada que temer. No obstante, los seguidores del supuesto "dios" de la Biblia, atiborran a sus seguidores de temor y culpa. Es la mejor manera de atraer gente y mantenerlos ligados a grupos religiosos y denominaciones, a menudo, teniendo como líderes a personajes más parecidos a políticos profesionales que a representantes de Cristo.

Lo cierto, es que desde la Edad Media el miedo se instaló en las congregaciones cristianas como una manera de ser tradicional. Un enfoque, que sin duda da réditos de crecimiento y permanencia en los cargos eclesiásticos.

Lo único cierto, en el contexto de los objetivos que la Biblia traza para el cristianismo, es que si como seguidores de Cristo, dejamos de darle tribuna a predicadores y teólogos sensacionalistas, obviamente, se quedarán sin su fuente de entradas millonarias y del poder casi total, pero ganaremos en paz, en sobriedad, en confianza en un Dios de amor y en entender, que nunca Dios ha necesitado el sufrimiento ni el temor como medio persuasivo.

El sociólogo Zigmunt Bauman, en su libro *Miedo líquido* señala que "el miedo es más temible cuando es difuso, disperso, poco claro; cuando flota libre, sin vínculos, sin anclas, sin hogar ni causa nítidos; cuando nos ronda sin ton ni son; cuando la amenaza que deberíamos temer puede ser entrevista en todas partes, pero resulta imposible de ver en ningún lugar concreto" (Bauman, 2011, 10). Es precisamente de esta confusión y caos que se aprovechan los predicadores sensacionalistas para realizar llamados a la "obediencia" a seguir "las profecías", y a someterse a la "iglesia" (entendida como una denominación).

En dicho ambiente es posible encontrar a individuos inescrupulosos que se sirven del poder simbólico que crea la religión, para obtener réditos económicos y sociales a costa del miedo de la gente.

El antídoto contra ese miedo irracional es la fe, pero no en estructuras religiosas sino en el Dios que no cambia y permanece siempre fiel a sí mismo y a su esencia de amor.

El deporte de ningunear

"No hagan nada por orgullo o solo por pelear. Al contrario, hagan todo con humildad, y vean a los demás como mejores a ustedes mismos" (Filipenses 2:3 TLA).

Según el *Diccionario de la Real Lengua Española*, "ningunear" es un verbo transitivo que tiene dos connotaciones: 1. Menospreciar a una persona. 2. No hacerle caso o no tomarla en consideración. La primera definición supone un acto activo de desprecio, el segundo, consiste en un acto pasivo de ignorar. En ambos casos, estamos ante una conducta que mira con desdén a otro individuo.

La tendencia del que ningunea es ponerse a sí mismo en un pedestal donde se juntan orgullo, vanidad, conciencia de ser parte de una casta superior, tener poder (de cualquier tipo), etc., en el fondo, es una posición subjetiva, porque la situación puede cambiar en cualquier momento.

A lo largo de mi vida he sido ninguneado muchas veces, casi siempre por personas que suponían que su situación, subjetivamente temporal, les daba el poder para hacerlo.

Ningunear es el deporte de quienes creen que pueden hacerlo, a veces, de manera abierta y otras veces, de forma solapada. El supuesto que hay detrás es creer que alguien tiene conocimientos, situación social, poder económico o familiar, que le permite tratar a otra persona como inferior.

Octavio Paz, el premio Nobel mexicano, escribió: "Ningunear es un término coloquial que se utiliza en el lenguaje castellano, para hacer referencia a aquel acto de ignorar o anular la presencia de otra persona, como una especie de desprecio, ningunear proviene de la palabra 'ninguno' que significa también 'nada'. Ningunear es actuar como si no hubiera nadie, como si el espacio estuviera ocupado por ninguno. Esta actitud es común cuando dos personas discuten o se enfrentan y una de ellas (o ambas) resuelven actuar de manera indiferente hacia la otra y simular su no existencia cuando se encuentran". Esa es una acepción.

Un cristiano que ningunea, es decir, que menosprecia, menoscaba, mira en menos, o hace cualquier cosa para disminuir a otro, está actuando de manera contraria a los ideales de Cristo que vino a darnos a todos el ministerio de la reconciliación, que implica, ciertamente, no maltratar a nadie de ningún modo.

Desprecio al otro

"No me trataron con desprecio ni desdén" (Gálatas 4:14).

Octavio Paz, autor mexicano, ganador del premio Nobel señala: "El ningunéo es específicamente planeado y llevado a cabo por una persona contra otra, y supone siempre un cierto dejo de menosprecio o desprecio hacia la otra persona, porque se busca hacerle saber que no existe, por algún conflicto o resentimiento que existe entre ellos. No es lo mismo, entonces, no notar a una persona de manera accidental quizás por haber muchas otras personas en el mismo lugar, que notar a la persona, pero actuar de manera deliberada como si no estuviera allí para tratar de faltar el respeto".

Eso se puede hacer de muchas formas, con mensajes sutilmente descalificadores, con ignorar el argumento de otro, con menoscabar la línea argumentativa del otro, con sostener que el otro no tiene la capacitación objetiva o subjetiva para argumentar, etc.

También cuando alguien menoscaba a partir de los privilegios que tiene, familia, posición, educación, dinero, lo que suponga un paso delante de otra persona.

Cuando se ninguneá, se pierde la capacidad de diálogo, de reflexión, de análisis y de buscar la forma de acercamiento.

Otra forma de ninguneár es restarle valor a los logros, conocimientos, esfuerzos o calificaciones de alguien. Se hace por resentimiento, por envidia, por miedo, y por razones confusas.

Lamentablemente, ese es el modus operandi de muchísima gente.

Pablo hablaba de actuar con humildad, sin orgullo, ni vanidad, lo lastimoso es que muchos cristianos, aun conociendo dicho planteo del apóstol, hacen todo lo contrario, luego se ufanan de sus ofensas, ninguneos, y desprecios... mientras dicen alabar y honrar el nombre de Dios... ¿no les parece extraño? A mí por lo menos, me suena a disonancia cognitiva, por decirlo, de manera elegante.

Un cristiano cabal, es decir, una persona honesta, coherente, transparente, y que vive conforme a valores, principios y una ética no consuetudinaria, no tiene doble vida, ni obra de una forma en que menosprecie y mire en menos a otros. Al contrario, entiende que todos los seres humanos son dignos de valor.

Argumentos

"¡Al daño se añade la injuria! ¡Al que está por caer, hay que empujarlo!" (Job 12:5).

Jean Jaques Rousseau, el filósofo francés famoso por el llamado "contrato social", señala que: "Las injurias son los argumentos de los que no tienen razón". Definitivamente, es la manera de actuar de aquellos que dejaron de razonar y presentar argumentos coherentes.

Las redes sociales son un lugar de encuentro, pero también la cancha en la que juegan personas que no tienen posibilidades de mostrarse de otra forma y que eligen convertirse en "trols", alusión a esos seres de la literatura fantástica que habitan los bosques o bajo tierra y que representan las fuerzas negativas de la naturaleza. Con ese nombre se conoce a quienes solo comentan con el fin de provocar, de incendiar los posts y provocar reacciones, sin otro propósito que hacerse notar. Atrás quedó la época de la argumentación mesurada, sana, amigable, donde, en torno a un café se podía conversar sin tener que llegar a las manos ni molestarse porque alguien tuviera una opinión divergente.

En mi caso, elegí las redes, simplemente, porque quiero estar donde está la gente, para poder transmitir las ideas que son parte de mi formación. No obstante, cuando alguien sale con un argumento o con una posición que se distancia de las ideas que son parte de nuestra zona de confort, muchos recurren a la descalificación, al ninguneo, al insulto, a la injuria, a la maledicencia, a la mentira, a la difamación y a otros vicios de la comunicación que no sirven para poder tener lo que la razón exige: diálogo, mesura, calma, respeto al otro, argumentos racionales, escuchar, intercambiar ideas, etc., todo lo que constituye la esencia de la racionalidad.

Cuando manifesté mi oposición a la discriminación de la mujer en la iglesia, sosteniendo que oponerse a la ordenación de la mujer no solo es un contrasentido si se cree en Jesús, sino que además introduce una casta dentro de la comunidad cristiana, donde algunos por nacer con gónadas se consideran "elegidos" y "superiores", y para afirmarlo cualquier argumento vale, especialmente el texto prueba que implica sacar frases fuera de contexto. Resultado, comenzaron injurias, mentiras, ninguneos, y algunos que antes me hablaban se alejaron como si tuviera lepra.

Las contradicciones

"Oye tú desde el cielo su oración y su súplica, y defiende su causa"
(2 Crónicas 6:35).

Cuando sostuve que la oración intercesora no tiene base bíblica, que es un resabio de una idea que surgió en la Edad Media y que sostenerla y afirmarla es introducir un concepto que la misma Reforma refutó, simplemente, algunos se ofendieron. De hecho, en un grupo social en el que estaba, le pedí a algunos pastores que me dieran sus argumentos para discutirlos de manera serena, sin otro afán que conocer la verdad. Resultado, todos esos pastores abandonaron el grupo.

Cuando escribí que Pinochet es nefasto para la historia de Chile, que, aunque realizó cosas muy buenas como introducir un modelo económico que trajo prosperidad a Chile, el costo fue muy alto, y las vidas que se perdieron, algo que no podrá ser reparado nunca, aunque los culpables sean puestos en la cárcel de por vida, lo hecho ya está, y no hay forma de recuperar las vidas perdidas y dañadas ni el quiebre que se introdujo en la sociedad chilena que dura hasta hoy. Resultado, algunos "amigos" dejaron de hablarme, hasta hoy.

Cuando escribí sobre Samuel Luis, el joven brasileño español asesinado de manera cobarde y ruin por su condición de homosexual, algo que había escrito de manera similar sobre el joven Zamudio en Chile, recibí insultos homófobos irreproducibles. Lo más suave fue "gayfriend", simplemente por entender que nadie tiene derecho a juzgar a otra persona por su condición sexual ni caer en la intolerancia ni la violencia por lo mismo. Eso es salvajismo en su máxima expresión.

Cuando escribí sobre los vicios de la economía de mercado y que el modelo que tenemos es nefasto para la gente, porque en general hace crecer el estado, el gasto fiscal, y empobrece a la mayoría y enriquece solo a unos pocos, alguien quiso darme lecciones de economía tratándome como un ignorante, aun cuando leo mucho sobre el tema, me he aficionado a los libros de Axel Kaiser y otros autores contemporáneos que hacen fácil lo difícil en temas de economía. Pero no, un teólogo, filósofo, educador y terapeuta no puede estar enterado de economía. Un ningúneo sutil y ofensivo.

Lo complejo de todo eso es que la mayoría de los que expresan esos conceptos son cristianos, sin argumentos valederos.

Las diferencias

"Si reconocemos nuestros pecados, fiel y justo es él para perdonarnos los pecados y purificarnos de toda injusticia" (1 Juan 1:9).

Ayer mencionamos algunas de las contradicciones de quienes afirman creer, pero a la vez, no toleran a quienes sostienen ideas diferentes. Algunos ejemplos más.

Cuando hablé sobre el nazismo y el fascismo, desde la filosofía política, sosteniendo que son grupos totalitarios que no se diferencian del comunismo ni del socialismo, porque al final, tienen los mismos objetivos totalitarios, me ningunearon, olvidándose que estudié filosofía y que en filosofía política tuve a maestros de primera línea, sin embargo, el prejuicio puede más que la razón, y obviamente, es más fácil negarse a la evidencia.

Hablé de la necesidad de elegir entre dos opciones que son contrapuestas, donde un candidato me parece más mesurado y racional que el otro, que lo considero un títere al servicio de una filosofía política extrema, recibí insultos, ningüneos, palabrotas irreproducibles que borré, y otros que me escribieron en privado para denostarme. Al parecer, no es posible que a alguien le parezca algo distinto a la opinión del otro. ¿Desde cuándo la opinión contraria debe ser satanizada? ¿Desde cuándo opinar distinto me convierte en enemigo?

Vivimos en la época de la posverdad, donde la verdad no importa, más que la mera opinión. A alguien le dije que tengo tres licenciaturas, tres maestrías, un doctorado, y estoy cursando a la par otras dos maestrías, y su reacción fue: Yo no he estudiado nada, pero sé más... ¡Claro! La respuesta habitual de la posverdad, de la época de la verdad líquida, al decir, de Bauman. De la época donde lo único que interesa es opinar, no conocer, ni reflexionar, ni entender, y todos aquellos que tenemos las agallas de defender nuestros puntos de vista, o al menos, de exponerlos, somos tratados como individuos que no merecen existir.

No comparto la filosofía de Arthur Schopenhauer, pero algunas de sus frases incendiarias me parecen con sentido como esa donde dice que "lo que más odia el rebaño es aquel que piensa de modo distinto, no es tanto la opinión en si, como la osadía de querer pensar por sí mismo, algo que ellos no saben hacer".

Ser cristiano supone tener una opinión basada en la Escritura, y eso, siempre genera enemigos y radicales que se oponen.

Dueños de la verdad

"Sólo el de conducta intachable, que practica la justicia y de corazón dice la verdad" (Salmo 15:2).

Garcilaso de la Vega decía: "Quien insulta pone de manifiesto que carece de argumentos", y eso es cada vez más cierto. Se cae en lo que en lógica se llama Argumento ad hominem, es decir, no analizar el argumento, sino atacar a la persona, la salida fácil de quien no sabe argumentar.

Nadie es dueño de la verdad, pero, la certeza que tenemos merece ser expuesta y escuchada, y al menos, refutada con argumentos lógicos, razonables y ponderados. Nunca me ha molestado que alguien critique lo que escribo, siempre y cuando lo que utilice sean argumentos no ninguneos, frases descalificadoras o expresiones injuriantes, cuando eso sucede, no hay posibilidad de ningún diálogo, algo que cada vez sucede menos, porque a lo que nos hemos acostumbrado es a simplemente, no permitir el diálogo con nuestra incapacidad de analizar con honestidad el pensamiento del otro.

Como diría ese extraordinario dramaturgo francés rumano Eugene Ionesco: "Pensar contra la corriente del tiempo es heroico; decirlo, una locura", probablemente, estoy loco por pensar fuera del rebaño o contra corriente.

Debe ser que estoy viviendo un mundo diferente, y ya no se nos permite a los intelectuales la expresión honesta de nuestro pensamiento, y debemos atenernos, únicamente a la opinión, la mera "doxa" como lo llamaba Platón, en contraposición al "logos", el saber, la ciencia y la razón.

Un cristiano, al menos alguien que dice seguir a Jesucristo, no puede contentarse con respuestas a medias. Jesús, cuyo nombre verdadero era Enmanuel, "Dios con nosotros", ya a los 12 años era capaz de argumentar con los sabios de su tiempo, y al mismo nivel, eso, porque se crió en un ambiente donde el pensar no estaba vedado y se permitía la libre expresión.

Vivimos una época extraña. Cada vez con más información. Nunca estuvo el conocimiento al alcance de tantos seres humanos, pero a la vez, nunca tuvimos tanto radicalismo, grupos sectarios y fanatismo por doquier. Pareciera que conocer no es algo suficiente, y muchos ven con sospecha y perspicacia a quienes se atreven a estudiar, cuestionar e indagar. Triste época.

UNA PERSONA VALIENTE PIDE AYUDA

"Por tanto, acerquémonos con confianza al trono de la gracia para que recibamos misericordia, y hallemos gracia para la ayuda oportuna" (Hebreos 4:16).

"Hay que ser muy valiente para pedir ayuda, pero hay que ser todavía más valiente para aceptarla" (Almudena Grande). Una cosa que no deja de sorprenderme en terapia es la cantidad enorme de personas que se niegan a pedir ayuda, especialmente varones. Los machos recios creen que pedir ayuda es para "débiles", cuando en realidad es todo lo contrario. Se necesita mucha fuerza de voluntad y una gran valentía para admitir que no se tienen todas las respuestas y es necesario buscar a alguien que nos ayude con herramientas para salir adelante.

Se ha creado una cultura de la indefensión, el sospechar que quien pide ayuda, lo hace sobre la base de la impotencia. La realidad es otra. Los que no piden ayuda, son las personas que tienen conflictos y cobardía para admitir que necesitan de otro ser humano. Esto es fundamentalmente verdad, en el caso de la salud mental, que es el territorio al que más temen los que no piden ayuda. Como no quieren tener que admitir que algo no funciona correctamente, se esconden detrás de frases como: "El tiempo dirá" (lo que nunca pasa); "ya lo resolveré" (una esperanza infantil); "nadie debe meterse en mi cabeza" (algo pueril, considerando que en salud mental se avanza tanto como el individuo permite); "mi psicólogo es Jesús" (¡qué mal psicólogo es Jesús que no los sana nunca); etc.

Lo frustrante es que el no pedir ayuda aplaza la solución, y las personas van creando hábitos que luego les impiden avanzar más rápido en la búsqueda de soluciones para los problemas que les aquejan. Un varón o mujer cobardes no piden ayuda, simplemente, porque tienen miedo de exponerse a sus debilidades y de tener que tomar decisiones, que duras o difíciles, se tornarán en una mejor calidad de vida y en libertad. Sin embargo, deberían ser conscientes de que aceptar la ayuda de los demás requiere un gran valor y madurez personal. Superar los estereotipos de género y el orgullo excesivo es el primer paso hacia la solución de sus problemas y el bienestar emocional. Pedir ayuda demuestra inteligencia emocional y la capacidad de reconocer las propias limitaciones. Sólo así las personas podrán enfrentar sus conflictos de manera sana y resolverlos de raíz para conseguir una vida plena y satisfactoria.

Ascendiendo hacia la luz

"Pedid, y se os dará; buscad, y hallaréis; llamad, y se os abrirá"
(Mateo 7:7).

Hace años, viví un vuelo de Bogotá a Buenos Aires que se convirtió en una metáfora de superación personal. Durante el trayecto, una tormenta intensa nos sorprendió, generando nerviosismo entre los pasajeros. Las turbulencias sacudieron el avión, pero el piloto nos tranquilizó:

"No se preocupen, los aviones resisten el doble de estas turbulencias".

Aunque sus palabras reconfortaron, las preocupaciones persistieron. Sin embargo, el piloto nos sorprendió nuevamente:

"Prepárense para un espectáculo. Ascenderemos y serán testigos de la luz más brillante que jamás hayan visto".

En medio de la turbulencia y el miedo, apenas podíamos prestar atención. Observé a la señora a mi lado, quien aferraba mi brazo con fuerza. No me atreví a decirle nada, ya que estaba aterrada.

El avión se elevó y, en menos de cinco minutos, mientras atravesábamos la tormenta, apareció una luz resplandeciente en el firmamento. La calma nos invadió y los pasajeros, incluyéndome, comenzamos a aplaudir, aliviados de que finalmente soltara mi brazo. Volamos durante un par de horas sobre las nubes, maravillados al saber que debajo de esa masa tormentosa se encontraba la tempestad, mientras nosotros estábamos por encima de ella.

Esta historia es una poderosa metáfora de lo que ocurre al buscar ayuda. Al principio, el miedo, la turbulencia emocional y la vulnerabilidad nos invaden. Sin embargo, al comprender nuestras luchas emocionales, la luz brilla gradualmente. De repente, nos envuelve una luz reconfortante y una calma que nos acompaña en el resto del camino. Pero para alcanzar ese estado, debemos atravesar la tormenta; de lo contrario, nunca lo lograremos.

Enfrentar nuestras tormentas requiere valentía. Los cobardes se quedan atrapados en la tormenta por falta de coraje para ascender a través de relámpagos, turbulencias y miedo, y encontrar la luz y la tranquilidad. La respuesta reside en nuestra decisión, ni más ni menos.

INTEGRIDAD

"Si alguno se cree religioso entre vosotros, y no refrena su lengua, sino que engaña su corazón, la religión del tal es vana" (Santiago 1:26).

En estos tiempos cargados de incertidumbre y confusión, es importante reconectarnos con nuestro interior para abrazar la verdad y vivir de acuerdo con nuestros principios más nobles. Debemos ser guardianes firmes de nuestra integridad y no dejarnos influenciar por aquellos que intentan confundirnos con mentiras o medias verdades.

Es cierto que hoy en día estamos bombardeados de información desde todos los frentes. Políticos, periodistas e incluso vecinos, escudados en redes sociales, sueltan a diario una sopa de relatos sesgados diseñados más para manipular que para orientarnos. Como resultado, grandes sectores de la población transitan cada día más desorientados, difuminando los límites entre lo cierto y lo falso.

Sin embargo, en medio de tanta ambigüedad informativa, aún podemos encontrar certezas si nos atrevemos a preguntar a nuestra conciencia. Solo recurriendo a nuestro propio juicio interno podremos discernir entre discursos e identificar lo que realmente importa. Debemos honrar nuestra capacidad única de pensar con claridad y ejercer nuestro derecho a informarnos por nosotros mismos.

Si bien es cierto que existen múltiples voces tratando de influirnos, depende de cada uno de nosotros el seguirlas o no. Nuestra conciencia debe ser la guía ante cualquier discurso, provenga de donde provenga. Solo escuchando nuestro interior podremos tomar decisiones acordes a nuestros valores y construir entre todos una sociedad basada en la verdad y la honestidad.

El futuro es incierto, pero depende de nosotros que prevalezca la verdad. Cada acción sincera en pos de la claridad mental fortalece la esperanza. Sigamos confiando en nosotros mismos para no quedarnos atrapados en engaños ajenos. Con valentía y humildad caminemos juntos hacia la luz de la integridad. Solo así lograremos días de fraternidad donde impere, por encima de cualquier discurso, el imperio de la conciencia recta y el bien común.

No caer en extremismos

"Si es posible, en cuanto dependa de vosotros, estad en paz con todos los hombres" (Romanos 12:18).

En primer lugar, es preciso no creer nada hasta averiguar por nosotros mismos la verdad. Tenemos herramientas suficientes para investigar y el idioma no es excusa, ya que los traductores automáticos nos permiten leer cualquier cosa en Internet. En mi caso, leo diarios de Japón, Rusia, Alemania y otros países, utilizando los traductores automáticos cada vez más eficientes.

Sin embargo, al buscar la verdad por nuestra cuenta, también debemos tener cuidado de no caer en posturas extremas. Si bien es importante analizar diferentes puntos de vista, incluso aquellos contrarios a los nuestros, es clave evitar polarizaciones y mantener la mente abierta. Solo de este modo podremos acercarnos a una comprensión más objetiva y equilibrada de cada tema.

En segundo lugar, sigamos el consejo de Sócrates, quien solía decir: "Solo sé que nada sé". En otras palabras, vivía en constante búsqueda de la verdad, sin detenerse en banalidades o frases de circunstancia. No por nada lo apodaban el tábano, porque molestaba hasta que se descubría la verdad. Así como él, debemos esforzarnos por mejorar nuestro entendimiento desde un enfoque humilde, reconociendo que aún queda mucho por aprender y que la realidad suele ser compleja, con múltiples matices.

En tercer lugar, debemos abandonar la falacia *ad verecundiam*, es decir, suponer que alguien tiene la verdad solo por estar investido de alguna autoridad. Frases absurdas como "lo dijo mi pastor", "lo escuché del presidente", "me lo contó el profesor", "lo leí en el diario tal, que tiene prestigio", y expresiones similares, solo indican la incapacidad de pensar por nosotros mismos.

En cuarto lugar, debemos desarrollar un juicio crítico y aprender a dudar. ¡Sí, dudar! Un profesor que tuve en uno de los posgrados que realicé, y que me repulsa solo pensar en él, solía decir: "Dudar es satánico, hay que aceptar lo que te dicen porque otros más preparados que tú lo dicen". Evidentemente, en su narcisismo crónico alimentado por un supuesto llamado pastoral, creía que él era "LA" autoridad. Ninguna persona o institución debe pretender monopolizar la verdad. Debemos cultivar un sano escepticismo para no caer en extremismos, al mismo tiempo que nos esforzamos por alcanzar un mayor entendimiento.

Verdad y esperanza

"Porque yo sé muy bien los planes que tengo para ustedes —afirma el Señor—, planes de bienestar y no de calamidad, a fin de darles un futuro y una esperanza" (Jeremías 29:11).

Joseph Goebbels, esa mente brillante, al servicio funesto del nazismo solía decir: "Miente, miente, sigue mintiendo, la gente, tarde o temprano creerá que lo que dices es verdad". Sus acólitos de hoy lo saben bien, y siguen su consejo al pie de la letra. Creer que el fascismo es un movimiento de derecha, es no entender que los fascismos fueron creados por la izquierda política (Mussolini y Hitler eran socialistas). Creer que todo se soluciona con subsidios, es no entender que lo único que se logra, finalmente, es apatía y desincentivo al esfuerzo personal (los países más subsidiadores, son los más pobres del mundo Cuba y Venezuela, solo son la punta del iceberg).

Creer que todo pasa por controlar la banca, es ingenuidad de niños, ya que hay otros valores en juego que se deben enseñar de otro modo todo se viene abajo. Creer que la corrupción es solo de gobiernos de derecha, es no entender nada ni leer historia (basta solo un vistazo a la historia contemporánea para darse cuenta de que esa afirmación no resiste un análisis serio). La verdad no es prerrogativa de nadie, los seres humanos deben aprender a desconfiar de quienes le dicen "nosotros te diremos qué es correcto", eso anula la libertad personal y tu propia capacidad de pensar.

Vivimos en una época donde la información falsa y las mentiras están a la orden del día. Sin embargo, hay esperanza. Si nos tomamos el tiempo de investigar por nosotros mismos, de pensar críticamente y de verificar los hechos, podemos distinguir la verdad de la mentira. Cuando nos unimos por la verdad en lugar de separarnos por las divisiones, podemos construir un futuro mejor. En lugar de creer ciegamente en cualquier cosa que escuchemos, debemos cultivar el valor intelectual y la curiosidad de buscar siempre la verdad.

Juntos podemos vencer la marea de la desinformación a través del poder de la verdad y la unidad. Debemos ser precavidos ante aquellos que propalan mentiras y medias verdades para sus propios fines políticos. Solo fomentando el espíritu crítico en la ciudadanía y promoviendo los valores de la razón y la evidencia lograremos construir una sociedad basada en los hechos reales.

Deja de mentirte

"Nadie se engañe a sí mismo. Si alguno de vosotros se cree sabio según este mundo, hágase necio a fin de llegar a ser sabio"
(1 Corintios 3:18).

El autoengaño es una de las peores cosas que una persona puede hacerse a sí misma. Diariamente conozco personas que se engañan de diferentes formas, tratando de justificar situaciones insatisfactorias en sus vidas inventando excusas. Se dicen que no pueden cambiar de trabajo porque les resultaría demasiado difícil empezar de nuevo en otro lugar, a pesar de que llevan años infelices en el mismo.

También se engañan pensando que su pareja realmente los ama, a pesar de evidencia de lo contrario, como el hecho de serle infiel, porque es más cómodo aceptar mentiras antes que enfrentar la verdad. O piensan que su familia disfuncional siempre ha sido así y no pueden hacer nada al respecto para cambiarla, aunque los dañe emocionalmente.

Utilizan excusas como la fatalidad del destino, su familia de origen, o convencerse de no ser lo suficientemente buenos o inteligentes para justificar el rechazo que reciben o los fracasos que experimentan. Sin embargo, los seres humanos somos los únicos capaces de autoengañarnos de esta manera tan destructiva.

La razón por sí sola no basta para controlar nuestras emociones de forma saludable ni para asumir la responsabilidad sobre nuestras propias vidas. En lugar de inventar excusas externas, deberíamos darnos cuenta de que nadie nos maltrata por ser defectuosos, sino más bien porque no hemos tenido el coraje y la voluntad de poner límites claros y alejarnos definitivamente de relaciones y contextos que sabemos que nos hacen daño.

La verdad es que estamos donde estamos y con lo que tenemos solo porque no hemos querido asumir el esfuerzo y el riesgo que conlleva cambiar las circunstancias. Debemos dejar de buscar culpas fuera y comenzar a vivir plenamente en lugar de solo sobrevivir. Somos los únicos responsables y arquitectos de nuestro destino, no meras víctimas de fuerzas que nos dominan. El autoengaño solo puede conducirnos a mayor infelicidad y frustración si no decidimos vivir con honestidad.

Cada minuto cuenta

"Todo tiene su momento oportuno; hay un tiempo para todo lo que se hace bajo el cielo" (Eclesiastés 3:1).

Sé que parece un cuento, pero detesto dormir. Entiendo que es necesario, pero me gusta estar consciente, disfruto cada minuto. Por esa razón, no entiendo a quienes creen que disfrutar es dormir, cuando en realidad se están perdiendo de vivir. Sigo siendo como un niño en eso. Mi nieta Vale y mi nieto Gio se resisten a dormir, hacen todo por no cerrar los ojos, ceden solo cuando el cansancio es superior. Los niños entienden que cada minuto cuenta.

Tanto por ver, leer y descubrir. Para quienes amamos la vida, cada instante es un espectáculo. La vida se compone de momentos que sumados configuran una existencia. Sólo espero no cansarme nunca de vivir.

Me encanta leer. Cada libro libera mi mente. En cada frase hay vida, porque solo los humanos dejamos huellas en letras. Los segundos son las letras del libro de mi vida, que se escribe momento a momento. No quiero que ese libro se acabe nunca.

Vivir no es dormir, es disfrutar cada instante como si fuera el último. Como dijo Jonathan Swift, "¡Ojalá vivas todos los días de tu vida!". Respirar y ocupar espacio no es vivir, es sobrevivir. Vivir es disfrutar cada momento con ansiedad, como el último trago. Es absorber todo lo que la vida tiene para ofrecer.

Me pregunto si algunos que conozco viven de verdad, porque andan como zombis, sintiendo, pero sin disfrutar los instantes que se van. Parecen no valorar el milagro de la existencia. Lo único realmente importante es vivir, gozar cada momento. Saborear lo bueno y lo malo, porque todo es parte.

Cuando me preguntan cómo estoy, siempre contesto "¡Vivo!". La gente se ríe, algunos condescendientes, otros captan la ironía. Porque estar es estar vivo. El día que no lo esté, simplemente no estaré. Así que deja de quejarte y disfruta, porque estás vivo. A los muertos no les duele nada. No postergues la felicidad.

A veces siento que he vivido intensamente, otras en cambio los días pasan grises, pero nunca pierdo la esperanza de que lo mejor está por llegar. Cada mañana abro los ojos con ilusión, como un niño esperando un regalo. La vida es el mejor regalo, y se nos da cada día. Vivir plenamente es celebrar ese regalo, y compartirlo con otros.

Edad dorada

"Delante de las canas te levantarás, y honrarás el rostro del anciano, y de tu Dios tendrás temor" (Levítico 19:32).

Por primera vez, me di cuenta de que me consideran parte de la "edad dorada". Al ir a pagar por mi billete de regreso, el amable empleado me informó que, debido a mi año de nacimiento, tenía derecho a obtener una TARJETA DORADA, que me otorgaría un descuento del 50% en mis viajes. Esta revelación me generó emociones mixtas: por un lado, me resultó difícil aceptar que me consideraran una persona de la tercera edad, pero por otro, me alegró saber que ahora tendría ventajas al acceder a cines, trenes, hoteles, museos, y más, como una persona mayor de 60 años.

Después de resolver el asunto del billete, fui a almorzar al restaurante de la estación. Aunque el menú no cumplió con nuestras expectativas, logramos saciar nuestra hambre. Mientras esperaba en la fila detrás de una anciana de unos 80 años que usaba un andador y tenía una férula en la pierna, presencié un desafortunado encuentro entre ella y una joven empleada del mostrador. La empleada, de manera brusca, le recordó a la anciana que el postre estaba incluido en el menú, pero la anciana le explicó amablemente que no podía caminar para ir a buscarlo. La joven, visiblemente molesta, le dio opciones gritando desde el área de los postres. La anciana eligió su postre, pero al pagar, le pidió con amabilidad a la empleada que le llevara la bandeja a su mesa, ya que no podía llevarla junto con su andador. Sin embargo, la empleada se negó y le dijo que había otras personas esperando.

En ese momento, decidí intervenir. Le dije a la empleada que podía esperar y le llevé la bandeja a la anciana. Ella me agradeció con lágrimas en los ojos y me dijo que le había alegrado el día. Sentí la tentación de decirle algo a la empleada, pero luego pensé que sería inútil. Pagué mi comida, regresé a mi mesa y compartí la experiencia con mi esposa, reflexionando sobre el hecho de que ahora formaba parte de la tercera edad, la "edad dorada". ¡Con cuanta facilidad los jóvenes se olvidan de que ellos alguna vez necesitarán la ayuda de otras personas! Todos, a menos que medie la muerte, llegaremos a ancianos y necesitaremos la mano amable de alguien que nos recuerde que, pese a todo, seguimos siendo humanos.

Respeto

"Corona de honra es la vejez Que se halla en el camino de justicia"
(Proverbios 16:31).

Antes de comenzar a escribir esta nota, conversé con mi madre, quien está a punto de cumplir 92 años. Siempre trato de hacerla reír, aunque a ella la risa le sale de forma natural. Hablo con ella casi todos los días. Pronto se marchará, ya está en la etapa de las despedidas. Mis hermanos y yo renovamos su habitación y construimos un baño adaptado para ella. Estábamos muy contentos al ver lo feliz que se siente en su nuevo espacio.

Mi madre es una anciana, pero no siempre lo fue. No me gustaría que alguien la tratara de manera irrespetuosa como conté ayer. A los 25 años, algunas personas creen ser dueñas del mundo sin saber que en realidad no somos dueños de nada.

Después de hablar con mi madre, mi nieto de 8 años nos envió un mensaje de WhatsApp desde el teléfono de mi hija, diciendo: "Quiero desearles buenas noches, ¿me pueden llamar?". Así que, con alegría en el corazón, mi esposa y yo conversamos con Vale y Gio, de 5 y 8 años respectivamente. El inicio de la vida. Me alegra que mi hija y su esposo les estén enseñando el respeto hacia la edad y los abuelos. El día terminó como debe ser, con la felicidad de saber que nuestros seres queridos nos aman y con la sonrisa de mi nieta contándonos su día en el parque.

La vida avanza inexorablemente, sin que podamos evitarlo. Cada día que pasa es un día menos. Cada momento vivido nos acerca un poco más a la muerte. No existe la vida comprada ni la existencia sin fin. Todos tenemos una fecha de caducidad. Es lamentable que algunos no lo entiendan y maltraten a las personas mayores con actitudes y gestos irrespetuosos, cuando su único pecado es haber vivido más.

Los ancianos merecen respeto, no solo por ser ancianos, sino porque llegar a la vejez es un logro de la vida, es merecer un aplauso. Con tantas posibilidades y la muerte acechándonos constantemente, hemos logrado sobrevivir y vivir un día más. No seamos como la impertinente cajera que no mostró ni el mínimo gesto de amabilidad hacia esa anciana. Seamos respetuosos. Todos nos encaminamos hacia la tercera edad, algunos, como yo, ya hemos llegado. Y en el cementerio, inexorablemente, nos encontraremos todos. Así que respeta hoy, para que mañana, otros te respeten.

Aquello de lo que no se habla

"Hermanos, no habléis mal unos de otros. El que habla mal de su hermano o lo juzga, habla mal de la ley y la juzga. Y si juzgas a la ley, te haces juez de ella en vez de obedecerla" (Santiago 4:11).

No son muchas las cosas que me enfadan de verdad. La hipocresía es algo que me molesta, especialmente cuando viene de personas religiosas. También me enfurece el maltrato y la violencia en todas sus formas, especialmente cuando provienen de figuras de autoridad. Me molestan mucho los religiosos que priorizan las normas por encima de lo que realmente importa, que ponen la doctrina por encima de la compasión. La pereza y las excusas que se inventan para justificarla también me molestan. No soporto la suciedad en ninguna de sus formas. Y, sobre todo, me enfada que se hable mal de los demás.

La Biblia habla de la maledicencia, que en términos coloquiales sería el chisme, el rumor, la difamación, la calumnia y muchas otras palabras que describen hablar mal del prójimo. Este es un problema ético y moral normalizado. Hay expertos que hablan mal con sutileza y dominan el arte de menospreciar a los demás, incluso dando la impresión de que están haciendo un favor al hablar de ellos.

Es sorprendente ver a quienes se llaman a sí mismos seguidores de Cristo y practican el arte de la maledicencia. ¿No entienden la parte en la que se nos dice "no habléis mal unos de otros"? Hablar mal de los demás en muchos casos es un delito, especialmente cuando se difama y se daña la honra de las personas.

Es paradójico que algunos "buenos cristianos" se escandalicen cuando se habla de temas como la homosexualidad, el divorcio o el legalismo, pero no tienen problema en difamar, hablar mal de otros y jugar con la honra ajena. Parece que dominan a la perfección todas las artes difamatorias.

Si no hablas mal de otros, al menos no permitas que lo hagan en tu presencia, porque te conviertes en cómplice. Si escuchas un rumor o recibes una información escrita, no lo transmitas, porque al hacerlo eres igual de culpable que quien lo inventó.

El poeta griego Hesíodo escribió algo que deberíamos tener presente: "Si hablas mal de otros, hablarán peor de ti". Espero que algunos lo entiendan antes de lamentarse por lo que han sembrado.

Compasión

"Finalmente, sed todos de un mismo sentir, compasivos, amándoos fraternalmente, misericordiosos, amigables" (1 Pedro 3:8).

La compasión es un concepto que los budistas han desarrollado de manera admirable. Proviene del latín "compati", que significa "sufrir con", lo que implica empatía y ponerse en el lugar de otra persona. Lamentablemente, la definición que ofrece la Real Academia Española se basa en una tradición judeocristiana equivocada. Según la RAE, la compasión es el "sentimiento de conmiseración y lástima hacia quienes sufren penalidades o desgracias". Esta definición es errónea, ya que se basa en la lástima, lo que implica sentirse superior a la persona que sufre.

Desde la perspectiva de la psicología, la compasión se define de manera diferente. Según Goetz (2010), es el sentimiento que surge al presenciar el sufrimiento de otro y conlleva un deseo de ayudar. El énfasis no está en la contemplación y lástima, como señala la RAE, sino en el deseo de ayudar y empatizar con la persona que sufre, buscando formas de brindarle paz y alivio.

La compasión no es solo una emoción, sino también una motivación que orienta la conducta hacia la solución y el alivio del sufrimiento de los demás. La compasión busca aliviar el sufrimiento y encontrar soluciones que ayuden a la persona a superar su situación. Es un deseo de que todos los seres sintientes estén libres de sufrimiento, como lo define el Dalái Lama.

En el budismo se enseña que es posible confundir la pena con la compasión. La compasión implica empatía hacia el sufrimiento de otro y el deseo de aliviarlo, mientras que la pena no necesariamente conduce a la empatía, sino más bien a una sensación de superioridad sobre la persona a la que se le tiene lástima.

En Oriente, la compasión es considerada una fuente de alegría y fortaleza, ya que la empatía que se activa lleva a involucrarse en el sufrimiento del otro para buscar alivio. Algunos filósofos, como Friedrich Nietzsche y Baruch Spinoza, criticaron la compasión cristiana debido a su sesgo de superioridad y a su naturaleza pasiva, ya que la lástima y la pena no ayudan al que sufre.

La compasión es practicar la empatía y el deseo de ayudar a los demás a aliviar su sufrimiento. Si deseas que otros sean felices, practica la compasión. Y si deseas ser feliz tú mismo, también practica la compasión.

Solidaridad

"Sobrellevad los unos las cargas, y así cumplirán la ley de Cristo"
(Gálatas 6:2).

En occidente, se espera que cuando sufrimos, nuestros parientes, amigos y conocidos sufran con nosotros por empatía, una especie de solidaridad en la pena y la lástima, de no hacerlo, se considera egoísmo. En el budismo, el deseo de que los demás se encuentren libres de sufrimiento tiene que ir ligado con la alegría. Si sufrimos con la persona que está padeciendo, en el budismo se considera que nuestra compasión no será efectiva, porque nos involucraremos emocionalmente sin poder ayudar.

Esa sensación de pena y lástima genera una emoción triste que lleva no a la acción sino a la huida y a la pasividad, al contrario del budismo que, al participar activamente en el alivio del sufrimiento del otro, me beneficio y me lleno de alegría.

Nuestro mundo tiene hambre de compasión. No podemos alimentar a todo el mundo, pero si ayudar al que está más cerca. Como diría la Madre Teresa de Calcuta: "Si no puedes alimentar a un centenar de personas, alimenta a una sola".

En México, conocí la labor de "Las Patronas", un grupo de mujeres voluntarias de la comunidad La Patrona, en la localidad de Guadalupe, Patrona, del municipio de Amatlán de los Reyes, Veracruz, que desde 1994 dan alimentos y asistencia a migrantes en su paso por Veracruz; principalmente en las vías del tren conocido como La Bestia, donde lanzan víveres a los migrantes.

Seguirían haciendo su labor silenciosa y compasiva, a no ser por un periodista que sacó a luz su historia. Las mueve el amor por la humanidad. Han recibido premios y reconocimientos, y no han faltado ni un día desde 1994 para ayudar a migrantes que van de paso.

Si esperamos que los gobiernos hagan algo, nunca saldremos de la situación en la que estamos a nivel global. Yendo hacia la ciudad de Ocaña, en Colombia, vi a un hombre que estaba en su camioneta junto a su hijo, a orillas del camino, dando sándwiches y frutas a los venezolanos que caminaban por la ruta. Cuando les pregunté ¿por qué lo hacían? La respuesta fue clara y contundente:

-Mañana podríamos ser nosotros.

No son personas

"Sean bondadosos y compasivos unos con otros" (Efesios 4:32).

En Arizona, en EE.UU., tuve el placer de conocer a un hombre latino que, junto con otros voluntarios, se aventuraba todos los días en el desierto, en la frontera, solo para dejar bidones de agua para los migrantes. Cuando le pregunté por qué lo hacía, me respondió con firmeza y una sonrisa en su rostro:

—Alguien tiene que hacerlo, el agua no se le niega a nadie.

Esta simple pero poderosa afirmación me hizo reflexionar sobre la importancia de la compasión en nuestras vidas. En un mundo donde a menudo se nos enseña a ser egoístas y a mirar solo por nuestro propio bienestar, este hombre latino nos recordó que la compasión es un valor fundamental que debemos cultivar.

Recientemente, una fotografía se volvió viral en las redes sociales. En ella, se ve a una voluntaria de la Cruz Roja abrazando a un migrante de Marruecos en Ceuta, España. Este gesto de humanidad y compasión conmovió a muchas personas, pero también generó críticas de aquellos que no entendían el acto de apoyo hacia alguien en una situación vulnerable. Esto nos lleva a preguntarnos: ¿en qué punto perdimos la compasión como sociedad?

Sin compasión, nos sumergimos en una deshumanización abyecta. La compasión es lo que nos hace humanos y le da sentido a la vida. Cuando carecemos de ella, dejamos de ver a los demás como personas y los reducimos a meras categorías: extranjeros, pobres, migrantes, sufrientes.

Recuerdo un diálogo impactante del libro *Un niño con el pijama de rayas* de John Boyne. Bruno, el protagonista, pregunta a su padre quiénes son las personas que ve desde su ventana en las cabañas a lo lejos. La respuesta de su padre es reveladora: "Esas personas... Bueno, es que no son personas, Bruno".

Este pasaje nos muestra cómo la falta de compasión puede llevarnos a deshumanizar a aquellos que consideramos diferentes o "no pertenecientes". Para recuperar nuestra humanidad, debemos cultivar la compasión en nuestros corazones y recordar que todos somos seres humanos dignos de amor, respeto y comprensión.

La compasión es un valor esencial que debemos cultivar.

Vergüenza

"Y cuando el extranjero morare contigo en vuestra tierra, no le oprimiréis. Como a un natural de vosotros tendréis al extranjero que peregrinare entre vosotros; y ámalo como á ti mismo; porque peregrinos fuisteis en la tierra de Egipto: Yo Jehová vuestro Dios" (Levítico 19:33-34).

Tengo vergüenza de llamarme chileno al saber que Chile ha estado en las noticias mundiales no por algo positivo, sino porque un grupo de gente llena de odio y orgullo nacionalista ha atacado cobardemente a un grupo de migrantes en Iquique, destruyendo sus pertenencias y tratándolos como delincuentes. Los diarios del mundo se han hecho eco de este vergonzoso hecho.

He sido migrante hace más de 33 años. Nuestros hijos eran pequeños cuando salimos de Chile. Nuestra primera estación fue Argentina, donde estuvimos casi 8 años y nunca nos sentimos discriminados. Luego estuvimos en Perú, donde recorrimos gran parte del país y tampoco fuimos discriminados en ningún momento.

Nuestra tercera estación fue Australia, un país que está acostumbrado a recibir inmigrantes de todas partes del mundo. Nunca nos hicieron sentir fuera de lugar o diferentes. La cuarta parada fue México, un país que nos recibió con los brazos abiertos desde el primer día.

La quinta estación migratoria es España, donde llevamos ya casi 8 años viviendo. Aquí tampoco nos hemos sentido discriminados o mal mirados por ser extranjeros. Al contrario.

La mayoría de los inmigrantes que fueron cruelmente agredidos en Iquique son venezolanos que han llegado huyendo de la crisis humanitaria que atraviesa Venezuela. Un país que en el pasado fue maravilloso y próspero, pero que lamentablemente hoy es solo una sombra de lo que fue. Muchos son profesionales, emprendedores y gente trabajadora que solo busca nuevas oportunidades. Tratarlos como delincuentes o criminales es un acto de profunda ignorancia e intolerancia.

Nadie abandona su país por gusto. Detrás de cada inmigrante hay una historia de dolor y una búsqueda desesperada de nuevos horizontes. A mí me encantaría poder estar hoy junto a mi madre de casi 90 años, que se encuentra en Chile y sé que lamentablemente no le queda mucho tiempo de vida.

La intolerancia, hija de la ignorancia

"Maldito sea quien viole los derechos del extranjero"
(Deuteronomio 27:19).

Los intolerantes siempre son ignorantes. No tienen idea de lo que significa abandonar el lugar donde te has criado. Es una vergüenza que gente que no sabe imponga una agenda de odio hacia otros.

Vivo en el campo, rodeado de pocas casas, pero casi todos mis vecinos son extranjeros. Mi vecino de enfrente es de Rumania, al igual que su esposa. A su lado vive una pareja de Alemania con sus hijos. Un poco más allá está la casa de alguien de El Salvador que vive en Suecia. Cerca vive una pareja de Francia. Tenemos amigos de distintas nacionalidades.

Ser racista y anti-extranjero hoy en día es una locura. El mundo ya no se sostiene sobre nacionalismos absurdos. El mundo cambió y gente tan cerrada como los violentos de Iquique no lo entienden.

Respeto la libertad de opinión, pero no se pueden respetar ideas xenófobas, racistas o que violen derechos humanos. Las actitudes de odio y discriminación están penadas en países modernos. Supongo que entre los violentos hay cristianos que no han leído sus biblias, donde se condena claramente el maltrato y la opresión hacia el extranjero.

Los iquiqueños, en Chile, deben recapacitar y entender que muchos chilenos también han sido inmigrantes. Tenemos una deuda con quienes llegan buscando nuevas oportunidades. Es momento de convivir en diversidad y armonía, dejando atrás el odio.

Debemos acoger al necesitado, pues podríamos estar en su lugar. Como dijo Jesús en Mateo 25:35: "Porque tuve hambre, y me diste de comer; tuve sed, y me diste de beber; fui forastero, y me recogisteis". El mandato es claro: amar al prójimo como a nosotros mismos, sin distinción de orígenes.

Solo desde la empatía y la compasión podremos construir una sociedad más justa. La xenofobia no conduce a nada bueno. Al contrario, deshumaniza y nos vuelve igual de miserables que aquellos a quienes odiamos. Aún estamos a tiempo de recapacitar y elegir el camino de la fraternidad.

Exclusión sin sentido

"No hay Judío, ni Griego; no hay siervo, ni libre; no hay varón, ni hembra: porque todos vosotros sois uno en Cristo Jesús"
(Gálatas 3:28).

En un entorno globalizado, el racismo, la discriminación y la exclusión carecen de sentido. Venezuela recibió en las décadas de 1960, 1970 y 1980 a miles de chilenos que huían de la pobreza, la radicalización política y la dictadura. Algunos ignorantes ahora tiran por tierra todo ese gesto de solidaridad, simplemente porque sienten que los están "invadiendo". Esa es una postura absurda e irracional.

Detrás de cada migrante hay una historia de dolor, sufrimiento, desarraigo, y desilusión. Nadie abandona su tierra por gusto. Los migrantes buscan luchar por una vida mejor y no deberían verse enfrentados a turbas de intolerantes que los tratan como delincuentes, solo por el azar de haber nacido en otro país.

Hoy fui al supermercado y, como es habitual en España, vi gente de todas partes: orientales, árabes, latinos, europeos, rusos, norteamericanos... Los países que de verdad progresan son aquellos que integran, no los que excluyen por origen étnico. Como me dijo mi profesora sudafricana en Australia: "El mundo es suficientemente grande para contenernos a todos".

Siento vergüenza por aquellos que creen hacer el bien atacando a personas cuyo único crimen es buscar un hogar. La migración no tiene por qué ser traumática si existe voluntad de acoger al otro. Tenemos espacio de sobra para vivir en armonía.

Espero superar esta vergüenza. ¿Acaso ya olvidamos la solidaridad que Venezuela mostró con los migrantes en el pasado? Tenemos una deuda moral con aquellos que hoy buscan oportunidades.

Ha llegado el momento de recapacitar como sociedad. De sanar heridas históricas y optar por la empatía. Solo así lograremos una sociedad próspera, justa y pacífica, un mundo donde prime la compasión y no el egoísmo ni los nacionalismos tóxicos.

Tengo fe en que esta ola de xenofobia pasará. Y cuando miremos atrás, será para aprender y no repetir errores. Para recordar que todos somos migrantes en este mundo. Y que la grandeza radica en tender puentes, no en construir muros. Nadie puede decir "de esta agua no beberé", todos podemos cambiar abruptamente nuestra situación de un momento a otro.

La felicidad de los momentos

"Sé que no hay nada mejor para las personas que ser felices y hacer el bien mientras viven" (Eclesiastés 3:12).

Ayer invité a cenar a mis dos nietos. No importa que pidieran papas fritas, porque la alegría en sus rostros no tiene precio. Solo son dos, aunque parecen seis, pero amo cada momento con ellos. Ya podré invitar a los otros dos más pequeños.

Me encanta cuando Gio, de 8 años, viene temprano a preguntar qué desayunaré, porque le gusta comer conmigo. Sé que llegará el día en que comer con un anciano no sea apasionante. Vale, que se levanta más tarde, pide fruta y se sienta oronda a comerla. Si pudiera elegir dónde vivir, nunca dejaría este lugar cerca de mis hijos, yerno, nuera y ellos, mis nietos.

Los nietos son un regalo del cielo. Cuánta razón tenía Salomón al decir que son la corona del anciano. Se les ama de forma diferente, en ellos vemos la continuidad de nuestro legado y un atisbo de futuro. Ver a Vale saltar de alegría es todo un espectáculo. Ver a Gio beber zumo como si fuera un néctar celestial, me hace agradecer poder presenciar ese instante de inocencia.

Vale vino a decirme que ya no usa pañales con sus 3 añitos. Ella no lo sabe, pero le esperan todavía muchas graduaciones y logros en la vida. Y Gio, que cada día estudia con su abuela, recibió un premio por leer palabras difíciles; no alcanza a comprenderlo, pero aprender es la parte más linda de la existencia.

La felicidad no se compone de grandes acontecimientos, sino de la acumulación de pequeños momentos vividos a plenitud. Me entristece ver a quienes esperan algún evento extraordinario para recién decidirse a ser felices, mientras la vida pasa veloz a su lado y no disfrutan de los instantes cotidianos. La vida se teje de suspiros efímeros y fugaces, y la felicidad también está hecha de eso.

Si aprendiéramos a saborear esos pequeños momentos que vivimos, otra sería la historia de nuestra existencia. Amargarse es solo una opción, ser feliz también lo es. Cada persona elige cada día el tipo de vida que quiere vivir. Yo he elegido ver crecer a mis nietos y no me arrepiento absolutamente de nada. Los instantes se van, inevitable e irremediablemente. Si no gozamos de ellos, nos perdemos aquello que justamente le da sentido, azúcar y magia a la vida.

La pertinencia de orar

"No hemos dejado de orar por ustedes" (Colosenses 1:9).

Hace tiempo escribí una reflexión titulada: "La oración que no tiene sentido", analizando la llamada "oración intercesora". Las reacciones fueron variadas: personas que apoyan el escrito, otros que manifiestan dudas, y los que insultan.

Un buen amigo, de quien fui docente, escribió una reacción que sintetiza las ideas de muchos que se oponen al pensamiento que expresé. Creo en el diálogo honesto donde se conquista la verdad, que no es prerrogativa de nadie, salvo de Dios. Mientras estemos en esta tierra, tendremos solo vislumbres de verdad, nunca una verdad absoluta, como falsamente proclaman algunos.

Lo primero que debo decir es que no dudo de la honestidad de quien me escribió y de quienes puedan pensar como él, pero por muy honestos y sinceros que seamos, la honestidad y la sinceridad no nos exime de error. Muchos están "honestamente equivocados" y "sinceramente errados".

Lo primero que dice es que "creo que se da un mensaje que induce al error. La oración por otros es alentada en la Biblia". Claro, ¡por supuesto! Pero el contexto es judío y no cristiano, no existe la teología cristiana en ese momento, lo único que tenemos son las ideas del "rabino Pablo" y de los demás escritores neotestamentarios que son judíos. En la mentalidad hebrea nunca podría alentarse alguna idea parecida a la intercesión, eso habría sonado a herejía a cualquier judío. Si se estudia el actual pensamiento hebreo, nunca tal idea ha surgido en la teología judía. Se leen esos textos a la luz de la tradición cristiana posterior, con todas las implicancias equivocadas del helenismo, de la concepción romana y de los conceptos gnósticos que se introdujeron en el cristianismo temprano y tardío.

No se pueden leer los textos bíblicos fuera de su contexto histórico, cultural y religioso. Hacerlo lleva a proyectar ideas que no estaban en la mente de los autores. La intercesión, el culto a María, el purgatorio y muchas otras doctrinas fueron desarrollos muy posteriores, influidos por corrientes paganas que se integraron al cristianismo.

Si nos ceñimos al pensamiento judío original, la idea de pedir a otro que intervenga ante Dios habría sido impensable. Cada cual es responsable por sus actos ante el Creador. Jesús tampoco enseñó sobre la intercesión.

Tradición

"Para orar bien, manténganse sobrios y con la mente despejada"
(1 Pedro 4:7).

Algunas ideas arraigadas en el cristianismo se alejan del sentido original del mensaje de Jesús. No se trata de ir contra la religión, sino de purificarla de elementos que se han ido agregando con el correr de los siglos. Mi punto es invitar a reflexionar con espíritu crítico, sin aceptar tradiciones solo porque son antiguas. Debemos discernir entre lo esencial del evangelio y tradiciones culturales que pueden oscurecer ese mensaje liberador. Abordar las Escrituras en su contexto histórico creo que ayuda a rescatar su sentido profundo.

La persona que me escribió dice: "Tal vez no se ha explicado bien, algunos la han mal entendido y todo lo que se quiera".

¡Claro que se ha explicado mal, empezando por las traducciones castellanas, que en su mayoría están influenciadas por la Vulgata Latina, dualista y con ideas de base pagana! Además, nos cuesta mucho entender que la elección de los libros del Nuevo Testamento estuvo influenciada por razones que no son teológicas, sino más bien a ejes temáticos cristianos que venían bien a la elite cristiana del momento. Nos gusta creer en lo "sobrenatural" de la elección de los libros del Nuevo Testamento, pero si se estudia con cuidado los Concilios que dieron origen al canon bíblico, hay razones para suponer históricamente que su elección obedece a otras razones, tema que nos llevaría mucho explicar, pero la historiografía lo ha probado en extenso, especialmente en los últimos 20 años.

No solo se explica mal la oración, se explica mal la mayoría de los conceptos: la eclesiología (que es de factura católica); conceptos no bíblicos que se introducen en la traducción de la Vulgata y que las versiones castellanas traducen sin filtro como "espíritu" y "alma" (la Versión King James es de terror, porque al Espíritu Santo le dice "Holy Ghost", que se traduciría al castellano como "Santo Fantasma"); la inmortalidad del alma; el diezmo; la liturgia; la jerarquización eclesial; el mal llamado "laico"; en fin, por ese lado hay mucho hilo que cortar, y conste, que he dado solo algunos ejemplos, de los muchos que hay y que autores de los últimos años vienen llamando la atención para quitar del cristianismo ideas que son de origen pagano y no obedecen al pensamiento bíblico de factura hebrea.

Tradiciones sin revisar

"Si sabemos que Dios oye todas nuestras oraciones, podemos estar seguros de que ya tenemos lo que le hemos pedido" (1 Juan 5:15).

El origen de algo no lo hace necesariamente correcto o coherente con las Escrituras. Un análisis riguroso, despojado de prejuicios religiosos, puede ayudar a purificar la fe de adherencias paganas y rescatar el núcleo profundo del evangelio, tan relevante para nuestro tiempo. Se trata de volver a las fuentes, sin miedo a cuestionarlo todo, pero conservando lo esencial del mensaje de liberación y vida plena que trajo Jesús.

La persona que me escribió y que ha dado pie a estas reflexiones dice: "Pero la publicación es contraria al énfasis bíblico".

Creo que ahí mi buen amigo se equivoca rotundamente, yo diría es contraria a la "tradición cristiana", es "contraria a la teología dualista cristiana" o "es contraria a la teología cristiana sesgada", porque no podría un autor judío proponer algo similar a intercesión, sabiendo que eso implicaría que alguien pudiera tener mérito para clamar por otro. Cuesta entender que el trasfondo bíblico no es occidental, sino oriental, y que los lectores primarios, en su mayoría, son hebreos y muchos paganos con mixturas religiosas dualistas que nada tienen que ver con el pensamiento hebreo original.

Luego agrega: "Lo mismo que se dice aquí debiera orientarse para decir que hay una manera legítima y correcta de orar con y por otros".

En eso estoy completamente de acuerdo, pero para hacer lo que afirma es preciso separar la paja del trigo, y enseñar qué está bien y qué no, especialmente en culturas tan influenciadas por el catolicismo, y que ponen sus méritos personales como garantía para ser escuchados por Dios, la teología de las obras, maquillada por "oración por otros".

Es necesario revisar las bases mismas de la teología cristiana, influenciada por ideas extrabíblicas. El trasfondo judío contiene claves esenciales que se han perdido. Se requiere valentía para cuestionar tradiciones arraigadas, pero con humildad, buscando rescatar la esencia del evangelio. Esto permitiría depurar adherencias nocivas y recuperar la frescura del mensaje de Jesús. No se trata de negarlo todo, sino de purificar la fe volviendo a sus fuentes. Un cristianismo renovado, en contacto con el judaísmo, sería una bendición de amor y vida plena para millones.

Releer

"Ustedes estudian con diligencia las Escrituras" (Juan 5:39).

Lo que planteo es realizar una relectura profunda de las Escrituras en su contexto original, despojada de lentes teológicos posteriores. No se trata de destruir la fe, sino de revitalizarla, purgando elementos que se alejan del genuino mensaje bíblico. Se requiere humildad y valentía para cuestionar tradiciones arraigadas, pero el resultado bien vale la pena: recuperar la esencia transformadora del evangelio, liberada de adherencias paganas extrañas a su núcleo original. Un cristianismo depurado, que vuelva a beber de las fuentes judías, sería una bendición de comprensión y vida plena para millones. Ese es mi anhelo.

Mi buen amigo señala: "Por otro lado, hay un elemento que no se ha tomado en cuenta, que es la cosmovisión del gran conflicto que da cabida a cierto rol de intercesor al hombre, pero no en el sentido católico ni soteriológico, sino misionológico". Allí creo que mi amigo vuelve a equivocarse, no hay texto bíblico que afirme eso, "un cierto rol". Me parece que esas frases cliché que se dicen, pero no se pueden probar. El hecho de que tengamos una misión evangélica no nos convierte en intercesores ni en mediadores, sino simplemente en evangelistas, es decir, quienes llevan las buenas nuevas. No hay nada en Pablo que sugiera eso, ni siquiera cuando habla del "ministerio de la reconciliación" del cual formamos parte. Proclamar las buenas nuevas no tiene nada que ver con "cierto rol" de intercesor. Esa idea, que puede rastrearse hasta Agustín de Hipona, no tiene fundamento bíblico, sino que está ligada a la visión "clerical" que tanto daño le ha hecho al cristianismo a lo largo de los tiempos.

Si hay algo que ha dañado la teología cristiana es la teología del "texto prueba", porque esa es la base de todas estas distorsiones. Esa tradición que nació en el anglicanismo ha infectado la mayoría de las teologías cristianas, convirtiendo los mal llamados "estudios bíblicos" y "estudios teológicos" en un mero pegoteo de frases, textos y oraciones bíblicas tomadas fuera de su contexto cultural, histórico, lingüístico y textual, y a menudo, en los estudios no se tiene consideración por la arqueología, la semiología, incluso la crítica y desarrollo de las ideas. Más bien se estudia la Biblia con cierto misticismo, como si cada palabra hubiera sido dictada por Dios, aun cuando la Biblia no la escribió Dios. Por lo tanto, quienes la escribieron fueron falibles, finitos y humanos.

Biblicamente correcto

"Ahora bien, desde hoy en adelante, reflexionen" (Hageo 2:15).

El interlocutor al que estamos respondiendo dice: "Pero justamente por eso, debemos enseñar a la gente a orar más, de una manera que haga una diferencia en nuestras vidas y nos haga instrumentos para el cumplimiento de la voluntad de Dios con y a través de nosotros en el mundo".

En esta parte estoy de acuerdo, porque no podemos ser instrumentos a menos que pongamos nuestra voluntad en las manos de Dios para que Él obre; de otro modo, simplemente seríamos címbalos que hacen ruido, porque careceríamos de poder. Dios solo obra en personas que lo piden, porque la libertad es un don inapreciable y que, por justicia, Dios nunca limitaría.

Luego agrega: "Debemos orar con y por otros, porque es lo que a Dios le agrada, y no desincentivar el hacerlo". Creo que ese es el error, suponer que oponerse a la oración intercesora, es creer que se debe orar menos, y es todo lo contrario. Es preciso orar, como acto de adoración y como un gesto de comunión, precisamente, por la ineficiencia humana, porque sin la ayuda de Dios, es imposible hacer algo, lo dice Jesús al afirmar que "sin él no podemos hacer nada" (Juan 15:5). Sin embargo, el orar "por", me pone en una situación superior a otra persona, hace suponer que Dios no va a obrar a menos que yo lo pida o que yo "interceda", cosa que es lógicamente contrario a la Biblia que dice que hay un solo intercesor, Jesucristo hombre, además, de promover la inacción, "no hago nada, total, ya oré".

Confío en que en este diálogo exista de verdad una intención de análisis que vaya más allá del "así lo aprendí" o "es lo que me dijeron", y se centre en estudiar desde el pensamiento hebreo y no desde el pensamiento cristiano medieval, que tanto daño ha hecho y sigue haciendo. Soy de los que suelen decir que el pensamiento de Agustín de Hipona permea toda la teología cristiana y la sociedad occidental, más allá de lo que estamos dispuestos a admitir.

Me parece fundamental volver a las fuentes originales de las Escrituras y analizarlas en su contexto histórico-cultural, sin los prejuicios teológicos posteriores. Debemos dejar que el texto bíblico hable por sí mismo, en vez de forzarlo a encajar en paradigmas preconcebidos. Solo así podremos recuperar el genuino mensaje transformador del evangelio.

Entender la diferencia

"Para el que cree, todo es posible" (Marcos 9:23b).

En 1940, el teólogo, filósofo y escritor estadounidense Reinhold Niebuhr escribió lo que se conoce como la "Plegaria de la serenidad". Los tres primeros versos del poema dicen: "Señor, concédeme serenidad para aceptar todo aquello que no puedo cambiar, valor para cambiar lo que soy capaz de cambiar y sabiduría para entender la diferencia".

Reconozco que me cuesta captar la diferencia con personas que tienen actitudes irracionales. Siempre me llevé mejor con mis alumnos contestatarios, inquisitivos y analíticos, capaces de reflexionar y dispuestos a aprender y a cambiar de idea ante argumentos suficientemente racionales. Sin embargo, con personas dogmáticas, poco razonables, apegadas a estereotipos, incapaces de razonar y no dispuestas ni a aprender ni a discutir razonablemente con argumentos lógicos sin considerar que quien se opone a su idea es un enemigo, me resulta difícil interactuar. Esto se debe, en parte, a que tengo poca tolerancia a la terquedad y el dogmatismo. Además, considero que mantener una mente abierta es esencial para comprender los matices de cualquier cuestión y evaluarla desde distintas ópticas. En este punto, me encantaría que Niebuhr me diera alguna lección sobre cómo distinguir entre gente que no está dispuesta a cambiar sus creencias y personas abiertas a examinar su pensamiento mediante el diálogo constructivo y el intercambio de perspectivas racionales.

En el mismo año 1940 en que Niebuhr escribió su poema, uno de mis filósofos preferidos, José Ortega y Gasset, publicó el libro *Ideas y creencias*. En dicho texto, Ortega analiza cómo formamos nuestras creencias y cómo recibimos las de nuestros antepasados. Según Ortega, las ideas y las creencias no se distinguen entre ellas por la relación que las personas establecen con ellas. Explica que las ideas son pensamientos que se nos ocurren, mientras que las creencias son conceptos que adquirimos principalmente a partir de los conceptos heredados de nuestro entorno social, los cuales asumimos de tal modo que estamos inmersos en creencias sin apenas darnos cuenta, como dice en su famosa frase al inicio del libro: "Las ideas se tienen, en las creencias se está".

Es complejo entender qué son creencias y qué son ideas, pero intentar aclararlo hace toda la diferencia entre una vida y otra.

Creencia que guía

"Asegúrate de que la luz que crees tener no sea oscuridad"
(Lucas 11:35).

Toda creencia comienza como una idea que surge en la mente de alguien, pero luego se arraiga en el "inconsciente colectivo" (Carl Jung). Apenas discernimos nuestras propias creencias.

Una creencia habitual es actuar como si nada fuera a cambiar, sin considerar que el statu quo podría modificarse. Ortega señalaba que asumimos la realidad de forma acrítica, sin contemplar que la tierra se mueva o el cielo pueda caernos. Pero, lo único constante es el cambio, como enseñaba Heráclito.

Las ideas emergen ante situaciones nuevas que llevan a los hombres a replantearse lo establecido, no desde una esfera ideal como pensaba Platón. La creencia, en cambio, no duda y no admite bifurcaciones, como aquel campesino que expulsó airadamente al joven que le enseñó que el hombre llegó a la luna.

Quien nunca ha oído ideas disruptivas se enoja al verse sacado de su zona de confort. La duda desestabiliza creencias al quitarles sustento, dejando a personas "sin saber a qué atenerse", según Ortega, por lo que suelen aferrarse más a ellas buscando estabilidad.

Karl Jaspers hablaba de "situaciones límites" que nos enfrentan a lo creído, obligándonos a reexaminar nuestros conocimientos. Surgen entonces ideas que abren nuevos horizontes, aunque también quienes se aferran a lo conocido. La creencia es zona cómoda que da seguridad, pero no ayuda a afrontar lo nuevo.

En resumen, analizar la evolución del pensamiento desde las ideas a la cristalización en creencias es clave para comprender nuestros esquemas mentales y su elasticidad ante lo disruptivo.

Cuando estamos abiertos a dudar, cuando nos planteamos la posibilidad de que no tengamos toda la verdad, en nada, sino que estemos permanentemente dispuestos a examinar nuestras creencias, entonces, podremos crecer, aprender, desarrollarnos y remodelar lo que creemos. La alternativa es el Talibán, el extremista, el fanático, el negacionista, el que no está dispuesto a incorporar en su vida nada nuevo o que lo obligue a salir de su zona de confort o de lo conocido, satanizando todo lo novedoso, o lo que se percibe como tal, porque algunas ideas no son nuevas, sino solo vienen en un momento diferente a la vida de una persona.

Cuestionar constantemente

"Algunos se negaron obstinadamente a creer" (Hechos 19:9).

El otro día recibí un mensaje ridículo que decía: "Por favor, no recomiendes libros, no confundas a la gente. Basta con lo que ya saben, no es tiempo para leer". Mi primera reacción fue reírme. Luego, sentí tristeza, porque esa persona anodina y estrecha de miras es como el anciano que me expulsó de su casa por decir algo que no encajaba en sus creencias establecidas.

Ortega decía que generar ideas y cuestionarse constantemente frente al mundo es una tarea infinita que nunca termina, porque la vida es problemática y nada se nos da, todo lo debemos construir. Cada día debemos forjar nuestra forma de estar en el mundo y caminar por encima de nuestras creencias. Es un proceso sin fin. Cada época nos obliga a replantear nuestras creencias, pero solo algunos están dispuestos a hacerlo, aquellos que no viven en el dogma, que no se fosilizan en sus creencias y que no se estancan en una realidad que creen que no cambia.

Ortega solía decir que, para vivir dignamente, debemos entender que los problemas son oportunidades de crecimiento. Los desafíos de la vida cotidiana no deben asustarnos, sino impulsarnos a replantear nuestra existencia y mantener una visión optimista en lugar de una creencia inamovible y derrotista.

Me emociona aprender. Cuestiono mis propias ideas continuamente. No me aferro a nada, ya que sé que todas las certezas son temporales hasta que algo nos obliga a replantearlo todo. Leo al menos un libro cada semana. Actualmente estoy leyendo "Jesús y las mujeres" de Antonio Piñero, y en mi escritorio tengo una pila de libros que leeré en las próximas semanas: *De la estupidez a la locura* de Umberto Eco, *Homo Deus* de Yuval Noah Harari, *Aporofobia* de Adela Cortina, una novela de Ken Follett, *Madres narcisistas* de Caroline Foster, los tres tomos de *Vida y misterio de Jesús de Nazareth* de José Luis Martín Descalzo, entre otros. ¿Cómo pueden algunos tener ideas si no leen? ¿Cómo generar ideas si no se exponen a otras nuevas?

Las creencias no examinadas son peligrosas. Se convierten en dogmatismo, extremismo y todo el séquito de oscurantismo, terror, negacionismo y oposición al pensamiento. Prefiero mil veces las ideas y no transitar por los oscuros pasillos de creencias no revisables, aunque a algunos les parezca una luz roja que indica peligro.

La oración acción

"Al orar, no hablen sólo por hablar" (Mateo 6:7).

Orar no es un acto pasivo, eso es misticismo que nació en el medioevo, como una forma de religiosidad de tintes paganos, que se conforma con decirle a la divinidad lo que tiene que hacer, siempre y cuando, no provoque problemas en el día a día del que ora.

Orar es un acto de acción. Como diría mi abuela: "A Dios orando y con el mazo dando". Orar a Dios para pedirle que nos dé la paciencia para reconocer qué podemos hacer y que no nos compete, que nos dé fortaleza para hacer algo y no solo quedarnos en la facilidad del "pedir".

Creo en la oración acción. En hacer lo que nos compete y no quedarnos encerrados entre cuatro paredes viendo como el mundo se viene abajo, mientras los cristianos, pasivamente, solo hablan.

Cuando era estudiante dirigía un grupo de jóvenes creyentes, de diferentes denominaciones, nos reuníamos a estudiar la Biblia, pero también organizábamos operativos de intervención social, donde íbamos a barrios carenciados para hacer lo que podíamos hacer, en diferentes áreas. Aún recuerdo el rostro de un profesor, que nos dijo: "No soy creyente, pero al verlos a ustedes, me dan ganas de creer".

Eso es la oración, no solo hablar para encargarle a Dios que se haga cargo de lo que nos corresponde a nosotros hacer.

Es probable que algunos que me lean se enojen conmigo, no sería novedad. Les desafío a leer la Biblia y no a citar frases sueltas de la Biblia desconectadas de su contexto, sino análisis real, que nos permita preguntarnos si no habrá otra forma de hacernos presentes en nuestro mundo, que solo "hablar" con Dios, para decirle a él lo que debe hacer.

Tal vez, si hiciéramos sentir nuestra voz, haciendo y obrando, junto con hablar, la cosa tendría otro sabor, y digo, muchos que se niegan a escuchar el mensaje de Cristo, podrían estar más proclives a escuchar.

Conociendo a amigos no creyentes y personas que luchan con tener un derrotero espiritual en sus vidas, pero se les dificulta el mensaje contradictorio que muchos cristianos dan, especialmente en las redes sociales, sin hacer nada más.

¿LIBERTAD DE EXPRESIÓN?

"¿Por qué se ha de juzgar mi libertad de acuerdo a la conciencia ajena?" (1 Corintios 10:29).

"La obra maestra de la injusticia es parecer justo sin serlo" (Platón).

Costó siglos conseguir que se aceptara que expresar una opinión debería ser una acción libre y que nadie debería ser perseguido o maltratado por hacerlo. De hecho, se considera un derecho humano básico poder expresar lo que se piensa sin ser perseguido por ello.

Sin embargo, en los últimos años, la llamada "libertad de expresión" se ha convertido en una excusa para maltratar de tal forma que los mensajes que se envían son tan violentos que más pareciera una campaña de odio que de persuasión.

Tristemente, algunos de los episodios más oscuros y sombríos de la persecución contra personas que se han atrevido a exponer sus ideas fueron ocasionados por individuos que se hacían llamar "cristianos".

Hypatia de Alejandría fue una de ellas. Se sabe que nació en Alejandría, Egipto, en el siglo V. Fue hija y discípula de un genio de la antigüedad, el astrónomo Teón. Con el tiempo, esta mujer se convirtió en filósofa y maestra del neoplatonismo. Además, cultivó las matemáticas, la astronomía, la lógica, las ciencias exactas y las enseñanzas de Plotino.

Sin embargo, las diferencias de opinión entre cristianos y paganos, sumadas a la lucha por el poder de los distintos grupos de cristianos y el hecho de que Hypatia fuera una mujer influyente, provocaron que tuviera una muerte cruel y horrorosa.

Un grupo de cristianos asaltó su carruaje, la golpeó y lapidó. Luego, con saña y sadismo, la desnudaron, descuartizaron y arrastraron sus restos hasta un crematorio donde fue incinerada.

Cristianos, supuestos seguidores de aquel que dijo: "No he venido a condenar a nadie". Seguramente, días después fueron muy complacientes en la iglesia para "adorar" a Dios y darle gracias por sus bendiciones. Y algunos, probablemente, sintieron que habían hecho algo bueno.

Al leer esto, no puedo evitar sentir vergüenza al saber que tal acto despreciable fue perpetrado por personas que decían amar a Jesucristo.

Dios no hace injusticias

"¡Ni pensar que Dios cometa injusticias! ¡El Todopoderoso no pervierte el derecho!" (Salmo 37:30).

En 1511 nació en Villanueva de Sigena, Aragón, España, Miguel Servet, quien llegó a ser un gran teólogo, científico y médico. Viajó por España, Francia y el centro de Europa. Mantuvo amistad y correspondencia con diversos personajes, tanto cristianos como protestantes, y escribió sobre diferentes temas teológicos y científicos.

En sus escritos, su visión del mundo se acercaba más al panteísmo. Además, defendió que el bautismo cristiano debía realizarse en la edad adulta como un acto maduro y consciente. Por otro lado, como científico, expuso la función de la circulación pulmonar o menor. Lamentablemente, durante su paso por Ginebra, Suiza, que vivía bajo la influencia del reformador Juan Calvino, quien imponía un extremismo digno de un dictador fanático, Servet fue detenido y juzgado por herejía. El Consejo de Ginebra dictó la siguiente sentencia:

"Contra Miguel Servet del Reino de Aragón, en España: Porque su libro llama a la Trinidad demonio y monstruo de tres cabezas; porque contradice las Escrituras al decir que Jesús Cristo es un hijo de David; y por afirmar que el bautismo de los pequeños infantes es una obra de brujería, entre otros puntos y artículos y execrables blasfemias con las que el libro está dirigido contra Dios y la sagrada doctrina evangélica, con el fin de seducir y defraudar a los pobres ignorantes.

Por estas y otras razones, te condenamos, Miguel Servet, a que te aten y lleven al lugar de Champel, donde te sujetarán a una estaca y te quemarán vivo, junto con tu libro manuscrito e impreso, hasta que tu cuerpo quede reducido a cenizas. Así terminarás tus días y servirás de ejemplo para otros que quieran cometer lo mismo".

Murió quemado vivo en la hoguera el 27 de octubre de 1553. Aquellos que lo hicieron no le permitieron expresar su opinión, no respetaron su derecho a discrepar y lo asesinaron, bajo el pretexto de que "defendían la pureza de la doctrina de la iglesia". ¿Cómo puede una mente sana concebir la idea de que existe una relación entre un Dios de amor y la tortura? ¿Cómo se les pudo ocurrir que ser cómplices de un asesinato tiene algo que ver con adorar a Dios?

El derecho a pensar

"Has ampliado mi modo de pensar" (Salmo 119:32).

Un caso paradigmático es la situación del italiano Giordano Bruno. Desde joven tuvo problemas y fue acusado de herejía por poner en duda la propuesta de Aristóteles respecto a la composición cosmológica, la cosmovisión predominante.

Bruno defendía el derecho a la libre opinión, lo que implicaba poner en entredicho los dogmas de la iglesia. En 1566 se le procesó por herejía, pero la acusación no prosperó. En 1576 se vio forzado a huir a Roma, acusado de desviarse de la doctrina. Viajó por Italia, Francia y en Ginebra colgó sus hábitos. Estuvo viviendo en Oxford (donde compuso la mayoría de sus diálogos italianos) y en Alemania (donde escribió sus poemas).

Se trasladó a Venecia para dar clases a Giovanni Mocenigo, y casi de inmediato fue acusado y denunciado a la Inquisición por su propio alumno. En 1593 se le encerró en el Palacio del Santo Oficio, en el Vaticano, donde estuvo confinado por ocho años a la espera del juicio, en una celda reducida y húmeda. Se le acusaba de blasfemia, herejía e inmoralidad, por creer en la multiplicidad de los sistemas solares y en el universo infinito.

Fue expulsado de la iglesia y sus obras quemadas en un acto público. El 17 de febrero de 1600, fue quemado en el Campo dei Fiori, en Roma. Los "buenos cristianos" que lo hicieron, consideraban que era su deber, y que actuaban de manera santa.

¿No había gente que alzara su voz? ¿Nadie podía decir que aquello era una barbaridad? Sin duda muchos guardaron silencio por temor a represalias. Otros probablemente aplaudieron el castigo al hereje sin cuestionarse la atrocidad. Solo unos pocos se habrán atrevido a condenar ese acto salvaje en contra de un hombre cuya única falta fue pensar diferente.

Bruno fue víctima de la intolerancia y la sinrazón. Pagó con su vida el pecado de disentir. Su martirio es una afrenta a la dignidad y una mancha imborrable en la historia de la iglesia.

Es tal la ceguera del fanatismo, que quienes perpetraron semejante crimen estaban convencidos de obrar bien. No concibieron que pudiesen estar equivocados. Confundieron la verdad con la ortodoxia, la justicia con la venganza, la fe con la coerción.

Si algo debe enseñarnos este triste episodio es a evitar juzgar con dureza a quien piensa distinto.

Enseñanza libre

"Sean prudentes; déjense enseñar" (Salmo 2:10).

Francesc Ferrer i Guardia, era un pedagogo libertario español que seguía las enseñanzas de Rousseau, que pretendía una enseñanza libre para varones y mujeres, sin ataduras políticas o religiosas. Quería librepensadores en las ciudades industriales que florecían por doquier.

Provenía de una familia católica, pero se posicionó en contra de ella, porque entendía que la iglesia, iba en contra de sus ideales libertarios. Debido a estas ideas tuvo que exiliarse en París en 1886. En 1901 fundó la Escuela Moderna en Barcelona la misma que tuvo que cerrar en 1909. Sufrió la persecución de sectores políticos y religiosos conservadores. Su escuela fomentaba la no competitividad, la enseñanza científica, humanista y no religiosa, el excursionismo al campo, el pensamiento libre y el desarrollo integral de los niños de ambos sexos. Sin embargo, en 1909 es detenido y acusado de instigar una revuelta anticlerical. Tuvo un juicio dudoso, sin testigos ni defensa, y fue declarado culpable ante un tribunal militar. Fue fusilado el 13 de octubre de 1909 en Barcelona. El brazo político y militar se prestó para ejecutar de manera injusta a una persona que representaba un riesgo para las ideas fanáticas imperantes.

Lo lamentable, es que la actitud dogmática ha llevado a muchos a sufrir por tener una opinión distinta. Muchas personas inocentes fueron injustamente juzgadas, condenadas y ejecutadas en la hoguera, acusadas de brujería simplemente por vivir una vida más cerca de la naturaleza, usar hierbas medicinales o simplemente saber leer y escribir.

Se podrían redactar miles de páginas con la actitud soberbia de quienes creyendo tener la verdad conspiran y realizan las acciones más deleznables, simplemente, para probar que ellos "tienen razón", como si tener razón fuera más importante que tener la verdad.

Cuánto sufrimiento se habría evitado si se hubiera tenido la humildad de aceptar que nadie tiene el monopolio de la verdad. Si en lugar de imponer ideas por la fuerza, se hubiera privilegiado el diálogo respetuoso y la confrontación de argumentos. Si se hubiera entendido que callar al que piensa diferente no hace más sólidas las propias convicciones, sino todo lo contrario. Pero el dogmatismo es ciego, sordo y mudo frente a la razón.

Libertad de expresión

"Les hablarás con libertad" (Ezequiel 29:21).

La libertad de expresión es un derecho fundamental que nos distingue como seres humanos, otorgándonos la capacidad de autodeterminación. A lo largo de la historia, la censura y el miedo a la libertad han llevado a sacrificios. Incluso algunos cristianos han defendido con sus vidas el derecho a creer y adorar libremente, pero al obtener poder, han negado esa libertad a otros. Hubo épocas en las que la iglesia negaba a los protestantes el derecho a enterrar a sus muertos en cementerios públicos.

La libertad de culto se basa en el derecho de cada individuo a creer y expresar su opinión libremente, viviendo su espiritualidad según su conciencia, sin rendir cuentas a nadie. Algunos cristianos adoptan posturas extremas y dogmáticas, similares a las de la Inquisición. Aunque critican a los talibanes por sus extremos, no evalúan sus propias actitudes hostiles hacia minorías sexuales, no creyentes, mujeres o comunidades originarias. Utilizan su derecho legítimo a la libertad de expresión para discursos de odio, contrariando los principios iniciales de Jesús y las enseñanzas de Cristo. Jesús vino a ofrecer paz y rechazó condenar o juzgar, pero su nombre ha sido utilizado como excusa para actuar en su contra.

Al leer el evangelio, se evidencia que Jesús era un liberador. Hablaba en nombre de las minorías oprimidas, buscando igualdad y criticando a los dominadores y explotadores.

Es probable que aquellos que se autodenominan cristianos en la actualidad se hubieran opuesto al discurso de Jesús sobre libertad y dignidad para los oprimidos y desplazados. Muchos púlpitos y cátedras teológicas cristianas se asemejan más al discurso extremista, acusándolos de perseguir a mujeres, no respetar la libertad de opinión y no tolerar la educación y la ciencia.

Confío en que aquellos que valoran la libertad ofrecida por Cristo admiren a quienes han sacrificado sus vidas en defensa de nuestro derecho a la libre expresión, que algunos intentan negar con discursos de odio. Es necesario enseñar a las nuevas generaciones sobre figuras como Hypatia de Alejandría, Miguel Servet, Giordano Bruno y Francesc Ferrer i Guardia, quienes dieron su vida en defensa de la libertad de conciencia. Debemos recuperar la libertad que Jesús defendió y que muchos cristianos han olvidado o no defienden adecuadamente.

Sanidad mental y perdón

"Perdónanos nuestras deudas, como también nosotros hemos perdonado a nuestros deudores" (Mateo 6:12).

"Vencer y perdonar es vencer dos veces", afirmó Pedro Calderón de la Barca. A menudo hablamos mucho sobre el perdón, pero la realidad es que no existe ningún acto humano que resulte más difícil que perdonar. La mayoría de las personas acumula resentimientos y rabias, guardándolos como si fueran tesoros. Sin embargo, esos sentimientos minan la existencia y dificultan nuestra vida. Avanzar con un lastre a cuestas o atado a nuestros tobillos solo nos obstaculiza en nuestro desarrollo.

Es fundamental comprender algunos conceptos esenciales cuando hablamos de perdón. La falta de claridad en su significado entorpece nuestra salud mental y puede llevar a que envejezcamos prematuramente o a que enfermemos debido a los sentimientos que somatizamos en nuestro cuerpo.

El perdón es un proceso. Todos los procesos tienen ciertos protocolos básicos. En la industria, cada producto tiene su propio proceso particular. De manera similar, las personas atraviesan sus procesos de perdón de diferentes maneras. Esto está influenciado por la gravedad de la ofensa, las características personales de la persona agraviada, la actitud de quien causó el daño, el contexto en el que ocurrieron los daños y los conceptos o ideas previas que se tienen.

Aunque esta última idea pueda parecer tangencial, es un elemento fundamental. Las ideas moldean la acción, y toda acción está ligada a un concepto. Ambos van de la mano, inseparables e inevitablemente se influencian mutuamente. Por lo tanto, resulta absurdo e inútil apresurar a alguien a perdonar o querer ser un ejemplo de acción perdonadora. Cuando alguien le dice a otra persona: "Aprende de mí, yo ya lo he olvidado", está equivocadamente suponiendo que los procesos son iguales para todas las personas.

Aquí lo que debe primar es el respeto por los procesos ajenos y también por los procesos personales, ya que nadie debería obligarse a sí mismo a perdonar cuando no se encuentra en condiciones emocionales y afectivas para hacerlo. Mostrar un poco de empatía hacia el dolor ajeno, sin compararlo con el propio, nos ayuda a avanzar y a adoptar una actitud diferente cuando somos nosotros quienes necesitamos comprensión.

Perdonar no es reconciliación

"Gracias a él ya hemos recibido la reconciliación" (Romanos 5:11).

Una y otra vez tengo que repetir este concepto, aunque parezca majadero, porque la gente no lo entiende, y especialmente en contextos religiosos el asunto resulta más estresante y frustra tratar de explicarles a las personas que el perdón y la reconciliación son dos procesos diferentes que no necesariamente van juntos, en algunos casos, aunque hay perdón no hay reconciliación. Es preciso estar en los zapatos de la persona que ha sido agraviada para entender que muchas veces el dolor causado es tan grande que el perdonar es un esfuerzo titánico y en muchos casos, un milagro de la providencia. Pero, pedir reconciliación, es a veces, simplemente, un esfuerzo inmensamente difícil.

Conozco a una mujer que fue abusada, extorsionada, maltratada, y vivió durante años un infierno de parte del que se hacía llamar su esposo. Cuando reunió suficientes fuerzas para marcharse tuvo que enfrentarse a otro calvario, el de las acusaciones y condenas de quienes no habían vivido su situación, pero se arrogaban el derecho a decirle lo que tenía que hacer. Tuvo que alejarse, ser ayudada hasta que estuvo en condiciones de perdonar, aun cuando su exesposo nunca dio muestras de arrepentimiento, ni lo más mínimo, pero entendió que perdonar era parte de su recuperación. Alguna vez me dijo tranquila:

—Lo perdoné, estoy en paz, aunque no quisiera estar con él por ninguna razón. No le deseo mal, pero no lo quiero cerca de mí. Sé que tiene que relacionarse con mis hijos, porque es su padre, pero yo, no le permito más manipulaciones ni agravios.

Lo decía sin ira, tranquila, con la conciencia en paz sabiendo que había hecho todo lo posible para salvar su matrimonio y para que él pidiera ayuda, pero no había sido posible.

Ya dejó de lidiar con gente que la ha juzgado y condenado sin estar en sus zapatos, de hecho, se alejó de la congregación religiosa a la que pertenecía (quién la puede juzgar), y, además, dejó algunos amigos, porque no entendían que perdonar es una cosa y reconciliarse otra, más aún cuando su ex no dio nunca muestras de arrepentimiento y volver con él sería lo mismo, es decir, pan para hoy y hambre para mañana.

El perdón es individual. Es un proceso en el que los demás no tienen que opinar. Nadie tiene derecho a entrometerse en la vida de otra persona, menos si no ha vivido lo que él o ella vivió.

Perdonar

"Si perdonan a otros sus ofensas" (Mateo 6:14).

El perdón no te hace débil ni vulnerable; al contrario, solo las personas fuertes pueden perdonar. Aquellas personas orgullosas que no están dispuestas a flexibilizar ni arriesgarse a vivir de manera distinta simplemente no perdonan. Prefieren quedarse en un estado permanente de dolor, amargura y rabia hacia quienes les han dañado. Pero ¿para qué? En realidad, no obtienen nada de ello. Vivir sin perdón significa vivir esclavizado al dolor.

El perdón produce sanidad mental, ya que libera y permite ver el futuro con esperanza y una actitud proactiva. Aquellos que se niegan a perdonar no pueden disfrutar del privilegio de vivir en paz, ya que el rencor les roba la tranquilidad emocional necesaria para vivir.

Perdonar no es para los débiles, sino para aquellos que han comprendido que, a menos que dejen partir el dolor y alejen a los agresores de sus vidas y mentes, no podrán avanzar. No es una señal de debilidad, sino de fortaleza de espíritu y una actitud esperanzadora.

Quienes perdonan eligen, por encima del dolor, la libertad que otorga el soltar aquello que los mantenía atados al sufrimiento. Perdonar no cambia el pasado, pero le da un sentido totalmente distinto al presente. Es como un amanecer hacia una nueva realidad. Por todo esto, resulta desconcertante encontrarse con personas que optan por no perdonar, ya que conscientemente deciden no permitir que la herida sane y permiten que continúe supurando, convirtiendo el dolor emocional en una gangrena que termina por destruirlo todo.

No se trata de que el agresor salga impune, sino de determinar cuánto poder le darás en tu vida. No perdonar es encadenarse a un muerto y permitir que su olor nauseabundo inunde cada poro de tu existencia.

La mejor forma de enfrentar los agravios es permitir que los agresores se vayan y no dejar que su influencia negativa te contamine. Esto no significa impunidad, sino soltar las ataduras emocionales que te atan a los infractores. Incluso en casos donde no sea posible reparación o justicia, el perdón sigue siendo la única salida para no vivir encadenado a la maldad de otros que no han sabido vivir bajo los principios de una humanidad saludable.

Encadenados a otros

"Entre los débiles me hice débil, a fin de ganar a los débiles"
(1 Corintios 9:22).

Oscar Wilde dijo alguna vez: "Llevamos cadenas invisibles y somos esclavos disfrazados de libres". A menudo, sucumbimos a la tentación de vivir atados y sometidos a la opinión de los demás. Nos limitamos en expresar nuestra verdadera voz y nos preocupamos por no herir susceptibilidades o incomodar a otros, cayendo así en la autocensura.

Manipuladores y personas perversas han distorsionado textos bíblicos, como el famoso concepto del "hermano débil", obstaculizando la libre expresión y la comunicación de la verdad de manera asertiva y sin restricciones. Curiosamente, estos textos han sido utilizados de manera completamente diferente a la intención original de Pablo. Lo que originalmente era una advertencia a la prudencia, se ha convertido en una táctica de manipulación y control, camuflada bajo el eufemismo de la debilidad.

Pablo aborda este tema en 1 Corintios 8. Sin embargo, es lamentable que los versículos en cuestión se lean, como suele ser habitual, sacando frases de contexto y sin considerar el sentido original e intenciones del autor.

El apóstol se refiere a aquellos con una "conciencia débil" (1 Corintios 8:10). ¿A quiénes se refiere? A aquellos creyentes que se han convertido pero que aún están arraigados a las supersticiones de los dioses paganos. Pablo enfatiza que "los ídolos no son nada y que solo hay un Dios" (1 Corintios 8:4).

El apóstol establece que "lo que comemos no nos acerca a Dios; no somos mejores ni peores por comer o no comer" (1 Corintios 8:8), en el contexto de las discusiones sobre los alimentos ofrecidos a los ídolos. En resumen, está indicando que debatir sobre este tema carece de sentido, pero debemos considerar a aquellos con "conciencia débil".

Entonces, ¿a quiénes se refiere Pablo? El apóstol se dirige a los creyentes que aún no han dejado completamente atrás su pasado pagano y que luchan contra él. Para ellos, Pablo solicita paciencia y caridad. Hasta aquí todo parece correcto. Sin embargo, ha surgido una tendencia a sacar estas frases de Pablo de su contexto y aplicarlas a cualquier creyente que se sienta ofendido o incómodo con alguna verdad, algo que el apóstol no está expresando y que va más allá de sus intenciones originales.

DÉBIL

"Débil en la fe" (Romanos 14:1).

En Romanos 14, Pablo vuelve a plantear el tema de los alimentos ofrecidos a los ídolos, contexto en el que llama a los creyentes a discutir con prudencia, y, sobre todo, tolerancia. A quienes denomina "débiles en la fe" son aquellos que aún creen que los ídolos poseen algún poder, como los que prefieren comer sólo verduras antes que carne que haya sido ofrecida a los dioses.

El apóstol hace un llamado a ser prudentes y evitar largas discusiones sin sentido sobre este tema, como suelen sostener muchos que se ocupan en calificar y descalificar a quienes no comparten su forma de alimentarse. Sus palabras resuenan tanto hoy como ayer, pues parece haberlas escrito anoche mismo anticipándose a la terquedad de extremistas incapaces de valorar la moderación. "El que come de todo no debe despreciar al que no come; y el que no come no debe juzgar al que come" (Romanos 14:3), porque a Dios sólo le importa nuestro comportamiento hacia los demás.

Pablo también aborda en este capítulo el tema del día de adoración, instando nuevamente a no discutir ni creerse superiores por considerar un día mejor que otro. "Para uno todos los días son iguales; para otro uno es más que otro" (Romanos 14:5), por lo que cada cual debe mantener su opinión sin imponerla. ¿Cuántos que disputan por este asunto han comprendido que para Pablo lo segundo es insignificante comparado con tratar a los demás con respeto y compasión? ¿Cuántas enemistades se han forjado con la llamada "defensa" de la fe?

Sus enseñanzas siguen siendo pertinentes hoy, pues a pesar del tiempo transcurrido, todavía abundan quienes dividen a los creyentes por cuestiones menores mientras ignoran el llamado paulino a la tolerancia, humildad y mutuo entendimiento. En lugar de juzgar a los demás, deberíamos centrarnos en fortalecer los vínculos de unidad en Jesús a través del diálogo paciente, la empatía y el perdón. Solo promoviendo la armonía entre hermanos mostraremos al mundo el verdadero significado del evangelio, como antídoto contra la separación y la conflictividad que tanto daño causan. Que Dios nos conceda sabiduría para comprender los matices en la fe ajena y así contribuir a la paz entre todos los que amamos a Cristo.

Juzgar

"¿Por qué juzgas a tu hermano? O ¿tú por qué lo menosprecias?"
(Romanos 14:10).

Cuando leo la pregunta formulada por el apóstol Pablo, me planteo lo mismo al observar la actitud de algunos cristianos que insultan con fervor a aquellos que no comparten su fe. Olvidamos lo que Pablo menciona al final de su argumento: "Cada uno de nosotros tendrá que dar cuentas de sí ante Dios" (Romanos 14:12).

Después de varios años, probablemente cansado de aquellos "débiles" que no lograban comprender, ya que son personas que oscilan entre la superstición y la convicción, Pablo escribió que hay individuos a los que les resulta difícil entender, ya que "lo que les entra por un oído les sale por el otro" (Hebreos 5:11). A continuación, agrega: "En realidad, a estas alturas ya deberían ser maestros, y sin embargo necesitan que alguien vuelva a enseñarles las verdades más elementales de la palabra de Dios. Dicho de otro modo, necesitan leche en vez de alimento sólido. El que solo se alimenta de leche es inexperto en el mensaje de justicia; es como un niño de pecho. En cambio, el alimento sólido es para los adultos, para aquellos que tienen la capacidad de distinguir entre lo bueno y lo malo, ya que han ejercitado su facultad de percepción espiritual" (Hebreos 5:12-14).

En otras palabras, y para que se entienda claramente: ¡Maduren de una vez! ¿Hasta cuándo van a comportarse como niños caprichosos? En algún momento deben aprender a ser adultos en la fe y dejar de actuar de forma infantil. Resulta interesante que el apóstol utilice la expresión "ejercitados" en la "percepción espiritual", lo que implica que han estado cómodamente recibiendo enseñanzas sin esforzarse por comprender por sí mismos.

En todas las congregaciones hay "débiles" que, como establece el apóstol, deberían haber crecido, pero continúan voluntariamente en un estado de permanente inmadurez. Son personas que asisten a las iglesias únicamente como espectadores, incapaces de abrir la Biblia por sí mismos y aprender sin participar en grupos de estudio. Viven de temas sensacionalistas y siguen a predicadores que se aprovechan de su incapacidad para nutrirse sólidamente de la palabra. La ignorancia es terreno fértil para manipuladores que se benefician de aquellos que convierten su falta de conocimiento en una virtud, lamentablemente.

Infantes permanentes

"No sean niños en su modo de pensar" (1 Corintios 14:20).

Los llamados "débiles en la fe", que deberían ser maestros que formen a otros, se mantienen en una constante dependencia. No piensan por sí mismos, lo hacen a través de las mentes de los demás. Su frase preferida es: "El pastor X dijo tal cosa", y yo le creo a él. ¿En base a qué? Simplemente, al infantilismo del "me parece", "porque me gusta", "porque es lo que me han enseñado siempre", y otras niñerías similares.

No son capaces de tomar una Biblia, un libro de arqueología, de hermenéutica, de crítica bíblica, de exégesis, de análisis crítico, porque no hay nada más peligroso que quedarse en una zona de confort conocida, sin atreverse a pensar por sí mismos. La verdad es progresiva, no estática. Lo que te enseñaron hace 20 años ha cambiado. Hay nuevas perspectivas y análisis que te sacan de zonas oscuras. Permanecer aferrado a una idea sin cambios es el primer síntoma de empezar a morir y convertirse en una persona "con conciencia débil" que clama: "¡No me traigas una idea nueva! ¡Mi fe podría tambalear!". La tiranía de "los débiles" y de aquellos que tienen "conciencia débil" simplemente está impidiendo el crecimiento de las congregaciones.

El otro día alguien me decía, un tanto molesta:

—Es que no todos han tenido las mismas oportunidades.

—¡Claro! Pero no te quedes solo en eso. Crea tus propias oportunidades. Abre un libro, analiza, estudia, pregunta, asiste a conferencias, escucha a quienes. No te quedes en la mentalidad infantil de "soy débil, por favor, no me digas nada diferente a lo que ya sé". Eso no solo es infantil, es irracional.

Tal como diría Pablo: ¡Basta ya de niñerías! Dejen de alimentarse solo de papillas para bebé y comiencen con alimento sólido. No pueden ser niños de brazos toda la vida. Vivir atados a débiles que se niegan a crecer es simplemente una carga que impide el crecimiento del resto. La debilidad en la fe, especialmente aquella de la que habla Pablo, que consiste en tener un pie en la convicción de Cristo y la otra mitad de la mente en supersticiones pasadas, no ayuda en absoluto al crecimiento.

Sé que a algunos de los que me lean no les agradará esta postura, y a ellos les digo:

—¡Crezcan! No se puede ser niño toda la vida.

Música para el alma

"Se alegrará por ti con cantos" (Sofonías 3:17).

La música tiene el poder de tocarnos el alma, y Slava Kurilov demuestra esto en su álbum debut "Pájaro en la noche". Cada una de las canciones de este álbum nos sumerge en un viaje emocional, con letras que fluyen como plegarias susurradas en la intimidad de la noche y melodías que parecen emanar de lo más profundo de su ser. Kurilov nos invita a una profunda reflexión sobre los anhelos más íntimos del espíritu y el verdadero propósito de la vida, creando un vínculo íntimo con su audiencia.

En "Alas rotas", Slava nos recuerda que, aunque el camino puede ser duro, con fe todo se puede superar. Sus palabras nos dan fuerzas para enfrentar los desafíos que presenta la vida. En "Faro en la noche", nos reconforta al asegurarnos en un suspiro que, sin importar cuán oscura esté la noche, el amor es la luz que nos guía. Esos nos recuerdan que, en los momentos difíciles, siempre hay una chispa de luz para iluminar nuestro camino.

Cada una de sus canciones nos transporta a un mundo de significado más profundo. Cuando canta "déjame ser el barro en tus manos" en "Alfarero divino", es imposible no recordar Jeremías 18, que simboliza la transformación y la capacidad de Dios para moldearnos a su imagen. En "Río de lágrimas", Slava se lamenta con desconsuelo por haber perdido su rumbo, pero siempre parece vislumbrar un halo de esperanza, porque sabe en lo más profundo de su ser que, con Dios a su lado, la calma volverá.

El mensaje de Slava Kurilov es edificante y aleccionador para el creyente. Invita a la introspección y a fortalecer la fe en los momentos de crisis. Su voz es un bálsamo que sana y reconforta al atribulado. Al escuchar sus canciones con atención, nos dejamos motivar por su ejemplo de entrega total en las manos del Creador. Cada nota y cada palabra nos envuelven en una calidez reconfortante, renovando nuestra esperanza en el mañana.

En una sociedad llena de incertidumbre y desafíos, la música de Slava Kurilov nos recuerda que no estamos solos en nuestras pruebas y tribulaciones. Nos recuerda que hay una mano amiga que nos sostiene y una luz que ilumina nuestro camino, si tan solo abrimos nuestros ojos y corazones para recibir su guía. Su música nos invita a un encuentro íntimo con lo divino, a conectarnos con algo más grande que nosotros mismos y a encontrar consuelo en medio de las tormentas de la vida.

Todos somos libres

"Ustedes han sido llamados a ser libres" (Gálatas 5:13).

Nelson Mandela se encontraba recluido en su celda de prisión, rodeado de muros que parecían estrecharse a su alrededor. A pesar de su propia situación difícil, Mandela no se enfocaba en su propio sufrimiento, sino en el sufrimiento de los demás. En su interior, estaba convencido de que la libertad no podía lograrse únicamente a través de cambios legislativos, sino mediante una transformación en la mentalidad humana.

En ese momento, escuchó los pasos de un guardia que se acercaba para realizar su ronda nocturna. Mandela se preparó para encontrarse con un hombre desalentado, pero en lugar de eso, percibió una chispa de compasión en los ojos del guardia. Ambos se miraron fijamente y, por un instante, las barreras que los separaban parecieron diluirse. Mandela habló con suavidad, pero con determinación: "Todos somos libres o todos somos esclavos".

El guardia quedó impactado por la profunda verdad que emanaba de Mandela. De repente, dejó de ver a Mandela como un enemigo y lo reconoció como un alma afín que luchaba por la dignidad y la justicia de todos. En ese preciso momento, algo cambió entre ellos. Se percibieron no como adversarios, sino como aliados en la lucha por la justicia.

Esa noche, sembraron una semilla de comprensión que germinaría con el tiempo. Mandela emergió fortalecido gracias a su fe en afrontar las adversidades con compasión. Su ejemplo continúa inspirando a las futuras generaciones en su lucha por todo tipo de libertades. Con firmeza y amor, logró vencer la injusticia que oprimía a su nación.

Mandela comprendió que la libertad no podía alcanzarse únicamente mediante la fuerza, sino también a través de la compasión y el entendimiento. En la oscuridad de la noche, encontró la paz y la fortaleza necesarias para enfrentar el odio con amor y expresar la verdad sin temor. Su ejemplo es un constante recordatorio de que la libertad requiere un cambio en los corazones de las personas, no solo en las leyes.

Mientras el guardia se alejaba, Mandela se dio cuenta de que había sembrado una semilla de esperanza en el corazón del guardia. Aunque desconocía cuándo ni cómo germinaría, estaba seguro de que algún día se vería el fruto de su fe y compasión.

Vida oculta

"Hagamos un examen de conciencia" (Lamentaciones 3:40).

La película "Vida oculta", escrita y dirigida por Terrence Malick en 2019, nos presenta el poder inspirador de vivir fiel a nuestras convicciones, incluso cuando eso implica sacrificios significativos. La conmovedora historia de Franz Jägerstätter, quien se resistió a luchar por los nazis a pesar de enfrentar la cárcel, el rechazo social e incluso la muerte, sirve como un impactante recordatorio de la importancia de seguir el camino correcto, aunque no sea nada fácil.

Franz, a pesar de llevar una vida sencilla y feliz con su familia —su esposa y sus tres hijas— y su madre en las montañas de Austria, entendió que existen causas más grandes que uno mismo. Su firme creencia de que luchar por el régimen nazi era moralmente incorrecto no se tambaleó ante ninguna presión externa. Franz eligió valientemente el camino correcto, recordándonos a todos que debemos tener el coraje de defender la justicia, pase lo que pase.

En la sociedad actual, solemos evitar confrontar la injusticia y nos dejamos llevar por la corriente. Sin embargo, la historia de Franz nos insta a tener la valentía de defender lo que es correcto, incluso cuando el mundo está en nuestra contra. Su sacrificio muestra que una persona puede marcar la diferencia si se mantiene fiel a sus principios.

El camino correcto, especialmente cuando enfrentamos oposición, demanda una fortaleza interior inmensa. Franz encontró esa fortaleza en sus profundas convicciones religiosas y morales. Todos tenemos una brújula moral interna que debemos cultivar y seguir, incluso si nos lleva al "sacrificio feliz", como Franz lo llamó.

Al final, Franz entendió que la vida se trata de contribuir al bien mayor, no solo de uno mismo. Como dijo el escritor George Eliot: "Porque el bien creciente del mundo depende en parte de actos al margen de la historia y que las cosas no nos vayan tan mal a ti y a mí como pudiera haber ocurrido, se debe en parte a los que vivieron fielmente una vida oculta y descansan en tumbas que nadie visita". La historia de Franz nos desafía a preguntarnos: ¿estamos dispuestos a hacer lo correcto pase lo que pase? Si más personas encuentran esa fortaleza interior, el mundo sería un lugar mejor.

Nacer desde el fanatismo

"A las niñas déjenlas vivir" *(Éxodo 1:22 DHH).*

Han pasado los años desde aquel fatídico día en que la vida de Malala Yousafzai quedó pendiendo de un hilo luego de ser atacada por un grupo extremista por abogar por la educación de las niñas en su Pakistán natal. Sus atacantes jamás imaginaron que, tras sobrevivir milagrosamente a ese disparo, su historia se elevaría como un símbolo mundial de valentía y esperanza que tocaría las vidas de muchos.

Los largos y difíciles meses de recuperación física y emocional tras el intento de asesinato pusieron a prueba los cimientos de su todavía frágil pero indestructible espíritu. Desde su cama de hospital, recibió cientos de miles de mensajes de apoyo que avivaron aún más su convicción en el poder transformador de las personas dispuestas a arriesgarlo todo por causas justas. Los médicos observaban con asombro su férrea voluntad de volver a caminar y hablar a pesar de enfrentar enormes desafíos en su recuperación.

Una vez completamente recuperada, Malala comprendió que su lucha ya no era una batalla personal sino colectiva. Encarnaba la promesa de millones de niñas alrededor del mundo privadas de su derecho a la educación. Con energías renovadas, retomó su poderoso activismo ahora desde las más importantes plataformas internacionales, inspirando a multitudes con el poderoso mensaje de sus palabras.

Poco a poco, su incansable labor dio sus frutos deseados. Donde las tinieblas habían echado raíces, las niñas de Pakistán podían estudiar con seguridad. Y distinciones legendarias como el Premio Nobel coronaron una vida que, a pesar de su corta edad, se erigió como una defensora mundial de una educación inclusiva.

El legado de Malala continúa cruzando fronteras e instándonos a luchar con valentía por justicia e igualdad de oportunidades que abarque a todas las personas. Su historia es un conmovedor testimonio del poder transformador inherente a cada acto heroico impulsado por el amor a la dignidad humana. A través de todo, su espíritu indomable ha servido de luz para muchos en el mundo que luchan por el derecho a aprender y prosperar.

Algunos se quejan cuando tienen que asumir sus tareas escolares, sin entender el privilegio que gozan.

La parálisis no lo detuvo

"Se reviste de fortaleza y con ánimo se dispone a trabajar"
(Proverbios 31:17).

La vida de Stephen Hawking, uno de los científicos más importantes del siglo XX, demuestra la grandeza del espíritu humano. Diagnosticado con ELA a los 21 años, una enfermedad terminal, nunca se dejó vencer por su diagnóstico. A pesar de que los médicos le dieron poco tiempo, decidió dedicar sus días a la investigación científica en la Universidad de Cambridge. Con una inteligencia brillante y un esfuerzo incansable, realizó contribuciones fundamentales en mecánica cuántica, relatividad y física de agujeros negros que asombraron al mundo.

Con el paso de los años, la enfermedad fue paralizando su cuerpo de forma progresiva, pero su mente permaneció inquieta y productiva utilizando computadoras para comunicarse. Autor de bestsellers de divulgación científica que vendieron millones de ejemplares en todo el mundo, supo conquistar al público con su capacidad para simplificar conceptos complejos. De esta forma, trascendió el mero pronóstico sobre su diagnóstico y se convirtió en una encarnación viviente del triunfo del espíritu sobre la adversidad.

Con una voluntad férrea, Hawking desafió cualquier pronóstico al sobrevivir más de 50 años, superando ampliamente la esperanza de vida que le habían dado. Mientras su cuerpo se apagaba gradualmente, su cerebro no dejó de generar ideas revolucionarias que cambiaron nuestra comprensión del cosmos. Incluso en su lecho de muerte, continuó compartiendo la esencia de su mensaje: el potencial humano es ilimitado cuando se enciende la chispa de la curiosidad y la determinación.

La vida de Hawking nos recuerda que la verdadera fortaleza no reside en las capacidades físicas, sino en la voluntad. A pesar de los estragos causados por su enfermedad, se negó a dejar que nada se interpusiera en la utilización de su brillante mente para ampliar los límites del conocimiento. A través de sus extraordinarias contribuciones científicas y su capacidad para encender la pasión por el aprendizaje en los demás, dejó una huella imborrable en el mundo. Su historia, enfocada no en lo que no podía hacer sino en lo que sí, revive la resiliente capacidad del espíritu humano para sobreponerse a todos los obstáculos. La próxima vez que te desanimes, piensa en su ejemplo..

Los pájaros errantes

"Al recordar el pasado, me dejo llevar por la nostalgia"
(Salmo 42:5).

Inspirado en el poema del arquitecto y escritor chileno "Los pájaros errantes", pensé en mi niñez, acompañando a los pescadores en mi Iquique natal. Estar al lado de los silenciosos pescadores durante las frías tardes otoñales me enseñó una lección sobre la fortaleza del espíritu humano. A pesar de las duras condiciones y el cansancio físico de su labor, mantenían una serenidad y determinación admirables. A pesar del grisáceo paisaje y la inminente oscuridad de la noche, no se dejaban abatir.

Su ejemplo me enseñó que el verdadero valor radica en la perseverancia ante las dificultades y la entereza frente a las inclemencias de la vida. Así como ellos día tras día salían al mar dispuestos a enfrentar sus retos, debemos afrontar los nuestros con valentía y tesón. No importan las tormentas que se desaten sobre nosotros o la oscuridad que parezca cernirse, debemos mantener la fe en nosotros mismos y en nuestra capacidad de superación.

Al igual que las aves migratorias, de las cuales habla Prado, que se dirigen decididas hacia el norte a pesar de la larga travesía y la falta de visibilidad por la noche, debemos trazar nuestro rumbo con determinación y seguirlo sin vacilar. Así como su canto las mantiene unidas a pesar de la distancia, debemos fortalecernos con el apoyo mutuo y la comunión de propósitos. Del mismo modo que los pescadores velaban en comunidad el sueño de los mares, debemos velar los unos por los otros y por nuestros ideales colectivos.

La lección más importante que saqué de la experiencia fue darme cuenta de que la verdadera fuerza emana de dentro, del dominio del espíritu sobre las vicisitudes. En momentos de debilidad física, mi deber era también conservar la serenidad y la esperanza que me inspiraban aquellos hombres curtidos por el mar. Solo desde la entereza moral podemos afrontar cualquier reto. Esta certeza es la que nos permitirá alcanzar nuestras metas contra viento y marea. Como los pescadores y las aves migratorias, conviene seguir adelante confiados en nosotros mismos y en la solidaridad con los demás. Es la única manera de triunfar. No hay excusas, vivir no se trata de buscar atajos, sino de atrevernos a imitar a los pájaros errantes que avanzan en la oscuridad.

Nosotros, los de antes

"Nada existe que no haya existido antes, y nada existirá que no exista ya" (Eclesiastés 3:15).

Pablo Neruda, escribió: "Nosotros, los de antes, ya no somos los mismos". Eso nos lleva a pensar en cuánto ha cambiado desde nuestra forma de mirar el mundo. Los años, como el mar con sus olas, han ido moldeando nuestras vidas. Lo que una vez nos parecía inmutable ahora se desvanece en la marea del tiempo, y nuevas perspectivas van emergiendo dentro de nosotros, lentamente, como conchas que aparecen en la orilla del mar.

Ya no nos conformamos con una visión superficial. Ahora nos sumergimos en lo que nos rodea, agudizando nuestros sentidos para captar nuevos significados. Aquello que antes juzgábamos a la ligera, hoy lo ponderamos con experiencia adquirida. Los ideales que nos guiaban en tiempos pasados se enfocan con una nueva nitidez, libres de ilusiones; sabemos distinguir lo esencial de lo accesorio con una sensibilidad templada por sinsabores.

El paso de los años no solo desgasta, también pule. Aquello que en otro tiempo considerábamos definitivo, ahora lo contemplamos en su justa dimensión: como parte de un camino siempre por recorrer. Ya no nos aferramos a verdades incuestionables, pues hemos aprendido a convivir con la duda y la flexibilidad. Aquello que resiste la prueba del tiempo es aquello que se renueva constantemente, abriéndose a lo imprevisto.

Nosotros, ya no nos contentamos con simplemente observar: buscamos comprender. No basta con concebir ideales, ahora exigimos materializarlos. A medida que avanzamos por el largo sendero de la vida, no solo hemos enriquecido nuestro conocimiento, sino que también hemos cultivado nuestra capacidad de asombro. Cada nuevo amanecer sigue pareciéndonos un milagro. Es ese espíritu inquieto e indómito el que nos impulsa a seguir progresando constantemente, a trascender los límites de lo alcanzado y adentrarnos siempre en nuevos territorios.

Somos exploradores del infinito, navegantes de los mares del pensamiento y artífices de nuestro propio destino. Nos hemos transformado en seres más conscientes, más sensibles y abiertos al cambio. Nos hemos convertido en testigos del flujo de la vida, en danzantes en el ritmo de la existencia. Nosotros, los de antes, ya no somos los mismos, pero somos mejores, dispuestos a enfrentar los desafíos que el mundo nos presente.

Solo el que ama

"El malvado pagará por el justo, y el traidor por el hombre intachable" (Proverbios 21:18).

En su libro *Contra el fanatismo*, el escritor israelí Amos Oz escribió: "Solo el que ama puede convertirse en traidor. Traición no es lo contrario de amor; es una de sus opciones. Traidor —creo— es quien cambia a ojos de aquellos que no pueden cambiar y no cambiarán, aquellos que odian cambiar y no pueden concebir el cambio, a pesar de que siempre quieran cambiarle a uno. En otras palabras, traidor, a ojos del fanático es cualquiera que cambia. Y es dura la elección entre convertirse en un fanático o convertirse en un traidor. No convertirse en fanático significa ser, hasta cierto punto y de alguna forma, un traidor a ojos de fanático" (Oz, 2011, 20).

El fanatismo enceguece, encadena y deshumaniza. El fanático ve el mundo en blanco y negro, amigo o enemigo, bueno o malo. Para él, cuestionar sus creencias es una traición imperdonable. No aceptan que alguien decida en contra de sus propias ideas anteriores. El cambio, simplemente, les repugna.

Pero el cambio es parte de la vida. Crecer significa cuestionarnos, aprender, evolucionar. Si abrazamos el cambio, el fanático nos verá como traidores.

¿Debemos entonces convertirnos en fanáticos para evitar la mirada acusadora? Ese camino sólo nos llevaría a perder la capacidad de pensar y amar libremente. Seríamos prisioneros de dogmas que nos separan de la humanidad.

La salida es resistir el embrujo del fanatismo con coraje y compasión. Podemos disentir sin odiar, evolucionar sin traicionar nuestros valores. Se puede ser firme en las convicciones sin ser ciego ante la verdad.

Que nuestra brújula sea siempre la búsqueda de humanidad compartida. Mantengamos viva la capacidad de escuchar, dialogar y tender puentes. Luchemos contra ideas, no contra personas.

Si el precio de crecer es ser llamado traidor por aquellos atrapados en el pasado, que sea. No somos lo que los fanáticos dicen que somos, sino lo que nuestra conciencia sabe que somos. Sigamos creciendo guiados por la verdad, la justicia y el amor. Ese es el camino para crear un mundo donde quepan muchas verdades y entren todos.

Chejov o Shakespeare

"¿Qué tienes contra mí, que has venido a hacerle la guerra a mi país?" (Jueces 11:12).

Mientras escribo estas palabras, se desarrolla un nuevo conflicto entre Israel y Palestina, y me vienen a la mente las sabias palabras del escritor israelí Amos Oz. En una entrevista hace años, él dijo: "El conflicto israelí-palestino ha sido una tragedia, un choque entre una reclamación muy poderosa, muy convincente, muy dolorosa sobre esta tierra y otra reclamación no menos poderosa y convincente. Ahora, tal choque entre reclamaciones justas puede resolverse de dos maneras. Está la tradición de Shakespeare de resolver una tragedia con el escenario cubierto de cadáveres y se impone una justicia de algún tipo. Pero también está la tradición de Chejov. En la conclusión de la tragedia de Chejov, todos están decepcionados, desilusionados, amargados, descorazonados, pero vivos. Y mis colegas y yo hemos estado trabajando, tratando... no de encontrar un final feliz y sentimental, un amor fraternal, una luna de miel repentina para la tragedia israelí-palestina, sino un final chejoviano, que significa un compromiso con los dientes apretados".

Las palabras de Oz resuenan con más fuerza hoy. Al igual que él, veo este conflicto como una tragedia que enfrenta reclamos legítimos de ambos lados. La violencia solo ha dejado dolor y destrucción a su paso; es hora de buscar una solución más positiva. Para lograrlo, debemos dejar de ver al otro como enemigo y contemplar sus sufrimientos con empatía. Podemos defendernos sin deshumanizar y lograr avances con voluntad y flexibilidad, no a punta de fusil. Eso implica un poco, solo un poco, de humildad para reconocer en el otro la calidad de humano. Cuando eso no se hace, entonces, no hay avance posible. Cada facción se fosiliza en una posición sin ceder ni un ápice, y solo intentando destruir a la otra parte.

Sé que después de tantos años de derramamiento de sangre, la reconciliación parece ingenua. Pero la historia nos enseña que la espiral de odio es interminable si no ponemos un alto cooperando. Debemos imaginar un futuro diferente, inspirados en la esperanza de paz que Oz representaba. Solo dialogando y haciendo concesiones podremos salir de esta tragedia y escribir el destino de nuestros pueblos con nuevas páginas de tolerancia. Juntos podemos lograr un final "chejoviano" de compromiso, no uno "shakesperiano" de lamentos y sufrimiento.

La búsqueda de la verdad

"En presencia de ellos leyó todo lo que está escrito" (2 Reyes 23:2b).

La vida del gran investigador ruso Yuri Knórosov demuestra el poder de la perseverancia en la búsqueda de la verdad. A pesar de enfrentar limitantes políticas y académicas durante su carrera, él supo mantener su compromiso con el estudio de las antiguas culturas mesoamericanas de forma desapasionada y holística. Gracias a su visión integral del conocimiento y su férrea dedicación, logró descifrar la escritura maya sin siquiera haber visitado el continente americano. Se sirvió de la paciencia, y el trabajo ordenado y constante.

Knórosov comprendió desde temprano que para dilucidar misterios del pasado se requiere contextualizar los hallazgos históricos y culturales. Por ello creó una teoría de semiótica étnica que trascendía el análisis de símbolos aislados. Esto le permitió desentrañar las claves de una de las más complejas lenguas escritas de la antigüedad, como era la escritura maya. Sin embargo, su enfoque de respeto a las culturas nativas lo llevó a enfrentar la resistencia de los dogmas impositivos de su época, que se arrogaban el derecho a interpretar, sin comprender los aspectos contextuales.

A través de décadas de paciente labor investigativa, fue ganándose un merecido reconocimiento por sus aportaciones a diversas ramas del saber, como su teoría de la comunicación. No obstante, también enfrentó críticas y escepticismo hacia sus ideas que se conformaban con lo que se sostenía en su época. Aun así, él permaneció fiel a su convicción de estudiar los pueblos del pasado desde una perspectiva humanista, intentando comprender su espíritu más que rotular su legado desde una visión paternalista y con tinte colonialista.

La biografía de Knórosov es inspiradora, pues denota que la devoción a una causa trasciende cualquier circunstancia. Pese a desafíos políticos y sus propias limitaciones en viajar a las culturas que amaba, él consiguió dilucidar uno de los mayores enigmas de la arqueología. Hoy su legado sigue guiando a nuevas generaciones a explorar el pasado con mente abierta y con empatía cultural. Su visión del conocimiento como algo integral que une a la humanidad es muy relevante en tiempos de creciente división. Knórosov sin duda fue un genio adelantado a su época, que sirve de inspiración para las generaciones actuales.

Sin pies, pero con esfuerzo

"Todo esfuerzo tiene su recompensa" (Proverbios 14:23).

La vida pone a prueba nuestra determinación de seguir adelante incluso en las circunstancias más difíciles. Carlos Alcántara Gutiérrez, ciudadano mexicano, es un claro ejemplo de resiliencia que nos inspira a nunca rendirnos.

Tras perder sus pies en un trágico accidente cuando intentaba cruzar la frontera entre México y EE.UU., Carlos pudo haberse hundido en la desesperanza. Sin embargo, su espíritu fuerte le permitió sobreponerse al dolor y trazar un nuevo camino. Gracias a la bondad de extraños, luego de ser atendido en un hospital de Estados Unidos, logró regresar a México y rehacer su vida junto a su pequeño hijo.

Con creatividad y tesón, Carlos encontró la manera de seguir caminando apoyado en sus rodillas. Sin dejarse limitar por su discapacidad, salió adelante trabajando arduamente para sacar a su familia a flote. Su hijo pudo estudiar en la Universidad y convertirse en maestro gracias a su perseverancia.

La actitud positiva de Carlos es conmovedora. A sus 64 años, sigue viendo la vida con esperanza, gratitud y alegría. Su sonrisa mientras camina lento pero seguro por las calles de Chihuahua es un testimonio de la fuerza del espíritu humano.

Nos recuerda que rendirse nunca es una opción. Las circunstancias pueden cambiar en un instante, pero si mantenemos la fe, hallaremos la manera de reinventarnos. No importa cuán profunda sea la tormenta, siempre llega la calma si no perdemos de vista la luz de la esperanza. Trabajando, soñando y perseverando.

La historia de Carlos es una lección de coraje, resiliencia y sentido de la vida. Su tenacidad para salir adelante pese a la adversidad demuestra que somos capaces de mucho más de lo que creemos. Si él pudo, nosotros también. No hay excusa que valga para no luchar por nuestros sueños. Bajar los brazos y dejarse estar es algo que no sirve. Basta el ejemplo de Carlos, que es todo un ejemplo de vida.

Debemos inspirarnos por la valentía de enfrentar los retos con optimismo. Abramos los ojos cada mañana agradecido por un nuevo día lleno de posibilidades. Comencemos cada jornada con decisión y pasión. Solo así podremos escribir una biografía extraordinaria como la de Carlos Alcántara.

Mujer ejemplar

"Mujer ejemplar, ¿dónde se hallará? ¡Es más valiosa que las piedras preciosas!" (Proverbios 31:10).

La historia de Ada Lovelace nos demuestra que no existen límites cuando poseemos determinación y convicción. Nacida en 1815 en una sociedad que infravaloraba las capacidades intelectuales femeninas, Ada desafió los prejuicios de la época dedicándose apasionadamente a las matemáticas y a la informática que estaba aún en ciernes.

Su fascinación por comprender el mundo a través de fórmulas y modelos la llevó a visualizar el futuro de la computación décadas antes de la aparición de las primeras computadoras. Cuando el ingeniero Charles Babbage ideó la "máquina analítica", un antecesor mecánico de las computadoras, Ada fue capaz de entender su potencial mejor que nadie.

En una muestra visionaria de ingenio, Ada diseñó el primer algoritmo de la historia pensado para ser ejecutado por una máquina. Sus profundos aportes a un campo dominado por hombres la convirtieron en la primera programadora de la era moderna, ganándose el título de "Madre de la programación".

Ada nos enseña que la curiosidad y la perseverancia pueden más que los prejuicios sociales. Su mente brillante expandió los límites de lo posible e inspiró a generaciones de mujeres a ingresar al mundo de la ciencia y la tecnología.

Su historia nos recuerda que nunca debemos subestimar nuestro potencial por más limitantes que sean las circunstancias. Cuando creemos firmemente en nosotros mismos y nos desafiamos a ir más allá, ningún obstáculo es insalvable.

Si ella logró tanto en una época adversa, imaginemos lo que podemos alcanzar en la actualidad. Su legado invita a perseguir nuestra vocación con audacia, imaginar lo imposible e innovar sin límites. Si nos apasiona, se puede. Como dijo Ada, "Todo lo que la mente humana puede crear y concebir es alcanzable".

Ada Lovelace es ejemplo de que la genialidad y la creatividad no conocen género. Su visión de futuro cambió la ciencia para siempre. Ella nos inspira a usar nuestros talentos para imaginar lo imposible y expandir los límites de la realidad. Demuestra que la innovación nace de mentes audaces que se atreven a desafiar el statu quo. Seamos como Ada, soñemos sin límites y hagamos realidad lo extraordinario. Si ella pudo, nosotros también.

En territorio extraño

"Perseverarán con paciencia en toda situación" (Colosenses 1:11).

La historia de Edith Clarke ejemplifica el poder de la perseverancia para alcanzar nuestros sueños, por ambiciosos que parezcan. En una época donde la ingeniería se consideraba territorio exclusivo de los hombres, Edith desafió prejuicios y se abrió camino gracias a su talento.

Ingresó a una prestigiosa universidad para estudiar ingeniería eléctrica, convirtiéndose en la primera mujer en lograrlo en los Estados Unidos. Pero sus retos no terminaron ahí. Tuvo que enfrentar el escepticismo y la subestimación de quienes no confiaban en las capacidades de una mujer en un campo dominado históricamente por hombres.

Lejos de rendirse ante la adversidad, Edith demostró su valía a base de conocimientos, creatividad y una voluntad de hierro. Superó todas las pruebas académicas con excelencia y se graduó con honores. Luego, patentó innovadoras herramientas como la calculadora gráfica que facilitaron el análisis de sistemas eléctricos complejos, sentando las bases de la ingeniería eléctrica moderna.

Sus visionarios aportes abrieron camino para que más mujeres ingresaran a las ciencias y la ingeniería. Edith Clarke derribó barreras de género y se convirtió en fuente de inspiración con su historia de éxito.

Su trayectoria nos enseña que cuando estamos convencidos de nuestro potencial, no hay límites que no podamos superar. Su férrea determinación para convertirse en ingeniera pionera en un mundo de hombres marcó un hito que empoderó a generaciones futuras.

Su historia es una inspiración para perseguir nuestros sueños con valentía, por difíciles que sean los desafíos. Cuando enfrentamos la adversidad con coraje, inteligencia y creatividad, podemos alcanzar grandes logros.

Es preciso seguir el ejemplo de Edith Clarke. Atrévanse a ingresar en terrenos inexplorados, persigan sus vocaciones con convicción. No se dejen limitar por prejuicios ajenos, confíen en ustedes mismos. La fuerza de voluntad todo lo puede. Como dijo Clarke, "no hay un camino fácil, pero si uno quiere ser ingeniero, lo difícil no importa". Hoy, sigue siendo real el tema, muchas mujeres necesitan esforzarse mucho más.

Un wifi de origen femenino

"Lo he llenado del Espíritu de Dios, de sabiduría, inteligencia y capacidad creativa" (Éxodo 31:3).

La vida de Hedy Lamarr demuestra que la creatividad y la inventiva no conocen límites cuando poseemos la convicción para transformar nuestras ideas en realidad. Nacida en 1914 en Austria, Lamarr fue una famosa actriz de Hollywood, pero también una brillante inventora autodidacta adelantada a su época.

En plena Segunda Guerra Mundial, Lamarr concibió una revolucionaria tecnología de comunicación inalámbrica para guiar misiles que evitaba su interferencia. Basada en un novedoso sistema de espectro ensanchado, su invento allanó el camino para el desarrollo de tecnologías como WiFi, GPS y Bluetooth décadas después.

Aunque su genial contribución fue desdeñada en su época, hoy Lamarr es ampliamente reconocida como una visionaria pionera de la tecnología. Su fascinante historia nos demuestra que la creatividad puede florecer en los lugares menos esperados. Una glamorosa actriz transformó la historia de la ciencia con su mente prodigiosa.

Lamarr nos inspira a atrevernos a pensar diferente. Su tenacidad para crear pese a la incomprensión de su entorno es una poderosa lección sobre la fuerza de nuestras convicciones.

Su trayectoria nos recuerda que los sueños más disruptivos pueden cambiar el mundo. Lamarr convirtió una idea radical en ciencia real, y hoy somos herederos de su extraordinaria visión.

Como dijo esta pionera, "las ideas son libres y pertenecen a quien las sueña". Es importante soñar sin límites, y dar rienda suelta a nuestra creatividad. Innovación significa desafiar lo convencional y explorar territorios inéditos.

Su genialidad transcendió la actuación y cambió al mundo de forma insospechada. Su mente era un tesoro de inventiva. Es preciso descubrir el tesoro que llevamos dentro, la necesidad de liberar todo nuestro potencial transformador.

Si Lamarr pudo pasar de las pasarelas a la ciencia de cohetes, todo es posible. Su vida integra glamur y genialidad, recordándonos que podemos brillar de mil maneras. Atrevámonos a ir a todas partes, transformemos nuestra realidad y la de los demás. ¡El futuro nos espera! Si es que nos atrevemos a soñar.

LAS ROSIES

"Sabiduría e inteligencia extraordinarias" (1 Reyes 4:29).

La extraordinaria historia de las "Top Secret Rosies" nos revela cómo grupos anónimos pueden lograr conquistas que cambian el mundo. Ellas fueron seis talentosas matemáticas que en 1942 programaron el ENIAC, el primer computador electrónico, para el ejército estadounidense.

Betty Snyder Holberton, Jean Jennings Bartik, Kathleen McNulty Mauchly Antonelli, Marlyn Wescoff Meltzer, Ruth Lichterman Teitelbaum y Frances Bilas Spence conformaron este equipo secreto reclutado tras el ataque a Pearl Harbor en la Segunda Guerra Mundial.

Pese a carecer de experiencia previa en computación, estas brillantes mujeres lograron dominar una tecnología completamente nueva y sentaron las bases de la programación moderna con su trabajo pionero. Demostrando extraordinaria dedicación, creatividad y pasión, superaron todos los desafíos que se les presentaron.

La genial contribución de las "Rosies" permaneció oculta por décadas debido a los prejuicios de la época contra las mujeres. Pero su legado perdura hasta nuestros días en cada línea de código escrita. Su historia nos enseña que no hay límites cuando la inteligencia y la determinación se unen para materializar una visión.

Ninguna conquista monumental es fruto de individuos aislados, sino de la sinergia de grupos humanos diversos aunando esfuerzos por un sueño compartido. Las Rosies encarnan el extraordinario poder colectivo de mentes inquietas que se niegan a aceptar lo imposible.

La próxima vez que usemos un smartphone o naveguemos por internet, recordemos a estas pioneras anónimas cuyo ingenio transformó la tecnología para siempre. Que su legado nos inspire a unir talentos para alcanzar juntos metas que nos parecen inalcanzables. Como alguien dijo: "el talento no tiene género, solo oportunidades".

Lo que lograron las Rosies en tiempos adversos demuestra que la innovación florece cuando hay espíritus apasionados dispuestos a dar ese salto creativo hacia lo que no se conoce. Es preciso atreverse. Es preciso romper barreras, inspirar el cambio, y transformar realidades.

Las causas correctas

"Tendrás éxito en todo lo que emprendas, y en tus caminos brillará la luz" (Job 22:28).

La historia de Joan Clarke (1917-1996) es un poderoso testimonio de cómo la pasión, la dedicación y la resiliencia pueden superar cualquier barrera impuesta. A pesar de los desafíos que enfrentó como mujer en una época de desigualdad de género, desempeñó un papel fundamental en la victoria de la Segunda Guerra Mundial.

Desde temprana edad, Clarke demostró un talento excepcional para las matemáticas, y decidió formarse en esta disciplina de manera autodidacta. A pesar de que muchos subestimaron su capacidad debido a prejuicios de género, ella sabía que podía aportar con sus habilidades, aun siendo mujer y pese a las dudas que su entorno había sembrado en ella. Con tenacidad, logró ingresar a Bletchley Park, donde trabajó codo a codo con Alan Turing (1912-1954), uno de los genios modernos, que logró descifrar los mensajes encriptados de los alemanes en la Segunda Guerra Mundial.

Su labor analítica resultó vital para desentrañar los secretos del código Enigma. A pesar del agotador trabajo y de vivir en una cultura dominada por hombres, Joan Clarke sentó las bases para la solución criptoanalítica más importante de la contienda. Su ingenio matemático salvó innumerables vidas aliadas y de civiles que por esa razón sobrevivieron.

Más allá del merecido reconocimiento oficial que recibió, la historia de Clarke nos enseña que no hay límites para el potencial humano cuando se actúa con vocación y constancia. Ella rompió barreras en un campo dominado por hombres y demostró que las habilidades deben ser valoradas intrínsecamente.

Su ejemplo adquiere aún más relevancia en la actualidad, cuando todavía queda camino por recorrer hacia la igualdad. Las nuevas generaciones deben admirar su fortaleza y resiliencia ante la adversidad. Este tipo de historias deben contarse, para que las nuevas generaciones sean inspiradas.

Clarke dejó en claro que solo debemos escuchar la voz interior de nuestra vocación. Cuando la pasión guía nuestros pasos, es posible lograr grandes cosas que trascienden cualquier preconcepto. Ella abrió camino para las futuras mujeres y su historia siempre será una inspiración para soñar en grande.

Wonder

"Siempre humildes y amables, pacientes, tolerantes unos con otros en amor" (Efesios 4:2).

La novela Wonder en inglés, traducida al castellano como *La lección de August* y escrita por Raquel Jaramillo Palacio en 2012, nos presenta la conmovedora historia de August Pullman, quien nos enseña lecciones sobre la importancia de la tolerancia, el respeto a la diversidad y la bondad. A pesar de enfrentarse al rechazo debido a su apariencia física desde muy joven, August demostró una valentía y determinación admirables.

Cuando comenzó la escuela primaria, August se adentró con coraje en un ambiente lleno de incertidumbre. No fue fácil ganarse un lugar entre sus compañeros debido a los prejuicios, pero él perseveró en su objetivo de crecer como persona e interactuar con otros niños a través de su esfuerzo y buenas acciones. Los primeros días de clases fueron particularmente difíciles para él, se sentía solo y aislado durante los recreos. Sin embargo, su deseo de hacer amigos era más fuerte que el miedo al rechazo. Poco a poco comenzó a acercarse a otros niños de su salón, aunque no todos estaban dispuestos a aceptarlo.

Esta historia nos invita a reflexionar sobre la importancia de alejarnos de las superficialidades y aprender a valorar lo que hay dentro de cada ser humano. En una sociedad que a menudo prioriza las apariencias físicas, August nos recuerda la gran lección de enfocarnos en cultivar nuestro carácter, sensibilidad y capacidad de empatía.

A pesar de enfrentar rechazo, burlas y momentos de soledad, August se sobreponía gracias a su coraje y convicciones. Con el tiempo, sus cualidades internas le permitieron establecer conexiones sinceras con aquellos que lo trataban con respeto, más allá de los prejuicios. Uno de los amigos que encontró fue Julián, quien a pesar de las diferencias pudo ver más allá de su apariencia.

Su ejemplo fomenta una mirada compasiva e inclusiva. Solo a través de la promoción de valores como la tolerancia y la solidaridad podremos construir un entorno donde todas las personas encuentren su lugar. August demuestra que es posible superar la adversidad. Es una lección que todos debemos aprender, no importa cuál sea nuestra apariencia, los valores superiores del carácter deben primar.

Nada nuevo bajo el sol

"No hay nada nuevo bajo el sol" (Eclesiastés 1:9b).

La historia de Ángela Ruiz Robles es un ejemplo inspirador de cómo una persona con visión, determinación y trabajo duro puede lograr grandes cosas a pesar de las adversidades. Nacida en 1895 en una España rural, tuvo que enfrentarse a múltiples barreras propias de su época como mujer e inventora. Sin embargo, esto no fue impedimento para que desarrollara su pasión por la educación y la tecnología aplicada al conocimiento.

A lo largo de su vida, Ruiz Robles demostró una fuerza de voluntad y coraje admirables. A pesar de carecer de recursos y del escaso apoyo que las mujeres inventoras recibían en su época, no se rindió en su objetivo de facilitar el acceso a la información. Con su ingenio, creó la enciclopedia mecánica, un dispositivo revolucionario que sentaría las bases para lo que después se ha conocido como el libro electrónico moderno, el Kindle es uno de sus dispositivos actuales, que estuvieron en la mente de Robles, al menos como idea. Sin embargo, la falta de reconocimiento no minó su espíritu pionero, continuando con su labor docente y desarrollando mejoras en su invento.

La historia de Ángela Ruiz Robles enseña que cuando se cree sinceramente en una idea y se trabaja con perseverancia, es posible alcanzar logros que parecen inalcanzables, o al menos, que no se logran en primera instancia. Con una firme determinación y aprovechando cada oportunidad para superarse, las personas podemos triunfar sobre los prejuicios y las limitaciones que la sociedad quiera imponer. Su ejemplo demuestra que la voluntad humana es capaz de avanzar por encima de las dificultades cuando está impulsada por una pasión que busca el progreso y el beneficio de la humanidad.

Su legado sirve de inspiración para quienes sueñan cambiar el mundo. Nada es imposible para aquellos que tienen fe en sí mismos y en el poder de la innovación y el esfuerzo constante. Ruiz Robles abrió camino en un terreno dominado por hombres, allanando el camino mujeres científicas e inventoras. Cuando se cree en una causa justa, ningún obstáculo puede detener el progreso si nos esforzamos por alcanzarlo.

La próxima vez que leas un libro electrónico o que utilices un dispositivo que te permita hojear libros en dicho formato, recuerda que fue una soñadora quien lo hizo posible.

Tener un propósito

"Mi propósito se cumplirá, y haré todo lo que deseo"
(Isaías 46:10b).

Cuando la vida nos pone a prueba, tenemos dos opciones: encogernos o crecer ante la adversidad. Podemos ver los problemas como barreras infranqueables o como oportunidades para evolucionar. Los desafíos sacan a relucir quiénes somos en realidad. Revelan el temple de nuestro carácter y la fuerza de nuestra determinación. Es entonces cuando debemos mostrar entereza y mantenernos firmes en la búsqueda de nuestros ideales.

No es fácil, lo sé. El camino a la grandeza está plagado de tropezones y caídas. Pero caer no es fracasar, fracasar es rendirse. Debemos aprender a extraer enseñanzas de cada traspié para seguir adelante con más sabiduría. Las cicatrices son medallas de las batallas que libramos por conquistar nuestros sueños.

Transformar lo ordinario en extraordinario requiere valentía para salir de nuestra zona de confort. Significa atreverse a desafiar nuestras limitaciones, expandir horizontes, explorar senderos desconocidos. Nos empuja a descubrir recursos ocultos dentro de nosotros.

Cuando creemos en nuestro propósito, ningún obstáculo es insalvable. La convicción ilumina nuestro camino en los momentos de mayor oscuridad y nos impulsa a persistir. Con ella, podemos sobrellevar tormentas, soportar oposición, resistir el desaliento. La convicción alimenta nuestra llama interior.

Grandes ideales requieren grandes esfuerzos. Para materializar nuestra visión, la disciplina y el trabajo arduo son fundamentales. Debemos cultivar hábitos que fortalezcan nuestra capacidad de llevar los sueños a la realidad.

Sigamos el consejo de Johann Wolfgang von Goethe: "Lo que importa no es cuánto vivimos, sino el valor de la vida que vivimos". Vale la pena vivir atrevidamente, expandir horizontes, ir tras nuestros anhelos.

El camino al éxito rara vez es lineal. Habrá contratiempos, tormentas, oposición. Momentos que pondrán a prueba nuestra entereza. No permitamos que el miedo nos paralice. La duda es natural, pero no puede detenernos. Avanzamos con valentía, aprendemos de nuestros traspiés. Cada día es una nueva oportunidad para crecer y acercarnos a nuestro destino.

Un lienzo en blanco

"La piedad es provechosa para todo, pues tiene la promesa de la vida" (1 Timoteo 4:8).

La vida es un lienzo en blanco donde cada día tenemos la oportunidad de aprender y crecer. Como dice Proverbios 1:7: "El temor del Señor es el principio del conocimiento". Es necesario abrazar el aprendizaje como un regalo divino.

De los tropiezos surgen valiosas lecciones si estamos dispuestos a escucharlas. No temamos equivocarnos, pues es parte esencial del camino hacia la sabiduría. Hagámonos preguntas, indaguemos respuestas, cuestionemos creencias limitantes. Mantengamos esa chispa infantil de asombro ante la vida. Como dijo Maya Angelou: "La curiosidad nos lleva a explorar, a descubrir y a crecer".

Rodeémonos de mentores que nos inspiren a ser la mejor versión de nosotros mismos. Busquemos guías que nos ayuden a crecer. No esperemos tener todas las respuestas. La humildad de reconocer lo que ignoramos es el paso inicial hacia el conocimiento. Quien cree saberlo todo ha dejado de aprender. Como dijo Sócrates: "Solo sé que no sé nada".

Velemos por nuestro bienestar integral, cuidando nuestro cuerpo, mente y espíritu. Una mente sana habita en un cuerpo sano. El aprendizaje fluye con naturalidad cuando estamos en armonía. No midamos nuestro progreso comparándonos con otros. Cada cual avanza a su propio ritmo en este viaje sin meta que es la vida.

Valorémonos por el esfuerzo en lugar de por la perfección. La excelencia no es un destino sino una forma de viajar. Recompensémonos más por el camino recorrido que por la cima alcanzada.

Recordemos que todos somos estudiantes y maestros en el aula de la vida. Tanto aprendemos de las mentes más brillantes como de las más sencillas. Mantengamos ese espíritu de gratitud y asombro por cada lección. Como dijo Gandhi: "Aprende como si fueras a vivir para siempre".

No le temamos al fracaso, pues de él surgen grandes lecciones. Equivocarnos nos recuerda nuestra humanidad compartida. Celebremos cada traspié como una oportunidad para mejorar. Como afirmó Winston Churchill: "El éxito es ir de fracaso en fracaso sin perder el entusiasmo". Aprender es lo esencial en la vida humana.

Adversidad, catalizador del éxito

"Y los que en el Señor esperan tendrán fuerzas renovadas; levantarán alas como las águilas; correrán, y no se cansarán; caminarán, y no se fatigarán" (Isaías 40:31).

El deporte da muchas historias de esfuerzo y ánimo, en ese sentido la historia de Kurt Warner nos enseña que el verdadero éxito se alcanza superando las dificultades, no evitándolas. Tras no ser llamado por la NFL, Warner tuvo que trabajar en un supermercado para sustentarse. Esta adversidad inicial lo preparó para logros mayores, liderando tres franquicias del Super Bowl.

Warner encarna el tener, como dice el versículo "fuerzas renovadas" para continuar y superar los obstáculos. Su ejemplo demuestra que detrás de todo triunfo se esconde un arduo esfuerzo, no un camino llano.

Warner no se detuvo ante las adversidades, sino que las utilizó para enfocarse en mejorar y crecer. Tras no ser admitido por la NLF del Futbol americano profesional, jugó en ligas menores para pulir su juego. Más adelante, a pesar de liderar a los Rams al título en su primera temporada en la NFL, no se conformó y siguió preparándose arduamente para alcanzar nuevos logros. Así llegó a otro Super Bowl con los Rams y posteriormente llevó a los Gigantes y Cardenales a las finales, a pesar de comenzar su carrera en la liga mayor a los 28 años, edad en la que la mayoría de los jugadores se jubilan.

Su resiliencia y perseverancia se fundamentan en la fe que lo inspiró a no darse por vencido. En su biografía, Warner afirma que "Dios me dio un propósito y estoy determinado a cumplirlo". Su convicción espiritual lo impulsó a trascender las limitaciones temporales para alcanzar su meta.

Gustave Flaubert afirmaba que "la tentación más grande es la de rendirse". Warner venció esa tentación al perseverar gracias a su espíritu indomable. Su historia inspira a no claudicar ante los sinsabores, sino a enfrentarlos como escalones hacia el éxito. Si Kurt pudo llevar tres equipos al máximo nivel tras trabajar en un supermercado, ¿qué nos impide alcanzar nuestros sueños? Su legado es una lección de perseverancia que infunde aliento cuando las fuerzas parecen decaer. Su ejemplo demuestra que lo verdaderamente valioso se obtiene tras la prueba, no antes de ella.

Desafíos

"Tú creaste la mente humana y sabes bien lo que todos hacen"
(Salmo 33:15).

Rózsa Politzer, más conocida como Rózsa Péter, fue una figura pionera que desafió las limitaciones de su tiempo y dejó un legado imborrable en el campo de las matemáticas. Nacida el 17 de febrero de 1905 en Budapest, Hungría, Rózsa destacó desde su infancia por su mente brillante, lo que la llevó a ingresar a estudiar matemáticas en la Universidad de Budapest en una época en la que las mujeres tenían un acceso limitado a la educación superior, especialmente, a áreas que se consideraba que no era para mujeres como la ciencia.

En medio de un entorno desafiante, Rózsa no solo completó sus estudios, sino que brilló con una capacidad analítica extraordinaria, logrando en 1933 el hito de convertirse en la primera mujer húngara en obtener un doctorado en matemáticas. Sus contribuciones visionarias sentaron las bases de la teoría de funciones recursivas, desempeñando un papel crucial en el desarrollo de la informática moderna.

La historia de Rózsa Péter es un testimonio inspirador del poder de la convicción para derribar barreras. Enfocada en expandir las fronteras del conocimiento, sus esfuerzos fueron fundamentales para el surgimiento de la ciencia computacional. Su legado perdura cada vez que encendemos un dispositivo, recordándonos que la curiosidad intelectual puede superar cualquier obstáculo. No lo olvides la próxima vez que uses un computador.

Ella nos enseña que la curiosidad intelectual tiene el poder de abrir puertas antes cerradas para las mujeres. Su vida ejemplar demuestra que la excelencia no tiene género cuando se persigue un ideal superior con perseverancia. Sigamos su ejemplo, sin limitar nuestro potencial, atreviéndonos a explorar terrenos inexplorados y viviendo audazmente nuestras vocaciones. Como ella dijo: "Se necesita valor para ser matemática". Mostremos ese valor en cada paso que demos.

La genialidad de Rózsa Péter trascendió las barreras de su época gracias a la fuerza de su espíritu visionario. Hoy, nos corresponde a nosotros continuar ese legado, cerrar brechas e inspirar vocaciones científicas. Sigamos el ejemplo de Rózsa, convirtiendo lo extraordinario en posible, recordando que el futuro está en nuestras manos, solo si nos atrevemos.

Fuera de forma

"Le llevaron un paralítico, acostado en una camilla" (Mateo 9:2).

La historia de Matías Fernández Burzaco nos invita a reflexionar profundamente sobre la resiliencia humana. Este joven argentino de poco más de 20 años enfrenta con admirable temple una rara condición llamada fibromatosis hialina juvenil, que le produce severas deformidades en todo el cuerpo.

Solo se registran 65 casos similares en el mundo, de los cuales 2 están en Argentina. Pese a ello, Matías ha decidido no rendirse y sortear las limitaciones con creatividad. "No soy deforme, solo estoy fuera de forma", suele decir con humor. Ese positivismo lo ha llevado a cultivar su vocación por el periodismo, la literatura, la música y la actuación.

En 2021 publicó dos libros: su autobiografía *Formas propias, diario de un cuerpo en guerra*, y la colección de relatos *Los despiertos*, sobre sus enfermeros y cuidadores. Sus palabras descarnadas narran sin autocompasión la cotidianidad de sus tratamientos y luchas. Pero también reflejan admirablemente su voluntad férrea por encontrar sentido y propósito.

Ejemplos de vida como el de Matías nos recuerdan que todos podemos hallar la fortaleza interior para crecer en medio de la adversidad. Cuando la tentación de quejarnos asome, pensemos en historias como esta. Ellos nos demuestran que las circunstancias difíciles pueden sacar lo mejor de nosotros si decidimos enfrentarlas con actitud proactiva.

Ojalá más personas en situación de discapacidad encuentren en modelos como Matías la motivación para desarrollar sus talentos y aportar al mundo desde sus posibilidades. La creatividad y el espíritu de superación no conocen límites.

Más allá de sus evidentes limitaciones físicas, este joven nos enseña que la vida siempre puede florecer cuando decidimos cultivarla con empeño. Su ejemplo nos invita a valorar cada nuevo día como una oportunidad, por muy oscuro que parezca el horizonte. Siempre habrá esperanza si nos aferramos a ella.

Historias como la de Matías nos recuerdan la importancia de la empatía y el apoyo social. Pese a sus condiciones extremas, él ha podido desarrollar su proyecto de vida gracias al amor de familiares y amigos. La próxima vez que quieras quejarte, recuerda que hay personas viviendo en situaciones de mucha vulnerabilidad que siempre están dispuestas a hacer lo mejor.

La fuerza de la superación

"Dios es nuestro amparo y nuestra fortaleza" (Salmo 46:1).

Serena Williams, una de las tenistas más destacadas de todos los tiempos, nos muestra que la superación de barreras es posible incluso en las circunstancias más desafiantes. A lo largo de su carrera, enfrentó obstáculos que pondrían a prueba su determinación y resiliencia. Desde el racismo y la falta de oportunidades hasta lesiones y ataques sexistas, Serena ha demostrado una y otra vez que su fuerza interior es inquebrantable.

Desde sus primeros pasos en el tenis, Serena y su hermana Venus tuvieron que enfrentarse a la discriminación y la falta de apoyo debido a su origen afroamericano. Sin embargo, su padre Richard creyó en su talento y les brindó el impulso necesario para sobresalir en el deporte. Este ejemplo nos recuerda la importancia de creer en nosotros mismos y en nuestras capacidades, incluso cuando enfrentamos obstáculos aparentemente insuperables.

A lo largo de su carrera, Serena también ha tenido que superar lesiones devastadoras que podrían haber acabado con la carrera de cualquier deportista. Sin embargo, su determinación y su deseo de regresar a las canchas para demostrar su valía fueron más fuertes. Su historia de superación nos inspira a nunca rendirnos frente a las adversidades y a encontrar la fuerza interior para recuperarnos y seguir adelante.

Salmo 46:1 nos recuerda que podemos hacer todas las cosas en Dios que nos fortalece. Independientemente de nuestras circunstancias, podemos encontrar una fuente de poder y motivación para superar los obstáculos que se interponen en nuestro camino. Serena Williams personifica esta verdad, demostrando que incluso en los momentos más difíciles, podemos encontrar la fuerza para levantarnos y triunfar.

Además, otro texto bíblico relevante es Romanos 8:37: "Pero en todas estas cosas somos más que vencedores por medio de aquel que nos amó". Este pasaje nos recuerda que, en medio de las dificultades, podemos superar y conquistar las adversidades con la ayuda de aquel que nos ama. Serena Williams ha demostrado ser más que una simple vencedora, ya que ha utilizado sus experiencias para impulsar la igualdad y la justicia en el deporte y más allá.

La grandeza más allá de la estatura

"Porque para Dios no hay nada imposible" (Lucas 1:37).

La historia de Edgar Davids es una inspiración para todos aquellos que han enfrentado obstáculos en su camino hacia el éxito. A pesar de su estatura, que muchos consideraban una desventaja en el mundo del fútbol, Davids demostró que la verdadera grandeza no se mide en centímetros, sino en la pasión, el esfuerzo y la convicción que ponemos en perseguir nuestros sueños.

Desde sus primeros pasos en el Ajax, Davids tuvo que superar la incomprensión de los técnicos y las dudas sobre su capacidad para destacar en el fútbol profesional. Sin embargo, en lugar de dejarse llevar por las críticas, utilizó su versatilidad, técnica y calidad física para marcar la diferencia en el campo. Su determinación y su enfoque en convertir su aparente desventaja en una fortaleza le permitieron triunfar en el más alto nivel.

El texto bíblico de Lucas 1:37 nos recuerda que no hay nada imposible para Dios. Esta verdad trasciende las limitaciones y nos anima a creer en nuestras propias capacidades, incluso cuando el mundo parece estar en contra nuestra. Edgar Davids personifica esta idea, demostrando que no importa cuán grande o pequeño parezca el obstáculo, con fe y trabajo duro, podemos alcanzar nuestras metas.

Además, otro texto bíblico relevante es Isaías 40:31: "Pero los que esperan a Jehová tendrán nuevas fuerzas; levantarán alas como las águilas; correrán, y no se cansarán; caminarán, y no se fatigarán". Esta cita nos recuerda que cuando confiamos en Dios y perseveramos en la búsqueda de nuestro propósito, Él nos fortalecerá y nos dará el impulso necesario para superar cualquier dificultad. Edgar Davids es un testimonio vivo de esta promesa, ya que su fuerza de voluntad y su fe le permitieron superar lesiones y regresar al más alto nivel del fútbol.

Como dijo el escritor Ralph Waldo Emerson: "Lo que queda detrás de nosotros y lo que yace delante de nosotros son asuntos pequeños en comparación con lo que yace dentro de nosotros". Esta cita destaca la importancia de mirar hacia adentro y descubrir nuestra verdadera fortaleza interior. Edgar Davids nos enseña que, sin importar nuestras limitaciones físicas o las dudas de los demás, podemos encontrar la grandeza dentro de nosotros mismos y hacer realidad nuestros sueños.

Superando límites

"La salvación de los justos viene del Señor; él es su fortaleza en tiempos de angustia" (Salmo 37:39).

La historia de Jessie Graff es un testimonio poderoso de valentía, determinación y superación. A pesar de los escepticismos y las dudas que rodearon su camino, Graff se convirtió en un ícono de inspiración al romper barreras y dejar una huella imborrable en el mundo de la habilidad física.

Desde el principio, muchos creían que su contextura menuda la relegaría al margen de los concursos de 'American Ninja Warrior'. Pero Jessie no permitió que los estereotipos o las limitaciones impuestas por otros definieran su destino. En cambio, se dedicó a entrenar con una pasión inquebrantable, desarrollando su fuerza y equilibrio hasta alcanzar niveles sorprendentes.

En 2015, Jessie Graff hizo historia como la primera mujer en clasificarse para la final del programa, desafiando todas las expectativas y demostrando que la determinación puede romper cualquier techo de cristal. Su dominio de los obstáculos y su espíritu inquebrantable la catapultaron hacia el éxito, inspirando a millones de personas en todo el mundo.

Pero Jessie no se conformó con eso. En 2017, logró superar la prueba de clasificación más rápidamente que cualquier otro concursante en la historia del programa, hombres incluidos. Este logro trascendió las barreras de género y demostró que el talento y la capacidad no están limitados por la apariencia física, sino por la pasión y la perseverancia que uno está dispuesto a invertir.

El texto bíblico de Salmo 37:39 nos recuerda que podemos confiar en la fortaleza que nos da Dios. Esta poderosa verdad nos invita a confiar en el poder divino que reside dentro de nosotros y a creer en nuestras propias capacidades. Jessie Graff es un testimonio viviente de esta promesa, ya que su fe en sí misma y su confianza en su capacidad de superar cualquier desafío la llevaron a alcanzar alturas inimaginables.

Proverbios 3:5-6 dice: "Confía en el Señor de todo corazón, y no en tu propia prudencia. Reconócelo en todos tus caminos, y él allanará tus sendas". Esta cita nos recuerda la importancia de confiar en Dios en cada paso de nuestro camino. Jessie Graff confió en su fuerza interior y perseveró en su búsqueda del éxito, confiando en que el Señor dirigiría sus pasos y allanaría su camino hacia el cumplimiento de sus sueños.

Bailando en la oscuridad

"Porque para Dios no hay nada imposible" (Lucas 1:37).

La historia de Daniela Alegre es un testimonio inspirador de coraje, determinación y resiliencia. A pesar de enfrentar una discapacidad visual desde una edad temprana, Daniela persiguió incansablemente su sueño de convertirse en bailarina profesional, desafiando todos los pronósticos y rompiendo las barreras impuestas por su ceguera progresiva.

Desde muy joven, Daniela encontró en la danza su pasión y su refugio. A pesar de la falta de oportunidades y apoyos en un entorno que no brindaba muchas opciones para personas con discapacidades, ella se dedicó a perfeccionar sus habilidades en danza clásica, Jazz y Ballet. Incansablemente, repetía las coreografías una y otra vez, memorizando cada movimiento con una determinación inquebrantable.

A través del sudor y la persistencia, Daniela logró obtener becas para perfeccionarse en prestigiosas instituciones de danza en Nueva York y Stuttgart. Su talento excepcional fue reconocido por reconocidos coreógrafos, quienes le abrieron las puertas de compañías profesionales tanto en México como en Estados Unidos. Su dedicación y esfuerzo dieron frutos, y Daniela se convirtió en un ejemplo de superación y valentía.

El texto bíblico de Lucas 1:37 nos recuerda que para Dios no hay nada imposible. Esta poderosa declaración nos invita a confiar en el poder divino que reside en nosotros y a creer en nuestras propias capacidades. Daniela Alegre es un testimonio viviente de esta verdad, ya que su fe en sí misma y su determinación inquebrantable la llevaron a superar las adversidades y alcanzar la grandeza en su arte.

Además, otro texto bíblico relevante es Jeremías 29:11: "Porque yo sé muy bien los planes que tengo para ustedes —afirma el Señor—, planes de bienestar y no de calamidad, a fin de darles un futuro y una esperanza". Esta cita nos recuerda que Dios tiene planes maravillosos para nuestras vidas, incluso en medio de las dificultades. Aunque Daniela enfrentó desafíos significativos debido a su discapacidad visual, nunca perdió la esperanza ni dejó que sus limitaciones definieran su destino. En cambio, siguió perseverando y confiando en que Dios tenía un propósito y un futuro brillante para ella.

Alzando vuelo

"Pero los que esperan en el Señor renovarán sus fuerzas; volarán como las águilas, correrán y no se cansarán, caminarán y no se fatigarán" (Isaías 40:31).

La historia de Gabby Douglas, la gimnasta estadounidense que se convirtió en la primera mujer afroamericana en ganar el oro olímpico individual en gimnasia artística, es un testimonio inspirador de superación. Su camino hacia el éxito estuvo lleno de desafíos, pero ella demostró que no hay límites cuando se persigue un sueño con pasión y se superan las adversidades.

Proveniente de una familia de escasos recursos, Gabby luchó contra las limitaciones económicas que amenazaban su carrera deportiva. Casi estuvo a punto de abandonar la gimnasia debido a la falta de recursos para costear los entrenamientos. Sin embargo, en un momento crucial, el Programa de Asistencia Olímpica le brindó el apoyo necesario para que pudiera continuar persiguiendo su sueño.

El texto bíblico de Isaías 40:31 nos recuerda que aquellos que esperan en el Señor renovarán sus fuerzas y podrán volar como las águilas. Esta poderosa metáfora nos invita a confiar en el poder divino y a encontrar en él la fuerza necesaria para superar los obstáculos que se presentan en nuestro camino. Gabby Douglas personificó este mensaje al enfrentar los desafíos económicos con valentía y confianza, confiando en que, si perseveraba, alcanzaría grandes alturas.

Además, otro texto bíblico relevante es Proverbios 16:3: "Encomienda al Señor tus obras y tus proyectos se afianzarán". Esta cita nos enseña la importancia de encomendar nuestros sueños y proyectos a Dios, confiando en que Él nos guiará y fortalecerá en el camino. Gabby Douglas confió en Dios y en sí misma, poniendo en práctica sus habilidades y perseverando ante las dificultades. Su historia nos inspira a confiar en Dios y a entregarle nuestros sueños, sabiendo que Él nos dará las fuerzas necesarias para triunfar.

En palabras de la reconocida escritora y activista Maya Angelou: "No puedes subir la escalera del éxito con las manos en los bolsillos". Esta cita nos recuerda que el éxito requiere acción, valentía y determinación. Gabby Douglas encarna este espíritu al enfrentar y superar los obstáculos que se interponían en su camino.

La fuerza de la superación

"Todo lo puedo en Cristo que me fortalece" (Filipenses 4:13).

La historia de Daniel Dumes, el atleta español que logró superar una lesión devastadora para su carrera deportiva es un testimonio inspirador de perseverancia y determinación. Su capacidad para sobreponerse a uno de los obstáculos más desafiantes que enfrenta un deportista nos muestra que no hay límites cuando se combina la fuerza de voluntad con el trabajo duro.

Nacido en Galicia en 1993, Daniel era un destacado corredor de velocidad cuando una rotura del tendón de Aquiles en 2015 amenazó con poner fin a sus sueños. Durante 20 meses, se vio apartado de las pistas y entró en una espiral de dudas que puso a prueba su fortaleza mental, considerando abandonar su carrera.

Sin embargo, la determinación de Daniel fue más fuerte. Con el apoyo incondicional de su familia y su novia, se dedicó por completo a su recuperación y pronto comenzaron a surgir los frutos de su esfuerzo. Regresó a la competición en 2017, retomando su camino hacia el éxito con triunfos en la Diamond League y participando en los Juegos Olímpicos de Río 2016, superando todas las expectativas.

La historia de Daniel Dumes es un ejemplo para las nuevas generaciones de que, cuando se combinan la fuerza de voluntad y el trabajo duro, es posible superar incluso los momentos más amargos. Su periplo demuestra que, con una actitud positiva, cualquier desafío emocional o físico puede ser superado.

El texto bíblico de Filipenses 4:13 nos recuerda que podemos hacer todas las cosas en Cristo que nos fortalece. Esta poderosa afirmación nos insta a confiar en la fuerza divina que reside en nosotros y a encontrar en ella el impulso para enfrentar y superar cualquier obstáculo. Daniel Dumes personificó este mensaje al superar la adversidad y alcanzar el éxito deportivo. Su historia nos inspira a confiar en Dios y en nuestro propio potencial, sabiendo que somos capaces de lograr grandes cosas cuando confiamos en Él.

Además, otro texto bíblico relevante es Jeremías 29:11: "Porque yo sé muy bien los planes que tengo para ustedes -afirma el Señor- planes de bienestar y no de calamidad, a fin de darles un futuro y una esperanza". Daniel Dumes personifica esta idea al superar los desafíos físicos y emocionales, demostrando que la verdadera fortaleza se encuentra en nuestro interior.

La resiliencia en el golf

"No nos cansemos, pues, de hacer bien; porque a su tiempo segaremos, si no desmayamos" (Gálatas 6:9).

La historia del golfista estadounidense Mark O'Meara es un testimonio inspirador de resiliencia y superación. A pesar de enfrentar adversidades deportivas, O'Meara logró alcanzar grandes éxitos en su carrera. Su ejemplo nos enseña que, con constancia y adaptación, podemos superar obstáculos y lograr nuestras metas más altas.

Después de dar sus primeros pasos como profesional en 1980, una lesión en la espalda obligó a O'Meara a alejarse de la competición durante 4 años. Muchos habrían abandonado, pero O'Meara decidió enfrentarlo con valentía y determinación. En lugar de resignarse, se embarcó en una larga y meticulosa recuperación que lo llevó a reinventar su técnica de juego.

En 1985, O'Meara regresó a los campos de golf con una mayor madurez y un swing más suave y equilibrado. Estas características se convirtieron en su sello distintivo y le permitieron destacar en los años 90. Sin embargo, fue en 1998 cuando tuvo su mejor temporada al consagrarse campeón del Masters de Augusta y el Abierto Británico, alcanzando el número 1 mundial. Incluso después de cumplir los 40 años, O'Meara continuó brillando y ganó otro Masters en 2001.

La constancia y adaptación de O'Meara a los cambios deportivos y las lesiones lo convierten en un modelo a seguir para aquellos que deben enfrentar contratiempos. Su historia demuestra que, al perseverar en los valores del esfuerzo y la superación personal, incluso las metas más altas son alcanzables.

El texto bíblico de Gálatas 6:9 nos recuerda la importancia de no cansarnos de hacer el bien, ya que a su debido tiempo cosecharemos si no desmayamos. Esta poderosa cita nos anima a mantenernos firmes en nuestra búsqueda de superación, recordándonos que, aunque los resultados no sean inmediatos, nuestra persistencia será recompensada en el momento oportuno. Mark O'Meara personifica este mensaje al perseverar en su recuperación y alcanzar el éxito en el golf, demostrando que el esfuerzo sostenido puede llevarnos a la victoria.

La historia de Mark O'Meara es un testimonio vivo de cómo la fe y la perseverancia pueden impulsarnos a superar cualquier obstáculo en nuestro camino hacia el éxito.

La fórmula del éxito

"No menosprecies el día de los pequeños comienzos, pues en ellos se ven las grandes obras" (Zacarías 4:10).

La inspiradora historia del empresario español Amancio Ortega, fundador de Inditex (Zara), enseña que el éxito puede ser alcanzado a pesar de las adversidades y los comienzos humildes. Su ascenso desde una infancia marcada por la estrechez económica hasta convertirse en un líder mundial en la industria de la moda es un testimonio de constancia, tesón e innovación.

Nacido en una familia obrera gallega en 1936, Ortega creció en un entorno de limitaciones económicas que lo obligaron a trabajar desde temprana edad. A los 13 años, se trasladó a La Coruña para aprender el oficio de cortador, ya que no pudo recibir una educación formal. A pesar de las dificultades, Ortega se convirtió en un autodidacta, adquiriendo conocimientos y habilidades que serían fundamentales en su futuro éxito.

En 1963, abrió su primera tienda de confección, marcando el inicio del imperio textil que conocemos hoy. Ortega fue un visionario que se adaptó rápidamente a los nuevos tiempos, introduciendo innovaciones como la producción "just in time" y desafiando la tradición de las rebajas. Su capacidad para reconocer y aprovechar las oportunidades le permitió superar a las grandes firmas y revolucionar la industria de la moda a nivel mundial.

Hoy en día, con más de 6.500 tiendas en todo el mundo, Amancio Ortega es reconocido como el hombre más rico de España. Su historia es un claro ejemplo de que la constancia, el tesón y la innovación son la fórmula para el éxito en cualquier ámbito de la vida. No importa cuán difícil sea el comienzo, no debemos subestimar el poder de los pequeños pasos, ya que en ellos se encuentran las bases para grandes logros.

El texto bíblico de Zacarías 4:10 nos recuerda la importancia de no menospreciar los días de los pequeños comienzos, ya que en ellos se ven las grandes obras. Esta poderosa cita nos anima a valorar cada paso que damos en nuestra búsqueda de éxito y realización personal. Amancio Ortega personifica este mensaje al aprovechar las oportunidades que se le presentaron, sin menospreciar los modestos inicios de su carrera.

La historia de Amancio Ortega es un ejemplo de cómo la fe, la perseverancia y la confianza en Dios pueden llevarnos más allá de nuestras limitaciones y convertir nuestros sueños en realidad.

La fuerza de los sueños

"En Dios está la fortaleza, o para ayudar, o para derribar"
(2 Crónicas 25:8).

La historia de Sabrina Allen, la patinadora artística canadiense, es un testimonio inspirador de superación que nos invita a cambiar nuestra actitud y perseguir nuestros sueños sin importar los obstáculos que enfrentemos. Nacida sin la pierna izquierda debido a una malformación congénita, Sabrina desafió las limitaciones impuestas por su discapacidad y se convirtió en un ejemplo de determinación y valentía.

Desde temprana edad, Allen se subió a los patines de hielo con la ayuda de una prótesis, desafiando los pronósticos y las expectativas de quienes la rodeaban. A los 5 años, comenzó a patinar, y su dedicación y trabajo incansable no conocieron límites. Ignorando las barreras físicas, se enfrentó a un deporte exigente como el patinaje artístico, demostrando que el único límite real es el que uno elige aceptar.

En 2009, Sabrina se convirtió en la primera mujer amputada en participar en el Campeonato Canadá de patinaje artístico, abriendo un camino para otros jóvenes con discapacidad que ahora siguen sus pasos. Su ejemplo trasciende las fronteras del deporte, inspirando a todos aquellos que se sienten limitados por circunstancias adversas.

La historia de Sabrina Allen nos enseña que cuando se tiene la ilusión y la tenacidad suficientes, cualquier obstáculo puede ser superado. Su determinación y coraje son un recordatorio de que la verdadera capacidad para triunfar reside en el deseo de hacerlo. Como dice el texto: "En Dios está la fortaleza, o para ayudar, o para derribar" (2 Crónicas 25:8). Esta poderosa afirmación nos recuerda que, con la ayuda de Dios, somos capaces de superar cualquier desafío y alcanzar nuestras metas más audaces.

Además, Isaías 40:31 dice: "Pero los que esperan a Jehová tendrán nuevas fuerzas; levantarán alas como las águilas; correrán, y no se cansarán; caminarán, y no se fatigarán". Esta cita nos inspira a confiar en el poder divino y a encontrar fuerzas renovadas en nuestra relación con Dios. Sabrina Allen personifica este mensaje al enfrentar los retos del patinaje artístico con coraje y perseverancia, sin permitir que su discapacidad la detenga. Sabrina Allen es un ejemplo de cómo la persistencia y la pasión pueden abrir puertas que parecían imposibles de atravesar.

La llama de la justicia

"Bienaventurados los que tienen hambre y sed de justicia, porque ellos serán saciados" (Mateo 5:6).

La historia de Martin Luther King Jr., el líder del movimiento por los derechos civiles en Estados Unidos nos invita a cambiar nuestra actitud y luchar contra la desigualdad con coraje, amor y comprensión. A pesar de enfrentar incomprensión, odio y violencia, King se mantuvo firme en su mensaje de cambio a través del amor y la no violencia. Su legado nos enseña que la lucha por la justicia requiere valentía moral y una convicción inquebrantable.

King, siendo un pastor baptista, entendió que la injusticia racial no podía ser combatida con más odio o violencia. En lugar de ello, abogó por la acción no violenta y la compasión como armas poderosas para desafiar las barreras de la segregación. A través de la paciencia y la perseverancia, logró avances significativos en la promulgación de la Ley de derechos civiles de 1964 y la Ley del derecho al voto de 1965, dejando un impacto duradero en la sociedad estadounidense.

Su ejemplo nos recuerda el poder transformador de la verdad y el amor. Como dice el texto bíblico de Mateo 5:6, "Bienaventurados los que tienen hambre y sed de justicia, porque ellos serán saciados". Esta palabra nos inspira a anhelar la justicia y perseverar en nuestra búsqueda de un mundo más equitativo. Martin Luther King Jr. encarnó esta sed de justicia y nos recordó que, a través de nuestras acciones y nuestra resistencia pacífica, podemos marcar la diferencia.

Otro texto bíblico relevante es Isaías 1:17: "Aprended a hacer el bien; buscad el juicio, restituid al agraviado, haced justicia al huérfano, amparad a la viuda". Esta cita nos insta a tomar medidas concretas para corregir las injusticias y proteger a los más vulnerables de nuestra sociedad. Martin Luther King Jr. personificó estos principios al liderar protestas pacíficas y alzar su voz en defensa de aquellos que no podían hacerlo por sí mismos.

En palabras del escritor y filósofo Albert Camus: "En medio del invierno, aprendí por fin que había en mí un verano invencible". Esta cita textual nos invita a descubrir nuestra fortaleza interior y a resistir ante las adversidades con resiliencia y determinación. Resiliencia y perseverancia: el camino hacia un mejor mañana.

El camino hacia un mejor mañana

"Mientras haya vida hay esperanza" (Romanos 15:13).

Ante una relidad plena de desafíos, la historia de Oprah Winfrey brilla como un faro de esperanza y superación. Desde su infancia marcada por la pobreza y el maltrato, Oprah se convirtió en un ejemplo viviente de cómo la determinación y el esfuerzo constante pueden transformar vidas y derribar barreras.

A pesar de sus humildes comienzos, Oprah nunca permitió que las circunstancias definieran su destino. Con una fe inquebrantable en sí misma y en un futuro mejor, se aferró a la convicción de que mientras hubiera vida, había esperanza. Siguiendo el proverbio bíblico que dice "Mientras haya vida hay esperanza", Oprah encontró la fortaleza para luchar y cambiar su realidad.

A través del trabajo duro y la perseverancia, Oprah se abrió camino en un mundo dominado por hombres, convirtiéndose en una de las personalidades más influyentes a nivel mundial. Su tenacidad y dedicación la llevaron a establecer su propio imperio mediático, utilizando su plataforma para inspirar y empoderar a millones de personas en todo el mundo.

El legado de Oprah nos enseña que no importa de dónde venimos, sino hacia dónde nos dirigimos. Su historia es un testimonio de que podemos superar cualquier adversidad si tenemos la determinación y la voluntad de seguir adelante. Oprah nos muestra que los obstáculos pueden ser trampolines para el crecimiento personal y que cada desafío puede convertirse en una oportunidad para alcanzar nuestras metas más audaces.

En palabras de Oprah Winfrey: "La mayor aventura que puedes emprender es vivir la vida de tus sueños". Esta cita nos invita a soñar en grande y a no tener miedo de perseguir nuestros deseos más profundos. Oprah nos inspira a creer en nosotros mismos y a trabajar incansablemente para convertir nuestros sueños en realidad.

Su historia es un recordatorio de que el éxito no se mide solo por la riqueza material, sino por el impacto que dejamos en la vida de los demás. Oprah ha utilizado su influencia y su voz para abordar temas importantes, promover la igualdad y brindar una plataforma a aquellos que no tienen voz.

Oprah encarna el poder de la determinación y la resiliencia. Su historia nos muestra que no hay límites para lo que podemos lograr si nos negamos a rendirnos.

Superar los límites

"No os dejéis vencer por la maldad, sino venced al mal con el bien"
(Romanos 12:21).

Manuel Uribe es un claro ejemplo de que los límites están únicamente en nuestra mente. A los 18 años, este atleta paralímpico español sufrió un accidente que le ocasionó la amputación de ambas piernas. Lejos de dejarse abatir por esa adversidad, Uribe descubrió en el deporte una forma de demostrar su fortaleza interior y capacidad de superación.

Con una perseverancia y resistencia admirables, Manuel no se rindió ante las grandes dificultades que se presentaron tras el accidente. Perdió sus piernas, pero no perdió la voluntad de seguir adelante. Encontró en el atletismo una vía para desarrollar todo su potencial y empujar sus límites más allá de lo imaginable. Tal como enseña el apóstol Pablo en Romanos, enfrentó las nuevas y difíciles circunstancias con una actitud positiva, venciendo al desánimo y la frustración con tesón y optimismo.

Gracias a su indomable espíritu de lucha y dedicación constante al entrenamiento, Manuel ha participado en cinco Juegos Paralímpicos donde ha obtenido importantes triunfos. Ha conseguido medallas de oro, plata y bronce en varias competencias de lanzamiento de jabalina y disco. Asimismo, ha batido varios récords mundiales en sus disciplinas, dejando en claro que su limitación física no era un impedimento para alcanzar las mayores cotas de excelencia deportiva.

La inspiradora historia de superación de Manuel Uribe es un recordatorio de las célebres palabras del líder Nelson Mandela: "la verdadera fuerza de un ser humano radica en su capacidad de cambiar y crecer a pesar de las circunstancias adversas". A pesar de su discapacidad física tras el accidente, Manuel supo descubrir que su potencial no estaba limitado por su condición, sino solo por sus propios pensamientos derrotistas. Con tenacidad y optimismo, fue capaz de reescribir su destino personal y alcanzar lo que para muchos parecía imposible de lograr.

El ejemplo de Manuel debe inspirarnos a no rendirnos ante los obstáculos de la vida. Nos invita también a cuestionar los límites y creencias limitantes que nos ponemos a nosotros mismos, recordándonos que la clave para superar retos está en nuestra actitud mental y voluntad. Con una perseverancia incansable y un esfuerzo constante, podemos llegar mucho más lejos.

Frente a la adversidad

"Así que, ponga por obra la acción que ha visto y oído de mí conforme a la doctrina sana y ejemplar" (2 Timoteo 1:13)

En la travesía de la vida, algunos encuentran en la adversidad no solo desafíos, sino también la oportunidad de alcanzar lo aparentemente imposible. Tal es la historia de superación de Samia Yusuf Omar, una valiente atleta olímpica cuyo coraje y determinación son un faro de inspiración para todos nosotros.

A la tierna edad de 8 años, Samia tuvo que huir de la devastadora guerra civil que azotaba su Somalia natal. Cuatro años de su vida transcurrieron como refugiada en Kenia, enfrentando dificultades inimaginables. En medio de este desolador escenario, descubrió su pasión por el atletismo, convirtiéndolo en un escape que le permitió sobrellevar el dolor de una experiencia traumática.

Su búsqueda la llevó a emigrar a Estados Unidos, donde enfrentó desafíos adicionales, desde el racismo hasta la homofobia y lesiones que amenazaban con desvanecer su sueño. Sin embargo, Samia se mantuvo firme, aferrándose a las promesas bíblicas que aseguran que todas las cosas, incluso las más adversas, concurren para bien de quienes aman a Dios (Romanos 8:28). Con una fortaleza espiritual alimentada por las palabras de Jesús: "No temas; yo he vencido al mundo" (Juan 16:33), logró clasificarse para los Juegos Olímpicos de Londres 2012.

Samia no solo se destacó como atleta, sino que también se convirtió en un símbolo de esperanza para su nación y todas las mujeres refugiadas. Hoy en día, combina su pasión por el deporte con su compromiso por los derechos humanos, trabajando incansablemente como abogada en pro de los refugiados.

En la vida, como escribió Helen Keller, "la única discapacidad es una actitud derrotista". La historia de Samia nos recuerda que, incluso en las circunstancias más adversas, la determinación y una actitud positiva pueden transformar el dolor en victoria. "La única discapacidad en la vida es una actitud derrotista" (Helen Keller).

Sigamos el ejemplo de Samia Yusuf Omar, dejando que su historia sea un faro que ilumine nuestro camino. Enfrentemos cada desafío con determinación, fe y una actitud mental positiva, recordando que, en la adversidad, podemos encontrar la fuerza para alcanzar lo aparentemente imposible.

La fuerza de la determinación

"Todo es posible para el que cree" (Marcos 9:23).

Esta frase bíblica resume la vida de la púgil india Mary Kom, considerada la mejor boxeadora femenina de todos los tiempos. Como madre soltera de tres hijos, ha sabido compaginar su faceta familiar con su carrera deportiva de éxito, demostrando que las mujeres somos capaces de destacar en cualquier ámbito si nos esforzamos y no dejamos que los obstáculos domésticos frenen nuestro potencial.

A lo largo de dos décadas, Mary Kom conquistó seis campeonatos mundiales, un campeonato asiático y una medalla de bronce olímpica, siendo la primera boxeadora india en lograrlo. Su historia es un testimonio de perseverancia, coraje y fe, que ha inspirado a niñas de todo el mundo a perseguir sus sueños sin escuchar prejuicios sobre los roles de género.

Mary Kom es una leyenda viva por su tesón, talento y espíritu pionero. Su vida es un reflejo de la frase del escritor Paulo Coelho: "Cuando quieres algo, todo el universo conspira para que realices tu deseo". Ella deseaba ser una campeona, y a pesar de los desafíos y obstáculos, nunca dejó de creer en sí misma y en su capacidad para alcanzar sus metas.

La historia de Mary Kom nos enseña que no importa cuán grandes sean los desafíos que enfrentamos, siempre podemos superarlos si tenemos fe en nosotros mismos y en nuestras capacidades. Como dice la Biblia en Filipenses 4:13: "Todo lo puedo en Cristo que me fortalece". Esta es la actitud que debemos adoptar en nuestra vida diaria. No importa cuán difíciles sean las circunstancias, siempre tenemos la capacidad de superarlas y alcanzar nuestros sueños.

Así que, al igual que Mary Kom, no permitas que los obstáculos te detengan. Cree en ti mismo, en tus habilidades y en tu potencial. Lucha por tus sueños y nunca te rindas. Recuerda que "todo es posible para el que cree". Y como dijo Mary Kom: "No importa de dónde vengas. Si tienes sueños y ambiciones, y estás dispuesto a trabajar duro, puedes lograr cualquier cosa que te propongas".

Te invito a que tomes la determinación de Mary Kom como inspiración. Que su fuerza y coraje te inspiren a perseguir tus sueños, a creer en ti mismo y a no rendirte. Porque, al final del día, todos somos capaces de ser campeones en nuestra vida.

Desafiar la injusticia

"El Señor hace justicia y defiende a todos los oprimidos"
(Salmos 103:6).

En la oscuridad de la Segunda Guerra Mundial, una voz se alzó valientemente contra la injusticia. La historia de Fred Korematsu es un testimonio poderoso de cómo una persona puede marcar la diferencia enfrentándose a la discriminación y defendiendo los derechos civiles de su comunidad.

Fred Korematsu, un estadounidense de ascendencia japonesa desafió la injusta orden de internamiento de japoneses-estadounidenses durante la guerra. A pesar de las consecuencias y el riesgo personal, se negó a ser trasladado a un campo de concentración, convirtiéndose en un símbolo de resistencia y una voz contra la discriminación racial institucionalizada.

La historia de Korematsu es un recordatorio de una profunda enseñanza bíblica: "El Señor hace justicia y defiende a todos los oprimidos" (Salmos 103:6). Este versículo nos recuerda que, aunque a veces la justicia parece tardar, Dios está atento a las injusticias y defiende a aquellos que son oprimidos. Korematsu, con su valentía y determinación, se convirtió en un instrumento de esa justicia divina al luchar por los derechos civiles de su comunidad.

Aunque Korematsu perdió el juicio y fue condenado por su resistencia, su caso sentó precedentes y abrió camino para futuras luchas en favor de la igualdad. Su coraje y persistencia inspiraron a otros a no darse por vencidos y a seguir luchando por la justicia y los derechos humanos.

Como dijo una vez el escritor y activista Nelson Mandela: "Nunca dudes que un pequeño grupo de personas conscientes y comprometidas puede cambiar el mundo. De hecho, es lo único que lo ha logrado". Esta cita nos invita a creer en el poder transformador de una sola persona y a no subestimar nuestro potencial para marcar la diferencia.

La lucha de Korematsu fue reconocida décadas después, y recibió el honor de la Medalla Presidencial de la Libertad por su valentía y su contribución a la defensa de los derechos civiles. Su historia nos enseña que el valor y la perseverancia pueden trascender el tiempo y que incluso si no obtenemos una victoria inmediata, nuestro esfuerzo puede allanar el camino para un futuro más justo.

Legado inspirador

"Porque Dios no nos ha dado un espíritu de temor, sino de poder, de amor y de dominio propio" (2 Timoteo 1:7).

En una cultura donde a menudo asociamos la edad con limitaciones y declive, la historia de Fauja Singh brilla como un faro de esperanza y determinación. Nacido en la India en 1911, Fauja Singh se convirtió en un icono mundial al destacar en el deporte del maratón a una edad avanzada. Su espíritu indomable y su pasión por correr inspiraron a personas de todas las edades, demostrando que la edad no es una barrera para alcanzar grandes logros si nos mantenemos activos y enfocados en nuestras metas.

A los 89 años, Fauja Singh se convirtió en el hombre más longevo en terminar la maratón de Toronto. Este hito impresionante fue solo el comienzo de su carrera en el atletismo. A los 101 años, Singh batió su propio récord en la maratón de Londres en 2003. Su vitalidad y perseverancia dejaron una huella imborrable en el corazón de millones de personas en todo el mundo. Su historia nos enseña que nunca es demasiado tarde para perseguir nuestros sueños y alcanzar metas extraordinarias.

A pesar de las carencias materiales y los problemas de salud que enfrentó en la vejez, Fauja Singh siempre mantuvo una actitud positiva y una mentalidad enfocada en el éxito. Su determinación fue un claro ejemplo de que la verdadera fuerza reside en nuestro interior y no está determinada por las circunstancias externas. Al enfrentar desafíos y obstáculos, Singh nos recordó la importancia de mantener el espíritu elevado y nunca renunciar a nuestros objetivos.

Con la ayuda divina, no hay límites para lo que podemos lograr. Al confiar en la fortaleza que proviene de nuestra fe y en nuestro potencial intrínseco, encontramos la motivación y el coraje para superar cualquier dificultad que se nos presente en el camino hacia el éxito.

El escritor y poeta Ralph Waldo Emerson dijo una vez: "Lo que el hombre piensa de sí mismo es lo que determina o indica su destino". Esta cita subraya la importancia de nuestra mentalidad y de cómo nos percibimos a nosotros mismos. Si creemos en nuestro potencial y mantenemos una actitud positiva, podemos superar cualquier obstáculo y alcanzar nuestras metas más audaces.

SUPERAR BARRERAS, ALCANZAR SUEÑOS

"No temas, porque yo estoy contigo; no desmayes, porque yo soy tu Dios que te esfuerzo; siempre te ayudaré, siempre te sustentaré con la diestra de mi justicia" (Isaías 41:10).

La inspiradora trayectoria de Fulvia Maffi nos demuestra que ningún obstáculo puede impedirnos alcanzar nuestros sueños si tenemos fe y determinación. A los 17 años, un accidente la dejó parapléjica, pero esta adversidad no frenó sus aspiraciones. Estudió administración, creó su propia empresa de consultoría inclusiva y fundó una organización para promover el empleo de personas con discapacidad.

Su historia es un testimonio de coraje ante la adversidad. Como nos dice Isaías, no debemos temer porque Dios está con nosotros para darnos fuerza. Maffi no se rindió ante su discapacidad. Con tenacidad y convicción, derribó barreras físicas y mentales para integrarse plenamente en el mundo laboral.

Gracias a ella, miles han encontrado oportunidades que la sociedad les negaba. Su ejemplo nos inspira a luchar contra prejuicios que limitan el potencial de muchos. Como dijo Helen Keller, "lo mejor y más hermoso del mundo no puede verse ni siquiera tocarse, sino que debe sentirse con el corazón". Abramos nuestros corazones para construir una sociedad más inclusiva.

La historia de Maffi demuestra que la clave está en la actitud mental. En lugar de enfocarse en lo que no podía hacer, ella centró sus energías en desarrollar al máximo sus capacidades. Su tenacidad derribó prejuicios y transformó vidas. Sigamos su modelo, confiando en nuestras fortalezas únicas. Como expresa Filipenses 4:13, "Todo lo puedo en Cristo que me fortalece". ¡Adelante! Unámonos para crear un mundo donde todos podamos vivir plenamente nuestras capacidades. Juntos podemos hacer realidad el sueño de igualdad.

El camino no será fácil, habrá obstáculos. Pero cuando hay voluntad, no existen barreras infranqueables. Mantengamos la vista en la meta, y con paciencia, pero firmes, derribemos todo aquello que nos aleje de la plena inclusión. No permitamos que los prejuicios ajenos limiten nuestro potencial. Como dijo Mandela, "el hombre más fuerte es aquel que elige el camino correcto por sí mismo". Sigamos el ejemplo de Fulvia Maffi, mujer que eligió su propio camino y así abrió sendas para miles. Con su valentía, transformó vidas.

El poder de una voz

"Del SEÑOR es la tierra y todo lo que hay en ella; el mundo y los que en él habitan" (Salmos 24:1).

Greta Thunberg, una activista medioambiental sueca, se ha convertido en un símbolo de esperanza y cambio para las generaciones presentes y futuras. Su voz, llena de pasión y convicción, nos invita a reflexionar sobre nuestras acciones y a tomar medidas urgentes para combatir el cambio climático.

Greta Thunberg, con tan solo 16 años, decidió levantarse y alzar la voz en contra de la inacción de los líderes mundiales frente al cambio climático. Su huelga escolar semanal frente al Parlamento sueco fue el inicio de una revolución juvenil que busca hacer conciencia sobre la crisis ambiental que enfrentamos. Su determinación y valentía nos enseñan que no importa nuestra edad o posición social, todos tenemos la capacidad de generar un impacto positivo en el mundo. No necesitamos ser expertos o tener grandes recursos para hacer algo significativo. Solo necesitamos una voz y voluntad.

Pero no podemos quedarnos solo con la inspiración, debemos tomar acción y hacer cambios en nuestras propias vidas. Cada uno de nosotros tiene la responsabilidad de cuidar y proteger el planeta. Podemos comenzar por adoptar hábitos más sostenibles, como reducir nuestro consumo de plástico, utilizar medios de transporte más limpios y promover la energía renovable.

Otro texto bíblico que podemos aplicar en este contexto es el siguiente: "El que guarda el árbol comerá su fruto; el que cultiva su tierra tendrá abundancia" (Proverbios 27:18). Este versículo nos enseña que nuestras acciones tienen consecuencias directas en nuestras vidas y en el entorno que nos rodea. Si cuidamos y protegemos nuestro medio ambiente, cosecharemos los beneficios de un planeta más saludable y próspero.

El cambio climático es una realidad que nos afecta a todos. Los desastres naturales, la pérdida de biodiversidad y el aumento de las temperaturas son solo algunos ejemplos de las consecuencias devastadoras de nuestra forma irresponsable de vivir. Sin embargo, aún estamos a tiempo de revertir esta situación.

En palabras del escritor y activista ambiental David Suzuki: "No hay una crisis del medio ambiente, sino una crisis de falta de voluntad política". No podemos esperar a que otros actúen, debemos ser nosotros mismos los agentes del cambio.

Superación y creatividad

"Estas cosas os he hablado para que en mí tengáis paz. En el mundo tendréis aflicción; pero confiad, yo he vencido al mundo" (Juan 16:33).

La historia de Virginia Woolf es una de lucha y perseverancia. Nacida en Londres, Inglaterra, en 1882, Woolf enfrentó desafíos desde una edad temprana. Su familia era parte de la alta sociedad inglesa, pero las expectativas y limitaciones sociales de la época victoriana hicieron que Woolf se sintiera atrapada. Además, sufría de enfermedades mentales que la acompañarían durante toda su vida.

A pesar de las dificultades, Woolf encontró en la escritura una forma de expresarse y de liberarse. Sus obras, incluyendo La señora Dalloway y Al faro, son conocidas por su estilo innovador y su exploración de la psique humana. Woolf fue una pionera en el uso del monólogo interior y en la representación de la complejidad de la mente humana.

La vida de Virginia Woolf es un ejemplo de superación y creatividad. A continuación, presentaremos algunas lecciones que podemos aprender de su historia.

Primero, Woolf nos enseña la importancia de enfrentar nuestros miedos. A pesar de sus problemas de salud mental, Woolf no se rindió. En lugar de eso, encontró en la escritura una forma de canalizar sus emociones y de expresar su visión del mundo. Como ella misma dijo: "escribir es la única forma en que puedo liberarme de las limitaciones y la crueldad del mundo que me rodea".

Segundo, Woolf nos muestra la importancia de tener una mente abierta y curiosa. A lo largo de su vida, Woolf exploró diferentes temas y géneros literarios. En lugar de apegarse a un estilo o tema específico, Woolf se permitió experimentar y descubrir nuevas formas de expresión. Como ella misma dijo: "no hay barreras, no hay límites. Sólo hay horizontes por descubrir".

Tercero, Woolf nos inspira a ser fieles a nosotros mismos y a nuestra visión del mundo. A pesar de las expectativas y limitaciones sociales de su época, Woolf se mantuvo fiel a su propia voz y a su propia visión del mundo. Como ella misma dijo: "la única forma de lidiar con el miedo es enfrentarlo directamente. No hay atajos".

Autenticidad

"Porque todo aquel que se enaltece, será humillado; y el que se humilla, será enaltecido" (Lucas 18:14).

La vida nos presenta desafíos y obstáculos, pero la historia de Hannah Gadsby es un testimonio poderoso de cómo la autenticidad y la valentía pueden llevarnos a superar adversidades y alcanzar nuestras metas.

Hannah Gadsby, una comediante australiana, enfrentó abusos y prejuicios debido a su orientación sexual. Sin embargo, superó todas las dificultades y se convirtió en una voz influyente en el mundo del humor y la reflexión. A través de su trabajo, combina el humor con temas importantes como la salud mental, utilizando su plataforma para generar conciencia y visibilizar causas significativas.

La historia de Gadsby nos recuerda un importante mensaje bíblico: "Porque todo aquel que se enaltece, será humillado; y el que se humilla, será enaltecido" (Lucas 18:14). Este versículo nos enseña la importancia de la humildad y la autenticidad. Gadsby, al ser fiel a sí misma y a sus valores, se ha convertido en un ejemplo de fortaleza y superación.

A lo largo de su carrera, Hannah Gadsby ha demostrado que el camino hacia el éxito no siempre es fácil, pero que la perseverancia y la autenticidad pueden abrir puertas insospechadas. Como dijo una vez Maya Angelou: "Mi misión en la vida no es simplemente sobrevivir, sino prosperar; y hacerlo con pasión, compasión, humor y estilo". Esta cita nos inspira a vivir con autenticidad y a buscar nuestro propio éxito, sin importar los obstáculos que se presenten en el camino.

La experiencia de Gadsby también nos enseña la importancia de abordar temas relevantes como la salud mental y la igualdad. A través de su humor y reflexiones, ha logrado generar conciencia y empatía en torno a estas cuestiones fundamentales. Su ejemplo nos inspira a utilizar nuestras voces y plataformas para promover cambios positivos en la sociedad.

La historia de Hannah Gadsby nos invita a abrazar nuestra autenticidad. Su valentía y determinación son un recordatorio de que todos tenemos el poder de marcar la diferencia y visibilizar causas importantes. Con fe en nosotros mismos y el apoyo de aquellos que nos rodean, podemos alcanzar nuestros sueños y contribuir al cambio positivo en el mundo.

Desafiante

"Por esta razón también, obrando con toda diligencia, añadid a vuestra fe, virtud, y a la virtud, conocimiento" (2 Pedro 1:5).

Jane Austen, una escritora inglesa del siglo XIX, desafió las convenciones de su tiempo y abrió camino para las mujeres en la literatura. A través de su pluma, demostró que las mujeres podían ser tan intelectuales y creativas como los hombres, y que su voz merecía ser escuchada.

Austen vivió en una época en la que las mujeres eran mayormente excluidas de la esfera pública, incluyendo la literatura. Sin embargo, ella no se dejó limitar por las expectativas de su sociedad. En lugar de conformarse con el papel que se esperaba que desempeñara, Austen eligió seguir su pasión por la escritura y, en el proceso, creó algunas de las obras más queridas de la literatura inglesa.

Su valentía y determinación son un recordatorio de que, con fe y perseverancia, podemos superar los obstáculos que se nos presentan. Como dice en 1 Corintios 16:13, "Manténganse alerta; permanezcan firmes en la fe; sean valientes y fuertes".

Austen nos enseña que no debemos permitir que las expectativas de otros limiten nuestro potencial. Como dijo una vez el famoso escritor Mark Twain, "Ellos no saben que el mundo es de los valientes y la suerte es de los audaces".

Así que, al enfrentarnos a los desafíos de la vida, recordemos el ejemplo de Jane Austen. No importa cuán grandes sean los obstáculos, tenemos la capacidad de superarlos. Y, al igual que Austen, podemos dejar una marca duradera en el mundo, si solo tenemos el coraje de seguir nuestros sueños. Muchas de estas historias de vida, nos muestran a personas comunes, realizando proezas, simplemente, porque no estuvieron dispuestas a conformarse con los presupuestos de su época ni por las limitaciones que la cultura imponía, en este caso, a las mujeres.

Austen no solo escribió novelas, sino que también creó un legado que ha inspirado a generaciones de escritoras. Su trabajo ha demostrado que las mujeres pueden ser tan intelectuales y creativas como los hombres, y que su voz merece ser escuchada. Su valentía y determinación son un recordatorio de que, con fe y perseverancia, podemos superar los obstáculos que se nos presentan, sin importar cuán difíciles éstos sean.

Visión

"Porque donde esté tu tesoro, allí estará también tu corazón"
(Mateo 6:21).

En la realidad actual donde la sostenibilidad se ha vuelto una necesidad apremiante, la historia de Ellen MacArthur brilla como un faro. Nacida en 1976, esta navegante británica dejó una huella imborrable al batir el récord del viaje en solitario alrededor del mundo en 2005. Sin embargo, su impacto no se limitó al ámbito deportivo. MacArthur fundó una ONG con una visión clara: promover la economía circular como un modelo sostenible para reducir desperdicios y proteger nuestro planeta.

La visión de Ellen MacArthur es un llamado a la acción, una invitación a repensar la forma en que interactuamos con los recursos y diseñamos nuestro futuro. Su enfoque en la economía circular nos desafía a crear sistemas donde los productos y materiales se reutilicen, minimizando así la generación de residuos y el agotamiento de los recursos naturales.

La cita bíblica de Mateo 6:21 nos recuerda que donde pongamos nuestro enfoque y dedicación, allí residirá nuestra mente. Al comprometernos con la economía circular, estamos invirtiendo en un futuro sostenible y en la preservación de nuestro hogar común. Al hacer de la sostenibilidad una prioridad en nuestras vidas, estamos demostrando nuestro amor y cuidado por el mundo que Dios nos ha confiado.

El escritor y autor representativo Antoine de Saint-Exupéry dijo una vez: "Lo que da valor a las cosas es el esfuerzo y el sacrificio que implica su adquisición". Esta cita resalta la importancia de reconocer el valor intrínseco de los recursos y la necesidad de utilizarlos con sabiduría y respeto. Al adoptar la economía circular como un modelo de vida, estamos invirtiendo en un futuro en el que cada recurso es valorado y utilizado de manera eficiente, evitando el despilfarro y promoviendo la sostenibilidad.

Ellen MacArthur nos desafía a superar los límites de la complacencia y la inercia, y a abrazar un enfoque más consciente y responsable hacia nuestro entorno. Cada uno de nosotros tiene el poder de marcar la diferencia y contribuir al cambio positivo. Siguiendo el ejemplo de MacArthur, podemos convertirnos en agentes de transformación, promoviendo la economía circular en nuestras vidas diarias y fomentando una mentalidad de respeto hacia nuestro planeta y las generaciones futuras.

Música que transforma

"Apártate del mal y haz el bien; busca la paz y síguela"
(Salmo 34:14).

Juanes, un cantante y compositor colombiano, ha logrado trascender fronteras con su música pop rock, convirtiéndose en un referente de esperanza para millones de personas alrededor del mundo. A pesar de haber nacido en la pobreza y haber sido desescolarizado, su historia de superación y lucha contra el sida lo han llevado a crear himnos inspiradores que invitan a la búsqueda de la paz y la justicia. En este ensayo, exploraremos el impacto que la música de Juanes ha tenido en la sociedad, así como el poder transformador que puede tener en nuestras vidas.

La música tiene un poder innegable para influir en nuestras emociones y pensamientos. Nos conecta con nuestras experiencias más profundas y nos permite expresar nuestras emociones de una manera única. Juanes ha comprendido este poder y lo ha utilizado para transmitir mensajes de esperanza y cambio.

En su canción "A Dios le pido", Juanes nos invita a buscar la paz y la unidad entre los seres humanos. Este mensaje es especialmente relevante en un mundo marcado por la violencia y el conflicto. Juanes nos recuerda que todos tenemos la capacidad de hacer el bien y contribuir a la construcción de un mundo mejor.

El mensaje de Juanes también encuentra eco en el libro de Isaías 1:17, donde se nos insta a "aprender a hacer el bien; buscar la justicia, reprender al opresor; defender los derechos del huérfano y abogar por los derechos de la viuda". Juanes nos inspira a luchar por la justicia y a levantar nuestra voz contra cualquier forma de opresión.

La historia personal de Juanes es un ejemplo inspirador de superación y resiliencia. A pesar de haber enfrentado numerosos obstáculos en su vida, como la pobreza y el sida, logró salir adelante y convertirse en un referente musical a nivel mundial.

En su canción "La vida es un ratico", Juanes nos recuerda la importancia de aprovechar cada momento y no dejar que las dificultades nos detengan. Como dice el autor Paulo Coelho: "Siempre hay una salida para todo. Lo difícil es encontrarla". Juanes nos enseña que, aunque enfrentemos adversidades, siempre hay una luz al final del camino.**

Determinación

"Porque para Dios no hay nada imposible" (Lucas 1:37).

La vida está llena de oportunidades esperando ser descubiertas, y la historia de Maye Musk es un testimonio viviente de ello. Con su valentía, determinación y enfoque inquebrantable, Maye Musk ha demostrado que la belleza y el éxito no tienen fecha de vencimiento.

Maye Musk, una modelo, nutricionista y empresaria sudafricana, es un ejemplo inspirador de perseverancia y superación. A pesar de enfrentar desafíos y dificultades en su camino, encontró la fuerza para seguir adelante y alcanzar el éxito en múltiples campos.

La historia de Maye Musk es un recordatorio de una profunda enseñanza bíblica: "Todo lo que te viniere a la mano para hacer, hazlo según tus fuerzas" (Eclesiastés 9:10). Este versículo nos insta a confiar en nuestras capacidades y a no dejar que las adversidades nos detengan en nuestra búsqueda de nuestros sueños. Maye Musk es un ejemplo viviente de cómo, con fe y determinación, podemos superar cualquier obstáculo en nuestro camino hacia el éxito.

Maye enfrentó la tristeza y la responsabilidad de criar sola a sus tres hijos después de quedar viuda joven. Sin embargo, no permitió que las circunstancias la limitaran. En lugar de ello, se convirtió en una inspiración y un modelo a seguir para sus hijos, incluido el magnate Elon Musk. Su determinación y dedicación para criar a hijos estudiosos es una prueba del impacto que una actitud positiva y perseverante puede tener en nuestras vidas y en la de aquellos que nos rodean.

Además de su papel como madre, Maye Musk se destacó en el mundo de la moda y la nutrición. A los 68 años, debutó en la pasarela, desafiando los estereotipos de belleza y demostrando que la edad no es un obstáculo para alcanzar nuestros sueños. Su historia nos recuerda que nunca es tarde para perseguir nuestras pasiones y lograr el éxito.

Como dijo una vez Pablo Coelho: "Cuando quieres algo, todo el Universo conspira para que realices tu deseo". Esta cita nos invita a creer en nuestros sueños y a confiar en que, cuando estamos decididos a perseguirlos, el Universo se alinea para ayudarnos a alcanzarlos.

La audacia de ser auténtico

"Vosotros sois la luz del mundo. No se puede ocultar una ciudad asentada sobre un monte" (Mateo 5:14).

El singular cine de Tim Burton nos recuerda la importancia de atrevernos a ser fieles a nosotros mismos. En una industria que frecuentemente impone fórmulas prefabricadas, este director supo abrirse camino con su estilo gótico y visionario.

Desde sus inicios, Burton demostró una sensibilidad dark única en el mundo animado. Mientras sus compañeros se ajustaban a lo convencional, él exploraba temas inusuales como la melancolía y la muerte. Cuando pasó al cine, no tuvo miedo de imprimir su sello; al contrario, profundizó su lenguaje onírico y surrealista.

Como indica Pablo, debemos examinarnos a nosotros mismos. Burton nunca se desvió de su brújula interna. Películas como El joven manos de tijera están pobladas de personajes inadaptados que viven en mundos fantásticos, reflejo del propio Burton. Su obra transmite un mensaje inspirador: atrevámonos a ser fieles a nuestra visión única, por más que choque con lo establecido. Cuando somos auténticos, podemos crear belleza original. "El amor propio es la llave para el éxito: trátate a ti mismo como al mejor amigo que tendrás jamás" (Eleanor Roosevelt).

Sigamos el ejemplo de Burton, que convirtió su singularidad en fortaleza. Aceptemos nuestra rareza, abracemos nuestras cualidades extraordinarias. Tenemos un don invaluable que aportar, la llave es creer en nosotros mismos. Como afirmó Burton, "uno no sabe nunca lo normal que es, hasta que conoce a alguien que le hace sentir raro". ¡Seamos ese alguien!

La sociedad a menudo presiona para que encajemos en el molde. Pero los innovadores y creadores son precisamente aquellos que se atreven a desafiar lo establecido. Tengamos el coraje de pintar fuera de las líneas, de explorar territorios desconocidos dentro de nosotros mismos. Como dijo Joseph Campbell: "Sigue tu dicha y no el camino trillado".

Dentro de cada uno hay un universo esperando manifestarse en toda su gloria. Atrevámonos a brillar con luz propia, fieles a nuestra naturaleza excepcional. Seamos faros que inspiren a otros a abrazar su autenticidad. Como dijo Burton, "pocos descubren su propia magia si se conforman con lo común". ¡Salgamos a encontrar la magia!

Poder transformador

"Porque nada hay imposible para Dios" (Lucas 1:37).

En una sociedad donde las mujeres a menudo han sido subestimadas y relegadas a roles secundarios, la historia de Wangari Maathai brilla como un faro de esperanza y empoderamiento. Nacida en una familia rural en 1940, Wangari se convirtió en una pionera y líder indiscutible en la lucha por la protección del medio ambiente y los derechos de las mujeres en Kenia. Su valentía y determinación rompieron barreras y demostraron que las mujeres tienen el poder de generar un cambio significativo.

Wangari Maathai desafió las expectativas y se convirtió en la primera mujer de África Oriental en obtener un doctorado. Su conocimiento y pasión por el medio ambiente la llevaron a fundar el Movimiento Cinturón Verde de Kenya, una iniciativa que ha plantado más de 30 millones de árboles en todo el país. A través de su trabajo incansable, Wangari creó conciencia sobre la deforestación y la importancia de la conservación, inspirando a otros a unirse a su causa.

Su camino no estuvo exento de obstáculos. En una sociedad dominada por los hombres, Wangari enfrentó resistencia y adversidades. Fue encarcelada y golpeada por defender los derechos de las mujeres y el medio ambiente. Sin embargo, su determinación y su fe inquebrantable en su misión la llevaron a superar todos los desafíos que se interponían en su camino. Su ejemplo nos enseña que, a pesar de las circunstancias adversas, podemos lograr grandes cosas si mantenemos nuestra visión clara y nunca renunciamos a nuestros ideales.

La vida de Wangari Maathai refuerza el mensaje bíblico de Lucas 1:37: "Porque nada hay imposible para Dios". Al confiar en el poder divino y en nuestra propia capacidad, podemos superar cualquier obstáculo y lograr lo que parecía imposible. Wangari es un testimonio viviente de que una mujer con visión y determinación puede marcar una diferencia significativa en el mundo, y su legado nos desafía a seguir sus pasos.

Como dijo la escritora y activista feminista Gloria Steinem: "La verdad te hará libre, pero primero te hará miserable". Esta cita nos recuerda que, a veces, el camino hacia el cambio y la transformación puede ser incómodo y desafiante. Sin embargo, solo al enfrentar y superar las dificultades podemos lograr la libertad y el empoderamiento que tanto anhelamos.

El poder de los sueños

"Porque para Dios no hay nada imposible" (Lucas 1:37).

Ante los desafíos y obstáculos, a veces puede resultar difícil mantener la motivación y la determinación para alcanzar nuestros sueños. Sin embargo, la historia de Fatima Dike nos enseña que no importa cuán inalcanzables parezcan nuestros objetivos, con fe y trabajo duro, podemos superar cualquier adversidad y lograr el éxito.

Fatima Dike, una mujer nacida en una humilde aldea de Nigeria desafió las expectativas de su sociedad al soñar con convertirse en ingeniera aeroespacial. En una cultura donde las mujeres rara vez asistían a la universidad, ella se negó a dejarse limitar por los prejuicios de género y se esforzó incansablemente por alcanzar su sueño.

A lo largo de su vida, Fatima enfrentó numerosas dificultades económicas y el escepticismo de aquellos que la rodeaban. Sin embargo, nunca perdió de vista su objetivo y, a través de su perseverancia, logró obtener una maestría y un doctorado en ingeniería mecánica en las principales universidades de Estados Unidos.

El viaje de Fatima no solo es una inspiración para aquellos que desean seguir una carrera en ingeniería, sino que también es un testimonio del poder transformador de soñar en grande y nunca renunciar a nuestros ideales. Fatima regresó a Nigeria con la determinación de inspirar a otros, especialmente a las niñas y mujeres, a perseguir sus sueños contra viento y marea.

La historia de Fatima nos recuerda una poderosa enseñanza bíblica: "Porque para Dios no hay nada imposible" (Lucas 1:37). Este versículo nos insta a creer en nuestras propias capacidades y confiar en que, con la ayuda de Dios, podemos superar cualquier obstáculo en nuestro camino hacia el éxito.

Además, el apóstol Pablo nos anima con sus palabras: "No nos cansemos, pues, de hacer bien; porque a su tiempo segaremos, si no desmayamos" (Gálatas 6:9). Estas palabras nos instan a perseverar en nuestra búsqueda de nuestros sueños, incluso cuando enfrentamos dificultades y desafíos.

Como R. W. Emerson: "No te dejes arrastrar por tus problemas, ¡levántate y enfréntalos!". Somos capaces de superar cualquier obstáculo si nos mantenemos firmes en nuestro propósito y no permitimos que las dificultades nos desalienten.

La disciplina del éxito

"Encomienda al Señor tus obras, y tus pensamientos serán establecidos" (Proverbios 16:3).

En el mundo del fútbol, hay figuras que trascienden las barreras impuestas por su origen humilde y se convierten en símbolos de éxito y superación. Samuel Eto'o, nacido en Camerún en 1981, es uno de esos ejemplos inspiradores. Desde una edad temprana, soñó con convertirse en futbolista profesional, a pesar de provenir de un entorno humilde donde el deporte no era una prioridad. Su historia nos enseña que la determinación y la disciplina pueden abrir las puertas hacia el éxito, independientemente de nuestros orígenes.

Con una confianza inquebrantable en sí mismo, Eto'o dejó su país natal a los 15 años para formarse en las divisiones inferiores del Real Madrid. A pesar de las dificultades de adaptación a otro país y cultura, él perseveró incansablemente gracias a su disciplina férrea y ética de trabajo. Su dedicación y esfuerzo lo llevaron a convertirse en uno de los mejores delanteros africanos de todos los tiempos, conquistando ligas locales e internacionales con clubes de renombre como el Barcelona y el Inter de Milán.

La vida de Samuel Eto'o nos inspira a soñar en grande y a trabajar arduamente para lograr nuestras metas contra viento y marea. Su ejemplo nos recuerda que, con talento, educación y un compromiso inquebrantable, podemos alcanzar metas aparentemente imposibles. Al igual que Eto'o, debemos enfrentar los desafíos con valentía y perseverancia, sin permitir que las circunstancias nos definan.

Enfocarnos en nuestros sueños requiere disciplina y constancia. Como se menciona en Proverbios 16:3: "Encomienda al Señor tus obras, y tus pensamientos serán establecidos". Al confiar en Dios y entregar nuestras metas y acciones en Sus manos, encontramos la fortaleza para perseverar y superar los obstáculos en nuestro camino hacia el éxito. Al tener una base sólida en nuestra fe, encontramos la motivación y la dirección para seguir adelante, incluso cuando las circunstancias parecen adversas.

Albert Camus dijo una vez: "En medio del invierno, aprendí por fin que había en mí un verano invencible". Esta frase captura la esencia del espíritu de Samuel Eto'o y nos desafía a descubrir nuestra propia fuerza interior, incluso en los momentos más difíciles.

El poder transformador del amor materno

"El que ama a su hermano, permanece en la luz" (1 Juan 2:10).

La vida de Ellen Johnson Sirleaf nos enseña que el amor de una madre puede cambiar el mundo. En circunstancias extremadamente difíciles, esta extraordinaria mujer convirtió el instinto protector maternal en una fuerza para sanar a una nación.

Nacida en una familia humilde de Liberia, Ellen se sobrepuso a todos los obstáculos para convertirse en economista y política. Cuando estalló la guerra civil en su país, decidió tomar las riendas para restaurar la paz. En 2005 fue electa la primera presidenta de África.

Gobernó con la sabiduría, la tenacidad y la compasión propias de una madre. Logró pacificar Liberia y sentar las bases para su reconstrucción, por lo que ganó el Premio Nobel de la Paz. Demostró que el amor incondicional de una madre puede transformar incluso el escenario más sombrío en un lugar de esperanza.

Como nos recuerda Juan, quien ama permanece en la luz e ilumina a otros. Ellen encendió una llama de amor en Liberia que disipó las tinieblas del odio. Nos inspiró con su valor para defender la vida frente a las fuerzas de la muerte.

Su historia demuestra que las madres pueden ser poderosas agentes de cambio. Cuando se unen por un ideal más elevado, su amor se vuelve indetenible. Derriban barreras culturales con la fuerza de su corazón protector.

Que el ejemplo de esta gran mujer nos motive a canalizar nuestro amor en acciones que mejoren el mundo. Como decía Madre Teresa, "el amor empieza en casa". Transformemos primero nuestros hogares en oasis de paz. Luego, unámonos para crear una sociedad más justa y compasiva.

No subestimemos la fuerza del instinto maternal. Ese amor que daría la vida por los hijos puede también dar vida a un nuevo mundo. Tenemos el poder de parir un amanecer más luminoso. Como Ellen, convirtamos el amor en coraje, la ternura en cambio. Juntas podemos lograr lo imposible.

El legado de Ellen Johnson Sirleaf es una antorcha de esperanza para África y para toda la humanidad. Nos recuerda que el cambio comienza por la transformación personal, en el hogar.

Espíritu indomable

"No mires a su apariencia ni a lo alto de su estatura, porque yo lo he rechazado. La gente se fija en las apariencias, pero yo me fijo en el corazón" (1 Samuel 16:7).

Hay personas que desafían las expectativas y rompen barreras con su determinación. Uno de esos ejemplos es Cathy Freeman, una talentosa atleta nacida en Brisbane, Australia, en una familia indígena. A lo largo de su vida, enfrentó la discriminación y los prejuicios debido a sus raíces aborígenes, pero nunca permitió que eso la detuviera en su camino hacia la grandeza.

Desde niña demostró talento para el atletismo. A pesar de los obstáculos, ella perseveró con una determinación inquebrantable para convertirse en la mejor velocista de su país. Su espíritu indomable y su dedicación la llevaron a triunfar a nivel mundial, obteniendo medallas olímpicas y rompiendo récords. Sin embargo, su mayor hazaña fue su victoria en los 400 metros llanos durante los Juegos Olímpicos de Sídney 2000.

La imagen de Cathy corriendo con la bandera aborigen australiana en sus manos conmovió al mundo entero. En ese momento, ella no solo estaba corriendo por sí misma, sino que también estaba rompiendo barreras raciales y demostrando al mundo que el esfuerzo y la perseverancia pueden vencer cualquier forma de discriminación. Su victoria fue un recordatorio de que el talento y la determinación no conocen fronteras raciales.

La historia de Cathy Freeman inspira a superar nuestros propios prejuicios y barreras. Nos enseña que las limitaciones que enfrentamos son en gran medida construcciones de nuestra propia mente y sociedad. Como seres humanos, a menudo nos dejamos llevar por las apariencias y juzgamos a los demás en base a ellas. Sin embargo, como se nos recuerda en 1 Samuel 16:7: "No mires a su apariencia ni a lo alto de su estatura, porque yo lo he rechazado. La gente se fija en las apariencias, pero yo me fijo en el corazón". Dios mira más allá de las superficialidades y valora lo que hay en nuestro interior, nuestra determinación y carácter.

El autor y filósofo Ralph Waldo Emerson dijo una vez: "Lo que nos asusta realmente no es nuestra falta de habilidad. Lo que nos asusta es la grandeza de nuestra capacidad". Estas palabras resuenan poderosamente en el contexto de la historia de Cathy Freeman. Nos desafían a mirar más allá de nuestras propias limitaciones autoimpuestas y a abrazar nuestro potencial ilimitado.

La cima del espíritu

"Pedid, y se os dará; buscad, y hallaréis; llamad, y se os abrirá"
(Mateo 7:7).

La extraordinaria hazaña de Sir Edmund Hillary de conquistar el Everest nos recuerda el increíble potencial del espíritu humano. En 1953, junto al sherpa Tenzing Norgay, logró lo imposible: pisar la cumbre de la montaña más alta del planeta.

Su historia es una fuente de inspiración. Hillary creció en una granja de Nueva Zelanda. Desde joven cultivó un espíritu aventurero y voluntad férrea. Intentó la cima del Everest por primera vez en 1951, llegando hasta los 8,100 metros. Pese al fracaso, esto avivó aún más su determinación.

Tras años de tenaz preparación, Hillary finalmente logró la hazaña en 1953. Su triunfo pasó a la historia como un momento definitorio del espíritu humano. La gesta de Hillary encarna valores que nos inspiran a superarnos. Nos recuerda que, con visión, valentía y perseverancia, podemos vencer desafíos que parecen insuperables. Como expresó Mandela, "parece siempre imposible, hasta que se hace".

Tras su triunfo, Hillary dedicó su vida a causas humanitarias, demostrando la misma humildad que cuando descendió del Everest diciendo "hemos conquistado la montaña". Ejemplifica que la grandeza radica en elevar a los demás.

La próxima cima que debemos conquistar no es terrestre, sino espiritual. Y el equipo somos la humanidad entera. Juntos podemos ascender a nuevas alturas de comprensión y compasión. Como dijo Hesíodo, "antes de emprender el viaje, se necesita coraje para abandonar la orilla". ¡Adelante! Con fe, unidad y audacia, alcancemos la gloria de nuestro pleno potencial.

El camino a la cumbre está plagado de desafíos, pero son precisamente estos retos los que forjan nuestro carácter y voluntad. Enfrentemos las tormentas de la vida con la certeza de que son pasajeras. Mantengamos la mirada en la cima de nuestras más altas aspiraciones.

Que el ejemplo del gran Hillary nos convoque a escalar montañas tanto externas como internas. Dominemos nuestras mentes, abracemos virtudes más elevadas, sirvamos desinteresadamente. La grandeza comienza con un primer paso, y un paso tras otro, con perseverancia, alcanzaremos la gloria de nuestras nobles metas.

La resiliencia implacable

"Encomienda a Jehová tu camino, confía en él, y él hará"
(Salmo 37:5).

La vida está llena de desafíos y obstáculos que nos ponen a prueba. En esos momentos cruciales, es nuestra actitud y resiliencia lo que determina si nos hundimos o nos elevamos hacia la victoria. Niki Lauda, el legendario piloto de Fórmula 1, encarna la esencia de la resiliencia implacable.

Nacido en una familia acomodada de Viena, Lauda podría haber seguido un camino cómodo y seguro. Sin embargo, eligió perseguir su pasión por los autos de carrera, desafiando las expectativas y persiguiendo su sueño con determinación. Su historia nos enseña que, independientemente de nuestros orígenes o circunstancias, todos tenemos el poder de perseguir nuestras pasiones y alcanzar el éxito.

En 1976, Lauda enfrentó un desafío devastador en su carrera. Un terrible accidente lo dejó al borde de la muerte, con su cuerpo envuelto en llamas. A pesar de las terribles lesiones y el dolor que soportaba, Lauda demostró una voluntad y resistencia sobrehumanas al recuperarse en tan solo unas semanas. Su determinación inquebrantable lo llevó a regresar a las pistas con cicatrices físicas y emocionales, y sorprendentemente, terminó en segundo lugar en el campeonato.

Niki Lauda nos recuerda que la resiliencia no es solo una cuestión de fuerza física, sino también de fortaleza mental y emocional. A medida que enfrentamos nuestros propios desafíos, debemos recordar que podemos encomendar nuestro camino a Dios y confiar en Él para guiarnos. Como nos dice el Salmo 37:5: "Encomienda a Jehová tu camino, confía en él, y él hará".

En nuestra búsqueda por superar obstáculos y alcanzar la victoria, es crucial mantener una mentalidad positiva y enfocada. Como dijo el célebre escritor estadounidense Norman Vincent Peale: "Cambia tus pensamientos y cambiarás tu mundo". Nuestros pensamientos y creencias tienen un poder tremendo para moldear nuestra realidad y determinar nuestro éxito. Con una mentalidad positiva y la fe en nuestras habilidades, podemos superar cualquier adversidad que se presente en nuestro camino.

Como dijo el apóstol Pablo en Romanos 8:37: "Ante todo esto, somos más que vencedores por medio de aquel que nos amó".

La audacia de ser tú mismo

"Vosotros sois la luz del mundo. No se puede ocultar una ciudad asentada sobre un monte" (Mateo 5:14).

La cantautora Lorde irrumpió en la escena musical siendo aún una adolescente. Con solo 16 años lanzó su aclamado álbum debut "Pure Heroine", convirtiéndose en un fenómeno global. Su historia nos invita a cultivar nuestra voz interior única y atrevernos a compartir nuestros dones.

Lorde creció en Nueva Zelanda rodeada de naturaleza y lejos de los focos de atención. Pero desde pequeña mostró una sensibilidad creativa fuera de lo común. A los 13 años ya compartía sus letras y canciones en internet. Cuando una discográfica vio su talento, no dudó en lanzarse al mundo.

Como dijo Jesús, somos "la luz del mundo". Lorde dejó brillar su luz sin temores. Con solo 17 años, ganó dos premios Grammy por su profundo y novedoso estilo musical. Su diferencia se convirtió en su mayor fortaleza.

Ella nos enseña el poder de la autenticidad. En una industria que a menudo promueve la artificialidad, Lorde mantuvo los pies en la tierra. Sus letras transparentes sobre la adolescencia conectaron con millones de jóvenes.

Como dijo C.S. Lewis, "sé fiel a tu yo interior, y él será fiel a ti". Cuando somos genuinos, nuestra luz brilla más intensa. No tengamos miedo de revelar quienes somos realmente. Nuestras diferencias nos hacen únicos y necesarios.

La historia de Lorde es un recordatorio de atrevernos a soñar y confiar en nuestra brújula interna. Puede que nuestro camino no sea tradicional o fácil, pero si está alineado con nuestra esencia, nos conducirá al lugar indicado. Como ella misma dice en una canción: "Un diamante en bruto sigue siendo un diamante". Pulamos nuestras joyas internas para que resplandezcan.

El ejemplo de Lorde demuestra que nunca es demasiado temprano para comenzar a cultivar nuestros talentos y compartir nuestra voz única. Incluso siendo una adolescente, ella se atrevió a mostrarse tal cual era, con crudeza y autenticidad. Eso requiere valentía, pero es la clave para hacer realidad nuestros sueños más profundos.

Dejemos atrás los miedos y las dudas que nos paralizan. La grandeza está dentro de nosotros, esperando manifestarse.

El arte de la transformación

"Porque en Dios no hay acepción de personas, sino que en toda nación se agrada del que le teme y hace justicia" (Hechos 10:34-35).

El mundo está lleno de personas excepcionales que han desafiado las normas establecidas y han utilizado su arte como una herramienta para inspirar cambios positivos. Uno de estos valientes rebeldes fue Sir Peter Blake, un artista plástico cuyo legado trascendió las fronteras de su nacimiento en Birkenhead, Inglaterra, para adoptar a Nueva Zelanda como su hogar y plataforma de transformación.

Peter Blake no solo dejó su huella en el mundo del arte, sino que también se convirtió en un defensor apasionado del medio ambiente. Como miembro fundador del icónico barco Rainbow Warrior de Greenpeace, navegó por los mares con determinación y audacia, desafiando las fuerzas establecidas que amenazaban la salud de nuestro planeta. Su compromiso y valentía lo llevaron a recibir el reconocido Premio Príncipe de Asturias de la Concordia, un testimonio de su incansable labor por un mundo más sostenible.

Cuando a menudo se nos anima a seguir el camino seguro y convencional, Sir Peter Blake nos enseñó que el arte puede ser un vehículo para el cambio. Su visión vanguardista nos desafía a cuestionar nuestras propias actitudes y a utilizar nuestra creatividad para abordar los desafíos que enfrentamos como sociedad. Como escribió el famoso autor Albert Camus: "La verdadera rebelión consiste en mirar al mundo de una manera diferente".

La historia de Sir Peter Blake nos recuerda que cada uno de nosotros tiene el poder de marcar la diferencia. No importa nuestra procedencia o circunstancias, todos podemos adoptar una actitud valiente y desafiante frente a las injusticias y los problemas que enfrentamos. Como dice el salmista en el Salmo 27:1: "El Señor es mi luz y mi salvación; ¿de quién temeré? El Señor es la fortaleza de mi vida; ¿de quién he de atemorizarme?".

En este mundo en constante cambio, debemos ser como Sir Peter Blake: artistas de nuestras propias vidas, dispuestos a enfrentar los desafíos con creatividad y optimismo. Como nos recuerda el apóstol Pablo en Efesios 2:10: "Porque somos hechura suya, creados en Cristo Jesús para buenas obras, las cuales Dios preparó de antemano para que anduviésemos en ellas".

Liderazgo moral

"Bienaventurados los que padecen persecución por causa de la justicia, porque de ellos es el reino de los cielos" (Mateo 5:10).

La vida de Aung San Suu Kyi representa un extraordinario ejemplo de liderazgo moral y la fuerza transformadora de la integridad. En una Birmania oprimida por décadas bajo una brutal dictadura militar, Suu Kyi encendió una llama de esperanza. Su valiente lucha pacífica contra la injusticia inspiró a todo un pueblo y al mundo entero.

Aunque sufrió persecución y arrestos domiciliarios, Suu Kyi nunca claudicó en su empeño por la democracia y los derechos humanos. Como afirmó en un discurso, "debemos intentarlo una y otra vez para conseguir lo que necesitamos: democracia y derechos humanos". Su perseverancia pacífica le valió el Premio Nobel de la Paz en 1991.

Como dijo Mateo, aquellos que sufren por la justicia tendrán su recompensa. El compromiso de Suu Kyi finalmente rindió frutos cuando fue liberada en 2010 y asumió un rol de liderazgo en el gobierno. Sus esfuerzos allanaron el camino para reformas democráticas históricas en Myanmar.

Su vida nos enseña que incluso en circunstancias opresivas, un líder íntegro puede generar cambios positivos. Como expresa Proverbios: "Sin visión el pueblo perece" (Proverbios 29:18). La visión de Suu Kyi guio a su nación hacia un nuevo amanecer.

Su ejemplo nos convoca a defender ideales, aún frente a fuerzas poderosas. La integridad y la convicción moral pueden inspirar a otros cuando se viven de forma auténtica. Como dijo Vaclav Havel, "la esperanza no es la convicción de que algo saldrá bien, sino la certeza de que algo tiene sentido, independientemente de cómo salga". Valoremos la justicia y la dignidad humana por encima del éxito material.

La senda del liderazgo moral requiere coraje, pero ilumina el camino de muchos. Abramos nuestros corazones a visiones más altas. Con integridad y perseverancia, hagamos realidad el cambio que el mundo necesita.

El ejemplo de Suu Kyi demuestra que la defensa de los derechos humanos y las libertades fundamentales debe estar por encima de cualquier interés personal. Nos recuerda que la democracia debe ser activamente nutrida y defendida por ciudadanos comprometidos.

El camino a la grandeza

"Examinaos a vosotros mismos si estáis en la fe; probaos a vosotros mismos. ¿O no os conocéis a vosotros mismos, que Jesucristo está en vosotros, a menos que estéis reprobados?" (2 Corintios 13:5).

La vida de Yo-Yo Ma ejemplifica cómo el talento, el trabajo duro y la pasión pueden llevar al ser humano a la grandeza, independientemente de su origen.

Nacido en Francia en 1955 de padres chinos, Ma mostró desde pequeño una asombrosa habilidad para tocar el chelo. Su destreza técnica no tiene parangón, hasta el punto de ser considerado el mejor chelista vivo. Sin embargo, Ma no se conformó con destacar solo como concertista. Impulsado por un profundo amor por la música y un espíritu inquisitivo, ha dedicado su carrera a tender puentes culturales.

Como dijo el apóstol Pablo, debemos "examinarnos a nosotros mismos" y cultivar los dones que Dios nos ha dado. Ma desarrolló su talento musical con disciplina y trabajo incansable. Pero también tuvo la humildad y la apertura para colaborar con otros músicos, trascendiendo barreras culturales.

Sus innovadoras colaboraciones con músicos de diversos géneros y tradiciones encarnan la búsqueda incesante de la excelencia y la belleza. Como dijo Ma, "la cultura debe fluir, debe circular, debe mezclarse". Esta mentalidad abierta le ha permitido llevar la milenaria tradición musical china a los escenarios de Occidente, expandiendo los horizontes de la música clásica.

La grandeza requiere ambición, disciplina y una mente dispuesta a trascender límites. Debemos cultivar nuestros talentos con rigor y trabajar duro para alcanzar la maestría. Pero la excelencia también requiere apertura, curiosidad intelectual y voluntad para salir de nuestra zona de confort. Cuando combinamos pasión y trabajo duro con una mentalidad abierta e innovadora, podemos alcanzar nuestro mayor potencial y marcar una diferencia en el mundo. Como decía Goethe, "en los reinos del espíritu vale más atreverse demasiado que no atreverse lo suficiente".

Cuando damos lo mejor de nosotros mismos al servicio de los demás, nuestra luz brilla más intensamente. Como dice el Evangelio, "No se enciende una luz y se pone debajo de un almud, sino sobre el candelero, y alumbra a todos los que están en casa" (Mateo 5:15). Iluminemos el mundo con nuestros talentos, sembrando semillas de esperanza y alegría a nuestro paso.

El éxito con pasión y visión

"Y podrás amar al Señor tu Dios con todo tu corazón, con toda tu alma, y con toda tu mente" (Mateo 22:37).

El camino hacia el éxito de Jack Ma es un testimonio inspirador de determinación y perseverancia. A pesar de su humilde origen y la falta de educación formal, Ma se convirtió en un líder visionario y un icono empresarial en la era digital.

Desde temprana edad, Ma demostró una fascinación por las nuevas tecnologías y su capacidad para conectar a las personas. Esta pasión lo impulsó a explorar y aprender por sí mismo, superando las limitaciones de recursos y oportunidades que enfrentaba. Su mente inquisitiva y su afán por la innovación le permitieron vislumbrar el potencial transformador de Internet mucho antes de que se convirtiera en una fuerza dominante en nuestras vidas.

En 1995, Ma fundó Alibaba en su garaje, con solo cinco compañeros de trabajo. Los comienzos fueron difíciles y requirieron un arduo esfuerzo. Sin embargo, Ma nunca se rindió y mantuvo su enfoque en su objetivo de digitalizar el comercio en Asia. Su determinación y valentía para enfrentar los obstáculos en el camino se convirtieron en su motor impulsor.

A lo largo de su trayectoria, Ma comprendió que el éxito de Alibaba no se basaba únicamente en ideas innovadoras, sino en la constancia y la entrega total a la misión. Reconoció que el verdadero éxito no radica solo en la acumulación de riquezas materiales, sino en dejar un impacto positivo y duradero en la sociedad. Con este enfoque, Ma lideró a Alibaba hacia el éxito financiero, pero siempre mantuvo su deseo de promover el desarrollo y la educación entre los jóvenes.

Ma entendió que el conocimiento y la educación son las herramientas clave para empoderar a las personas y abrir nuevas oportunidades. Por lo tanto, se dedicó a fomentar el espíritu emprendedor y la innovación entre los jóvenes, con el objetivo de cultivar una nueva generación de líderes y soñadores. A través de su fundación, ha invertido en programas educativos y ha brindado apoyo a emprendedores emergentes, compartiendo su experiencia y sabiduría para inspirar a otros a seguir sus pasos.

La historia de Jack Ma es un testimonio poderoso de que los sueños pueden hacerse realidad, incluso en las circunstancias más desafiantes.

La fuerza de la autenticidad

"Antes que te formase en el vientre te conocí, y antes que nacieses te santifiqué" (Jeremías 1:5).

Audre Lorde fue una poetisa que nos invita a celebrar nuestra identidad en toda su complejidad. Nacida en 1934, esta feminista afroamericana y abiertamente gay utilizó la literatura para explorar los temas del racismo, sexismo y homofobia que permeaban la sociedad estadounidense. Luego sufrió de cáncer de mama y al pasar la enfermedad escribió el libro *Los diarios del cáncer* publicado en 1981 para explicar sobre la discriminación adicional que sufrían las mujeres en el contexto de sistemas de salud que no protegían adecuadamente, y porque también existe discriminación hacia los enfermos.

A través de sus versos y ensayos, Lorde nos desafía a abrazar nuestra autenticidad incluso cuando el mundo intenta oprimirla. Sus palabras, poderosas, demolían estereotipos e impulsaban a las personas marginadas a alzar su voz.

Como afirma Jeremías 1:5, fuimos conocidos y consagrados por Dios antes de nacer. No tenemos por qué avergonzarnos de quiénes somos. Otro pasaje que refuerza este mensaje se encuentra en Salmos 139:14: "Te alabo porque formidables, maravillosas son tus obras".

La escritora Toni Morrison solía decir que "si hay un libro que quieres leer, pero aún no se ha escrito, entonces debes escribirlo". Esta idea captura el espíritu de Lorde, quien plasmó sin tapujos sus verdades poéticas para beneficio de aquellos sedientos de representación.

Igual que Audre, atrevámonos a celebrar nuestra identidad, sin importar cuán incómodos se sientan otros. Liberémonos de las expectativas ajenas que pretenden encasillarnos y abracemos nuestra compleja humanidad. Como escribió Lorde, "cuando más plenamente somos nosotros mismos, encontraremos que somos más parecidos que diferentes".

La discriminación existe porque le tememos a lo diferente, a aquello que desafía las nociones preconcebidas de normalidad. Pero todas las personas poseemos belleza y valor intrínseco que deben ser honrados. Sigamos el ejemplo vanguardista y desafiante de Lorde, para que las próximas generaciones puedan florecer en una sociedad más comprehensiva e inclusiva.

Persiguiendo sueños sin límites

"Jehová está conmigo; no temeré lo que me pueda hacer el hombre" (Salmos 118:6).

Yui Kamiji, una mujer valiente y determinada, desafió todas las expectativas y superó las limitaciones impuestas por su condición física. Nacida sin brazos debido a una rara anomalía, muchos le dijeron que no podría practicar deporte. Sin embargo, Yui tenía un sueño: jugar tenis de mesa. Con una fuerza interior inquebrantable, entrenó incansablemente utilizando sus pies y su boca para controlar la raqueta, demostrando una destreza asombrosa. Su perseverancia y talento la llevaron a alcanzar la cima de su disciplina en los Juegos Paralímpicos de Río 2016, donde ganó medallas de oro en la categoría individual y en dobles, convirtiéndose en la primera jugadora japonesa en lograrlo.

El ejemplo de Yui Kamiji es un recordatorio de que los límites están solo en nuestra mente. A menudo nos encontramos desanimados por los obstáculos que enfrentamos en la vida, pero Yui nos enseña que el verdadero poder reside en nuestra voluntad de superar esas barreras y perseguir nuestros sueños con pasión. Su historia inspira a personas con discapacidad de todo el mundo a creer en sí mismas y no permitir que las circunstancias definan sus posibilidades. Ella es un testimonio viviente de esta verdad, ha demostrado que, con fe, perseverancia y una mentalidad positiva, podemos alcanzar metas que parecen imposibles.

Además, otro texto bíblico relevante es Isaías 41:10: "No temas, porque yo estoy contigo; no desmayes, porque yo soy tu Dios que te fortalezco; siempre te ayudaré, siempre te sustentaré con la diestra de mi justicia". Este pasaje nos recuerda que no estamos solos en nuestras luchas y desafíos. Dios está con nosotros, dispuesto a fortalecernos y ayudarnos en cada paso del camino. Yui Kamiji encarna esta promesa divina al enfrentar sus limitaciones con valentía y convertirlas en oportunidades para inspirar a otros.

Como dijo Albert Einstein: "La creatividad es la inteligencia divirtiéndose". Esta cita nos invita a abrazar nuestra creatividad y encontrar soluciones innovadoras para superar los obstáculos que se interponen en nuestro camino. Yui Kamiji personifica esta mentalidad al utilizar su creatividad y habilidades únicas para competir al máximo nivel en el tenis de mesa, desafiando las expectativas y rompiendo estereotipos.

Emprender con pasión e integridad

"Honra al Señor con tus riquezas y con los primeros frutos de tus cosechas; así tus graneros se llenarán a reventar, y tus barriles rebosarán de vino nuevo" (Proverbios 3:9-10).

Kazuo Inamori, nació en una familia de pescadores, es un ejemplo de cómo la pasión y la integridad pueden llevarnos a lograr grandes cosas. A pesar de los desafíos económicos que enfrentó para pagar sus estudios universitarios, en 1956 fundó Kyocera, una empresa que se ha convertido en líder mundial en cerámica avanzada y telecomunicaciones. Además, creó KDDI, la segunda empresa telefónica más grande de Japón. Sin embargo, lo más destacable de Inamori no son solo sus logros empresariales, sino su humildad y su filosofía de servicio a la sociedad.

A lo largo de su vida, Inamori ha mantenido una actitud humilde y una visión centrada en el servicio a los demás. Ha donado gran parte de su fortuna a obras benéficas y a la educación, reconociendo que el verdadero éxito radica en utilizar las riquezas y los recursos para impactar positivamente en la sociedad. Su enfoque ético en los negocios y su búsqueda de valores trascienden las ganancias materiales y nos recuerdan la importancia de la integridad y la responsabilidad social.

Proverbios 3:9-10 nos insta a honrar al Señor con nuestras riquezas y los frutos de nuestras cosechas. Nos recuerda que nuestras bendiciones y logros no deben ser motivo de orgullo o avaricia, sino una oportunidad para honrar a Dios y bendecir a los demás. Inamori personifica este principio al utilizar su éxito empresarial como una plataforma para el servicio.

Además, otro texto bíblico relevante es 1 Timoteo 6:10: "Porque el amor al dinero es la raíz de toda clase de males. Por codiciarlo, algunos se han desviado de la fe y se han causado muchísimos sinsabores". Esta advertencia nos recuerda que el amor desmedido por el dinero y la búsqueda desenfrenada de la riqueza pueden llevarnos por caminos equivocados y causar estragos en nuestras vidas. Inamori, a través de su enfoque en la ética empresarial y la generosidad, nos muestra que el verdadero éxito radica en utilizar nuestras habilidades y recursos para el bien común, en lugar de caer en la trampa de la codicia y el egoísmo.

Como dijo el reconocido escritor y filósofo Albert Schweitzer: "El éxito no está en lo alto de la escalera, sino en la capacidad de mantenernos equilibrados en cada peldaño".

El camino del judo

"Porque el que quiera salvar su vida, la perderá; pero el que pierda su vida por mi causa, la encontrará" (Mateo 16:25).

Jigoro Kano, reconocido como el padre del judo moderno, fue un hombre que trascendió los límites de un arte marcial para convertirlo en una filosofía de vida. Nacido en una familia samurai de clase alta, Kano comenzó estudiando literatura y filosofía china. Sin embargo, fue su búsqueda de autodefensa contra los abusadores lo que lo llevó al jujitsu, que posteriormente transformó en el judo. Este arte marcial se basa en la fuerza interior, el autocontrol y el respeto mutuo.

El judo se convirtió en un orgullo nacional japonés y llegó a formar parte de los Juegos Olímpicos. Pero el verdadero legado de Kano va más allá de los logros deportivos. Él demostró que, a través de la disciplina y el cultivo personal, uno puede trascender los límites de sí mismo y servir a los demás. Su ejemplo inspira a millones de personas a ser mejores seres humanos.

Mateo 16:25 nos enseña que aquel que busca salvar su propia vida, la perderá, pero aquel que la pierde por una causa mayor, la encontrará. Esta enseñanza nos invita a mirar más allá de nuestras necesidades individuales y a poner nuestros talentos y habilidades al servicio de los demás. Jigoro Kano personificó esta idea al convertir el judo en una disciplina no solo de autodefensa, sino también de autodominio y servicio.

Filipenses 2:3-4 dice: "No hagan nada por egoísmo o vanidad; más bien, con humildad consideren a los demás como superiores a ustedes mismos. Cada uno debe velar no solo por sus propios intereses, sino también por los intereses de los demás". Este pasaje nos recuerda la importancia de poner a los demás antes que a nosotros mismos y de actuar con humildad y consideración hacia los demás. Kano encarnó este principio al promover el respeto mutuo y el cultivo de uno mismo en el judo.

Como dijo el filósofo Ralph Waldo Emerson: "El propósito de la vida no es solo ser feliz. Es ser útil, ser honorable, ser compasivo, tener una vida que marque la diferencia". Esta cita nos desafía a buscar un propósito más allá de nuestra propia satisfacción personal y a buscar formas de contribuir al bienestar de los demás. Jigoro Kano nos inspira a través de su legado a encontrar un camino que combine el autodominio y el servicio a los demás, llevándonos a una vida más significativa y satisfactoria.

Libertad de expresión y rebeldía

"Con todo lo que hagas, hazlo de todo corazón, como para el Señor y no para los hombres" (Colosenses 3:23).

Yayoi Kusama, la destacada artista japonesa pionera del arte conceptual, performance y arte feminista, ha dejado una marca indeleble en el mundo del arte. Desde temprana edad, mostró una creatividad excepcional, a pesar de enfrentar rechazo debido a su género y a su salud mental. A través de sus originales obras con puntos y formas orgánicas, Kusama transmite la insignificancia humana frente a la vastedad de la naturaleza. Radicada en Nueva York desde la década de 1960, logró romper barreras culturales con sus instalaciones inmersivas, convirtiéndose en una estrella mundial. Su rebeldía artística inspira a expresarse libremente, sin importar el juicio de los demás. A sus 92 años, sigue trabajando incansablemente, demostrando que la inspiración puede florecer a lo largo de toda la vida.

Es común que se nos juzgue y se nos limite, por eso la historia de Yayoi Kusama nos recuerda la importancia de la libertad de expresión y la rebeldía artística. A pesar de los obstáculos y las críticas, Kusama siguió fiel a su visión artística, encontrando en ella una forma de liberación y empoderamiento. Su valentía para desafiar las normas y su perseverancia nos inspiran a ser auténticos y a expresarnos libremente, sin temor a la opinión de los demás.

Colosenses 3:23 insta a hacer todo lo que hagamos de todo corazón, como para el Señor y no para los hombres. Esta enseñanza nos recuerda la importancia de encontrar nuestra motivación interna y hacer las cosas con pasión y dedicación. Kusama personifica este mensaje al seguir trabajando a sus 92 años, demostrando que el arte y la inspiración no tienen límites de edad.

Además, la Biblia nos ofrece otro texto relevante: "Confía en el Señor de todo corazón, y no en tu propia prudencia" (Proverbios 3:5). Este pasaje nos recuerda que, con la fortaleza y el apoyo de Dios, podemos superar cualquier obstáculo y alcanzar nuestras metas. Nos alienta a confiar en nuestra capacidad y a seguir adelante, incluso cuando enfrentamos desafíos. Kusama nos inspira a través de su ejemplo a no rendirnos y a seguir persiguiendo nuestra pasión sin importar las dificultades. Como dijo la escritora y poeta Maya Angelou: "No hay mayor agonía que llevar una historia no contada dentro de ti".

Rompiendo barreras tecnológicas

"Todo lo que te venga a la mano para hacer, hazlo según tus fuerzas, porque en el sepulcro, adonde vas, no hay obra, ni trabajo, ni ciencia, ni sabiduría" (Eclesiastés 9:10).

Shinkichi Tajiri, el visionario inventor japonés y pionero de los videojuegos, dejó un legado duradero al crear algunos de los primeros juegos interactivos de la historia. En 1961, inspirado por la computación analógica, desarrolló uno de los primeros ejemplos de realidad virtual que permitía la interacción táctil en 3D. Tajiri demostró que la curiosidad por el conocimiento puede romper barreras tecnológicas. Su enfoque desinteresado por las ganancias allanó el camino para que generaciones posteriores pudieran disfrutar de los videojuegos con fines de entretenimiento. Hoy en día, su pasión por la innovación continúa inspirando a otros a seguir sus pasos y explorar nuevas fronteras.

En la constante evolución tecnológica, la historia de Shinkichi Tajiri nos recuerda la importancia de la imaginación y la pasión en la búsqueda de la innovación. Su enfoque desinteresado y su dedicación a la exploración han dejado una huella indeleble en la industria de los videojuegos. Nos inspira a no limitarnos por las barreras existentes, sino a perseguir nuestros sueños y desafiar los límites de lo posible.

Eclesiastés 9:10 nos insta a hacer todo lo que esté a nuestro alcance según nuestras fuerzas, porque en el sepulcro no hay obra, ni trabajo, ni ciencia, ni sabiduría. Esta enseñanza nos recuerda la importancia de aprovechar al máximo nuestras habilidades mientras estamos vivos. Tajiri personificó este mensaje al utilizar su talento y pasión para impulsar el campo de los videojuegos y dejar un impacto duradero en la sociedad.

La Biblia nos ofrece otro texto relevante en Proverbios 3:5-6: "Confía en el Señor de todo corazón, y no en tu propia inteligencia. Reconócelo en todos tus caminos, y él allanará tus sendas". Este pasaje nos invita a confiar en Dios y reconocerlo en todas nuestras acciones. Nos recuerda que cuando seguimos nuestros sueños y nos esforzamos por alcanzar nuestras metas con pasión y determinación, Dios puede allanar nuestro camino.

Albert Einstein dijo: "La imaginación es más importante que el conocimiento. El conocimiento es limitado, mientras que la imaginación no tiene límites". No debemos conformarnos con los límites establecidos.

El arte como voz

"Defiende el derecho, protege al oprimido, haz justicia al huérfano, aboga por la viuda" (Isaías 1:17).

Ai Weiwei, el artista y activista, ha desafiado valientemente al gobierno chino para defender los derechos humanos y la libertad de expresión. A pesar de ser encarcelado en 2011 por su crítica abierta, su voz no se ha silenciado. A través de sus impactantes obras de arte, Weiwei transmite mensajes poderosos sobre la política y la sociedad chinas, inspirando a otros a no callar ante la injusticia, incluso cuando enfrenta grandes riesgos personales. Su valentía y creatividad demuestran cómo el arte puede ser un catalizador para las causas y unir conciencias.

Cuando creemos que la opresión y la injusticia prevalecen, la historia de Ai Weiwei nos recuerda que cada uno de nosotros tiene el poder de alzar la voz y desafiar los sistemas corruptos. Su valentía para enfrentar las consecuencias de sus acciones nos inspira a superar nuestros propios temores y a luchar por lo que creemos.

El texto bíblico de Isaías 1:17 nos insta a defender el derecho, proteger al oprimido y hacer justicia al huérfano, abogando por la viuda. Esta enseñanza nos recuerda la importancia de levantarnos contra la opresión y luchar por los derechos de aquellos que son marginados y desfavorecidos. Ai Weiwei encarna este mensaje a través de su arte y su activismo, alzando la voz por aquellos que no pueden hacerlo por sí mismos.

Además, la Biblia nos ofrece otro texto relevante en Proverbios 31:8-9: "Habla en favor de los que no pueden hacerlo por sí mismos, defiende los derechos de todos los desamparados. Habla y juzga con justicia, y defiende los derechos de los pobres y necesitados". Este pasaje nos desafía a no quedarnos en silencio frente a la injusticia, sino a levantar nuestra voz en nombre de aquellos que no pueden hacerlo. Ai Weiwei nos inspira a través de su ejemplo a usar nuestras habilidades y plataformas para defender a los oprimidos y abogar por la justicia.

Como dice Albert Camus: "El arte es la actividad que permite a las personas entenderse y entender a los demás". Esta cita nos invita a reflexionar sobre el poder del arte para transmitir mensajes poderosos y crear un cambio social. Ai Weiwei personifica esta idea al utilizar su arte para desafiar a las autoridades y unir a las personas en la lucha por la libertad y los derechos humanos.

Desafiando los obstáculos

"Porque para Dios no hay nada imposible" (Lucas 1:37).

Li Qun, una inspiradora campeona paralímpica de natación nos muestra que la determinación puede vencer incluso los obstáculos más duros. A pesar de nacer con parálisis cerebral y ser rechazada por su propia familia, Li demostró una fortaleza interior inquebrantable y se convirtió en un símbolo de superación. Su historia de éxito sorprendió al mundo y fue inmortalizada en la película "The Swimmer". Hoy en día, Li continúa su lucha, ayudando a personas con discapacidad y enseñando que no hay límites para lo que podemos lograr cuando nos enfrentamos a la adversidad con determinación.

La historia de Li Qun nos recuerda que la determinación y la superación pueden abrirnos puertas que parecían cerradas. Su capacidad para transformar la adversidad en motivación y éxito es un testimonio inspirador de la fuerza del espíritu humano. El texto bíblico de Lucas 1:37 nos enseña que para Dios no hay nada imposible. Esta poderosa afirmación nos recuerda que, incluso en las situaciones más difíciles, podemos encontrar fuerza y esperanza en nuestra fe. Li Qun es un ejemplo vivo de esta verdad, ya que enfrentó desafíos abrumadores y logró superarlos con determinación y perseverancia.

La Biblia nos ofrece otro texto relevante: "Tú eres mi roca y mi fortaleza" (Salmos 71:3). Este pasaje nos invita a confiar en la fortaleza que Dios nos brinda y nos recuerda que no estamos solos en nuestra lucha. Li Qun, a pesar de las dificultades que enfrentó desde temprana edad, demostró una fe inquebrantable en sí misma y en el poder de la determinación.

Como dijo la escritora y activista Helen Keller, que además fue sorda y ciega, dijo: "Nunca debes estar satisfecho con alcanzar el objetivo de otro. Tienes que hacer tu propio arco y disparar tu propia flecha". Esta cita nos desafía a no conformarnos con los límites que otros nos imponen, sino a perseguir nuestros propios sueños y metas. Li Qun personifica este mensaje al convertirse en una campeona paralímpica y al usar su éxito para ayudar a otros con discapacidad.

Li Qun nos enseña que la determinación y la superación pueden vencer incluso los obstáculos más duros. Su historia de éxito en ayudar a personas con discapacidad nos inspira a enfrentar nuestros propios desafíos con valentía y determinación.

Bondad y razón

"Y ahora, oh Israel, ¿qué te pide el Señor tu Dios? Solamente que temas al Señor tu Dios, que andes en todos sus caminos, que ames y sirvas al Señor tu Dios con todo tu corazón y con toda tu alma"
(Deuteronomio 10:12).

Confucio, el famoso filósofo chino, nos muestra que la bondad y la razón pueden transformar al mundo tanto como el poder político. Aunque nunca ocupó cargos oficiales, su influencia en la cultura oriental y su legado de enseñanzas orales han perdurado a lo largo de los siglos. Propagó los ideales de humanismo, justicia social, orden ético y respeto intergeneracional, inspirando a generaciones a ser mejores seres humanos.

En una sociedad donde a menudo nos vemos envueltos en la búsqueda del poder y la dominación, Confucio nos recuerda que la verdadera transformación comienza en el interior de cada individuo. Sus reflexiones sabias sobre la virtud y la armonía social nos desafían a examinar nuestras propias acciones y a esforzarnos por ser mejores personas en nuestras interacciones diarias.

Deuteronomio 10:12 nos insta a temer a Dios, andar en sus caminos, amarlo y servirlo con todo nuestro corazón y alma. Esta enseñanza nos recuerda la importancia de tener una base ética sólida y de buscar la bondad en todas nuestras acciones. Confucio nos muestra que la bondad y la razón son fundamentales para construir una sociedad armoniosa y justa.

Además, la Biblia nos ofrece otro texto relevante en Romanos 12:2: "No se amolden al mundo actual, sino sean transformados mediante la renovación de su mente. Así podrán comprobar cuál es la voluntad de Dios, buena, agradable y perfecta". Este pasaje nos desafía a no conformarnos con los estándares y valores del mundo, sino a buscar una transformación interna que nos lleve a vivir de acuerdo con la voluntad de Dios. Confucio nos inspira a través de sus enseñanzas a renovar nuestras mentes y a esforzarnos por ser mejores seres humanos en armonía con los demás.

R. W. Emerson: "El carácter es mayor que la inteligencia. El respeto a sí mismo es mayor que la fama. La bondad es mayor que el éxito. Y el amor es mayor que todo". Nos invita a reflexionar sobre lo que realmente importa en la vida y a valorar la bondad y la virtud por encima de los logros materiales. Confucio nos muestra el poder transformador de la bondad y la razón al influir en la cultura oriental y en generaciones de personas.

Elevándose hacia los sueños

"Dios es nuestro amparo y fortaleza, nuestro pronto auxilio en las tribulaciones" (Salmos 46:1).

Yao Ming, la leyenda del baloncesto, nos muestra que los sueños pueden hacerse realidad con disciplina. Nacido en Shanghai, Yao destacó desde joven por su estatura y habilidad en el juego. Llevó el básquet chino a lo más alto al ganar títulos en la NBA con los Houston Rockets. Sin embargo, su impacto va más allá de los logros deportivos, ya que, tras su retiro en 2011, Yao ha utilizado su influencia para llevar a cabo obras filantrópicas, inspirando a miles de asiáticos a seguir sus sueños y mostrando que los deportistas pueden ser líderes positivos.

A menudo se nos dice que debemos renunciar a nuestros sueños o conformarnos con lo establecido, pero Yao Ming nos muestra que con disciplina y humildad podemos superar cualquier obstáculo en nuestro camino hacia el éxito. Su dedicación al juego y su ética de trabajo incansable nos inspiran a perseverar en la búsqueda de nuestros propios sueños y metas.

El texto dice: "Dios es nuestro amparo y fortaleza, nuestro pronto auxilio en las tribulaciones". Esta poderosa afirmación nos recuerda que no estamos solos en nuestra búsqueda de alcanzar nuestros sueños. Con la ayuda y fortaleza de Dios, podemos superar los desafíos y lograr grandes cosas. Yao Ming es un ejemplo vivo de esta verdad, ya que su fe y confianza en sí mismo lo han llevado a alcanzar el éxito en el baloncesto y a utilizar su influencia para impactar positivamente en la sociedad.

Además, la Biblia dice en Proverbios 16:9: "El corazón del hombre puede hacer planes, pero la respuesta correcta viene del Señor". Este pasaje nos enseña que, si bien es importante tener metas y sueños, debemos estar abiertos a la dirección divina y confiar en que Dios nos guiará por el camino correcto. Yao Ming, a pesar de su talento y éxito, ha demostrado humildad al reconocer la importancia de utilizar su influencia para el bienestar de los demás. Su enfoque filantrópico nos desafía a considerar cómo podemos utilizar nuestras propias habilidades y logros para impactar positivamente en nuestras comunidades.

Como dijo el escritor y filósofo Ralph Waldo Emerson: "El propósito de la vida no es solo ser feliz. Es ser útil, honorable y compasivo, hacer que la diferencia que has vivido y vivir mejor por ello".

El arte trasciende fronteras

"Cada uno ponga al servicio de los demás el don que haya recibido, administrando fielmente la gracia de Dios en sus diversas formas" (1 Pedro 4:10).

Zhang Yimou, el influyente cineasta chino, nos demuestra que el arte puede ser un poderoso vehículo para unir culturas y celebrar la diversidad. A pesar de crecer en la pobreza, Zhang se formó en las bellas artes y logró dirigir obras maestras que reflejan la idiosincrasia asiática fusionada con lenguajes audiovisuales universales. Su capacidad para conquistar públicos de todo el mundo sin perder su identidad cultural es una inspiración para todos nosotros.

En un cultura cada vez más globalizada, a menudo tememos perder nuestra identidad cultural y diluirnos en una masa homogénea. Sin embargo, Zhang Yimou nos muestra que es posible expresar lo propio de manera inclusiva y sin miedo a la influencia de la globalización. Su cine nos enseña que no hay barreras infranqueables entre las diferentes culturas, sino que podemos encontrar puntos de conexión y entendimiento a través del arte.

El texto bíblico de 1 Pedro 4:10 nos exhorta a poner al servicio de los demás los dones que hemos recibido, administrando fielmente la gracia de Dios en sus diversas formas. Zhang Yimou ha sido un administrador fiel de su don artístico al utilizarlo para unir culturas y celebrar la diversidad humana. Nos desafía a reflexionar sobre nuestros propios dones y talentos y a considerar cómo podemos utilizarlos para construir puentes entre las personas y las culturas.

Además, la Biblia nos ofrece otro texto relevante en Gálatas 3:28: "Ya no hay judío ni griego; esclavo ni libre; hombre ni mujer, porque todos ustedes son uno en Cristo Jesús". Este pasaje nos recuerda que, en la esencia de nuestra humanidad, somos uno. No importa nuestras diferencias culturales o sociales, todos somos seres humanos con la capacidad de conectarnos y comprendernos mutuamente. Zhang Yimou encarna esta idea al utilizar el arte cinematográfico para unir a personas de diferentes orígenes y nacionalidades, mostrándonos el poder del arte para celebrar tanto lo local como lo global.

Como dijo el escritor y filósofo Johann Wolfgang von Goethe: "El arte es la mediadora de lo inefable". El poder del arte para expresar lo inexpresable es tremendamente poderoso.

La voz incansable

"Bienaventurados los que tienen hambre y sed de justicia, porque serán saciados" (Mateo 5:6).

Rigoberta Menchú, la activista guatemalteca y defensora de los derechos de los pueblos indígenas, nos enseña que incluso las víctimas de abusos pueden convertirse en líderes comprometidos con los derechos humanos. Nacida en una humilde familia indígena de Guatemala, Rigoberta experimentó en carne propia la violencia del conflicto armado, que le arrebató a su familia. Sin embargo, en lugar de dejarse consumir por el dolor, se convirtió en una voz valiente y una líder internacional en la lucha por la justicia y la paz para los indígenas. En 1992, recibió el Premio Nobel de la Paz por su incansable trabajo en defensa de los derechos humanos. Rigoberta Menchú nos inspira a levantar nuestras voces contra la injusticia y a ser agentes de cambio en nuestro entorno.

La injusticia y la desigualdad aún persisten, por eso es esencial reflexionar sobre el ejemplo de Rigoberta Menchú, quien nos muestra que incluso en las circunstancias más adversas, podemos alzar la voz y luchar por la justicia. Su historia nos desafía a no permitir que nuestras experiencias de sufrimiento y abuso nos definan, sino a convertirlas en combustible para la acción y la transformación.

El texto bíblico de Mateo 5:6 nos dice: "Bienaventurados los que tienen hambre y sed de justicia, porque serán saciados". Esta poderosa enseñanza nos recuerda que aquellos que anhelan la justicia y se comprometen a buscarla serán recompensados. Rigoberta Menchú, a pesar de las dificultades que enfrentó en su vida, tuvo un hambre y una sed insaciables de justicia para los pueblos indígenas. Si compartimos ese anhelo y nos comprometemos a luchar por la justicia en nuestras propias comunidades, podemos ser agentes de cambio y ver cómo se satisfacen esas ansias de justicia.

Además, la Biblia nos ofrece otro texto relevante en Isaías 1:17: "Aprendan a hacer el bien, busquen la justicia, repreendan al opresor, defiendan los derechos del huérfano y aboguen por los derechos de la viuda". Este pasaje nos insta a actuar y a ser defensores de la justicia en nuestro entorno. Rigoberta Menchú encarnó estos principios al dedicar su vida a denunciar las injusticias y luchar por los derechos humanos.

La voz de nuestras raíces

"Porque todos somos hijos de Dios por la fe en Cristo Jesús"
(Gálatas 3:26).

Violeta Parra, la renombrada folclorista y cantautora chilena, nos enseña la relevancia de nuestras raíces culturales como parte indivisible de nuestra identidad y fuente inagotable de inspiración. A pesar de las limitaciones contextuales y su origen campesino, Violeta exploró su sensibilidad artística y se convirtió en pionera del rescate y la transformación de las raíces musicales populares de América Latina. Con su inseparable guitarra, llevó su arte y difundió las culturas ancestrales a lo largo del continente, defendiendo la riqueza cultural latinoamericana. Violeta Parra es una guía para las nuevas generaciones de artistas comprometidos con su identidad regional, quienes están llamados a abrazar sus raíces y encontrar en ellas la fuerza para trascender.

Ante un contexto globalizado y homogeneizado, es imperativo reflexionar sobre el ejemplo de Violeta Parra, y revalorar nuestras raíces culturales que con tanto esfuerzo defendió. Su historia nos desafía a redescubrir nuestra propia identidad cultural y a aceptarla con orgullo, entendiendo que, como hijos de Dios, nuestras diferencias nos enriquecen y nos hacen únicos.

Gálatas 3:26 nos enseña que todos somos hijos de Dios a través de nuestra fe en Cristo Jesús. Esta lección nos recuerda que, sin importar nuestras circunstancias o antecedentes familiares, todos tenemos un valor intrínseco como hijos de Dios. Violeta Parra, a pesar de su origen humilde, confiaba en su capacidad de expresarse a través del arte y honrar las raíces culturales de su pueblo. Si reconocemos nuestra identidad divina y confiamos en nuestro potencial, podemos encontrar la inspiración y fortaleza para abrazar nuestras raíces y utilizarlas como fuente de creatividad y empoderamiento.

La Biblia también nos recuerda en Salmo 139:14 que cada uno de nosotros es una creación admirable y única de Dios. Violeta Parra nos demuestra que nuestras raíces culturales y nuestra identidad forman parte de esa maravillosa creación de Dios en nosotros.

Como bien dijo el poeta y escritor chileno Pablo Neruda: "Podrán cortar todas las flores, pero no podrán detener la primavera".

Un sueño liberador

"No se cansen de hacer el bien, porque a su debido tiempo cosecharán si no se dan por vencidos" (Gálatas 6:9).

Simón Bolívar, el ícono de la independencia sudamericana, nos brinda una lección inestimable: que la perseverancia y el anhelo de un futuro mejor pueden modificar el curso de la historia. Nacido en Venezuela en una ilustre familia criolla, Bolívar se graduó en Europa y se inspiró en los ideales liberales de la ilustración. Lideró los ejércitos independentistas que liberaron varias naciones sudamericanas del dominio español. Su visión geopolítica y su lucha por la libertad lograron unificar las nuevas naciones y le otorgaron el título de Padre de la Patria y emblema del anticolonialismo en nuestra región.

Es fundamental reflexionar sobre el legado de Simón Bolívar. Él nos enseña que una persona con determinación y un propósito definido puede moldear el curso de la historia. Su ejemplo nos reta a no claudicar ante las dificultades y a confiar en nuestro poder para transformar nuestras realidades.

El pasaje bíblico de Gálatas 6:9 nos trae una importante lección: "No nos cansemos de hacer el bien, porque a su debido tiempo cosecharemos si no nos damos por vencidos". Este mensaje nos insta a perseverar en nuestras acciones para hacer el bien, incluso cuando el camino sea difícil y agotador. Es un recordatorio de que, al igual que Simón Bolívar, quien enfrentó innumerables obstáculos en su lucha por la independencia, debemos mantener nuestra determinación y seguir adelante.

Además, Jeremías 29:11 nos da una promesa reconfortante: "Porque yo sé los planes que tengo para ustedes, planes para su bienestar y no para su mal, para darles un futuro y una esperanza". Este versículo nos asegura que Dios tiene planes de prosperidad para nuestras vidas y que los sueños y aspiraciones que tengamos pueden ser parte de Su voluntad.

Simón Bolívar tuvo una visión clara de la libertad y la unión de las naciones sudamericanas, y su perseverancia y fe en ese sueño lo llevaron a lograrlo. Como el escritor y filósofo francés Voltaire dijo alguna vez: "Para lograr lo imposible, es necesario creer en ello". Siguiendo esa enseñanza, debemos perseverar en nuestras acciones para hacer el bien, con la certeza de que nuestras recompensas y bendiciones llegarán a su debido tiempo.

Tango del corazón

"Dios no mira las apariencias, sino el corazón" (1 Samuel 16:7).

Carlos Gardel, el icónico cantante de tango argentino, nos enseña que el talento y la pasión no conocen barreras. A pesar de provenir de una familia inmigrante francesa y de trabajar desde temprana edad como albañil y repartidor, Gardel adoptó apasionadamente los ritmos rioplatenses y se convirtió en una superestrella internacional del cine y la música. Su humildad, esfuerzo y dedicación le permitieron elevar el tango a una forma de arte universal, demostrando que el talento verdadero surge de la calle y del corazón, más allá de nuestras circunstancias de nacimiento. Gardel nos inspira a perseguir nuestros sueños con pasión y determinación, y a creer en nuestro propio potencial.

Ante una realidad llena de etiquetas, es esencial reflexionar sobre el ejemplo de Carlos Gardel, quien nos enseña que el valor de una persona no debe medirse por su origen o apariencia, sino por la pasión y el amor que pone en su trabajo. Su historia nos desafía a romper las barreras autoimpuestas y a reconocer que el talento auténtico yace en lo más profundo de nuestro ser.

1 Samuel 16:7 nos dice: "Dios no mira las apariencias, sino el corazón". Esta poderosa enseñanza nos recuerda que nuestro valor no está determinado por nuestra apariencia física o nuestras circunstancias externas. Dios ve más allá de las superficialidades y valora la sinceridad y la pasión que ponemos en lo que hacemos. Carlos Gardel demostró con su talento y dedicación que lo que realmente importa es el amor y la pasión que ponemos en nuestras acciones, sin importar nuestro origen o situación.

"El Señor es mi luz y mi salvación, ¿de quién temeré? El Señor es la fortaleza de mi vida, ¿de quién he de atemorizarme?" (Salmos 27:1). Este pasaje nos recuerda que, con la ayuda divina, somos capaces de superar cualquier obstáculo y alcanzar nuestros sueños más audaces. Carlos Gardel enfrentó desafíos y dificultades a lo largo de su vida, pero su pasión y determinación lo llevaron a convertirse en una leyenda del tango. Si confiamos en el poder de Dios que habita en nosotros, podemos encontrar la fuerza y el coraje necesarios para perseguir nuestros sueños y superar cualquier adversidad.

Como dijo el poeta y escritor francés Victor Hugo: "La música expresa aquello que no puede decirse con palabras, pero no puede permanecer en silencio".

Voz poética

"No menosprecies el día de los pequeños comienzos" (Zacarías 4:10).

Gabriela Mistral, la poetisa latinoamericana más importante, nos enseña la importancia de abrazar nuestras raíces y nutrir nuestras identidades. A pesar de venir de una modesta familia en Vicuña, Chile, Gabriela recibió una educación que le permitió integrarse al magisterio y convertirse en una educadora comprometida con la niñez. A través de su obra literaria, plasmó las realidades del campo y la mujer chilena con una sensibilidad y belleza únicas. En 1945, se convirtió en la primera latinoamericana en recibir el Premio Nobel de Literatura, dejando un legado de inspiración y rescate de nuestras identidades locales. Gabriela nos anima a valorar nuestras raíces y a utilizar nuestras voces para iluminar el mundo con belleza y verdad.

A veces nos sentimos presionados a adaptarnos y perder nuestra identidad, por eso es esencial reflexionar sobre el legado de figuras como Gabriela Mistral, quienes nos recuerdan la importancia de abrazar nuestras raíces y expresar nuestra singularidad. Su ejemplo nos inspira a ser auténticos y a encontrar en nuestras raíces y experiencias la fuente de nuestra creatividad y propósito.

El texto bíblico de Zacarías 4:10 nos dice: "No menosprecies el día de los pequeños comienzos". Esta poderosa enseñanza nos recuerda que cada pequeño paso que damos hacia la manifestación de nuestra identidad y propósito es valioso y puede tener un impacto significativo en nuestras vidas y en el mundo que nos rodea. Gabriela Mistral comenzó desde una modesta posición familiar y logró elevar su voz poética hasta convertirse en una figura reconocida a nivel mundial. Al igual que ella, debemos valorar cada pequeño comienzo y tener la confianza de que nuestros esfuerzos, por más pequeños que parezcan, pueden llevarnos hacia grandes logros.

Además, la Biblia nos ofrece otro texto relevante en Jeremías 1:5: "Antes de formarte en el vientre, te conocí; antes de que nacieras, te santifiqué". Este pasaje nos recuerda que cada uno de nosotros tiene una identidad única y un propósito divinamente designado. Nuestras raíces, nuestras experiencias y nuestros dones son parte integral de quiénes somos. Al reconocer y abrazar nuestra singularidad, podemos encontrar el camino hacia una vida plena y significativa.

Superación y servicio a los demás

"Mi alma permanece en Dios pues de Él viene mi salvación. Solo Él es mi roca, mi castillo y mi libertador" (Salmos 62:1-2).

María Pevtsova, una campesina analfabeta, enfrentó la adversidad y la pérdida con valentía y determinación. Después de la trágica muerte de su esposo en la guerra, se encontró sola con tres hijos y sin conocimientos básicos de lectura y escritura. Sin embargo, María no se dejó vencer por las circunstancias. A los 40 años, decidió aprender a leer y escribir, y se convirtió en maestra rural para apoyar a su comunidad. Durante más de 50 años, dedicó su vida a la enseñanza, demostrando con su ejemplo que nunca es tarde para superarse y ayudar a los demás. María nos inspira a creer en nuestras capacidades y a utilizar nuestros talentos para marcar una diferencia en el mundo.

A veces nos sentimos limitados por nuestras circunstancias o creemos que es demasiado tarde para realizar cambios significativos en nuestras vidas, eso hace que sea esencial reflexionar sobre el legado de personas como María Pevtsova, quienes nos recuerdan la importancia de la superación personal y el servicio a los demás. Su historia nos inspira a no rendirnos ante los desafíos y a encontrar en nosotros mismos la fuerza para alcanzar nuestras metas y contribuir al bienestar de nuestra comunidad.

"Mi alma permanece en Dios pues de Él viene mi salvación. Solo Él es mi roca, mi castillo y mi libertador" (Salmos 62:1-2). Esta poderosa afirmación nos recuerda que, con la ayuda de Dios, somos capaces de superar cualquier obstáculo y alcanzar nuestras metas. María Pevtsova encontró en sí misma la fuerza para aprender a leer y escribir, y su fe y determinación la llevaron a convertirse en una maestra ejemplar.

Otro texto relevante dice: "Encomienda al Señor tus obras, y tus pensamientos serán afirmados" (Proverbios 16:3). Este pasaje nos recuerda la importancia de poner nuestras metas y aspiraciones en las manos de Dios. Cuando confiamos en Él y entregamos nuestros esfuerzos en sus manos, nuestros caminos serán afirmados y encontraremos la guía y la fuerza para tener éxito.

Como dijo el autor estadounidense Henry David Thoreau: "Si avanzas confiadamente en la dirección de tus sueños y deseos para llevar la vida que has imaginado, encontrarás un éxito inesperado en horas comunes". Esta cita nos invita a creer en nosotros mismos y a perseguir nuestros sueños con confianza.

El poder de la apertura

"Bienaventurados los pacificadores, porque ellos serán llamados hijos de Dios" (Mateo 5:9).

Mijaíl Gorbachov, el último presidente de la Unión Soviética, dejó una huella imborrable en la historia al introducir las políticas de Glasnot (transparencia) y Perestroika (reestructuración). Aunque su mandato fue controversial y se le atribuye la desestabilización y caída de la URSS, su visión audaz de reformar el sistema desde adentro logró unir a Europa tras la Cortina de Hierro y le valió el reconocimiento con el Premio Nobel de la Paz. Gorbachov nos muestra que los líderes pueden cambiar el rumbo de la historia a través de la apertura y la diplomacia, inspirándonos a buscar soluciones pacíficas y transformadoras en nuestros propios contextos.

En nuestra sociedad los conflictos y las divisiones parecen prevalecer, es esencial reflexionar sobre el legado de líderes como Mijaíl Gorbachov, quienes nos recuerdan el poder de la apertura y la diplomacia en la resolución de problemas. Su valentía y determinación para romper barreras ideológicas nos inspira a buscar el diálogo y la cooperación como medios para superar nuestras diferencias y alcanzar un mundo más equitativo y en paz.

El texto bíblico de Mateo 5:9 nos dice: "Bienaventurados los pacificadores, porque ellos serán llamados hijos de Dios". Esta enseñanza nos recuerda que aquellos que trabajan por la paz y buscan soluciones pacíficas son bendecidos y reconocidos como hijos de Dios. Ser un pacificador implica tener el coraje de enfrentar los conflictos con sabiduría y compasión, buscando el entendimiento mutuo y la reconciliación.

Además, la Biblia nos ofrece otro texto relevante en Proverbios 15:1: "La respuesta suave calma la ira, pero la palabra hiriente enciende el furor". Este pasaje nos enseña la importancia de la comunicación y el diálogo compasivo en la resolución de conflictos. Al igual que Mijaíl Gorbachov, podemos aprender a comunicarnos de manera empática y respetuosa, buscando soluciones constructivas que promuevan la paz y la armonía.

Como dijo el filósofo y escritor Albert Camus: "La paz no es un instante sino un proceso". Esta cita nos invita a reflexionar sobre la importancia de perseverar en la búsqueda de la paz, incluso cuando los desafíos parecen abrumadores.

La gracia que trasciende fronteras

"Danzad delante de él todos los habitantes de la tierra"
(Salmos 100:1).

Anna Pavlova, la bailarina principal del Ballet Imperial Ruso revolucionó el arte de la danza con su fragilidad y gracia inigualables. Con pasos delicados y movimientos llenos de expresión, trascendió fronteras y emocionó al público de todo el mundo. Pero su legado va más allá de su talento artístico. Anna demostró que el arte puede celebrar la belleza humana más allá de las ideologías y que el ballet clásico puede ser accesible para todos. Con su ejemplo, nos inspira a valorar y cultivar nuestros talentos, y a compartirlos con el mundo sin importar las barreras que se interpongan en nuestro camino.

Cuando se infravalora el poder del arte y se limitan las oportunidades de expresión, es esencial reflexionar sobre el legado de figuras como Anna Pavlova, quienes nos recuerdan la importancia de la creatividad y la belleza en nuestra vida. Su dedicación y pasión por el ballet nos inspira a perseguir nuestros sueños artísticos y a utilizar nuestras habilidades para enriquecer el mundo que nos rodea.

El texto bíblico de Salmos 100:1 nos invita a danzar delante de Dios todos los habitantes de la tierra. Esto nos muestra que la danza y el arte tienen un lugar especial en la adoración y la expresión humana. Cuando nos entregamos plenamente a nuestras pasiones y talentos, estamos honrando a Dios y compartiendo la belleza que Él ha depositado en nosotros.

Además, la Biblia nos ofrece otro texto relevante en Efesios 2:10: "Porque somos hechura suya, creados en Cristo Jesús para buenas obras, las cuales Dios preparó de antemano para que anduviésemos en ellas". Este pasaje nos recuerda que cada uno de nosotros ha sido creado con un propósito y con talentos únicos. Al igual que Anna Pavlova, podemos utilizar nuestras habilidades artísticas para impactar positivamente en el mundo y acercar la belleza y la armonía a aquellos que nos rodean.

Como dijo el escritor francés Victor Hugo: "La danza es la poesía del pie". Esta cita nos invita a reconocer la importancia y la belleza de la danza como una forma de expresión única. A través de la danza, podemos comunicar emociones y contar historias sin palabras, transmitiendo mensajes que trascienden las barreras del lenguaje.

Barreras estelares

"Porque para Dios no hay acepción de personas" (Romanos 2:11).

Valentina Tereshkova, la primera mujer en volar al espacio dio un salto histórico que abrió brechas en la agencia espacial soviética. Siguiendo su sueño de niña, desafió los prejuicios arraigados sobre los roles de género y demostró al mundo que las mujeres podían desempeñar cualquier profesión. Con valentía y determinación, Valentina inspira a las nuevas generaciones a romper barreras sociales y perseguir sus sueños sin importar su género.

Donde persisten desigualdades y estereotipos limitantes, es esencial reflexionar sobre el legado de figuras como Valentina Tereshkova, quienes nos recuerdan que el potencial humano no tiene límites y que todos merecemos igualdad de oportunidades. Su ejemplo nos inspira a superar las barreras impuestas por la sociedad y a perseguir nuestros sueños con valentía y pasión.

El texto bíblico de Romanos 2:11 nos recuerda que para Dios no hay acepción de personas. Esto significa que todas las personas, sin importar su género, origen o condición, son valoradas y amadas por igual ante los ojos de Dios. Siendo creados a imagen y semejanza de Dios, todos tenemos un propósito y un potencial único para impactar el mundo de manera significativa.

Además, la Biblia nos ofrece otro texto relevante en Gálatas 3:28: "Ya no hay judío ni griego; no hay esclavo ni libre; no hay varón ni mujer; porque todos vosotros sois uno en Cristo Jesús". Este pasaje nos enseña que en el reino de Dios no hay distinciones ni discriminación. Todos somos iguales y nuestras habilidades y talentos no están determinados por nuestro género. Valentina Tereshkova encarna este principio al romper barreras y demostrar que las mujeres también pueden alcanzar las estrellas.

Como dijo la escritora y activista Helen Keller: "Nunca se debe permitir que el recuerdo de la caída impida el vuelo". Esta cita nos invita a superar los obstáculos y desafiar las limitaciones impuestas por la sociedad. Siguiendo el ejemplo de Valentina Tereshkova, podemos atrevernos a soñar en grande y luchar por nuestros objetivos, sin permitir que los prejuicios o estereotipos nos detengan.

Valentina Tereshkova nos inspira a romper barreras estelares y a desafiar los estereotipos de género.

La pluma que ilumina la conciencia

"El justo se preocupa por la vida de sus animales, pero las entrañas de los impíos son crueles" (Proverbios 12:10).

Daniil Granin, el novelista comprometido con las causas sociales y ambientales alzó su voz desde su pluma para denunciar los terribles efectos de la catástrofe de Chernóbil en 1986. Trabajó incansablemente por los damnificados y por despertar la conciencia ecológica en la sociedad. Con su humanismo y compromiso, enseñó que los intelectuales tienen la responsabilidad de hablar por los más vulnerables y exigir un futuro sostenible.

Cuando la indiferencia y la falta de conciencia ecológica amenazan nuestro entorno y la vida de las generaciones venideras, es esencial reflexionar sobre el legado de figuras como Daniil Granin, quienes nos recuerdan la importancia de alzar la voz en defensa de la justicia y el cuidado del medio ambiente. Su ejemplo nos inspira a tomar acción y a ser agentes de cambio en la construcción de un mundo más sostenible y equitativo.

El texto bíblico de Proverbios 12:10 nos recuerda la importancia de preocuparnos por la vida de los seres vivos que nos rodean. La actitud compasiva y responsable hacia los animales y la naturaleza refleja la bondad y la justicia de una persona. Si cultivamos un corazón sensible y cuidamos de la creación de Dios, estaremos contribuyendo a un mundo más armonioso y sostenible.

Además, la Biblia nos ofrece otra guía en Génesis 2:15: "Tomó, pues, Jehová Dios al hombre, y lo puso en el jardín de Edén, para que lo labrara y lo guardase". Este pasaje nos muestra que, desde el principio de la creación, Dios nos ha dado la responsabilidad de cuidar y preservar la Tierra. Como seres humanos, somos mayordomos del planeta y debemos tomar acciones conscientes para protegerlo y promover su equilibrio.

Como dijo el escritor y activista Mahatma Gandhi: "Sé el cambio que quieres ver en el mundo". Esta cita nos invita a reflexionar sobre el poder de nuestras acciones individuales para generar un impacto positivo en nuestro entorno. Siguiendo el ejemplo de Daniil Granin, podemos utilizar nuestra voz y nuestras habilidades para denunciar las injusticias ambientales y trabajar por un futuro sostenible.

Granin enseña que la pluma puede iluminar la conciencia y despertar la acción en defensa de las causas sociales.

El poder de la educación

"Instruye al niño en su camino, y aun cuando fuere viejo no se apartará de él" (Proverbios 22:6).

Victoriano Lorenzo, el hondureño Benemérito de la Educación, proveniente de una familia humilde, se convirtió en un maestro ejemplar. Trabajó incansablemente para alfabetizar a su país y abrir escuelas rurales, convencido de que la educación es el camino para igualar oportunidades. Con su dedicación y ejemplo, inspiró la creación del sistema educativo nacional, demostrando que un docente puede cambiar la historia de una nación.

La educación es un derecho fundamental, pero aún inaccesible para muchos, eso hace necesario pensar sobre el legado de figuras como Victoriano Lorenzo, quienes nos enseñan que la educación tiene el poder de transformar vidas y sociedades enteras. Su ejemplo nos inspira a valorar y aprovechar las oportunidades educativas que se nos presentan y a trabajar para brindar acceso a la educación a aquellos que aún no lo tienen.

El texto bíblico de Proverbios 22:6 nos recuerda la importancia de instruir a los niños en el camino correcto, ya que esto dejará una huella profunda en sus vidas. La educación no solo se trata de adquirir conocimientos, sino también de inculcar principios y valores que guíen el camino hacia un futuro prometedor. Si brindamos a los niños una educación sólida y significativa, estarán preparados para enfrentar los desafíos y tomar decisiones acertadas a lo largo de su vida.

Además, la Biblia nos ofrece otra guía en Isaías 54:13: "Y todos tus hijos serán enseñados por Jehová; y multiplicado será el bienestar de tus hijos". Este pasaje nos recuerda que cuando permitimos que Dios sea el maestro principal en la vida de nuestros hijos, su bienestar se multiplica. La educación impartida desde una perspectiva divina y guiada por principios éticos y morales sólidos, abrirá puertas de oportunidad y éxito para las futuras generaciones.

Como dijo el filósofo y escritor Albert Schweitzer: "El propósito de la educación es reemplazar una mente vacía por una mente abierta". Esta cita nos invita a reflexionar sobre el verdadero propósito de la educación: no solo llenar nuestras mentes con información, sino también abrir nuestras mentes a nuevas ideas, perspectivas y posibilidades.

Determinación y valentía

"El Señor es mi roca, mi escudo, y la fuerza de mi salvación, mi alto refugio" (Salmos 18:2).

Lizzette Cármenate, la nadadora salvadoreña, desafió todos los estereotipos al convertirse en una campeona paralímpica a pesar de haber nacido sin brazos. Su valentía y tenacidad la llevaron a recibir más de 20 medallas, rompiendo barreras y desafiando los límites de la discapacidad. Su historia es un testimonio inspirador de que no existen límites cuando se lucha por los sueños.

Lizzette Cármenate, nos demuestran que el poder de la determinación y la voluntad puede superar cualquier obstáculo. Su ejemplo nos inspira a desafiar nuestras propias limitaciones y a perseguir nuestros sueños con pasión y convicción.

"El Señor es mi roca, mi escudo, y la fuerza de mi salvación, mi alto refugio" (Salmos 18:2). Esta poderosa enseñanza nos muestra que, con la fuerza y el poder divino, no hay límites para lo que podemos lograr. Si confiamos en Dios y en su fortaleza que nos sostiene, podremos superar cualquier desafío que se presente en nuestro camino.

Además, la Biblia dice en Isaías 40:31: "Pero los que esperan a Jehová tendrán nuevas fuerzas; levantarán alas como las águilas; correrán, y no se cansarán; caminarán, y no se fatigarán". Este pasaje nos anima a confiar en Dios y a esperar en Él. Si depositamos nuestra confianza en el Señor, seremos fortalecidos, y capaces de superar cualquier desafío.

Como dijo la escritora y activista Helen Keller: "La discapacidad no está en los brazos o las piernas, sino en la mente y el espíritu". Esta cita nos recuerda que nuestras limitaciones no están determinadas por nuestras circunstancias físicas, sino por nuestra actitud y mentalidad. Siguiendo el ejemplo de Lizzette Cármenate, podemos superar las barreras autoimpuestas y alcanzar la grandeza a través de la determinación y la valentía.

Lizzette enseña que no existen límites cuando se lucha por los sueños. Su valentía y humildad al romper barreras y desafiar los estereotipos sobre la discapacidad nos inspiran a superar nuestras propias limitaciones y a perseguir nuestros sueños con pasión y convicción.

En el campo de sueños

"Fortaleceos en el Señor y en el poder de su fuerza" (Efesios 6:10).

Ana Rita Valencia, pionera del fútbol femenino hondureño, emergió de un barrio pobre y brilló en las canchas, llevando a Honduras a su primer Mundial en 2015. A pesar de las dificultades que enfrentó como mujer en un deporte dominado por hombres, alzó su voz y se convirtió en una inspiración para niñas y jóvenes, animándolas a seguir sus pasiones. Su determinación y valentía nos demuestran que podemos superar cualquier obstáculo y alcanzar nuestros sueños.

Ana Rita Valencia, representa a quienes se atrevieron a desafiar las normas establecidas y a abrir camino para las generaciones futuras. Su ejemplo nos inspira a romper las cadenas que nos limitan y a seguir nuestros anhelos más profundos. Son esas personas que hacen estelas que otros pueden seguir.

El texto bíblico de Efesios 6:10 nos recuerda que podemos hacerlo todo en Cristo, quien nos fortalece. Esta enseñanza nos brinda confianza y nos muestra que, con fe y determinación, podemos superar cualquier desafío que se presente en nuestro camino. No importa cuán grandes sean las dificultades, si confiamos en la fortaleza que viene de lo alto, seremos capaces de alcanzar nuestras metas.

Además, la Biblia nos ofrece una guía en Proverbios 3:5-6: "Confía en el Señor con todo tu corazón, y no te apoyes en tu propio entendimiento. Reconócelo en todos tus caminos, y él enderezará tus veredas". Este pasaje nos anima a confiar en Dios y a entregarle nuestros sueños y metas. Al hacerlo, encontraremos dirección y fuerza para superar las adversidades y alcanzar el éxito.

Como alguien dijo: "La vida es como andar en bicicleta. Para mantener el equilibrio, debes seguir adelante". Esta cita nos recuerda la importancia de seguir avanzando a pesar de los obstáculos que puedan surgir en nuestro camino. Siguiendo el ejemplo de Ana Rita Valencia, podemos superar las expectativas limitantes y seguir adelante en busca de nuestros sueños, sin importar las barreras que encontremos.

Su valentía y determinación en el campo de juego nos inspiran a superar las limitaciones impuestas por la sociedad.

El canto que transforma

"El Señor está cerca de los quebrantados de corazón, y salva a los de espíritu abatido" (Salmos 34:18).

Facundo Cabral, el emblemático cantautor argentino, recorrió Centroamérica llevando consigo un mensaje de paz, justicia y hermandad. A pesar de las adversidades y peligros que enfrentó durante su estadía en Guatemala durante la guerra civil, utilizó su música como una herramienta para denunciar las injusticias y promover la conciencia social. Su humanismo y compromiso nos enseñan que los artistas tienen el poder de transformar el mundo a través del arte comprometido.

Es esencial reflexionar sobre el legado de figuras como Facundo Cabral, quienes se atrevieron a alzar su voz en favor de los oprimidos y a luchar por un mundo más justo. Su ejemplo nos inspira a ser valientes y a utilizar nuestras habilidades y talentos para generar un cambio positivo en nuestra sociedad.

El texto bíblico de Salmos 34:18 nos recuerda que el Señor está cerca de aquellos que tienen el corazón quebrantado y salva a los de espíritu abatido. Esta enseñanza nos brinda consuelo y esperanza en tiempos difíciles. Si nos unimos en solidaridad y nos acercamos a aquellos que sufren, podemos marcar la diferencia y ofrecerles apoyo y amor.

Además, la Biblia nos ofrece una guía en 1 Juan 3:18: "Hijitos míos, no amemos de palabra ni de lengua, sino de hecho y en verdad". Este pasaje nos insta a llevar nuestras acciones más allá de las palabras y a demostrar nuestro amor y compromiso a través de hechos concretos. Es a través de nuestras acciones que podemos generar un impacto real en la vida de los demás.

Como dijo el escritor y filósofo Albert Camus: "El arte es la expresión de los más profundos pensamientos por el camino más sencillo". Esta cita nos recuerda el poder del arte y su capacidad de transmitir mensajes profundos de una manera accesible y conmovedora. Siguiendo el ejemplo de Facundo Cabral, podemos utilizar el arte y la música como una herramienta para elevar la conciencia social y promover la justicia y la hermandad.

Cabral nos enseña que el arte comprometido puede transformar el mundo. Su valentía y compromiso en la denuncia de injusticias nos inspira a utilizar nuestras habilidades y talentos para generar un cambio positivo en nuestra sociedad.

La llama eterna de la igualdad

"El Señor es mi luz y mi salvación; ¿de quién temeré? El Señor es la fortaleza de mi vida; ¿de quién he de atemorizarme?" (Salmos 27:1).

Harvey Milk, el primer político abiertamente gay en ser elegido para un cargo público en Estados Unidos en 1977 dejó una huella imborrable en la lucha por los derechos civiles de la comunidad LGTBIQ+. Aunque su vida fue truncada por un acto de violencia un año después, su valentía y compromiso siguen impulsando las reivindicaciones por la igualdad y el respeto a la diversidad.

Cuando estamos llenos de discriminación y prejuicios, es esencial reflexionar sobre el legado de figuras como Milk, quienes se atrevieron a desafiar las barreras y a alzar su voz en defensa de la comunidad LGTBIQ+. Su ejemplo inspira a tener respeto y defender a los diferentes.

El texto bíblico de Salmos 27:1 nos recuerda que el Señor es nuestra luz y salvación, y que no debemos temer. Esta enseñanza nos brinda fortaleza y valentía para enfrentar los desafíos que se presentan en nuestro camino. Un cristiano que ama a Dios no discrimina, aun cuando pueda estar en desacuerdo, busca hacer lo que hacía Jesús, integrar, no excluir.

La Biblia nos invita a ser: "luz del mundo" y a alumbrar con nuestras "buenas obras" para que el nombre de Dios sea glorificado (Mateo 5:14-16). Lastimosamente muchos cristianos hacen lo contrario al difundir mensajes de odio y usar a Dios como un ser vengativo, cuando Dios es luz y amor. Si actuáramos distinto podríamos inspirar y guiar a aquellos que aún luchan por su libertad y derechos. No obstante, muchos cristianos, hacen que muchas personas rechacen el amor de Jesús, precisamente, por sus actitudes discriminadoras y falta de amor.

Harvey Milk dio su vida por defender su derecho a la diversidad. Aunque tengamos una visión diferente de la sexualidad, el cristiano no está llamado al odio ni a la violencia, sino a mostrar a un Dios de amor que recibe a todos, aun cuando nos seamos capaces de entender que su amor cubre a todos los seres humanos, porque nos guste o no, Dios ama a todos, y eso incluye a homosexuales, lesbianas, intersexuales, transexuales, bisexuales, travestis, Queer y muchos más. No es con odio que las personas se acercarán a Dios, sino con actos de bondad.

Abrazar la autenticidad

"Porque todos sois hijos de Dios por la fe en Cristo Jesús; porque todos los que habéis sido bautizados en Cristo, de Cristo estáis revestidos" (Gálatas 3:26-27).

Laverne Cox, actriz y activista estadounidense, ha dejado una huella imborrable al convertirse en la primera mujer transgénero en tener un papel protagónico en una serie de televisión. Su valentía y determinación han sido fundamentales para educar a la sociedad sobre la identidad de género y promover la inclusión. Laverne Cox nos inspira a ser nosotros mismos, sin importar los estereotipos impuestos. Enseña a avanzar pese al odio, la discriminación y el rechazo.

Laverne Cox, desafía los límites y nos muestran la esencia de la diversidad. Su visibilidad y voz nos inspiran a aceptar y amar nuestras propias identidades, sin importar las expectativas impuestas por otros. Porque al fin de cuentas, todos somos diferentes. No existe ningún otro ser humano igual a otro somos diferentes, y esa es nuestra esencia.

El texto bíblico de Gálatas 3:26-28 nos recuerda que todos somos hijos de Dios y que nuestra identidad está enraizada en la fe en Cristo Jesús. No importa nuestra raza, género u orientación sexual, todos somos uno en Cristo. Esta enseñanza es un recordatorio poderoso de que la inclusión y el respeto son fundamentales en la vida de fe.

En 1 Samuel 16:7 dice: "Pero Jehová dijo a Samuel: No mires a su apariencia, ni a lo grande de su estatura, porque yo lo desecho; porque Jehová no mira lo que mira el hombre; pues el hombre mira lo que está delante de sus ojos, pero Jehová mira el corazón". Esta cita invita a no dejarnos llevar por las apariencias superficiales, sino a valorar la autenticidad y el carácter de las personas. No debemos juzgar a otros por su apariencia, sino acoger y celebrar su verdadero ser.

Como dijo la escritora y feminista Audre Lorde: "Si no puedo bailar, no es mi revolución". Necesitamos abrazar nuestra autenticidad y encontrar la libertad en ser quienes realmente somos. Cox vivió su propia revolución, desafiando los estereotipos, creando un mundo más inclusivo. No hay otra forma positiva de actuar. Los cristianos, aún cuando tengan una visión distinta, deben celebrar la diversidad, no anularla o estigmatizarla.

Miguel Ángel Núñez

Rompiendo barreras

"No os conforméis a este mundo, sino transformaos por medio de la renovación de vuestro entendimiento, para que comprobéis cuál es la buena voluntad de Dios, agradable y perfecta" (Romanos 12:2)

James Baldwin, un destacado escritor afroamericano de las décadas de 1950 y 1960, desafió las normas sociales al incluir valientemente temáticas LGTB en su obra literaria, en una época en la que eran consideradas tabú. No solo denunció las desigualdades raciales, sino que también abordó las desigualdades de género con una prosa profunda y conmovedora. Con su espíritu rebelde, Baldwin enseñó al mundo el poder de la literatura para visibilizar a los marginados y generar un cambio social.

El legado de figuras como James Baldwin, que se atrevieron a desafiar las estructuras establecidas y a dar voz a las minorías debe ser recordado por el significado que tiene para todos. Su valentía y determinación nos inspiran a cuestionar nuestras propias actitudes y a luchar por un mundo más justo e inclusivo.

El texto bíblico de Romanos 12:2 nos insta a no conformarnos con los patrones del mundo, sino a transformarnos a través de la renovación de nuestra mente. Es necesario deshacernos de los prejuicios arraigados y abrirnos a nuevas perspectivas, reconociendo la igualdad y dignidad de todas las personas. Solo así podremos comprender la buena voluntad de Dios, que es agradable y perfecta.

Además, la Biblia nos ofrece una guía en Gálatas 3:28: "Ya no hay judío ni griego; no hay esclavo ni libre; no hay varón ni mujer, porque todos vosotros sois uno en Cristo Jesús". Este versículo nos recuerda la importancia de superar las divisiones y reconocer nuestra unidad como seres humanos. No importa nuestra raza, género u orientación sexual, todos somos iguales ante los ojos de Dios.

Como dijo la escritora y activista Audre Lorde: "Tu silencio no te protegerá". Esa cita nos invita a romper el silencio y alzar nuestra voz contra la injusticia. El ejemplo de James Baldwin invita a utilizar la literatura y el arte como herramientas para desafiar las desigualdades y promover la comprensión mutua.

La rebelión literaria de James Baldwin nos enseña el poder transformador de la escritura y la importancia de visibilizar a los marginados.

Alcanza la meta

"Por nada estéis afanosos, sino sean conocidas vuestras peticiones delante de Dios en toda oración y ruego, con acción de gracias" (Filipenses 4:6).

La vida de Wilma Rudolph es un ejemplo extraordinario de superación personal, convicción y perseverancia para lograr objetivos. Cuando era niña, el futuro de Wilma parecía limitado tras padecer poliomielitis en un contexto adverso de pobreza y discriminación étnica. Pero el apoyo de su familia fue decisivo, enseñándole a tener fe en sí misma y luchar contra cualquier pronóstico negativo.

Esta joven afroamericana desafió los prejuicios de la época al consagrarse como una excepcional velocista, ganando tres medallas de oro en unos Juegos Olímpicos históricamente dominados por atletas caucásicos. Su trayectoria es aleccionadora porque evidencia cómo el espíritu humano puede sobreponerse a cualquier obstáculo cuando se enfoca en su objetivo.

La Biblia nos exhorta en Filipenses 4:6 afirmando que "por nada estéis afanosos, sino sean conocidas vuestras peticiones delante de Dios". Si confiamos en Dios y en nuestro potencial, podemos superarnos. Otro pasaje alentador es Isaías 40:29: "Él da esfuerzo al cansado, y multiplica las fuerzas al que no tiene ningunas".

Como expresó el novelista Mark Twain, "ten siempre presente que tu propia resolución de triunfar es más importante que cualquier otra cosa". Esta sentencia enfatiza que nuestros límites no están dictados por nuestras circunstancias, sino por lo que determinemos creer y conseguir. Wilma Rudolph no permitió que su realidad material, étnica o física frenase sus aspiraciones; su convicción de ganar la impulsó a entrar en la historia.

Debemos cultivar esa mentalidad visionaria, rechazando excusas que nos aferran al ayer o a condicionantes externos. Nuestro mayor desafío es vencer el escepticismo interior. Es necesario romper las cadenas mentales como Wilma. Es preciso trazar metas y procurar que sean realistas, y persistir en materializarlas. Cada día es una oportunidad llena de posibilidades; y es nuestra responsabilidad aprovecharla confiando en nuestra capacidad. ¡Solo si decidimos creer y persistir, nuestros sueños se harán realidad!

Trascendiendo barreras

"Y conoceréis la verdad, y la verdad os hará libres" (Juan 8:32).

Alan Turing, un hombre adelantado a su tiempo, fue un pionero de la ciencia de la computación en la década de 1930. Su genialidad y perseverancia fueron fundamentales para salvar miles de vidas al descifrar códigos en la Segunda Guerra Mundial. Sin embargo, su vida estuvo marcada por la intolerancia y la discriminación de la época. Tras ser procesado, perseguido y discriminado por su homosexualidad, Turing enfrentó un trágico destino, y tomó la fatídica decisión de suicidarse.

Turing, desafió las convenciones y se atrevió a ser el mismo. Su valentía nos inspira a superar nuestros propios miedos y limitaciones, a enfrentar los desafíos con determinación y a trabajar por un futuro más inclusivo.

La verdad más importante es entender quienes somos, sin ataduras. Aceptar y abrazar nuestra singularidad y la de los demás es lo que nos hace singulares. Solo al ser auténticos y despojarnos de las máscaras que nos imponen la sociedad y sus prejuicios, podemos alcanzar una verdadera libertad.

La Biblia dice que Dios "no hace acepción de personas", lo que significa que Dios es imparcial en sus juicios, que como juez no tiene en cuenta privilegios ni distinciones sociales, de raza, sexo, nacionalidad, género, edad, profesión, etc., y así deben actuar los hombres, los jueces y pueblo de Dios (Deuteronomio 1:17; 2 Crónicas 19:7). Lamentablemente, muchos que se dicen seguidores de Jesús hacen todo lo contrario: discriminan, excluyen, maltratan, y no aceptan a personas que son, por condición, diferentes.

Turing hizo contribuciones invaluables a la sociedad de su tiempo y a la humanidad. Creo una máquina capaz de descifrar el código enigma, que los nazis habían creado para transmitir las órdenes que diezmaban a los ejércitos de los aliados en la Segunda Guerra Mundial. Sin embargo, era diferente, y los "buenos" cristianos de su tiempo no lo soportaron. Lo humillaron hasta orillarlo de tal modo que tomó una decisión lamentable que terminó su vida.

Aún muchos llamados "seguidores de Jesús" no entienden que el seguidor de Cristo no tiene vínculo con el odio.

Desafía los límites

"Jehová es mi fortaleza y mi escudo" (Salmos 28:7).

La vida está llena de desafíos y obstáculos que parecen insuperables. En ocasiones, nos encontramos enfrentando circunstancias adversas que nos hacen dudar de nuestras capacidades y nos empujan a conformarnos con una existencia mediocre. Sin embargo, la historia de María Félix, el icónico ícono del cine mexicano nos enseña que no hay límites que no puedan ser superados y que cada uno de nosotros tiene el poder de forjar su propio destino.

María Félix nació en una familia humilde, en una época en la que las mujeres tenían un papel limitado en la sociedad y en la industria del cine. Pero ella no permitió que las barreras y los prejuicios la detuvieran. Con talento y determinación, luchó por sus derechos y se abrió camino en un mundo dominado por hombres. Su fuerza e independencia rompieron moldes y se convirtió en una de las actrices más veneradas de su país.

La vida de María Félix nos inspira a desafiar las expectativas impuestas por otros y a creer en nuestras propias habilidades. Cada uno de nosotros tiene un potencial ilimitado, solo necesitamos descubrirlo y tener la valentía de perseguir nuestros sueños. Como dice el salmista: "Jehová es mi fortaleza y mi escudo" (Salmos 28:7). Esta poderosa afirmación nos recuerda que contamos con una fuerza divina que nos impulsa a superar cualquier obstáculo que se cruce en nuestro camino.

En nuestra búsqueda de la grandeza, también encontramos orientación en las palabras de otro texto bíblico relevante. En Proverbios 3:5-6 se nos insta a confiar en el Señor con todo nuestro corazón y a no apoyarnos en nuestro propio entendimiento. Estas palabras nos recuerdan que, cuando confiamos en Dios y en su plan para nuestras vidas, podemos encontrar el coraje y la sabiduría necesarios para enfrentar los desafíos y tomar decisiones audaces.

Como dijo una vez el aclamado escritor Ralph Waldo Emerson: "¿Qué sería de la vida si no tuviéramos el coraje de intentar algo nuevo?". Permítete ser valiente y desafiar los límites. No te conformes con una existencia mediocre, sino busca la grandeza que hay dentro de ti. Confía en tu capacidad para superar cualquier obstáculo y recuerda que tienes el poder de forjar tu propio destino.

Renacer a través del arte

"Aunque pase por el valle de sombra de muerte, no temeré mal alguno, porque tú estarás conmigo; tu vara y tu cayado me infundirán aliento" (Salmos 23:4).

En la oscura paleta de la vida, Frida Kahlo pintó autorretratos que trascienden el lienzo para convertirse en lecciones de fortaleza y resistencia. Nacida en 1907 y fallecida en 1954, esta artista emblemática dejó un legado que va más allá de sus pinceladas; es un llamado a la transformación personal y social. Frida Kahlo no solo pintaba, sino que plasmaba su vida marcada por adversidades físicas y emocionales en cada trazo. Sus autorretratos dolorosos no eran solo representaciones artísticas, sino testimonios de su lucha interior. A través de su valiente expresión artística, nos enseñó que el arte puede ser una vía poderosa de catarsis y liberación.

Como dijo la escritora Elizabeth Gilbert: "Porque la creación es un acto de amor. Y nadie lo sabe mejor que un artista". Estas palabras resumen la esencia del proceso creativo. Frida Kahlo, con cada pincelada, amó y sanó sus propias heridas, convirtiendo el dolor en una manifestación de belleza y autenticidad.

Frida no solo pintaba su propia historia; también alzaba la voz por las mujeres mexicanas y las clases populares. Se convirtió en un ícono feminista antes de que el término fuera moneda corriente. Sus obras eran manifestaciones visuales de la lucha por la igualdad y la justicia. Nos enseñó que el arte puede ser un medio poderoso para denunciar las injusticias y promover el cambio social.

En palabras de Frida Kahlo: "He pintado las cosas que me han dolido y que me son agradables. Pero el dolor es más fuerte. Y puedo más contra él". Esta cita revela su resistencia ante el dolor y cómo transformó sus experiencias dolorosas en obras de arte significativas. Nos invita a enfrentar nuestras propias adversidades con valentía y convertirlas en fuentes de fortaleza.

El arte de Frida Kahlo no solo denunciaba problemas sociales; también era un espejo que reflejaba la posibilidad de transformación personal. Sus autorretratos mostraban no solo la realidad física, sino la esencia interior que superaba las limitaciones del cuerpo. Nos desafía a mirar más allá de nuestras circunstancias, a encontrar la fuerza interior para enfrentar nuestros propios desafíos.

La flor de la inteligencia

"Las hijas de Sión se engrandecieron y alargaron el cuello; y andando, hacían crujir los pies; y se iban paseando, y sacudían sus caderas. Entonces el Señor descubrió la cabeza de las hijas de Sión, y su belleza las dejó desnudas" (Isaías 3:16-17).

Sor Juana Inés de la Cruz fue una destacada monja, poeta y pensadora del siglo XVII en Nueva España. A pesar de vivir en una época adversa, su intelecto y valentía le permitieron cultivar su talento y escribir una vasta obra literaria. Su legado trasciende fronteras y su figura se ha convertido en un símbolo del feminismo y la lucha por la igualdad de género.

Con coraje, Sor Juana defendió el derecho de la mujer a aprender y expresarse. Cuestionó las normas sociales y religiosas que limitaban el desarrollo femenino, argumentando que Dios había dotado a todas las personas con la capacidad de buscar conocimiento. Su determinación y pasión por el aprendizaje fueron un desafío directo a las restricciones impuestas a las mujeres de su tiempo.

La Biblia, en Isaías 3:16-17, advierte sobre aquellos que restringen la libertad y limitan el potencial humano. Sor Juana, al igual que muchas figuras históricas y contemporáneas, entendió la importancia de promover la plena realización de todo ser humano, sin importar su género. Su lucha por la igualdad y su defensa de los derechos de la mujer son una inspiración para las generaciones venideras.

Sor Juana fue una pionera del feminismo al poner de manifiesto, como ella misma expresó, que la mujer "tiene ánimo de varón" en el plano intelectual. A través de su genialidad y su dedicación a la escritura, desafió los estereotipos de género y abrió camino para que las mujeres reclamaran su lugar en el ámbito intelectual y artístico.

Su legado sigue siendo relevante en la actualidad. Las obras de Sor Juana continúan siendo estudiadas y apreciadas por su profundidad intelectual y su belleza literaria. Su ejemplo inspira a las mujeres a perseguir sus pasiones y luchar por la igualdad de oportunidades. En un mundo que enfrenta desafíos en materia de igualdad de género, el legado de Sor Juana nos recuerda la importancia de alzar la voz y defender los derechos de las mujeres. Su valentía y determinación nos invitan a desafiar las normas sociales y a trabajar por una sociedad más justa e inclusiva.

Transformando vidas

"El mayor entre vosotros será vuestro servidor" (Mateo 23:11).

Sor Pilar Agüero, una religiosa jerónima nacida en 1955, ha dejado una huella imborrable en la defensa de los derechos humanos. Su valentía y dedicación al apoyo de comunidades indígenas amenazadas nos enseñan la importancia del servicio auténtico y la humildad. Su vida es un testimonio viviente de que el verdadero significado y propósito se encuentran al estar cerca de los más necesitados.

Comprometida con los derechos humanos, Sor Pilar Agüero ha arriesgado su propia seguridad para apoyar a comunidades indígenas en situaciones de amenaza. Su incansable promoción de valores fundamentales como la justicia, la paz y la reconciliación demuestra que el verdadero servicio va más allá de las palabras, requiere acciones comprometidas con el bienestar de los demás.

Sor Pilar Agüero nos enseña con humildad que el servicio auténtico se manifiesta en la cercanía con los más necesitados. En nuestra búsqueda de grandeza, a menudo olvidamos la importancia de la humildad. La verdadera grandeza no se basa en la posición social o el poder, sino en la capacidad de servir a los demás con un corazón humilde.

La vida de Sor Pilar Agüero es un ejemplo viviente de que el servicio desinteresado es una puerta hacia la transformación interna. Al comprometernos con el servicio comprometido, no solo impactamos positivamente la vida de los demás, sino que también experimentamos un cambio significativo en nosotros mismos.

En el pasaje bíblico de Efesios 4:2, se nos insta a ser siempre humildes, amables y pacientes, soportándonos los unos a los otros con amor. Estas virtudes se entrelazan con el servicio y nos guían en nuestro viaje de transformación. La paciencia nos permite perseverar en medio de las dificultades, mientras que la amabilidad construye puentes hacia la conexión humana.

La vida de Sor Pilar Agüero inspira a ser agentes de cambio a través del servicio, la humildad y la determinación. Su valentía y dedicación a los derechos humanos nos recuerdan la importancia de estar cerca de los más necesitados y promover los valores fundamentales. Al adoptar estos principios en nuestras vidas diarias, impactamos de manera positiva a quienes nos rodean y experimentamos una transformación personal significativa.

EL PODER DE LA NO VIOLENCIA

"Él da fuerzas al cansado y acrecienta el vigor del débil"
(Isaías 40:29).

Este versículo bíblico nos recuerda que, incluso en medio de la lucha por la justicia y la libertad, podemos encontrar fortaleza y renovación en Dios. La vida de Lech Wałęsa, líder del sindicato Solidaridad, es un testimonio vivo de cómo la no violencia y la conciencia cívica pueden generar un poder transformador en la sociedad.

Lech Wałęsa enfrentó numerosos desafíos y adversidades en su búsqueda de un cambio social justo en la Polonia comunista de los años 80. Sin embargo, su determinación y resistencia incansables se mantuvieron firmes. Inspirado por su fe católica, Wałęsa entendió que la no violencia era la herramienta más poderosa para desafiar el régimen opresivo.

Al igual que el versículo mencionado, Lech Wałęsa encontró fuerzas en Dios para perseverar en su lucha. Su fe en la justicia y su confianza en el poder transformador de la resistencia pacífica lo guiaron en momentos de cansancio y debilidad. Enfrentando represión y persecución, se mantuvo firme en sus principios y demostró que la no violencia podía generar cambios duraderos y significativos.

La historia de Lech Wałęsa es una inspiración para todos aquellos que buscan justicia y libertad en el mundo. Nos enseña que, aunque el camino hacia el cambio pueda parecer difícil y agotador, podemos encontrar renovación y vigor en nuestra fe y convicciones. Al confiar en la guía divina y actuar con conciencia cívica, podemos convertirnos en agentes de transformación en nuestras comunidades y trabajar hacia un mundo más justo y pacífico.

El ejemplo de Lech Wałęsa nos desafía a buscar en Dios la fortaleza necesaria para enfrentar las adversidades y luchar por la justicia. Su vida nos recuerda que, a través de la no violencia, podemos generar un cambio significativo y duradero. Al seguir su ejemplo y confiar en el poder de la conciencia cívica, podemos contribuir a la construcción de un mundo en el que prevalezcan la justicia, la igualdad y la paz.

La vida de Lech Wałęsa nos muestra el poder transformador de la no violencia y la conciencia cívica en la búsqueda de la justicia y la libertad.

El legado de los campeones

"Cada uno ponga al servicio de los demás el don que haya recibido, administrando fielmente la gracia de Dios en sus diversas formas"
(1 Pedro 4:10).

Este versículo bíblico nos recuerda la importancia de utilizar nuestros dones y talentos para servir a los demás y administrar fielmente la gracia que Dios nos ha dado. La vida de campeones olímpicos como Elisabeta Lipă, una remera rumana, nos enseña que los mayores triunfos no son aquellos que se basan en la gloria personal, sino aquellos que nos permiten hacer una diferencia duradera en la vida de otros.

Más allá de sus extraordinarias 5 medallas de oro, un récord entre las mujeres, Lipă fundó una organización dedicada a llevar el deporte a niños con discapacidad en Rumania. Su legado es una inspiración para poner nuestros talentos al servicio del bien común. Su ejemplo nos muestra que el verdadero éxito radica en utilizar nuestras habilidades para impactar positivamente en la vida de los demás.

Estudios han demostrado que los atletas que, después de su retiro, se involucran en actividades filantrópicas y se convierten en mentores para nuevas generaciones, experimentan una mayor satisfacción y felicidad en sus vidas. Esto valida aún más la importancia de seguir el ejemplo de Lipă y utilizar nuestros logros y habilidades deportivas como una plataforma para hacer el bien en el mundo.

Como bien dijo Lipă: "Ningún logro personal se compara con ver florecer el potencial de un niño". Sus palabras nos instan a adoptar una actitud de humildad y generosidad, reconociendo que nuestros dones y logros deben ser utilizados para servir a los demás en lugar de buscar únicamente nuestro propio engrandecimiento.

La Biblia nos llama a usar los dones que hemos recibido para ser administradores fieles de la gracia de Dios en sus diversas formas. Inspirados por el ejemplo de Elisabeta Lipă, los campeones actuales pueden encontrar una fuente de inspiración para dejar un legado que trascienda los podios y marque la diferencia en la vida de otros.

Como dijo Nelson Mandela: "El deporte tiene el poder de cambiar al mundo". Imaginemos cuánto bien podemos hacer si nos comprometemos a dejar una huella perdurable.

Liderazgo femenino

"Seña un ejemplo en palabra, conducta, amor, espíritu, fe y pureza"
(1 Timoteo 4:12).

Este versículo bíblico nos anima a ser ejemplos en todas las áreas de nuestra vida, incluyendo el liderazgo. La historia de heroínas como la reina Ana de Austria nos enseña el poder transformador de un liderazgo femenino sabio y valiente en tiempos de adversidad. En el turbulento siglo XVI, Ana defendió con entereza la soberanía de Polonia frente a amenazas externas, dejando un legado de coraje y sabiduría.

A pesar de las difíciles circunstancias bélicas, la reina Ana promovió el florecimiento cultural y científico en su nación. Su temple y visión a largo plazo marcaron la diferencia en un período desafiante de la historia. Su liderazgo demostró que las mujeres son capaces de liderar con valentía y generar un impacto positivo en su entorno, incluso en momentos de adversidad.

Un estudio realizado por el Instituto Necker para Liderazgo de Mujeres reveló que las naciones que han tenido mujeres como jefas de estado tienden a mostrar índices más bajos de conflictividad interna y mayor cooperación internacional. Esto respalda aún más la importancia de promover y apoyar el liderazgo femenino en todos los ámbitos de la sociedad.

Como bien dijo Ana de Austria: "No debemos temer los tiempos difíciles, sino confiar en que saldremos fortalecidos". Las mujeres líderes como Ana son un faro de esperanza en medio de la tormenta, inspirando a otros con su valentía y determinación. La Biblia nos llama a ser ejemplos en todo momento, tanto en momentos buenos como en momentos adversos, y el liderazgo femenino puede desempeñar un papel fundamental en la construcción de un mundo más justo y equitativo.

Sigamos el llamado del escritor Alejandro Casona: "Los hombres construyen demasiados muros y no suficientes puentes". Es fundamental que el liderazgo femenino aporte perspectivas conciliadoras y constructivas para superar las crisis y promover la colaboración y el entendimiento. Juntas, las mujeres podemos cambiar el mundo y construir puentes hacia un futuro mejor.

La vida de la reina Ana de Austria nos muestra el poder transformador del liderazgo femenino sabio y valiente en tiempos de adversidad. Su ejemplo inspira a las mujeres a liderar con coraje y sabiduría, dejando un impacto positivo en su entorno.

El triunfo del amor

"Amad a vuestros enemigos, bendecid a los que os maldicen, haced bien a los que os aborrecen" (Lucas 6:27).

Este versículo bíblico nos desafía a amar incluso a nuestros enemigos y a hacer el bien a aquellos que nos aborrecen. La historia de Oskar Schindler, un empresario alemán que salvó más de mil vidas judías durante el Holocausto, es un ejemplo del poder transformador del amor en medio de la adversidad.

Inicialmente motivado por el lucro, la perspectiva de Schindler cambió drásticamente al presenciar la terrible "Noche de los Cristales Rotos" en 1938, que marcó el comienzo de la persecución judía en Alemania. Fue entonces cuando su compasión se despertó y decidió arriesgar su fortuna y su seguridad para proteger a sus empleados judíos de la Solución Final nazi.

Schindler fingió que su fábrica era esencial para el esfuerzo de guerra nazi, cuando en realidad su verdadero propósito era salvar vidas. Su heroísmo y valentía inspiraron la película "La lista de Schindler", que capturó su sacrificio y su lucha por proteger a aquellos que eran perseguidos.

El evangelio nos enseña a amar incluso a nuestros enemigos, siguiendo el ejemplo de Jesús. En Lucas 6:27, Jesús nos insta a hacer el bien a quienes nos aborrecen. Así como Schindler vio la dignidad y el valor en cada persona, a pesar del odio nazi, nosotros también debemos afirmar la dignidad humana en medio de cualquier genocidio o injusticia.

El legado de Schindler ilustra lo que el amor puede lograr en circunstancias de extremo sufrimiento. Su valentía y sacrificio demostraron que el amor puede triunfar sobre el odio y que cada vida es valiosa y merece ser protegida y dignificada.

El ejemplo de Schindler nos desafía a amar y hacer el bien, incluso en las circunstancias más difíciles, algo que muchas personas eluden. Siguiendo su ejemplo y el llamado del evangelio a amar a nuestros enemigos, podemos marcar la diferencia al afirmar la dignidad humana y trabajar por la justicia en medio del sufrimiento.

El legado de Schindler trasciende el tiempo y nos recuerda la importancia de actuar con compasión hacia nuestros semejantes, incluso en situaciones extremas. Su valentía y determinación nos inspiran a no quedarnos indiferentes ante la injusticia y a luchar por un mundo de respeto, la dignidad y la igualdad.

El partido por la igualdad

"No hay ya distinción entre judío y griego; no hay esclavo ni libre; no hay varón ni mujer, porque todos sois uno en Cristo Jesús"
(Gálatas 3:28).

Este poderoso versículo bíblico nos recuerda la igualdad de todas las personas ante Dios, sin importar su origen, género o estatus social. La historia de Billie Jean King, una leyenda del tenis estadounidense ejemplifica la lucha por la igualdad y la superación de barreras en el deporte y más allá.

En 1973, King protagonizó un hito histórico al enfrentarse a Bobby Riggs en el "Battle of the Sexes" (La Batalla de los Sexos). Riggs, quien sostenía que las mujeres no merecían igual paga y que los hombres eran superiores en el deporte, desafió a King a un partido en el que él representaría a los hombres y ella a las mujeres.

La victoria de King sobre Riggs fue mucho más que un triunfo deportivo. Fue un mensaje contundente que desafió los estereotipos de género y abrió el camino para la profesionalización y equiparación salarial de las deportistas. King luchó incansablemente por la igualdad de oportunidades en el tenis y en el deporte en general, rompiendo barreras y allanando el camino para que futuras generaciones pudieran dedicarse plenamente al tenis y recibir el reconocimiento y la remuneración que merecen.

La Biblia nos enseña la igualdad de todas las personas ante Dios. En Gálatas 3:28 se nos recuerda que no hay distinción de género para el Señor. Al igual que Billie Jean King luchó contra el sexismo en el deporte, nosotros también debemos valorar y tratar con equidad a hombres y mujeres, sin prejuicios ni discriminación.

El legado de King trasciende el ámbito deportivo y nos inspira a levantar la voz por los derechos justos. Su victoria en el "Battle of the Sexes" demostró que cuando una puerta se cierra, otra se abre si creemos en nosotros mismos y luchamos por lo que es justo. Su valentía y determinación inspiraron a muchas personas a desafiar las normas establecidas y a trabajar por la igualdad de género en todos los ámbitos de la sociedad.

El ejemplo de King nos desafía a seguir luchando por la igualdad y el respeto mutuo. Su legado nos impulsa a valorar a hombres y mujeres por igual y a trabajar juntos. Nadie es igual que otra persona, necesitamos recordar a personas como King.

Rompiendo techos de cristal

"Porque tú eres mi esperanza; Señor Jehová, mi confianza desde mi juventud" (Salmos 71:5).

La historia de Sandra Day O'Connor, la primera mujer en ocupar un puesto en la Corte Suprema de los Estados Unidos nos recuerda la tenacidad y la determinación necesarias para abrir camino en espacios dominados por hombres. A pesar de enfrentar prejuicios y desafíos, su perseverancia sentó un precedente histórico para el empoderamiento femenino y allanó el camino para futuras generaciones.

Visibilizar los logros de mujeres pioneras en campos como la política y la justicia tiene un efecto motivador y establece modelos de conducta para las nuevas generaciones. El ejemplo de O'Connor nos inspira a persistir ante la adversidad y a luchar por nuestros sueños, recordando que, con la fortaleza que obtenemos en Cristo, podemos superar cualquier obstáculo.

Como dijo O'Connor: "Aunque a veces se sienta como si estuviera arando en el mar, nunca abandonen". Sus palabras nos instan a perseverar a pesar de las dificultades, sabiendo que nuestro esfuerzo y dedicación pueden allanar el camino para otras mujeres que vendrán después de nosotras. La Biblia nos recuerda en Salmo 71:5 que podemos hacer todas las cosas confiados en Dios que nos impulsa a derribar barreras con fe y valentía.

La escritora Anaïs Nin expresó: "La vida reduce sus posibilidades a los audaces, no a los tímidos". Hoy en día, cada vez más mujeres ocupan posiciones de liderazgo gracias al coraje y la determinación de precursoras como Sandra Day O'Connor. Su legado nos llama a todos a aportar nuestro granito de arena para crear un mundo más igualitario y justo.

Como ella dijo: "No se equivoquen, cada uno de ustedes puede hacer la diferencia". No debemos subestimar nuestra capacidad para provocar cambios positivos en nuestro entorno. Todos podemos ser protagonistas en esta historia que recién comienza. Ha llegado el momento de romper los techos de cristal y abrir paso a nuevas oportunidades para las mujeres.

La historia de O'Connor nos enseña la importancia de la tenacidad y la perseverancia para romper barreras y abrir camino en espacios dominados por hombres. Su legado nos inspira a no renunciar ante la adversidad y a luchar por nuestros sueños, recordando que contamos con la fortaleza de Cristo.

El llamado eterno a servir

"Porque todos los que quieran salvar su vida, la perderán; pero los que pierdan su vida por causa mía y del evangelio, la salvarán" (Marcos 8:35).

En el pasaje bíblico de Marcos 8:35, Jesús nos enseña que aquellos que estén dispuestos a perder su vida por causa de Él y del evangelio, la salvarán. Estas palabras resonaron en la vida de Jimmy Carter, el trigésimo noveno presidente de Estados Unidos, quien dedicó su vida al servicio humanitario impulsado por sus sólidos valores cristianos.

Aunque Carter ocupó el cargo presidencial entre 1977 y 1981, su labor no terminó ahí. A sus 98 años, sigue liderando causas por la paz, los derechos humanos y la salud a través de su fundación, el Carter Center. Su compromiso con el bienestar de los demás ha sido una constante en su vida, demostrando que el verdadero liderazgo se mide por el servicio.

La fundación Carter Center ha supervisado procesos electorales en zonas en conflicto alrededor del mundo, garantizando la transparencia y la democracia en situaciones adversas. Además, Carter promueve el diálogo interreligioso como una forma de fomentar la comprensión y la tolerancia entre diferentes creencias.

El ejemplo de Jimmy Carter nos muestra que es posible incidir positivamente en el mundo incluso después de dejar posiciones de poder, a la que se aferran algunos. Su vocación de servicio continúa inspirando a generaciones enteras, recordándonos que nuestro llamado es ayudar a los demás sin importar el cargo que ocupemos.

En un contexto donde se valora el poder y la ambición personal, la vida de Carter es una muestra clara de que el verdadero éxito radica en servir a los demás. Su dedicación incansable a causas nobles como la paz y los derechos humanos es un recordatorio de que todos tenemos la capacidad de marcar la diferencia en la vida de los demás.

El legado de Jimmy Carter trasciende fronteras y continúa inspirando a personas de todas las edades y nacionalidades. Su compromiso con el servicio nos invita a reflexionar sobre cómo podemos contribuir al bienestar de nuestra sociedad, ya sea a través de pequeños actos cotidianos o mediante grandes proyectos humanitarios.

Contar historias con el corazón

"Examinaos a vosotros mismos si estáis en la fe; probaos a vosotros mismos" (2 Corintios 13:5).

La cineasta Chloé Zhao ha demostrado que cada uno de nosotros tiene una historia que contar. Nacida en China, Zhao ha conquistado Hollywood con su mirada sensible sobre personajes marginales, convirtiéndose en la segunda mujer en ganar el Óscar a mejor dirección. Su éxito es un recordatorio de que no debemos renunciar a quiénes somos para triunfar.

De hecho, un estudio ha demostrado que las personas que expresan su identidad única en sus trabajos incrementan su autoestima y satisfacción vital. Por lo tanto, no debemos imitar fórmulas ajenas. Cada uno de nosotros tiene dones que aportar al mundo, y al compartir nuestra historia y nuestros talentos, podemos hacer una diferencia positiva en la vida de los demás.

La Biblia nos exhorta a utilizar nuestros dones para ayudar. En 1 Pedro 4:10 se nos dice: "Cada uno según el don que ha recibido, minístrelo a los otros". Esta enseñanza nos recuerda que, al compartir nuestra historia y nuestros talentos, podemos impactar positivamente en la vida de aquellos que nos rodean.

Además, contar nuestra propia historia nos permite ser auténticos y honestos con nosotros mismos. "El amor propio es la llave para el éxito: trátate a ti mismo como al mejor amigo que tendrás jamás" (Eleanor Roosevelt). Al expresar nuestra identidad única, podemos encontrar un mayor sentido de propósito y significado en nuestras vidas.

No sabemos qué impacto positivo pueden generar nuestras historias. Como dijo Paulo Coelho: "Un guerrero de la luz sabe que ciertas piedras a su paso tienen un significado especial para él. Y se retrasa para observarlas, porque sabe que es imposible pasar dos veces por el mismo lugar". Este es nuestro momento para contar nuestra historia desde el corazón y dejar una huella duradera en el mundo.

Al compartir nuestras historias, podemos inspirar a otros y crear conexiones significativas. La historia de Chloé Zhao es un ejemplo claro de cómo una voz única puede tener un impacto duradero en el mundo del cine. Sigamos su ejemplo y contemos nuestras propias historias con valentía y autenticidad. Cada uno de nosotros tiene una perspectiva única y una historia que vale la pena ser contada.

El poder de soñar

"Todo es posible para el que cree" (Marcos 9:23).

Sidney Poitier fue un actor y activista que marcó un antes y un después en la historia del cine de Hollywood. Nacido en 1927 en Bahamas, Poitier llegó a Estados Unidos en su juventud con el sueño de convertirse en actor. Sin embargo, el camino hacia la fama no fue fácil para él, ya que se encontró con un sistema de segregación racial que limitaba las oportunidades para los actores negros.

A pesar de los obstáculos, Poitier perseveró y logró abrirse camino en la industria del cine gracias a su talento y dedicación. En 1963, hizo historia al convertirse en el primer actor afroamericano en ganar el premio Oscar a Mejor Actor por su papel en "Los lirios del valle". Este logro no solo fue un hito para Poitier, sino para toda la comunidad negra en Estados Unidos, que vio en él un ejemplo de superación y lucha contra la discriminación racial.

Pero el éxito de Poitier no se limitó a su carrera como actor. Él fue también un activista comprometido con la lucha por los derechos civiles de los afroamericanos. En una época en la que la segregación racial era una realidad cotidiana, Poitier usó su posición privilegiada como actor para denunciar la injusticia y promover la igualdad de oportunidades para todos.

Poitier es un ejemplo de cómo la fe puede ser un motor de logros. En Marcos 9:23, Jesús dice "todo es posible para el que cree", y Poitier demostró que esto es cierto. Él creyó en sí mismo y en su capacidad para triunfar a pesar de las barreras raciales que enfrentaba. Su perseverancia y dedicación lo llevaron a convertirse en uno de los actores más importantes de su generación y a abrir puertas para otros actores negros en Hollywood.

Además de su legado como actor y activista, Poitier es recordado por su compromiso con retratar a la comunidad negra con complejidad y dignidad en sus películas. Él fue uno de los primeros actores en interpretar roles protagónicos que desafiaban los estereotipos raciales y mostraban a los afroamericanos como personas complejas y multifacéticas.

Sidney Poitier es un ejemplo de cómo una persona comprometida puede cambiar el curso de la historia. Él rompió barreras raciales en Hollywood y abrió puertas para otros actores negros. Su legado como actor y activista sigue inspirando.

ARTE COMPROMETIDO

"La luz resplandece en las tinieblas, y las tinieblas no prevalecieron contra ella" (Juan 1:5).

A lo largo de la historia, artistas valientes como el cineasta egipcio Mohamed Khan han demostrado que el arte puede ser un vehículo poderoso para visibilizar realidades sociales ocultas y provocar cambios positivos. A través de sus películas independientes de bajo presupuesto, Khan retrató con mirada crítica problemáticas de la sociedad árabe postcolonial, incluso frente a la censura oficial.

Según un estudio, el cine y el arte comprometido con causas éticas tienen un rol clave para generar reflexión, empatía y acciones concretas en los espectadores. Estas obras despiertan conciencias, nos invitan a mirar más allá de nuestra propia realidad y nos movilizan hacia la solidaridad.

Como dijo Khan: "Necesitamos dar una bofetada a la gente para que se despierte, para que vea lo que pasa a su alrededor". El arte tiene la capacidad de sacudir nuestras conciencias, de confrontarnos con realidades incómodas y de movernos a la acción. A través de sus películas, Khan desafió las normas establecidas y desveló las verdades ocultas de la sociedad, desafiando la censura y abriendo espacio para el diálogo y la reflexión.

La Biblia afirma en Jeremías 24:6: "Les abriré los ojos para que vean". Las obras de arte comprometidas pueden disipar nuestra ceguera frente al sufrimiento ajeno y despertar en nosotros la compasión necesaria para tomar acción. No basta con indignarnos o derramar lágrimas; es tiempo de actuar y ser hacedores de la palabra, como nos insta Santiago 1:22.

Siguiendo el llamado del poeta Pablo Neruda, recordamos que, aunque intenten detenernos, la verdad siempre encuentra caminos para emerger: "Podrán cortar todas las flores, pero no podrán detener la primavera". El arte comprometido no debe cejar en su lucha por un mundo más justo y equitativo.

La vida de Khan nos enseña el poder del arte para visibilizar realidades ocultas y provocar cambios en la sociedad. Su valentía al enfrentar la censura y su mirada crítica inspiran. El arte comprometido con causas éticas genera reflexión, empatía y acciones concretas en los espectadores. Siguiendo el llamado de la Biblia, abramos nuestros ojos a las problemáticas sociales y seamos hacedores de la palabra.

La magia de soñar en grande

"Si tenéis fe como un grano de mostaza, diréis a este monte: 'Pásate de aquí allá', y se pasará; y nada os será imposible" (Mateo 17:20).

Hayao Miyazaki es considerado uno de los cineastas más influyentes de Japón. Nacido en 1941, cautivó a públicos de todo el mundo con películas de animé como "Mi vecino Totoro" y "El viaje de Chihiro", que resaltan la conexión entre niños, naturaleza y fantasía.

A través de sus cintas, Miyazaki promovió valores como la imaginación, el respeto por lo pequeño y la preservación ambiental. Sus historias atemporales trascienden culturas y continúan siendo apreciadas por su belleza poética y su poder sanador.

En 1985, Miyazaki fundó el importante estudio Ghibli, que revolucionó la industria del anime con su enfoque artístico único y su dedicación a contar historias que tocan el corazón de las personas. Sus películas han dejado una huella profunda en la industria cinematográfica y siguen siendo referentes de calidad y originalidad.

El evangelio enseña que con fe todo es posible. En Mateo 17:20, Jesús dice: "si tenéis fe como un grano de mostaza, nada os será imposible". Al igual que Miyazaki creó mundos mágicos gracias a su persistencia e imaginación ilimitadas, nosotros también podemos lograr grandes cosas cuando confiamos en Dios y en nuestras propias capacidades.

El legado de Miyazaki nos recuerda que los sueños, por imposibles que parezcan, pueden volverse realidad si creemos en ellos con toda el alma. Su visión creativa y su dedicación han dejado un impacto duradero en la industria cinematográfica y continúan inspirando a nuevas generaciones de artistas y cineastas.

Siguiendo el ejemplo de Miyazaki, podemos encontrar el valor para perseguir nuestros propios sueños y creer en su realización. Ya sea a través del arte, el cine o cualquier otra forma de expresión creativa, podemos hacer una diferencia en el mundo si nos atrevemos a soñar y perseverar en nuestro camino.

Miyazaki inspira a creer en los sueños y a perseverar en su búsqueda. Sus películas trascienden culturas y continúan siendo apreciadas por su belleza y su poder sanador. Al igual que Miyazaki, podemos lograr grandes cosas cuando confiamos en Dios y en nuestras propias capacidades. Sigamos su ejemplo y hagamos realidad nuestros sueños con fe y determinación.

Romper moldes

"Examinaos a vosotros mismos si estáis en la fe; probaos a vosotros mismos" (2 Corintios 13:5).

La vida y obra de Marlene Dietrich nos inspiran a tener el valor de ser fieles a nosotros mismos, a pesar de las convenciones sociales y los prejuicios de la época. La actriz alemana decidió exiliarse en Hollywood para rechazar el nazismo y allí protagonizó clásicos junto a directoras pioneras, adoptando roles no tradicionales para una mujer. Su valentía y autenticidad la llevaron a romper moldes y estereotipos.

Cuando las personas se atreven a expresar su identidad auténtica y luchar contra la discriminación, incrementan su autoestima y propósito vital. Es por eso por lo que debemos seguir el ejemplo de Dietrich y ser fieles a nosotros mismos, sin importar lo que diga la sociedad.

La Biblia nos insta a examinar quiénes somos realmente y tener el valor de vivir en coherencia con eso. Debemos ser conscientes de nuestra esencia y no renunciar a ella por miedo al rechazo o la crítica de los demás. Como dijo Oscar Wilde: "Sé tú mismo; los demás puestos están ocupados". Ha llegado el momento de sacudirnos las etiquetas que nos pusieron y abrazar nuestra identidad única, por muy incómoda que resulte a otros.

La poetisa Mary Oliver afirmó que llegamos a este mundo con una sola historia que contar, la que vivimos. Es por eso por lo que debemos escapar de los mandatos ajenos y escribir nuestra propia historia. La vida es demasiado corta para vivir una vida que no es auténtica.

Ser auténtico no es fácil, pero es necesario para nuestra felicidad y bienestar. Debemos tener el coraje de ser quienes estamos llamados a ser y no permitir que la sociedad nos encasille en un molde. Como dijo Marlene Dietrich: "Debo ser yo misma en mi vida y en mi trabajo. La imitación es la muerte del arte".

Debemos seguir el ejemplo de Marlene Dietrich y tener el valor de ser fieles a nosotros mismos, incluso cuando eso signifique desafiar las convenciones sociales y los prejuicios de la época. Debemos examinar quiénes somos realmente y tener el coraje de vivir en coherencia con eso. La vida es demasiado corta para vivir una vida que no es auténtica. ¡Sé auténtico! El momento de ser libre es ahora.

El poder transformador del perdón

"Amad a vuestros enemigos, bendecid a los que os maldicen, haced bien a los que os aborrecen" (Lucas 6:27).

El perdón es una fuerza poderosa que tiene el potencial de transformar vidas y sociedades enteras. En Lucas 6:27, el evangelio nos enseña: "Amad a vuestros enemigos, bendecid a los que os maldicen, haced bien a los que os aborrecen". Esta enseñanza es fundamental para comprender el legado de Desmond Tutu, un líder religioso sudafricano que desempeñó un papel clave en la lucha contra el apartheid y la posterior reconciliación nacional liderada por Nelson Mandela.

Desmond Tutu, nacido en 1931, fue un defensor de los derechos humanos que utilizó métodos pacíficos inspirados en su fe cristiana para promover el cambio. Como arzobispo anglicano, impulsó la creación de la Comisión de la Verdad y la Reconciliación en Sudáfrica, con el objetivo de superar el odio y sanar las heridas del pasado a través del perdón. Tutu comprendió que "sin perdón no hay futuro, pero con perdón puede haber un futuro radiante". Siguiendo el mandato del evangelio de amar a los enemigos, logró desmantelar las barreras raciales y sentar las bases para una sociedad más justa y equitativa.

El evangelio promueve activamente el perdón como una forma de sanar y reconciliar. En Lucas 6:27, Jesús nos insta a "hacer el bien a los que nos aborrecen". Al igual que Tutu, debemos buscar la curación a través de la compasión en lugar de la venganza. Esta es la senda que conduce a la paz, como lo demostró el caso sudafricano.

El legado de Desmond Tutu trasciende fronteras y continúa siendo una inspiración en la actualidad. Su lucha incansable nos recuerda que la no violencia y la reconciliación son los únicos caminos hacia una justicia duradera. Su sabiduría y sus acciones deben guiar la búsqueda de soluciones pacíficas a los conflictos de nuestro tiempo.

Tutu nos muestra el poder transformador del perdón. Su liderazgo en la lucha contra el apartheid y su defensa de la reconciliación nacional son ejemplos de cómo el perdón puede romper barreras. Siguiendo el mandato del evangelio, debemos buscar el perdón y la compasión para sanar heridas y promover la justicia. El legado de Tutu nos insta a tomar acciones pacíficas y a buscar soluciones basadas en la reconciliación y el perdón.

El poder de los relatos

"Conoceréis la verdad, y la verdad os hará libres" (Juan 8:32).

El poder transformador de los relatos ha sido reconocido a lo largo de la historia. Desde Olaudah Equiano, cuyo testimonio inspiró el movimiento abolicionista, hasta nuestros días, la literatura ha sido una herramienta para generar empatía y conciencia social.

Un estudio de la Universidad de Nueva York ha demostrado que la lectura de historias personales puede promover la empatía y la conexión con la experiencia humana más allá de las estadísticas. Al ponerse en el lugar de otros, podemos comprender mejor sus luchas y desafíos.

La literatura nos permite explorar diferentes perspectivas y realidades, lo que nos ayuda a ampliar nuestra visión del mundo y a cuestionar nuestras propias ideas y prejuicios. Como dijo el escritor Eduardo Galeano, "la mejor literatura nos ayuda a sentir la vida de los otros, la injusticia condena a no sentir".

En este sentido, es importante abrir nuestra mente y corazón a voces distintas a la nuestra. Al escuchar y leer historias que nos sacuden de nuestras zonas de confort, podemos desarrollar una mayor sensibilidad hacia las luchas y desafíos de quienes nos rodean.

La Biblia nos recuerda que debemos ser solidarios con los más vulnerables. "El Señor [...] libra al cautivo, abre los ojos de los ciegos y levanta al caído" (Salmos 146:7-8). Los relatos que escuchamos deben inspirarnos a acciones concretas de solidaridad y justicia.

Asistimos a un mundo cada vez más polarizado y desigual, donde es fundamental que utilicemos el poder de las palabras para construir un futuro más justo y humano. Debemos comprometernos a escuchar y compartir historias que nos inspiren a actuar en favor de la libertad y la igualdad para todos.

La literatura nos ofrece la posibilidad de conectarnos con la experiencia humana más allá de nuestras propias vivencias. Al abrirnos a voces distintas a la nuestra, podemos desarrollar una mayor empatía y sensibilidad hacia las luchas y desafíos de quienes nos rodean. Hagamos realidad el sueño de un mundo más justo y humano, cambiando el mundo con el poder de las palabras.

Entrega y compasión

"De cierto os digo que cuanto hicisteis a uno de estos mis hermanos más pequeños, a mí me lo hicisteis" (Mateo 25:40).

La vida de la Madre Teresa de Calcuta es un ejemplo de entrega y compasión al prójimo. Nacida en 1910 en el seno de una familia devota, su vocación de servicio se hizo evidente desde temprana edad. En 1929 llegó a la India como misionera y allí dedicó su vida entera a atender a los más pobres y desamparados.

En 1947, tras escuchar el llamado de Dios, fundó la orden de las Misioneras de la Caridad para atender a enfermos, hambrientos y desamparados. Pese a las dificultades, su trabajo silencioso inspiró a miles de voluntarios en todo el mundo.

El evangelio señala que al servir a los pobres lo hacemos a Cristo. En Mateo 25:40 Jesús dice "cuanto hicisteis a uno de estos mis hermanos más pequeños, a mí me lo hicisteis". El apostolado incansable de Madre Teresa siguió este mandamiento divino con humildad y gracia.

Su ejemplo de entrega sin miramientos por los más necesitados continúa inspirando obras humanitarias en todo el mundo. Las Misioneras de la Caridad se expandieron a más de 100 países impulsadas por el espíritu de fe y caridad que supo transmitir su fundadora.

La labor de Madre Teresa no se limitó a atender las necesidades materiales de los más pobres, sino que también les brindó amor y compasión. Su dedicación a los pobres sin esperar nada a cambio es motivo de admiración y emulación.

Además de su labor humanitaria, Madre Teresa también fue una defensora incansable de la vida. Su lucha contra el aborto y la eutanasia le valió críticas en algunos sectores, pero ella siempre mantuvo su postura firme y coherente con sus valores cristianos.

La canonización de Madre Teresa en 2016 fue un reconocimiento merecido a su labor humanitaria y a su ejemplo inspirador de entrega y compasión al prójimo. Su legado continúa vivo en las Misioneras de la Caridad y en todas las personas que se sienten llamadas a servir a los más necesitados.

La Madre Teresa de Calcuta es un ejemplo inspirador de entrega y compasión al prójimo. Su labor humanitaria y su defensa de la vida son un testimonio vivo del amor cristiano en acción.

Tiempo de coraje

"No temas, porque yo estoy contigo; no desmayes, porque yo soy tu Dios que te esfuerzo; siempre te ayudaré, siempre te sustentaré con la diestra de mi justicia" (Isaías 41:10).

En momentos de desafío, el coraje se convierte en un faro que nos guía hacia la acción valiente y justa. En Isaías 41:10, encontramos la promesa reconfortante: "No temas, porque yo estoy contigo; no desmayes, porque yo soy tu Dios que te esfuerzo; siempre te ayudaré, siempre te sustentaré con la diestra de mi justicia". Esa promesa nos da fuerza para enfrentar los obstáculos y seguir adelante con valentía.

La extraordinaria historia de Juana de Arco, la heroína francesa del siglo XV, es un claro ejemplo de coraje en tiempos difíciles. A pesar de su juventud y su condición de mujer, Juana se puso al frente de las tropas para expulsar al invasor inglés y defender su patria y sus creencias. Su valentía frente a lo aparentemente imposible nos inspira a alzar la voz y actuar por lo que es correcto, sin importar las circunstancias.

Los jóvenes comprometidos con causas éticas tienden a encontrar un mayor propósito y satisfacción en sus vidas. No es necesario esperar a tener una posición de poder para marcar la diferencia. Como Juana de Arco dijo una vez: "Actúo según mi conciencia". Sigamos el dictado de nuestra brújula moral, incluso cuando el camino parezca difícil.

El escritor Mark Twain expresó sabiamente: "Valentía es resistirse a la intimidación, decir lo que piensas cuando el privilegio, la opinión pública y nuestros intereses personales nos instan al silencio". Amigos, ha llegado el momento de hablar y luchar contra las injusticias. No por comodidad o miedo, sino por convicción.

La Biblia nos exhorta a esforzarnos y cobrar ánimo, a no temer ni tener miedo. En 2 Crónicas 32:7-8 se nos recuerda que el que está con nosotros es mayor que aquellos que están en contra nuestra. Con Dios a nuestro lado, ¿qué podemos temer? Avancemos con coraje y determinación, porque el momento de marcar la diferencia es ahora.

Juana de Arco nos enseña que en tiempos de dificultad, el coraje es esencial. Inspirados por su valentía, debemos alzar la voz y actuar por lo que es justo y correcto. Los jóvenes comprometidos tienen el poder de marcar la diferencia.

Camino de paz

"Dichosos los que trabajan por la paz, porque ellos serán llamados hijos de Dios" (Mateo 5:9).

La búsqueda de la paz es un anhelo universal que ha sido abordado por diversos líderes a lo largo de la historia. En el libro de Mateo 5:9, encontramos una promesa de bendición para aquellos que trabajan por la paz, siendo llamados hijos de Dios. Esta idea se refleja de manera ejemplar en la vida de Mahatma Gandhi, un líder pacífico que abogó por cambios sociales significativos a través de la no violencia.

Gandhi creía firmemente en el poder de la no violencia como una herramienta para enfrentar las injusticias y lograr cambios positivos en la sociedad. Para él, la no violencia era el arma de los valientes, ya que enfrentar el mal con el bien requería más coraje que responder al odio con más odio. Su filosofía de resistencia pacífica inspiró a millones de personas en todo el mundo y su legado perdura hasta nuestros días.

La influencia de Gandhi trascendió fronteras y llegó hasta Martin Luther King Jr., quien también abogó por la no violencia como medio para lograr cambios sociales significativos. King afirmaba que la no violencia buscaba reducir la hostilidad, no vencer al oponente. Esta perspectiva implica ganar al adversario apelando a su conciencia y reconociendo nuestra humanidad compartida. King nos recordaba que solo el amor puede expulsar el odio, un principio enseñado por Jesús.

El escritor José Ingenieros destaca la idea de que ninguna conquista merece una gota de sangre humana y que la vida es demasiado grande para empequeñecerla en holocaustos estériles. Esta declaración resalta la importancia de buscar soluciones pacíficas y constructivas en lugar de recurrir a la violencia. La historia nos ha enseñado que los conflictos resueltos mediante la violencia solo generan más sufrimiento y dolor, mientras que los logros obtenidos a través del diálogo y la no violencia son duraderos y benefician a toda la sociedad.

En la búsqueda de la paz, se nos invita a construir un mundo más justo y compasivo utilizando los métodos creativos y pacíficos propuestos por Gandhi. Es fundamental reconocer que el cambio comienza en cada corazón y que todos tenemos una responsabilidad individual en la construcción de un mundo más pacífico.

Lucha por la igualdad

"No hay ya distinción entre judío y griego; no hay esclavo ni libre; no hay varón ni mujer, porque todos sois uno en Cristo Jesús" (Gálatas 3:28).

Simone de Beauvoir fue una figura clave en la lucha por la igualdad de género. Nacida en Francia en 1908, su aguda inteligencia y su pasión por la filosofía la llevaron a desafiar las limitaciones impuestas a las mujeres en su época.

A pesar de su talento, De Beauvoir se encontró con obstáculos en su camino hacia la educación superior. Su solicitud para ingresar a la prestigiosa École Normale Supérieure fue rechazada debido a su género. Este hecho la motivó a luchar contra la desigualdad de género y a dedicar su vida a la defensa de los derechos de las mujeres.

En 1949, De Beauvoir publicó su obra clave, *El segundo sexo*, en la que analizó detalladamente cómo la condición femenina había sido construida culturalmente para oprimir a las mujeres. En esta obra, cuestionó ideas como que el destino natural de las mujeres es la maternidad y el hogar, y argumentó que estas creencias son el resultado de una construcción social y no de una supuesta "naturaleza" femenina.

La Biblia también enseña que en Cristo no hay distinciones entre personas. En Gálatas 3:28 se afirma que en Él "no hay varón ni mujer". Al igual que De Beauvoir expuso la desigualdad social como resultado del constructo cultural y no de una supuesta "naturaleza" femenina, en Dios todos somos iguales.

Gracias a su obra pionera, De Beauvoir sentó las bases del feminismo moderno al hacernos conscientes de que la identidad femenina no es innata sino determinada por factores socioculturales que deben transformarse. Su legado inspiró movimientos por la liberación de la mujer en todo el mundo.

La perseverancia de Simone de Beauvoir para romper estereotipos de género pese a las dificultades es un ejemplo de lucha por la justicia e igualdad que promueve el evangelio. Su legado continúa inspirando a mujeres y hombres en todo el mundo a luchar por una sociedad más justa e igualitaria.

Simone de Beauvoir fue una visionaria que dedicó su vida a la lucha por la igualdad de género. Su obra pionera ha tenido un impacto duradero y ha inspirado a generaciones de personas a luchar por un mundo más justo e igualitario.

Miguel Ángel Núñez

Superación ante la adversidad

"Con fuerza haré proezas y venceré porque en Dios confío"
(Salmos 18:32).

La superación ante la adversidad es un tema que ha inspirado a muchas personas a lo largo de la historia. En este sentido, la figura de Clara Wieck Schumann destaca como un ejemplo de perseverancia y talento en un mundo dominado por hombres.

Nacida en Alemania en 1819, Clara demostró desde pequeña su aptitud para la música, a pesar de la falta de estímulo que recibían las mujeres artistas en esa época. Sin embargo, su pasión por el piano y su determinación por destacar en el mundo de la música clásica la llevaron a ofrecer su primer concierto pianístico con tan solo 9 años.

A lo largo de su carrera, Clara enfrentó numerosos obstáculos debido a los prejuicios de la sociedad de su época. Sin embargo, su perseverancia y fe en Dios le permitieron superarlos y lograr grandes cosas. Tal como señala el Salmo 18:32: "Con fuerza haré proezas y venceré porque en Dios confío".

En 1840, Clara contrajo matrimonio con el también compositor Robert Schumann, con quien tuvo ocho hijos. Pese a las responsabilidades familiares, Clara continuó componiendo y dictando clases de piano, además de impulsar la carrera de su esposo.

A través de su extensa obra pianística y pedagógica, Clara contribuyó a expandir el repertorio musical para su instrumento. Compuso más de 200 obras entre piezas para piano, canciones y obras corales. Su legado trascendió las limitaciones de su época para inspirar a futuras generaciones de mujeres músicos.

Un estudio de la Universidad de Oxford destaca la importancia de la obra de Clara Schumann en la historia de la música europea. Su perseverancia ante las adversidades que enfrentaron las mujeres artistas en el siglo XIX es un ejemplo para superar retos con esfuerzo y fe en Dios.

Clara Wieck Schumann destaca como un ejemplo de superación ante la adversidad. Su talento y dedicación pese a la desigualdad de género dejaron una gran huella en el desarrollo de la música europea. Su legado continúa inspirando a futuras generaciones de mujeres músicos a perseguir sus sueños y confiar en Dios para superar los obstáculos que se presenten en el camino.

El valor del liderazgo ético

"Bienaventurados los que tienen hambre y sed de justicia, porque ellos serán saciados" (Mateo 5:6).

En Mateo 5:6, encontramos una bienaventuranza para aquellos que tienen hambre y sed de justicia, ya que serán saciados. En un mundo muchas veces dominado por el egoísmo y la corrupción, líderes como la excanciller alemana Angela Merkel nos recuerdan la importancia crucial de gobernar con valores éticos en busca del bien común.

Su trayectoria como la primera mujer en dirigir Alemania y su firme defensa de la democracia y los derechos humanos son un faro que debe inspirarnos. Los países con menor percepción de corrupción y mayor transparencia en sus instituciones tienden a tener una mayor estabilidad política y una mejor calidad de vida para sus ciudadanos. El liderazgo ético marca la diferencia.

Nelson Mandela dijo una vez: "Un buen líder puede llevar a la gente a un lugar al que nunca hubieran ido solos". Necesitamos más líderes como Merkel, dispuestos a guiar con el ejemplo, anteponiendo el servicio a los demás por encima de sus propios intereses. La Biblia nos insta a orar por "reyes y por todos los que están en eminencia" (1 Timoteo 2:2) para que gobiernen con sabiduría, justicia y temor de Dios.

El escritor Alejandro Casona dice: "Camina con la verdad y andarás con la libertad, porque la mentira es siempre esclavitud". La ética y la honestidad deben ser la brújula de cualquier líder. Solo así lograremos sociedades más justas. El momento de alzar la voz y defender valores democráticos es ahora.

Es necesario que cada uno de nosotros, como ciudadanos, también aspiremos a un liderazgo ético en nuestras propias vidas. Debemos ser ejemplos de integridad y responsabilidad, cultivando los mismos valores que deseamos ver en nuestros líderes. Solo a través de la acción individual y colectiva podemos generar un cambio positivo en nuestra sociedad.

El liderazgo ético es de vital importancia en un mundo donde la corrupción y el egoísmo son desafíos constantes. Angela Merkel nos inspira con su ejemplo de liderazgo basado en valores éticos y su dedicación al bien común. Sigamos su legado, guiados por la verdad y la honestidad, para construir sociedades justas y democráticas. El momento de actuar es ahora.

Un ejemplo de perseverancia

"Nada es imposible para quien cree que puede" (Lucas 1:37).

La vida de Marie Curie es un ejemplo inspirador de perseverancia y dedicación ante la adversidad. Nacida en Polonia en 1867, Curie se convirtió en una pionera al obtener el primer doctorado en la Sorbona y al convertirse en la primera persona en ganar dos premios Nobel, en Física y Química, en los años 1903 y 1911 respectivamente.

Desde muy joven, Curie enfrentó grandes desafíos debido a que las mujeres no tenían acceso a la educación superior en aquellos tiempos. A pesar de esto, su amor por la ciencia la llevó a superar todas las dificultades que se le presentaron. Ella misma afirmó: "En aquellos años, una joven polaca que quería estudiar se enfrentaba a enormes dificultades; para mí lo fueron el hecho de ser mujer y carecer de medios". Aun así, no se rindió y perseveró en su deseo de aprender, desafiando los estereotipos de género que relegaban a la mujer al hogar.

La importancia de la perseverancia ante la adversidad es resaltada en la Biblia. En Lucas 18:1 se afirma: "Les dijo también una parábola para enseñarles que es necesario orar siempre, y no desfallecer". Marie Curie siguió este consejo y no claudicó en su empeño científico a pesar de las dificultades. Su ejemplo inspiró a futuras generaciones de mujeres en el campo de la ciencia.

Además de los obstáculos relacionados con su género, Curie también enfrentó la escasez de recursos económicos. Para financiar su investigación en la radioactividad, dirigió un taller de física y trabajó como institutriz. Estos sacrificios demostraron que con dedicación y esfuerzo se pueden alcanzar las metas deseadas. Finalmente, logró obtener financiación gubernamental que le permitió profundizar en sus descubrimientos. En 1903 formuló la Teoría de las Partículas Alfa, lo que le valió el Premio Nobel en Física.

La vida de Marie Curie nos muestra que con fe en Dios y en nosotros mismos podemos vencer las limitaciones. Como ella misma dijo: "Nada es más práctico que una buena teoría". Su ejemplo nos inspira a no desistir de nuestros sueños y propósitos ante los desafíos, confiando en que con esfuerzo y perseverancia todo es posible.

Marie Curie es un ejemplo inspirador de perseverancia y dedicación.

Sueños quijotescos

"Porque yo sé muy bien los pensamientos que tengo acerca de vosotros, dice Jehová, pensamientos de paz, y no de mal, para daros el fin que esperáis" (Jeremías 29:11).

En Jeremías 29:11, encontramos una promesa reconfortante de que Dios tiene pensamientos de paz y no de mal para nosotros, para darnos el fin que esperamos. La inmortal obra de Miguel de Cervantes y su entrañable personaje, Don Quijote de la Mancha, nos invitan a reflexionar sobre el poder de los sueños y la importancia de vivir con idealismo para cambiar el mundo. Al igual que este hidalgo visionario, estamos llamados a luchar por causas justas, a ver posibilidades donde otros ven obstáculos y a vivir aventuras que trasciendan lo ordinario.

Como dijo Cervantes: "Con la iglesia hemos topado, Sancho. ¡Adelante, hijo, y a vivir!". No permitamos que el miedo o el pragmatismo extremo nos impidan perseguir nuestros ideales. Claro que habrá molinos y gigantes que enfrentar, pero vale la pena intentarlo. No podemos detenernos por los obstáculos que aparecen en el camino, porque por ese lado, simplemente, nos inmovilizamos y fallamos.

Tener un alto sentido de propósito y buscar metas trascendentes está correlacionado con una mayor longevidad, satisfacción y bienestar, tal como demuestran diferentes estudios. Solo tenemos una vida para dejar un legado. Como nos dice la Biblia: "Yo Jehová soy tu Dios, quien te sostiene de tu mano derecha" (Isaías 41:13). Con fe, todo es posible.

En palabras del célebre dramaturgo George Bernard Shaw: "Hay quienes ven las cosas como son y se preguntan '¿por qué?'. Yo sueño con cosas que nunca fueron y me pregunto '¿por qué no?'". Sigamos soñando en grande. No dejemos que la resignación o la ironía nos roben el entusiasmo por hacer del mundo un lugar mejor.

Que nuestro espíritu sea inquieto como el de Don Quijote, siempre listo para emprender nuevos desafíos. Mantengamos viva la llama de la locura lúcida, aquella que cree en utopías audaces y sale a conquistarlas. Como dijo el poeta Antonio Machado: "Caminante, son tus huellas el camino y nada más; Caminante, no hay camino, se hace camino al andar". ¡Vivamos quijotescamente! El momento de nuestras aventuras es ahora.

El legado de los genios

"He aquí que hago cosa nueva; pronto saldrá a luz; ¿no la conoceréis?" (Isaías 43:19).

A lo largo de la historia, mentes brillantes como Leonardo da Vinci (1452-1519) han demostrado el poder transformador de la creatividad y la innovación. Este prolífico genio del Renacimiento italiano revolucionó el arte, la ciencia y la tecnología, anticipándose a conceptos clave de la modernidad, y que usamos hoy con total normalidad, como si la idea hubiera surgido recién ahora. Su vida es una invitación a atrevernos a pensar diferente, a salir de nuestra zona de confort y cambiar el *status quo*. Pensar fuera de la caja, como dice el dicho.

Según Albert Einstein, "la mente que se abre a una nueva idea, jamás volverá a su tamaño original". Tenemos que estar dispuestos a cuestionar dogmas, reinventarnos, ir más allá de lo establecido. Como dijo da Vinci, "aquél que es fijo a una estrella no cambia jamás de lugar". No podemos quedarnos estancados en un mismo lugar o idea, esperando que las cosas cambien por sí solas. El cambio es inherente a mentes brillantes, que no están dispuestos a conformarse con lo que hay de manera inmóvil.

La capacidad creativa se puede entrenar y desarrollar a cualquier edad, cultivando la curiosidad, la apertura a lo nuevo y la flexibilidad mental. No importa si no nos consideramos "genios", todos tenemos un potencial creativo para aportar. La mente es flexible, se puede adecuar a todos los tiempos.

Como nos dice la Biblia: "Examinaos a vosotros mismos si estáis en la fe; probaos a vosotros mismos" (2 Corintios 13:5). Este es un tiempo propicio para la introspección y para descubrir los dones únicos que Dios nos ha dado. Pidamos discernimiento para usarlos con un propósito que bendiga e inspire positivamente al mundo. Eso implica, entender que el estancamiento mental, es simplemente, una opción.

En palabras del dramaturgo George Bernard Shaw, "el hombre razonable se adapta al mundo; el irrazonable persiste en tratar de adaptar el mundo a sí mismo. Por lo tanto, todo progreso depende del hombre irrazonable". Seamos esos "innovadores irrazonables" que se atreven a cambiar su entorno. Como hizo da Vinci en su época, contribuyamos con creaciones pioneras que mejoren la vida de la humanidad. El momento de dejar un legado es ahora. ¡Innova! ¡Cambia el mundo!

Tiempos de Cambio

"No te acomodes a este mundo, sino transfórmate mediante la renovación de tu mente, para que compruebes cuál es la buena voluntad de Dios, agradable y perfecta" (Romanos 12:2).

La historia está repleta de visionarios que se atrevieron a desafiar lo establecido y abrir nuevos caminos transformadores. Uno de ellos fue Nikola Tesla (1856-1943), pionero de la electricidad moderna cuyas innovaciones en electromagnetismo sentaron las bases de la revolución industrial. Su espíritu inquieto y creativo nos invita hoy a atrevernos a cambiar, a renovar nuestra mente y avanzar. Lamentablemente, a Tesla, no se le ha dado todo el reconocimiento que merece, en parte, porque él era de la idea de no comerciar con la ciencia, cuestión que hoy parecería ingenuo en un contexto donde se patenta todo.

Como dijo Albert Einstein, "no pretendamos que las cosas cambien, si siempre hacemos lo mismo. La crisis es la mejor bendición que puede sucederle a personas y países, porque la crisis trae progresos. La creatividad nace de la angustia como el día nace de la noche oscura. Es en la crisis que nace la inventiva, los descubrimientos y las grandes estrategias".

El cambio muchas veces da miedo. Preferimos quedarnos en la comodidad de lo conocido antes que aventurarnos a lo desconocido. Pero sin cambio no hay crecimiento. Debemos reflexionar: ¿Estamos estancados? ¿Vivimos por inercia? ¿Nuestra zona de confort se ha convertido en zona de letargo? Esta puede ser la llamada a dar un salto de fe y abrazar la transformación.

Como dijo Anatole France, "para saber que hemos de cambiar, debemos darnos cuenta de que mucho de lo que hacemos está condicionado por nuestra manera de pensar". El verdadero cambio comienza en nuestra mente. Abramos paso a nuevas ideas, convicciones, paradigmas. Rompamos con lo establecido cuando eso ya no nos sirve.

No tengas miedo. Dios está contigo en este proceso. "Por tanto, si alguno está en Cristo, nueva criatura es; las cosas viejas pasaron; he aquí todas son hechas nuevas" (2 Corintios 5:17). Este es un tiempo propicio para renovarte, para reformular tus sueños, para revolucionar tu espíritu. Deja atrás la versión antigua de ti mismo y abraza la nueva vida a la que estás llamado. Al igual que Tesla, atrévete a pensar diferente, crear, inventar, avanzar. No hay otra manera inteligente de crecer.

El poder de los pequeños cambios

"Por tanto, si alguno está en Cristo, nueva criatura es; las cosas viejas pasaron; he aquí todas son hechas nuevas" (2 Corintios 5:17).

En ocasiones, nos sentimos abrumados por los desafíos que enfrentamos en la vida. Nos parece que las dificultades son demasiado grandes para nosotros y que no podemos hacer nada para cambiar nuestra situación. Sin embargo, la verdad es que incluso los cambios más pequeños pueden tener un gran impacto en nuestra vida y en la de los demás.

Hombres y mujeres que se han mantenido en segunda fila, pero que han hecho cambios que han producido bienestar y respeto de derechos a la humanidad. Personas que han decidido tomar acción y hacer algo para mejorar su situación y la de los demás. Quizás no han logrado cambiar el mundo entero, pero sí han hecho una gran diferencia en su entorno cercano.

La Biblia nos habla de muchas personas que hicieron cambios pequeños, pero significativos. Por ejemplo, en el libro de Rut, una mujer llamada Rut decidió quedarse con su suegra después de que su esposo muriera. Esta decisión aparentemente pequeña tuvo un gran impacto en su vida y en la de su suegra. Gracias a su fidelidad y dedicación, Rut fue bendecida con un esposo y una familia amorosos.

Otro ejemplo es el de David, quien, siendo un joven pastor, decidió enfrentarse al gigante Goliat. A pesar de que era más pequeño y menos experimentado que su oponente, David confió en Dios y tomó acción. Gracias a su valentía y determinación, logró vencer al gigante y ganar la batalla para su pueblo.

Los cambios más pequeños pueden tener un gran impacto. Si decidimos tomar acción y hacer algo para mejorar nuestra situación y la de los demás, podemos lograr grandes cosas. No necesitamos ser personas famosas o tener mucho dinero para hacer una diferencia en el mundo.

Como dijo Gandhi: "Sé el cambio que quieres ver en el mundo". Si queremos ver un mundo más equitativo, debemos empezar por hacer cambios pequeños en nuestra propia vida. Podemos comenzar por ser más amables con los demás, por ayudar a alguien o por tomar una decisión difícil pero necesaria.

No subestimemos el poder de los pequeños cambios. Si decidimos tomar acción y hacer algo para mejorar nuestra situación y la de los demás, podemos lograr grandes cosas.

La bendita adversidad

"Aunque el Señor te dé pan de adversidad y agua de aflicción"
(Isaías 30:20).

La vida siempre nos pondrá a prueba de formas inesperadas. Sin embargo, son justamente estos desafíos los que nos permiten conocernos mejor y descubrir cuánto podemos aguantar. Me asombra la fortaleza de aquellos que ante la adversidad deciden no darse por vencidos y brillar aún con más intensidad. Estudio sus historias, escucho sus palabras y aprendo cómo lograron salir adelante transformando fracasos y limitaciones en trampolines hacia el éxito. Siempre es posible sacar lecciones poderosas de situaciones difíciles.

Una inspiración es Paola Antonini, quien perdió una pierna en un accidente, pero hoy destaca como influyente modelo en Brasil, desfilando con elegancia y orgullo. Al igual que ella, miles han transformado el dolor en una plataforma para resplandecer. Incluso quienes contemplaron terminar con su vida, encontraron la forma de superar la oscuridad.

Lo que nos falta puede ser el comienzo de lo que nos sobra; el puntapié inicial de nuestra victoria. Personalmente, enfrenté varios obstáculos y aprendí que tenemos dos opciones: seguir adelante y abrazar la vida, o hundirnos. Ante los tropiezos, la actitud lo es todo.

La vida nos expone a nuestras mayores debilidades para lograr nuestras mayores expansiones. No se trata de encogernos, sino de vislumbrar la posibilidad de convertirnos en algo mejor gracias a esas dificultades. Como dice el refrán, a veces hay que retroceder para tomar impulso. Debemos retroceder para luego impulsarnos más lejos y fuertes.

A veces logro aplicar esta idea, a veces no. He escrito el presente libro para motivarnos en estos tiempos complejos con problemas por todos lados. Pase lo que pase, los invito al desafío de empujar juntos y animarnos mutuamente.

La vida nos enfrentará a tormentas y desafíos que pondrán a prueba nuestros valores. Todo habrá que resolverlo rápido. Entonces retrocedamos, tomemos impulso, saltemos alto y descubramos nuestra mejor versión. ¡Juntos podemos soportar tempestades y emerger más fuertes y sabios que nunca!

¡Sigamos adelante! Feliz 2025.

Bibliografía

Aguirre, Rafael, Carmen Bernabé, y Carlos Gil (2009). *¿Qué se sabe de... Jesús de Nazaret?* Estella, Navarra: Editorial Verbo Divino.

Alarcos Martinez, Francisco J. (2009). "Identidad", en: *10 Palabras claves en la construcción personal*. Francisco J. Alarcos Martinez, editor. Navarra: Editorial Verbo Divino.

Barudy, Jorge y Maryorie Dantagnan (2005). *Los buenos tratos a la infancia: Parentalidad, apego y resiliencia*. Madrid: Editorial Gedisa.

Bauman, Zigmunt (2011). *Miedo líquido: La sociedad contemporánea y sus temores*. Buenos Aires: Paidós. Trad. Albino Santos Mosquera.

Bessey, Sarah (2013). *Jesús feminista: Una invitación a revisar la visión de la Biblia sobre las mujeres*. Miami: JUANUNO1 Ediciones. Trad. Ian Bilucich.

Brown, Jeff, Mark Fenske y Liz Neporent (2010). *The Winner's Brain*: *8 Strategies Great Minds Use to Achieve Success*. Cambridge, MA.: Da Capo Press.

Brown, Raymond (2002). *101 Preguntas y respuestas sobre la Biblia*. Salamanca: Ediciones Sígueme.

Burruel, Sergio Oliver (2020). "Adicción a la religión". Proyecto Puente. Online: https://proyectopuente.com.mx/.../28/adiccion-a-la-religion

Castillo, José María (2005). *El seguimiento de Jesús*. Salamanca: Ediciones Sígueme. 8va. edición.

Ceballos, Noel (2021). *El pensamiento conspiranoico*. Barcelona: Arpa Editores.

Conangla, Merce y Jaume Soler (2012). *Corazón que siente, ojos que ven*. Barcelona: Editorial Planeta.

Cortina, Adela (2017). *Aporofobia, el rechazo al pobre: Un desafío para la democracia*. Barcelona: Paidós.

CSIC (2022). "Simone de Beauvoir y el feminismo". https://bit.ly/3v07rE6

Cyrulnik, Boris (2018). *Psicoterapia de Dios: La fe como resiliencia*. Barcelona: Gedisa Editorial. Trad. Alfonso Díez.

Dresel, Walter (2008). *Un sueño posible: La realización de nuestro proyecto personal*. Bogotá: Editorial Norma.

Dunham, Barrows (1969). *Héroes y herejes: Antigüedad y edad media*. Barcelona: Editorial Seix Barral.

Fernández Burzaco, Matías (2021). *Formas propias: Diario de un cuerpo en guerra*. Buenos Aires: Tusquets Argentina.

Festinger, L. (1957). *A Theory of Cognitive Dissonance*. Evanston, IL.: Row, Perterson & Company.

Frankl, Viktor (1984). *El hombre en busca de sentido*. Pref. Gordon Allport. Barcelona: Herder.

"Fuera de forma": la vida imparable de Matías Fernández Burzaco (2023). *BBC Mundo*. 28 de julio 2023.

Goleman, Daniel (1996). *Inteligencia emocional*. Barcelona: Kairos. 4a ed.

González, Ángel, Norbert Lohfink y Gerhard Von Rad (1976). *Profetas verdaderos y profetas falsos*. Salamanca: Ediciones Sígueme. Trads. José L. Sicre y Carlos del Valle Rodríguez.

Han, Byung-Chul (2017). *La expulsión de lo distinto*. Barcelona: Herder. Trad. Alberto Ciria.

Jaramillo Palacio, Raquel (2012). *La lección de August*. Madrid: Nube de Tinta.

Johnson, David y Jeff Van Vonderen (1995). *El poder sutil del abuso espiritual*. Miami: Unilit.

Jullien, Francois (2001). *Un sabio no tiene ideas*. Madrid: Ediciones Siruela. Trad. Anne-Hélene Suárez Girard.

Kafka, Franz (2006). *Cartas a Milena*. Caracas: Fundación Editorial el perro y la rana.

Lakoff, George y Mark Johnson (2004). *Metáforas de la vida cotidiana*. Madrid: Ediciones Cátedra. Sexta edición.

Lövas, E. (1991). *Dictador espiritual*. Barcelona: Clie.

Lumen (2022). "Simone de Beauvoir y su lucha por la liberación de la mujer". https://bit.ly/3RGtL4Z

Marcos, Mar (2009). "Qué es un hereje. Herejes en la historia", en *Herejes en la historia*. Madrid: Editorial Trotta.

Martín Descalzo, José Luis (1986). *Vida y ministerio de Jesús de Nazaret. I Los comienzos*. Salamanca: Ediciones Sígueme. 2da. edición.

Matthew, Sheila y Dennis Linn (1997). *Sanando el abuso espiritual y la adicción religiosa*. Barcelona: Lumen.

Maxwell, John C. (2005). *El mapa para alcanzar el éxito*. Nueva York: Harper Collins.

Merton, Thomas (1998). *Los hombres no son islas*. Buenos Aires: Editorial Sudamericana. Trad. Gonzalo Meneses Ocón.

Ngozi Adichie, Chimamanda (2018). *El peligro de la historia única*. Barcelona: Panguin Random House Grupo Editorial. Trad. Cruz Rodríguez Juiz. Epílogo, Marina Garcés.

Nouwen, Henri (1996). *Con el corazón en ascuas*. Santander: Editorial Sal Terrae. Trad. Mariano Sacristán Martín.

Ortiz, Juan Carlos (2007). *El discípulo*. Buenos Aires: Peniel.

O'Shea, Stephen (2000). *Los cátaros: La herejía perfecta*. Buenos Aires: Ediciones B Argentina.

Oz, Amos (2011). *Contra el fanatismo*. Barcelona: Ediciones Siruela. Trad. Daniel Sarasola.

Pasachoff, Naomi (2011). "Marie Curie. First female chemistry Nobelist owes much of her success to fierce professional and personal determination". *Chemical & Engineering News*, 89/26. Online: https://cen.acs.org/articles/89/i26/Marie-Curie.html

Piper, John (2020). *Coronavirus y Cristo*. Envigado, Colombia: Poiema Publicaciones.

Rand, Ayn (2006). *La virtud del egoísmo. Un nuevo y desafiante concepto del egoísmo*. Buenos Aires: Grito Sagrado Editorial. Trad. Luis Kofman.

Ricard, Matthieu (2005). *En defensa de la felicidad.* Barcelona: Ediciones Urano. Trad. Teresa Clavel.

Riso, Walter (2015). *Maravillosamente imperfecto, escandalosamente feliz.* Bogotá: Editorial Planeta Colombiana.

Sparks, Nicolas (2017). *Sólo nosotros dos.* Barcelona: Roca Editorial de Libros, 2017. Traducción Dolors Gallart.

Stamateas, Bernardo (2008). *Autoboicot: Cuando el tóxico es uno mismo.* Buenos Aires: Editorial Planeta.

Stott, John (1999). *La fe cristiana frente a los desafíos contemporáneos.* Grand Rapids, MI.: Libros Desafío. Trad. Lilian D. Rogers.

Turner, L. (2020). *Corruption Perception Index 2020.* Cambridge Centre for Applied Research.

Viola, Frank (1998). *¿Quién es tu cobertura?: Una mirada fresca al liderazgo, la autoridad y la responsabilidad de rendir cuentas.* Trad. José Antonio Septién. Circulación libre: https://www.iglesia.net/pdf/quienestucobertura.pdf.

Yancey, Philip (2015). *La desaparición de la gracia: ¿Qué les pasó a las buenas nuevas?* Trad.: Andrés Carrodeguas. Miami: Florida.

Otros devocionales escritos por Miguel Ángel Núñez

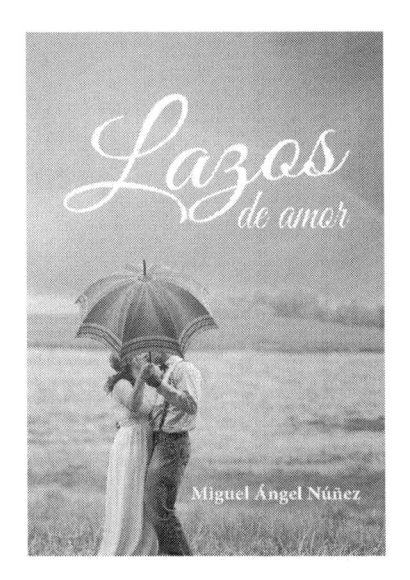

Lazos de amor — Miguel Ángel Núñez

Diseñados para Amar — Miguel Ángel Núñez

MEDITACIONES MATINALES PARA JÓVENES — *Un nombre nuevo* — Miguel Ángel Núñez

¡Háblame Señor! Comentario devocional — *La belleza del libro de Proverbios* — Miguel Ángel Núñez

Miguel Ángel Núñez
Ser mujer no es pecado

REFLEXIONES AMANECER
UN AÑO DE DEVOCIONALES DIARIOS
Miguel Ángel Núñez

MEDITACIONES DIARIAS A PARTIR DEL LIBRO DE SALMOS
SALMOS DE VIDA
Miguel Ángel Núñez

Para conseguir los libros del
Dr. Miguel Ángel Núñez

www.amazon.com

www.smashwords.com

www.kobo.com

www.barnesandnoble.com

www.scribd.com

www.overdrive.com

www.fnac.com

FORTALEZA
EDICIONES

Made in the USA
Columbia, SC
02 February 2024